# 質的研究の考え方
## 研究方法論から SCAT による分析まで

大谷 尚 ［著］ Takashi Otani

Paradigm and Design of Qualitative Study

From Research Methodology to SCAT

名古屋大学出版会

# 目　次

細目次　ii
はじめに　1
本書の著者の研究的背景　7

## 第Ⅰ部　質的研究のデザイン，方法，パラダイム

第1章　質的研究とは何か …………………………………… 20
　　　　──いくつかの基本概念とその検討──
第2章　リサーチ・クエスチョンの設定 …………………… 92
第3章　研究デザイン ………………………………………… 105
第4章　データ採取 …………………………………………… 117
第5章　データ分析 …………………………………………… 165
第6章　理論化とモデル化 …………………………………… 193
第7章　質的研究の結果の表象 ……………………………… 197
第8章　質的研究の研究倫理 ………………………………… 207
第9章　質的研究に関するその他の問題と課題 …………… 233

## 第Ⅱ部　SCATによる質的データ分析

第10章　SCATとは何か ……………………………………… 270
　　　　──その機能と意義──
第11章　SCATによる分析 …………………………………… 278
第12章　SCATでの分析の参考のために …………………… 336
　　　　──SCATのTips & Pitfalls──
第13章　SCATのFAQ ………………………………………… 349

結語にかえて　369　　謝　辞　377　　文献リスト　381
図表一覧　395　　索　引　397

# 細 目 次

はじめに 1
本書の著者の研究的背景 7

## 第Ⅰ部　質的研究のデザイン，方法，パラダイム

## 第1章　質的研究とは何か …………………………………………… 20
──いくつかの基本概念とその検討──

1　質的研究とは何か 20

  1.1　質的研究の今日の普及 20
  1.2　量的研究と測定 21
  1.3　量的測定になじまない，あるいは量的測定からこぼれ落ちてしまうもの 23
  1.4　質的な研究が「研究」であるための要件 25
  1.5　質的研究の構造 26
  1.6　質的研究の多様な思想的系譜と手法的系譜 29
  1.7　質的研究におけるパラダイムの重要性 30
  1.8　質的研究の「樹」──質的研究の生起と展開の場としての「日常」の重要性 32
  1.9　質的研究で用いられる諸概念 36

2　質的研究「方法」と質的研究「方法論」 37

  2.1　研究方法と研究方法論の同一視あるいは混乱によって生じる深刻な問題 37
  2.2　研究「方法」≠研究「方法論」 39
  2.3　研究方法「論」＝研究方法「学」 40
  2.4　研究方法「論」を認識することの重要性 40
  2.5　質的「データ分析法」≠質的「研究法」 41
  2.6　研究「方法論」を理解せず研究「方法」を真似ることの問題 43
  2.7　このような問題についての具体的な指摘 45

3　記録とコード化 47

  3.1　コード化としての言語記録化 47
  3.2　コード化としての数量化 48
  3.3　コード化としての数量化による情報の縮約 49
  3.4　コード化としての言語記録化による情報の縮約 51

- 4 質的研究における主観と客観　55
  - 4.1 質的研究ではどのように主観性が保持されるか　55
  - 4.2 質的研究における「主―客」と「内―外」　56
  - 4.3 量的・実証的研究における主観性の排除と洗浄　58
  - 4.4 質的研究における主観性の保持　59
  - 4.5 質的研究における主体的解釈とは何か　61

- 5 質的研究の評価規準としての客観性，信頼性，妥当性　63
  - 5.1 質的研究に客観性，信頼性，妥当性はあるのかという問い　63
  - 5.2 相互に独立した概念としての信頼性と妥当性　65
  - 5.3 質的研究の測定の信頼性と妥当性　68
  - 5.4 質的研究の分析の信頼性と妥当性　71
  - 5.5 量的研究と質的研究の「的」の違い　73
  - 5.6 質的研究の客観性　74

- 6 「母集団とサンプル」概念の再考　77
  - 6.1 量的研究における母集団とサンプル　77
  - 6.2 質的研究における結果の一般化可能性　79
  - 6.3 質的研究でも「母集団とサンプル」という考え方は有益か　81
  - 6.4 そもそもサンプルとは何か――サンプルに対する操作的定義から　83
  - 6.5 質的研究の研究参加者とはどういう人々か　85
  - 6.6 研究で得られた知見の適用の範囲と方向性　86
  - 6.7 質的研究における「一般化可能性」再考　88

- 7 質的研究における結果の再現性　89

## 第2章　リサーチ・クエスチョンの設定 …… 92

- 1 質的研究のリサーチ・クエスチョン　92
  - 1.1 量的研究では得られない知見を得る　92
  - 1.2 「どうなっているか」と「どうすればいいか」　93
  - 1.3 「記述的問い」と「処方的問い」　95
  - 1.4 処方的問いを記述的問いに書き直す　96
  - 1.5 記述的知見・理論から処方的知見・理論を得るには　96

- 2 リサーチ・クエスチョンの評価　98
  - 2.1 リサーチ・クエスチョンの評価規準としての FINER クライテリア　98
  - 2.2 論文化された研究の評価への FINER クライテリアの適用　99
  - 2.3 F, I, N, E, R を各要素のバランスの検討のために使う　100
  - 2.4 研究者の専門性とリサーチ・クエスチョンの関係　103

## 第3章　研究デザイン ……………………………………………… 105

### 1　質的研究の研究デザイン　105
- 1.1　質的研究に類型はあるか　105
- 1.2　研究プロセスの非定向性――質的研究の循環的なプロセス　106
- 1.3　質的データを採取して分析すればすべて質的研究と呼べるか　108
- 1.4　介入の効果や経験の影響を検証する質的研究はできるか　110
- 1.5　研究の規模――どんな大きさの研究をするべきか　113

### 2　質的研究のためのガイドライン　115

## 第4章　データ採取 ……………………………………………… 117

### 1　質的研究の研究参加者　117
- 1.1　研究「対象者」から研究「参加者」へのパラダイムシフト　117
- 1.2　研究参加者の主体性の尊重　120
- 1.3　研究参加者の保護の優先性　121

### 2　観察やインタビューの中立性の再考――観察の理論負荷性　122

### 3　サンプリングとサンプルサイズ　124
- 3.1　サンプリングの類型　124
- 3.2　サンプリングと「理論的飽和」の問題　126
- 3.3　サンプルサイズと知見の一般性の検討　128

### 4　観察と観察記録　133
- 4.1　参加観察と非参加観察　133
- 4.2　観察時に注意すべきこと　135
- 4.3　観察記録の書き方　137

### 5　個別インタビュー　138
- 5.1　個別インタビューの類型　138
- 5.2　インタビューガイドの十分な検討とそれに拘束されないことの重要性　141
- 5.3　インタビューの導入の重要性――きっかけを開くことば　141
- 5.4　インタビューでは聴き取れない発話や理解できない内容を残さないこと　143
- 5.5　インタビューの文字起こし作業と録音を繰り返し聴くこと　144
- 5.6　誰がインタビュイーとして適しているか　146
- 5.7　インタビューによる子どもからのデータ採取　150

### 6　フォーカス・グループ　152
- 6.1　フォーカス・グループの機能と意義　152

6.2　フォーカス・グループと他のデータ採取方法との組み合わせ　154
　　6.3　グループの構成　156
　　6.4　グループの人数　156
　　6.5　フォーカス・グループのための専用施設　157

7　文書研究・文書分析　157

　　7.1　文書研究，文書分析，質的文書分析　157
　　7.2　文書研究・文書分析のメリットとデメリット　158
　　7.3　実際の文書研究・文書分析の例　158
　　7.4　文書研究・文書分析についてその他　161

8　人工物研究・人工物分析　162

9　アートを用いたデータ採取　163

# 第5章　データ分析　165

1　カテゴリー分析（テーマ分析）とシークエンス分析　165

2　分析的枠組みとしての概念的・理論的枠組みの適用　166

　　2.1　分析的枠組み（概念的・理論的枠組み）とは何か　167
　　2.2　概念的・理論的枠組みを分析にどう利用するのか　169
　　2.3　できるだけ近い研究領域からの概念的・理論的枠組みの採用　169
　　2.4　研究者の研究的背景領域からの概念的・理論的枠組みの採用　170
　　2.5　複数の概念的・理論的枠組みを同時に利用することについて　171
　　2.6　採用すべき概念的・理論的枠組みはどの時点で決定されるのか　173

3　質的データ分析手法の必要性　174

　　3.1　質的データ分析に必要な省察可能性と反証可能性　174
　　3.2　標準化コーディングと生成的コーディング　176
　　3.3　グラフィカルな質的データ分析　177
　　3.4　インタビューと発話の解釈――発話に含まれる無自覚や自己欺瞞の可能性　184
　　3.5　氷山の一角としてのインタビューの語り　185
　　3.6　メンバー・チェッキングの可能性の問題　187

4　「分析の妥当性を高めるためのスーパービジョン」の問題　188

　　4.1　そのスーパーバイザーの資質，経験，能力と具体的関与が不明である　189
　　4.2　それは研究組織の秘匿（ゴースト・オーサーシップ）に相当する　190
　　4.3　質的研究は権威を肯定しない　190
　　4.4　そう書かなければならない本当の理由は何か　191

## 第 6 章　理論化とモデル化 … 193

1　質的研究における理論化　193
2　質的研究におけるモデル化　195

## 第 7 章　質的研究の結果の表象 … 197

1　質的研究論文のタイトル　197
 1.1　修辞的でプレイフルなタイトル　197
 1.2　名句のもじり（パロディ，本歌取り）によるタイトル　198
 1.3　インタビューでの発話の引用によるタイトル　200
 1.4　質的研究論文のタイトルと「読む人の心を動かす力」　201
2　質的研究論文の執筆形式（IMRaD と質的研究）　202
3　Reflexivity の記述　203
4　アートを含む多様な表象　204

## 第 8 章　質的研究の研究倫理 … 207

1　研究倫理への深い配慮の必要性　207
2　「研究参加しないことは不利益にならない」という説明の問題
　　——研究倫理は研究デザインで保証する　208
3　教育研究に合った研究倫理はあり得るか　212
4　研究参加者名の実名表記について——実名表記と匿名表記の判断　214
5　研究参加者がインフォームド・コンセントを超えるデータ採取を望んだら　216
6　質的研究における研究参加の同意の撤回について　218
 6.1　量的研究と質的研究における同意の撤回の意味の違い　219
 6.2　この問題の解決方法はあるか　225
7　解釈的な研究と研究倫理　226
8　データの改ざんとねつ造は何をもたらすのか　229
 8.1　質的研究におけるデータの改ざんとねつ造の容易さ　229
 8.2　質的研究を非科学にする　229
 8.3　研究参加者が読者となったときに気がつく可能性がある　230
 8.4　さらに深い分析とそれによる発見の機会を失わせる　231

# 第9章　質的研究に関するその他の問題と課題 ……………… 233

1. さまざまな質的研究手法の使い分けは可能か　233
    1.1　唯一のパラダイムに依拠する量的研究　234
    1.2　多様なパラダイムに依拠する多様な質的研究　235
    1.3　1人の研究者の認識論と研究パラダイム　236
    1.4　研究者の研究的習熟──サイエンスでありアートでもある質的研究　237
2. 教育実践研究と質的研究　239
    2.1　実践者にとって質的研究が着手しやすく見えることについて　240
    2.2　実践者にできる簡単な質的研究の方法はあるか　241
    2.3　実践報告と実践研究の違いの認識の必要性　241
    2.4　教育研究における「説明と同意」はどのような場合に必要か　243
3. 量的研究手法と質的研究手法の併用　245
    3.1　mixは研究の量的部分と質的部分のそれぞれに何をもたらすか　245
    3.2　潜在的だが重要な概念「規模」　246
    3.3　質的研究は何人でするべきものか　247
4. 「定性的・定量的」という表現について　247
5. 質的研究とエビデンスレベル　249
6. 質的研究に関する諸概念・言説をその歴史的文脈において理解する必要性　250
7. プログラムやシステムの開発と評価における質的研究の有効な活用の可能性　252
    7.1　シーズ・プッシュからニーズ・プルへ　253
    7.2　実験的妥当性の重視から生態学的妥当性の重視へ　253
    7.3　成果productに焦点化した評価から経過processに焦点化した評価へ　254
    7.4　「目標にとらわれない評価」の必要性　254
    7.5　プログラムやシステムに関わる「人間」研究の必要性と可能性　255
8. 質的研究のために研究者が備えておくべき知識，理解，能力とは何か　256
    8.1　研究対象についての深い研究的理解　256
    8.2　研究テーマの近接領域，関連領域，まったくの他領域の文献等の把握　256
    8.3　人間に対する理解と共感　257
    8.4　自己省察と自己受容　257
    8.5　言語的な能力──とくに母語の能力　260
    8.6　ことばに対する尊重，謙虚さ，深い関心　261
    8.7　日常的な言語化の習慣　263
    8.8　造語メカニズムを意識した言語使用の日常的習慣　265
    8.9　量的研究手法を学び経験しておくことの重要性　267

## 第 II 部　SCAT による質的データ分析

### 第 10 章　SCAT とは何か ……………………………………………… 270
――その機能と意義――

1　SCAT とは何か　270
2　SCAT の機能と特徴　273
3　諸刃の剣としての SCAT　273
4　質的データ分析手法としての SCAT の意義　275

### 第 11 章　SCAT による分析 ……………………………………………… 278

1　SCAT のフォームを準備する　278
2　テクストをセグメント化してテクスト欄に記入する　280
3　コーディングの前にテクスト（データ）をよく読む　281
4　〈1〉の「テクスト中の注目すべき語句」を書く　286
5　〈2〉の「テクスト中の語句の言いかえ」を書く　287
6　〈3〉の「左を説明するようなテクスト外の概念」を書く　290
　6.1　付したコードが別の部分にも付せないか検討する　291
　6.2　付したコードの関連語や類義語を検討する　292
　6.3　付したコードの対立概念を別の部分に探して変化や対照を把握する　292
　6.4　付したコードに関連する既存の専門的概念の構造を参考にする　293
7　〈4〉の「テーマ・構成概念」を書く　294
　7.1　〈4〉は必ず名詞あるいは名詞句で書く　295
　7.2　〈1〉〜〈4〉を一言で言えば　300
8　分析的枠組み（概念的・理論的枠組み）の利用とその際の注意点　300
9　〈5〉の「疑問・課題」を書く　307
10　「ストーリー・ライン」を書く　308
　10.1　ストーリー・ラインとは何か　308
　10.2　SCAT のストーリー・ラインは〈4〉のコードをすべて使って書く　308
　10.3　必要な場合だけ主語等を最小限に補う　312
　10.4　接続詞等を積極的に補う――概念間の関係性を同定する　314
　10.5　コードの間の明確な関係性は新たなコードとして〈4〉に書く　314
　10.6　ストーリー・ラインには〈4〉のコードを一字一句変えないで書く　315

10.7　SCATにおける脱文脈化と再文脈化　317
10.8　ストーリー・ラインにはテクストのできごとの深層の意味を書く　319
10.9　ストーリー・ラインの記述で初めて構成され明らかになる意味　320
10.10　分析の途中でストーリー・ラインがうっすらと見えてきても　320

### 11　「理論記述」を行う　323
11.1　「理論記述」とは何か　323
11.2　「理論記述」を行うには　324

### 12　「さらに追究すべき点・課題」を書く　327

### 13　その他の分析例　329
13.1　SCATでの分析例B「ある女性の転職キャリアに関するインタビュー」　329
13.2　SCATでの分析例C「水彩絵の具についての語り」　332

## 第12章　SCATでの分析の参考のために　336
──SCATのTips & Pitfalls──

### 1　SCATのTips（コツ）　336
1.1　コードが思い浮かばなくても苦し紛れに適切でないコードを付けない　336
1.2　考えた複数のコードの間の微妙な違いを検討する　337
1.3　複合的な語を用いて可能な限りコードを特徴化する　338
1.4　概念を組み合わせた新たな概念を作ってコードにする　339
1.5　コードとしてメタファーやモデルを用いる　341
1.6　熟語や外来語でないことばも積極的にコードとして使用する　342
1.7　コードの出現頻度は問題ではない　343
1.8　コードとして複合的な概念を使うべきかそれを分解すべきか　344

### 2　SCATのPitfalls（落とし穴）　345
2.1　コードとして外見的・行動的なカテゴリーを付してしまう　345
2.2　コードとして一般化・普遍化した概念を書いてしまう　345
2.3　〈1〉から〈4〉へ向かって一般化あるいは上位概念化してしまう　346
2.4　〈4〉までコーディングを進めないうちにコーディングを止めてしまう　347
2.5　〈4〉に「文」を書いてしまう　347
2.6　〈4〉をすべて使わずにストーリー・ラインを書いてしまう　348
2.7　ストーリー・ラインにもとづかない理論記述をしてしまう　348

## 第13章　SCATのFAQ　349

### 1　コーディング以前に関するFAQ　349

  1.1 SCAT を使った分析を「SCAT 分析」と呼ぶか 349
  1.2 SCAT を使うのに講習を受けるなどの条件があるか 349
  1.3 SCAT には分析のためのパソコン用ソフトウェアがあるか 350
  1.4 SCAT は独学でも分析できるようになるか 350
  1.5 SCAT で映像データを分析することはできるか 351
 2 コーディングに関する FAQ 352
  2.1 〈1〉に書き出すかわりにテクストに下線を引いても良いか 352
  2.2 SCAT のマス目を縦や横に連結しても良いか 352
  2.3 SCAT の行を縦方向に並べ替えて良いか 353
  2.4 語られなかったことや観察されなかったことをコードにして良いか 353
  2.5 どれくらいの深さまで解釈してコードを付して良いのか 355
  2.6 SCAT では母語以外によるデータをどう分析すべきか 357
  2.7 SCAT での分析中に概念図などを描くことは有効か 358
  2.8 比較的大きなデータの分析は SCAT でどのように行えるか 360
 3 ストーリー・ラインに関する FAQ 362
  3.1 〈4〉に複数回書いたコードはその回数だけストーリー・ラインに書くのか 362
  3.2 〈4〉に出現した順番で〈4〉のコードを書くのか 363
 4 分析結果に関する FAQ 364
  4.1 分析結果をサブカテゴリー，カテゴリー，コアカテゴリー等に階層化して良いか 364
  4.2 異なる分析者による分析結果を突き合わせることに意味はあるか 365
  4.3 SCAT による複数のデータの分析結果をどうまとめるべきか 365

## 結語にかえて 369

 1 研究領域を超えた世界共通の研究言語としての質的研究 369
 2 研究対象となる人々と社会の理解のために 370
  2.1 ある研究プロトコル 370
  2.2 質的研究は社会を変えるのかそれとも研究者を変えるのか 371
  2.3 質的研究者のとるべき姿勢 372
  2.4 質的研究の therapeutic な特性 373
  2.5 ではこのテーマではどうすれば質的研究として成立し得るのか 374

  謝　辞 377  文献リスト 381  図表一覧 395  索　引 397

# はじめに

> ぼくがこんなふうに，B-612番の星の話をして，その番号までもち出すというのも，じつは，おとなの人たちがよくないからです。おとなというものは，数字がすきです。新しくできた友だちの話をするとき，おとなの人は，かんじんかなめのことはききません。「どんな声の人？」とか，「どんな遊びがすき？」とか，「チョウの採集をする人？」とかいうようなことは，てんできかずに，「その人，いくつ？」とか，「きょうだいは，なん人いますか」とか，「目方はどのくらい？」とか，「おとうさんは，どのくらいお金をとっていますか」とかいうようなことを，きくのです。そして，やっと，どんな人か，わかったつもりになるのです。
> （中略）
> だけれど，ぼくたちには，ものそのもの，ことそのことが，たいせつですから，もちろん，番号なんか，どうでもいいのです。
> ——サン＝テグジュペリ著　内藤濯訳『星の王子さま』より

　近年，あらゆる領域で，質的研究ということばが人々の口に上っているし，質的研究に関連する多くの書物や論文が発表されている。したがって，本書を手に取る多くの人にとって「質的研究」ということばは，決して初めて見るものではないだろう。

　しかしこのことばを初めて聴いたとき，どのように感じただろうか。人文科学や社会科学の多くの研究者や学生は，「いまさら質的などと言わなくても，研究というのは本来，質的に実施するに決まっているではないか」と思ったかもしれない。しかし逆に，科学，工学，そして医療系などの理系の領域の研究者や学生は，「いったいどうやったら，質的に研究することなどできるのか？」と思ったかもしれない。このように，質的研究は，その名前がよく知られるようになったほど，その内容が知られているわけではない。

　本書は，特定の領域における質的研究について解説したものではない。とはいえ，筆者の研究的背景や研究経験上，次のような人が読者として想定されている。それは，「質的研究」を自覚的に実施してきた，あるいは実施しようとしている研究者や学生，今日的な意味での「質的研究」ではなく，非量的な研究が伝統的になされてきた教育学などの領域の研究者や学生，医学や医療専門職教育の研究者，日常の職務から研究すべき課題を見いだしている医師，歯科医師，看護師，薬剤師などの

医療専門職，その他，人間が人間に働きかけるような営みと，その研究（本書では，それらを「人間科学」と呼ぶことにする）を行う人々である。

　また，想定する読者の中には，質的研究を実施したいと考えている量的研究者も含まれている。筆者は幸いなことに，質的研究を始めた1991年頃から，質的研究について量的研究者に話し，量的研究者と議論するたくさんの機会に恵まれてきた。そのため，質的研究者には比較的珍しく，量的研究者が質的研究を理解するときに何が障害になるのかについて，さらに言えばそもそも，量的研究者が質的研究に対して抱く疑義・疑念についても，理解する機会に恵まれてきたと考えている[1]。そしてむしろ質的研究に関するそのような疑義・疑念を自らに問い，検討することで，質的研究に対する認識を少しずつであるが深めようとしてきた。

　本書は，そのような多様な読者を想定し，1人の研究者が質的研究を実施する際に問題となるさまざまなことについて，順番に取り上げていく形で書いている。ところで，「1人の研究者が質的研究を実施する際に問題となるさまざまなこと」とは，いったいどのようなことであろうか。これについて，量的研究と比較して考えてみると，量的研究の方法が高度に定式化・組織化されているのに対して，質的研究の方法は多様で個性的である。そのため，質的研究を実施する研究者は，研究のさまざまな局面で，「どういう方法でデータを採取すべきだろうか？」「どういう方法でデータを分析すべきだろうか？」という疑問とともに，「こういう方法でデータを採取していいのだろうか？」「こういうふうにデータを解釈していいのだろうか？」などと悩むことになる。またそれ以前に，「そもそもこういう研究をしてもいいのだろうか」と悩むことさえある。それはたとえば，「たった1人のインタビューを対象とした研究」，「自分の家族（子や夫など）を対象とした研究」，さらに「自分自身を対象とした研究」などである[2]。

　そのようなとき，同様な先行研究があれば，それを評価しながら，自分がそれを行うかどうかを検討すればよい。そして論文には，その先行研究を適切に引用すればよい。

　しかし先行研究が無かった場合，その問題の答えを得るための方法は1つしかな

---

[1] しかし本書は，次のような方々にも読んで頂きたい。それはまず，「質的研究とは何か怪しい感じがするが，うまく言えない。そもそも自分は質的研究の何を怪しいと思っているのだろうか」と考える量的研究者である。そのような方には，質的研究に感じている怪しさを，そのような方の立場でいったん言語化した上で，それに応えることになるだろう。

[2] こういった問題についても，読者が自立して考えられるようになることを，本書はめざしている。

い。それは、「質的研究とは何か」という原点に返って、それらを検討することである。

たとえば、質的研究も量的研究と同様に客観性を重視するものだと考えるなら、客観性の無い研究方法を採用することは意味がない。そして量的研究にとって、客観性を担保する代表的な手段の1つは、適切なサンプルサイズの設定であろう。だから、質的研究でも同様な方法で客観性を担保しなければならないとするなら、n＝1（観察やインタビューの対象が1人だけ）の研究はしてはいけないということになる。また、自分の家族やましてや自分自身は客観的検討の対象ではなく主観的理解の対象であると考えるなら、自分を対象にした研究は主観的なものとして排すべきだということになる。それにもかかわらず、このような研究は実際に成立しており存在している[3]。だとしたら、考えられることは3つしかない。1つめは、質的研究は客観性が必要ない研究なのだと考えることである。2つめは、質的研究でも客観性は必要であるが、量的研究とは異なる方法でそれを担保するのだと考えることである。3つめは、そのどちらでもなく、n＝1の研究や自分自身を対象とする研究は、本来は実施してはいけない間違った研究なのだと考えることである。

このような問題は、いったんある研究を開始した後で、データの分析のさまざまな局面でも起こる。たとえばあるインタビュイーがこう言ったとする。「子どもと教師の間に機械を介在させることは、教育を非人間的なものとしてしまうから、コンピュータの教育利用には反対だ。」しかし分析者は、慎重な分析の結果、次のような結論に至る。「このインタビュイーは、本当は授業でコンピュータを利用したいのだが、コンピュータが苦手でうまく使うことができないので、それを隠すためにそう言っている。そしてそれは、自分自身も気がついていないため、決して意図的に嘘を言っているわけではない。」つまり分析結果は、そのインタビュイーが言っていることとは逆である。そのため分析者は、「分析とは、あくまでデータにもとづいて行うべきなのに、インタビュイーの意図に反するような、このように踏み込んだ解釈をすることは許されるのか」と悩むことになる。しかしそのような解釈が許されるか許されないかの答え[4]を得るには、「そもそも質的研究における分析

---

[3] n＝1の研究として、安藤（2014）、山元（2017）など、自分自身を対象とした研究として、近藤（2016）、神原（2016）などがある。
[4] 気の早い読者のために、ここであらかじめ簡単に答えを書いておくと、それが許されるか許されないかは、一律に決まるのではなく、それぞれの質的研究の依拠するパラダイムによる。これについては第1章1節を参照。

とは何か」,そしてそれ以前に,「そもそも質的研究におけるインタビューとは何か」,という本質的な問いに帰って検討する以外に方法はない。だからこそ,筆者による質的データ分析手法SCATのワークショップは,単独では行わず,必ず質的研究のセミナーと一緒に開催している[5]。

　ところで,後述のように筆者は1991年頃から,教育におけるテクノロジー利用についての質的研究を行ってきた。それは教育工学という量的・実証的研究者らが中心となる世界でなされてきた。そして2005年頃からは,医学教育研究(歯科医師教育,看護師教育,薬剤師教育などの医療専門職教育を含む)と臨床研究の世界で,量的・実証的研究の背景を有する方々と,質的研究について交流してきた。筆者は元々,社会科学系の研究者であるから,その立場で質的研究を考えることは本来的な仕事である。しかし量的・実証的研究者との交流で,質的研究について説明をし,そこで量的研究者から,疑義,疑念,また鋭い反論を受けてきた。それらは筆者に,質的研究を量的研究の観点から相対化する機会を与え,「研究とは何か」についての,量的研究と質的研究とを包括したメタ的な考察を行うことを迫ってきた。

　また筆者は2007年に,本書第II部で解説する質的データ分析手法「SCAT」を開発してから,これまで,質的研究のセミナーとSCATのワークショップを数多く実施してきた。そして近年は,医療研究や医療者教育研究における質的研究のプロトコル(研究計画書)作成,つまり質的研究をデザインするセミナー・ワークショップも実施してきている[6]。そこでは,参加者に必ず事前アンケートに答えて頂き,量的研究と質的研究の経験をたずねるとともに,質的研究一般に関する疑問と,参加者自身の領域での質的研究に関する疑問を書いてもらっている。筆者はそれを読んでからセミナーやワークショップに臨むが,筆者の担当するセミナーやワークショップは,これまでのこのようなたくさんの疑問や質問にもとづいて構成されているので,その答えとなる内容のほとんどは,その中にすでに含まれているし,そしてもし,それらがセミナーやワークショップの内容として含まれていなければ,その中にその問いや答えが含まれるように毎回の準備をする。そのため,そのような疑問や質問の多くは,セミナーやワークショップを通じて,参加者が自ら解決す

---

[5] ただしきわめて限定された集団(たとえばある医学部のある医局内など)に対しては,質的研究のセミナーを事前にe-learningで学習することを前提として,SCATのワークショップをしたことがある。

[6] これ以外に近年,医学教育研究等における研究倫理についてのセミナー・ワークショップも担当することがある。

ることになる。つまりそのアンケートは，参加者が，自分の疑問を明確にしてセミナー・ワークショップに臨むための自己省察と事前学習の機会にもなっている。

　しかしなかには，それでは解決できず，最後にそれを取り上げて解説しなければならないこともある。そのような疑問や質問については，セミナーやワークショップの前にあるいはそれらの中で，質問者に，その質問の意味や背景を確認することもある。それらの疑問や質問の中には，筆者が予測もしなかったもので，かつ質的研究の本質に迫るような有意義なものが含まれることが多い。経験を経るにつれて，初めて出会う疑問や質問は少なくなったが，それでも，数回に1回，そういうものに出会い，それについて筆者も悩み，種々検討した結果を参加者全員と共有する。そのような経験の蓄積は，質的研究者かつ質的研究方法論研究者としての筆者にとって，かけがえのない財産である。

　本書はそのような経験の蓄積にもとづいて執筆されている。その意味で本書には，質的研究を行おうとする多くの方々の疑問や悩み，そして量的研究者や量的研究と隣接する領域の研究者の，量的研究との異同などについての疑問や悩みが反映されている。（そのため医療系の概念の使用や文献の引用がやや多くなっているが，それは非医療系の読者の理解の妨げにはならないように最大限注意して執筆している。）

　本書を執筆する上で筆者が心がけたのは，読者の手元にはないような書籍からの，読者が消化しきれないほどの大量の引用にもとづく，衒学的な解説書にならないようにすることである[7]。その理由はいくつかある。まず，そもそも筆者はそのような碩学ではない。また，本書の第II部でSCATについて解説する必要があるため，あらゆる点を網羅したような包括的な質的研究の解説書ほどの紙幅を有さないという物理的制約もある。

　しかしもう1つには，本書の対象とする読者として，量的研究者や，医療系専門職やその大学院生や学部生なども想定されており，それらの人たちの多くは，人文科学的，社会科学的な難解な概念を示されることには抵抗があることを，筆者は理解しているからである。そして同時に，明晰で具体的で説得性のある内容を，平易なことばで適切な比喩などを用いて示せば，それらの人たちの多くは，自分の立場から質的研究を本質的に捉えられるようになることも，筆者は経験を通して知っている。じっさい，そのように学んだ医学部の学部生が，研究発表で，フロアの経験あ

---

[7] そのために，引用が必要な場合は，できる限り読者がインターネット上で取得できるようなPDFが公開された文献を示す方針である。

る量的研究者や座長（司会者）からの質的研究に対する質問に，驚くほど見事に答えた例をいくつも知っている。筆者は，そのような経験を通して，質的研究の本質的な特性は，いくらでも平易に伝えられるという確信を有することになったし，そのことにつねに努めなければならないと考えてきた[8]。論文とちがってセミナーやワークショップでは，多量の引用によって裏付けをすることにはあまり意味がなく，端的で明晰で了解可能な説明こそが参加者を納得させる。したがって，本書をぜひ，読者自身の質的研究に関する疑問に照らしながら読んで頂きたいと考えている。

　なお，質的なデータを扱うが，人間の人間に対する働きかけという営為を直接には扱わず，文化や習俗の記述を主たる目的とし，そのための独自の伝統的な研究手法とその表象の手法を確立しているような領域，たとえば文化人類学などの領域では，自分たちの研究を質的研究とは呼ばないし，自分たちを質的研究者とは呼ばないのが普通であると思う。もちろんそのような研究者にとっても，本書から得るものはあるはずである。しかし本書は直接には，そのような領域の研究を対象とするものではないことを断っておく必要があろう。また，質的研究には，本書に比して，より先鋭的なパラダイム（認識論や価値観）にもとづくもの（後述の「質的研究スペクトラム」の最も右端に位置づくもので，フェミニスト理論，批判的人種理論，クイア理論など）もあるが，本書では，それらを直接には扱わず，いくつかの註で触れるにとどめる。

　なお本書は，筆者の上記のような量的研究者との研究交流の背景から，量的研究に理解のある読者には，できるだけ，それが妨げではなくむしろ助けとなって質的研究を理解できるように記述している。したがって質的研究に関心をもつ量的研究者も，大きな抵抗なく読めると考えている。本書はこのように，特定の領域の研究者や実践者を想定した，限定された専門職を対象としたものではない。そのことが，本書に「間口の広さ」と「敷居の低さ」を与えているとしたら，それこそが本書の存在意義であると考えられる。そのため，本書はぜひ，頭と体をリラックスさせて読んで頂きたい。そのことを通して本書は，質的研究者にとっても量的研究者にとっても，量的な研究と質的な研究とを相対化した，研究についての包括的な認識をもつきっかけとなるはずである。

---

[8] 筆者のこのような考え方は，「科学のどのような概念でも，知的性格をそのままに保って，発達のどの段階のどの子どもにも効果的に教えることができる」というブルーナー（1986）のモデルと類似性がある。筆者は上記のような経験だけでなく，学生時代に学んだこのようなモデルを合わせて，上記のように考えているのかもしれない。

## 本書の著者の研究的背景

　質的研究では，reflexivity（反射性，反映性，再帰性）を重視することが求められる。これは，研究者自身の持つ特性が研究に反映することを意味している。それは，理論化の時に生じるかもしれず，その前の分析の時に生じるかもしれず，さらにその前のデータ採取の時に生じるかもしれず，それ以前に研究デザインや，そもそも研究テーマの設定の時に，すでに生じているかもしれない。そのため，これは論文に記述するべきであって，じっさい，後述する質的研究の報告基準 SRQR でも，Methods に Researcher characteristics and reflexivity（下線引用者）を記述するべきだとしている。それは，その論文の読者に対して，その主題やその研究参加者に対する論文著者の背景を示すことで，その著者がその主題やその研究参加者の提供した情報を，どれほど妥当に扱える可能性があるのか，またその主題や研究参加者にどのようなバイアスを持っている可能性があるのかを，読者が批判的に検討・評価できるようにするためでもある。これは，その研究の「反証可能性 falsifiability」（第1章1節で後述）を高めることになる。しかしそれは同時に，その主題や研究参加者に対する論文著者自身の背景を論文著者自身が言語化し対象化することで，自身がその主題や情報をどれほど妥当に扱える可能性があるのか，またその主題や情報にどれほどバイアスを持っている可能性があるのかを，論文著者自身が検討するためでもある。それは，その研究の「省察可能性 reflectability」（第5章3節で後述）を高めることになる。そのため筆者は大学院生の博士論文執筆を指導する時には，論文の背景として，その研究主題や研究対象となる人たちについて，論文執筆者がどのような経験を有しているか，またその研究の研究参加者との間にどのような関係性があるかを必ず書くように指示している。

　そこで本書でも，質的研究に関する筆者自身の経験を記しておく必要があると考える。このような内容は，学術書であれば，通常は単なるエピソードとして，「あとがき」などに短く述べられるものだと思うが，上記の理由から，本書ではあえてここに述べておきたい。ただし読者が円滑に読めるように，専門的な内容は註に記し，その概要をできるだけ簡潔に述べることに努める。しかし，それでもなおそのことに関心を持たない読者は，この部分を読むのを先に延ばし，本書の記述に疑義

を感じたときに，その背景としての著者のバイアスを探すなどのために，ここに戻って読んで頂いてかまわない。

筆者の専門は教育学である。筑波大学大学院では，スイスの教育者ハインリッヒ・ペスタロッチの「直観」の概念について学び，その後，マルティン・ハイデッガーの存在論をドイツ語の原書で読んで学んでいた。このハイデッガーの原書講読は，筆者の指導教員の，他に例を見ない独特の方針で，その教員のゼミではなく，筆者自身のゼミと位置づけられ，受講者による輪読ではなく，筆者が毎回担当していた。この担当には，筆者はそれまで無かったほどの努力を注いだ。その後，まったくの転身のように見えるかもしれないが，コンピュータを学ぶために学術情報処理センターで半年ほど研修を受けた。そこでは大型計算機を科学技術計算用コンピュータ言語であるFORTRANで使った。このセンターは学術情報データベースのセンターでもあり，そのデータベースを用いた計量書誌学bibliometricsの研究もした[1]。また，このセンターが力を入れていた，小学校でのクラスルームCAI（Computer Assisted Instruction）の研究のための作業にも，少しだが参加させて頂いた。

その後，1979年に就職して長崎大学教育学部附属教育工学センター[2]の教員となった。この時点から筆者の専門は，ゆるやかながら，基本的に「テクノロジーの教育利用についての研究」となった。

当時このセンターには，TOSBAC-40というミニコン[3]が3台あった。これには16進数で入力するキースイッチ，紙テープ入力装置，カードリーダ，ラインプリンタなどの周辺装置があり，それらを使った。また，カードをパンチするためのカードパンチ機があった。

この頃から徐々にパソコンが実用化され，それら[4]を使ってさまざまな教材開発などを行った[5]。また，音楽科教育の研究支援を行い，パソコン[6]を用いて，音楽

---

[1] 大谷　尚 (1980)「教育学学術文献情報に関する研究―ERICを用いたビブリオグラフィックな調査―」『長崎大学教育学部教科教育学研究報告』3. 257-267
[2] このセンターは後に「教育実践研究指導センター」に改組された。
[3] TOSBAC-40は，1台で箪笥一棹ほどの大きさのもので，それが3台あった。それは，大学と離島等とを結んで学習反応データを分析する大がかりなプロジェクト「NIGHTシステム」のために導入されていたが，当時の長崎大学では最も進んだ機種で，大学本部にあったものより高性能だったため，本部の事務職員がそれを使って全職員の給与計算も行っていた。なお当然ながら今日のパソコンに比べてはるかに低い性能だった。なおNIGHTとは，長崎Nagasaki，壱岐Iki，五島Goto，平戸Hirado，対馬Tsushimaの頭文字である。
[4] Commodor PET2001，NEC PC-8001，Texas Instruments TI-99，Hitachi Basic Master等である。

科の教員のための読譜指導の評価システムを開発した[7]。さらに，就職当初から，附属学校での授業を継続的に観察していたが，NEC N5200 という，漢字が使え，しかも漢字を1文字ずつではなく熟語で入力できる，当時としては希な機能を有したオフィス・コンピュータ系のパソコンを用いて，授業逐語記録を入力して分析する研究を開始した[8]。

　ところでこのセンターには，教員や，教員に指示された学生からの，統計処理についての相談がしばしば寄せられた。そのほとんどが，「卒業論文のために採ったデータを処理したが検定をしていない。卒論発表会の記録を読むと，指導教員以外の先生から「検定をしたか？」という質問が出ることが分かったため，検定をしたいので教えてほしい」というようなものであった。筆者は学部，大学院を通じて統計学は履修していなかったが，当時長崎大学の教養部に所属していた統計学のT先生に指導を受けながら勉強し，それに対応した。

　なお，当時の教育工学では，工学主義的なロジックが当然のように語られていたが，筆者はそれに対する深い疑問を持っていた。たとえば，「プログラム学習の教材は開発するのに大変な時間がかかるが，できた教材を多くの学校で交換，共有して使うことで，開発にかかった時間はその学校数で割った時間だと考えることができる（通常の10倍の時間をかけて開発した教材でも，10校で使えば10倍÷10校＝1となり，通常の教材開発と同じ時間でできたことになる）」や，「コンピュータの教育利用は教師と子どもとの間にテクノロジーを介在させるので人間的な教育ができなくなるという指摘があるが，コンピュータの教育利用によって浮いた時間を教師は子どもとの接触に使うことができ，人間的な教育が実現できる」などの言説であ

---

[5] 大谷　尚（1982）「パーソナルコンピュータを用いた音の機能を持つCAIシステム―算数モジュール教材の開発―」『日本教育工学雑誌』7. 87-97
[6] OKI if800 というディスプレイとプリンタの一体化された実用的な機種。
[7] 大谷　尚（1982）「読譜指導のためのCMIシステムの開発―教育情報処理の具体的検討―」『長崎大学教育学部教科教育学研究報告』5. 223-238
　大谷　尚（1984）「パーソナルコンピュータを用いた読譜指導のためのCMIシステム―音楽的聴感覚調査とそのフィードバックシステム―」『日本教育工学雑誌』9. 71-86
[8] 大谷　尚／松原伸一（1984）「出現語の頻度分布にもとづく授業の特徴化について」『電子通信学会教育技術研究報告』ET84-8. 1-6
　大谷　尚（1985）「パーソナルコンピュータによる授業記録分析システムのデータ形式とデータ作成の効率化について」『長崎大学教育学部大学教育方法等改善研究プロジェクト報告書』181-191
　大谷　尚／八田昭平（1987）「コンピュータを用いた授業（逐語）記録の分析手法の研究」『日本教育工学雑誌』11（2/3）. 117-131

る。前者については，日本の学校の教師の授業はすぐれて個性的であって，〈じっさいには〉教材の交換や共有は普及しなかったし，後者については，コンピュータを導入した学校の教師で，以前より時間が自由になった教師など，〈じっさいには〉1人もいなかったのである。筆者はこれらを「教育工学における捕らぬ狸の皮算用理論（工学主義的誤謬 engineering-ist fallacy）」と呼んでいたが，このようなことに触れるにつけ，この〈じっさい〉を観察することと，その際にそこで〈じっさい〉を覆ってしまうような，支配的な言説とその背景としての文化を批判的に見ていくことの重要さを痛感していた。

その後，1989年に名古屋大学に移り，新設の教育情報学講座を1人で担当することになった。そこではまず，長崎大学で行った授業記録の分析をまとめたが[9]，その頃から，実際に教室に入って来るコンピュータが授業に与える影響を研究したいと考えるようになった。それは，後に筆者が観察に通うことになるN小学校のK教諭が筆者に語ったように，「コンピュータを導入した教室では，これまで起きていなかった，ありとあらゆることが起き」始めていた（大谷 1996）からである。一例だが，コンピュータに向かった授業では，一斉授業とは異なって，教師のコントロールを離れた子どもどうしの教え合いなどが起きており，児童・生徒どうしの関係性や教師と児童・生徒との関係性などの，教室の social structure が変わりつつあることを筆者は感じていた。

ところで，当時の授業研究には大きく2つの潮流があった。1つは教育方法学的なアプローチであり，授業逐語記録を作成し，それを詳細に分析するものである。もう1つは教育工学でなされていたアプローチであり，教授行動や学習行動のカテゴリー分析であった。

しかしながら，コンピュータに向かって学ぶ授業では，発話がほとんどなく逐語記録が作成できないため，前者のアプローチは採用できなかった。また，そのような授業では，教授行動のバラエティがほとんどないため，後者のアプローチも採用できなかった。

それでもそのようなことをなんとか研究的に扱う方法がないものかと探していると，「質的研究」というものがあるということを知った。そしてどうもそれは，観察やインタビューによる観察記録やインタビュー記録という「データ」を作成して，

---

[9] 大谷 尚（1989）「授業研究の一手法としての逐語記録に対する計量的な分析について」『名古屋大学教育学部紀要（教育学科）』36. 327-338

それをなんらかの定式的な手法で分析するものらしいと分かってきた。また，まさにコンピュータの教育利用を対象にそのような研究を行っている研究者が外国にいることも分かってきた。それで，国際交流基金から助成を頂いて，当時，コンピュータの教育利用について質的なアプローチで研究していたトロント大学のRonald G. Ragsdale教授のもとに客員研究員として1991-1992年の1年間滞在し，この方法について学んだ。そこでは，授業を一緒に観察に行き，記録を作成し，それにコードを付け，それを協同で分析した[10]。

帰国後，トロント大学で学んだ方法を，日本での自分の研究に役立てる努力をした。質的な研究には，研究対象となる組織や人々と研究者との関係性が大きく影響するが，北米における研究者と学校との関係性は，日本でのそれとは大きく異なっていた。たとえば日本では，大学から学校を訪問する研究者は，まず指導助言者として扱われるが，トロント大学のチームは，学校にとって，むしろ対等な訪問者という位置づけであった。そのため，トロントで学んだ方法をそのまま日本で適用することはできず，それをいわば「ローカライズ」する必要があった。その際には，研究方法をローカライズするだけではなく，むしろ初等中等学校と大学教員との関係性を，トロントで経験したそれのように変革していく必要も感じ，それにも努めた[11]。

それと同時に筆者が心がけたのは，量的・実証的研究者らとの対話であった。筆

---

[10] その際には，筆者のつたないいくつかの記録も，この研究チームのデータに加えて下さったことが大変嬉しかったことを覚えている。
[11] これは当然，地域にもよるのだと思うが，たとえば日本では大学教員が学校を訪問すると，しばしば玄関の前に旅館の歓迎看板のようなものが置かれ，「〇〇大学〇〇先生，御指導よろしくお願いします」のように書かれており，玄関を入ると下駄箱の番号1（多くは最上段の一番手前）からスリッパが出されて用意され，番号1は，そこから出したことを明示するかのように扉が開けたままになっている。その後，校長室に招き入れられてお茶とお菓子が振る舞われ，昼食時にはお寿司などを出して下さる場合もしばしばあった。なお，自家用車で訪問する場合は，駐車場も，たとえそこに水たまりがあってドアを開けると降りられない状態であっても，1番の場所が指定されることなどを経験している。質的研究では，不合理なことが起きているときには，そこにその共同体の成員にとってのなんらかの強い合理性があるからだと考えるべきだと学生には言っているが，水たまりがあるにもかかわらずあくまで1番の駐車場が確保されているということからも，当時の大学からの来訪者と学校との関係性が理解できる。筆者は，そのような関係性を変革すべく，学校を訪問する際は，上履きを持参して職員用の入り口から入ることを認めて頂いたり，昼食は弁当を持参したりして，筆者が観察者として，お客様でも指導者でもない関わり方を望んでいることを示そうと努めてきた。これは受け入れられたが，管理職の異動があると，新任の管理職が，それを元に戻そうとして，その学校の教員から，「これは先生（筆者）が研究のために望んでいることなのだから戻す必要はないのです」と進言されたりしていた。

者が活動していた日本教育工学会の会員は，工学や心理学をバックグラウンドとする量的・実証的研究者たちがほとんどであって，それらの人たちに対して，質的研究とはどういうもので，どういう意味や意義があるのかについて，説明を行うとともに，それらの人々からの疑問に答えなければならなかった。しかしこの仕事は，筆者にとってやりがいのある仕事であった。むしろ量的・実証的研究者からの疑問に答えるために質的研究について種々検討することは，筆者にとって，質的研究に対する理解を深める豊富な契機となった。さらに，量的研究について筆者自身が学ぶことで，質的研究を相対化することになった。このことは，のちに医療系の研究者や実践者たちに質的研究の紹介を行う際の重要な基盤になっていると考えている。

帰国してからは，上記のローカライズの仕事をしながら，コンピュータの教育利用に関する質的な研究を開始した[12]。また，これらの研究を通して，質的研究方法論とその意義の研究も行った[13]。なお，これらは質的研究に関連する科学研究費補助金の援助を受けて行われた[14]。

さらに，1995年から，質的研究のメーリングリストを主催し，現在も継続している。そこでのさまざまな議論から，質的研究について検討するいくつもの重要な

---

[12] 大谷　尚（1995）「コンピュータを用いた授業を対象とする質的研究の試み」『日本教育工学雑誌』18（3/4）.189-197

大谷　尚（1995）「学校教育におけるコンピュータ利用を対象とした質的研究のためのコードワードの機能と特性の検討」『名古屋大学教育学部紀要（教育学科）』42（1）.41-55

大谷　尚（1996）「コンピュータは教室に何をもたらすか―コンピュータを用いた授業を対象とした観察研究と分析の必要性―」日本教育方法学会編『戦後50年，いま学校を問い直す（教育方法25）』．明治図書．129-139

大谷　尚（1996）「学校教育におけるコンピュータ利用の特質，問題，課題の解明を目的とする質的観察研究―質的データ分析とその適用―」『日本教育工学会第12回大会講演論文集』（課題研究「教育工学の研究方法論［2］」）．237-238

大谷　尚（1997）「教育工学からみた質的授業研究」．平山満義編『質的研究法による授業研究―教育学・教育工学・心理学からのアプローチ―』第1章．北大路書房．123-181

大谷　尚（1997）「インターネットは学校教育にとってトロイの木馬か―テクノロジーの教育利用と学校文化―」『学習評価研究』29.42-49

大谷　尚（1997）「質的観察研究とその知見の一事例―教室における新しいテクノロジーの文化的同化の理論化―」『教育工学関連学協会連合第5回全国大会講演論文集（第一分冊）』（課題研究「教育研究方法論」）．37-40

大谷　尚（2001）「インターネットの教室利用をさまたげるものは何か―テクノロジー vs. 教授・学習文化―」『日本教育工学会第17回大会講演論文集』17-18

大谷　尚（2002）「教育工学の研究手法としての質的研究手法―Quantity of Learning から Quality of Learning へ―」『日本教育工学会第18回大会講演論文集』27-28

大谷　尚（2003）「質的研究と科学教育―質的研究は科学教育に何をもたらすか―」『日本科学教育学会年会論文集』27.35-38

機会を与えられた。

　また，2005-2006年に文科省の海外先進教育実践研究支援プログラムの援助を受けて，再びトロント大学に1年滞在することができた。その時には，13年前にトロントで学んでその後自分なりに発展させてきた質的研究を，最初にそれを学んだ場所でのその後の発展と突き合わせることに期待を持っていた。しかし質的研究方法論については，トロント大学にもあまり詳しい研究者はおらず，みな模索しながら研究を実施している様子を見た。総じて，博士論文のプロポーザルなどのさまざまな機会に，自分がその後学んできたことは間違っていないことを確認できた。また，大変ありがたいことに，そのことは周囲にも評価されていたという感じを持った。その例証の1つとして，カナダの学術雑誌から質的研究の投稿論文の査読を依頼されたことなどをあげることができるかもしれない。なお，日本にいれば文献でしか触れることのできないような，Art-based Study [15] などを含む，先進的で多様な質的研究の発展に触れることもできた。

　ところで，筆者が大学院で担当するゼミでは，当初から，テクノロジーの教育利用を対象として質的なアプローチで研究した書物や論文を深く検討していたが，2

---

[13] 大谷　尚（2005）「質的アプローチは研究に何をもたらすか」（大谷　尚／無藤　隆／サトウタツヤ「質的心理学が切り開く地平」）『質的心理学研究』4.17-28

　大谷　尚（2006）「教育と情報テクノロジーに関する検討―ハイデッガーの『技術への問い』をてがかりとして―」『教育学研究』173（2）別冊．14-28

　デンジン，N.K.／リンカン，Y.S.編．平山満義監訳　大谷　尚／伊藤　勇編訳（2006）『質的研究ハンドブック3巻　質的研究資料の収集と解釈』北大路書房

　大谷　尚（2008）「学校文化と「神神の微笑モデル」―テクノロジーと教授・学習文化とのコンフリクト―」．無藤　隆／麻生　武編『質的心理学講座』第1巻第9章．東京大学出版会．233-266

　大谷　尚（2008）「質的研究とは何か―教育テクノロジー研究のいっそうの拡張をめざして―」『教育システム情報学会誌』25（3）．340-354

　大谷　尚（2012）「教育学からみた教育工学」．日本教育工学会監修．坂元　昂／岡本敏雄／永野和男編著『教育工学とはどんな学問か（教育工学選書1）』第3章3.3．ミネルヴァ書房．90-104

[14] 1990-1991（代表：永野和男）：教育工学の学術的基礎づけに関する総合的研究

　1993-1994：学校教育におけるコンピュータ利用を対象としたエスノメソドロジカルな研究手法の開発

　1996-1998：学校教育におけるコンピュータ利用の特質，問題，課題の解明を目的とする質的観察研究

　1999-2001：学校教育におけるインターネット利用の問題と課題の解明を目的とする質的観察研究

　2000-2001（代表：岡本敏雄）：Post Modern Ageにおける教育工学研究の体系化に関する総合的研究

回目のトロントからの帰国後から，それをさらに進めて質的研究手法について指導するようになった。そこでは実際のデータの分析も試みた。しかし，あるとき，受講者たちがコーディングを難しく感じていて，どうやったら授業者である筆者のようにコードが付けられるのかを受講者専用のメーリングリストを立ち上げて論じあっていることを知ることとなった。そのため，初学者に分かりやすいコーディングと理論化の手法が必要であると感じた。そこで，受講者たちの疑問にヒントを得，筆者が自分でどのようにコーディングを行い，それにもとづいてどのように理論化を行っているかを省察的に検討して，それをいくつかのステップに分解し，明示的な手続きとして定式化したものを開発した。それが，本書第 II 部で紹介する質的データ分析手法 SCAT である（ただし開発後すぐに SCAT と名付けたわけではない）。この手法の開発の背景には，それまで筆者が質的研究をさまざまな機会に紹介しながらも，実際には質的な研究は簡単ではなく，それに向いていない人もいるというようなことを言わざるを得ないことに，どこか不合理さ，あるいは矛盾を感じていたこともあったのではないかと考えている。

　SCAT はこのように，当初は自分の指導する大学院生のために開発したものであったが，求められて何カ所かで紹介すると，それを使いたいという要望が寄せられたため，2008 年にそれを論文にした[16]。SCAT はその後，予想しなかったほど多くの研究に利用されることになるが，その理由として，SCAT には，開発者が開発当初には明示的に考えていなかったような優れた点がいくつかあり，しかもそれが，SCAT が量的・実証的研究者からも肯定的に受け止められる特長であるということも，徐々に分かってきた。

　なお，これは直接に質的研究とは関わりがないようにも見えるが，最初のカナダからの帰国後くらいから，教育情報学講座の助教授としてテクノロジーの教育利用

---

2002-2004：教育テクノロジーと学校文化の間のコンフリクトと交互作用に関する質的研究
2008-2010：教育テクノロジー（視聴覚教育，教育工学）を専門とする教師のライフ・ヒストリー研究
2011-2014：明示的手続きで着手しやすく小規模データに適用可能な質的データ分析手法の共有の研究
2014-2017：教育研究のための質的研究方法論としての授業研究の再構造化の試みとその課題の解明

[15] データ採取や研究結果の表象に芸術の方法を用いるもので，Art-informed Study とも呼ばれる。カナダではこれらの研究の生成過程に直接に触れた。
[16] 大谷　尚 (2008)「4 ステップコーディングによる質的データ分析手法 SCAT の提案―着手しやすく小規模データにも適用可能な理論化の手続き―」『名古屋大学大学院教育発達科学研究科紀要（教育科学）』54 (2). 27-44

を専門とするとみられていた筆者は，岡崎市や豊田市などの諸学校から，コンピュータやさまざまなメディアを用いた教育実践についての実践研究の指導助言者としての依頼を受けるようになった。単発的なものもあったが，それぞれの市で3年ほどの期間をかけて研究指定校として行われる教育実践研究に，その開始から最終の発表まで関わることも多くなり，とくに岡崎市では，大変幸運なことに，1つの中学校と2つの小学校に，それぞれ3年間，延べ9年間，関わりを持つ機会を得た。それらの中では，テクノロジーやメディアにはまったく関係のない授業実践の指導助言を求められることもあった。このようなとき，筆者がつねに心がけたのは，その教育実践の意味や意義を言語化して教師たちに伝えることであった。それは，教師が，その経験的な直観にもとづいて，せっかく有意義な実践をしていても，その本質的な意義や将来の発展性を言語化することは得意ではなく，せっかくの実践の豊かさが正当に評価されないことが多いと，筆者が強く感じたことによる。つまり筆者は，指導助言者というのは，その学校の教育実践の良いところを，教師に代わって言語化する責任を負うものだと考えていた。しかしこのためには，児童・生徒や教師の感情や思考，そしてその教育実践の意味や意義を，授業を見て短時間のうちに言語化して伝えることが必要になる。したがって，このような経験を通して，観察したことを言語化する訓練を続けていたのだと考えることもできる。

　また，筆者が，多数の観察記録やインタビュー記録からコードを抽出してそれをすべて合わせてしまう「非シークエンス分析」ではなく，ひとつひとつの観察記録や面接記録の単位で分析をする「シークエンス分析」に近い手法であるSCATを開発したのも，授業を1つの単位として見て，その流れを把握し，そこで起きていることを質的に分析して言語化してきたためであると考えている。

　以上は，筆者と質的研究との関わりの発端から現在までの道程だが，もうひとつ，筆者はその後，医学と医学教育，歯科学と歯科医学教育，看護学と看護教育，薬学と薬学教育など，医療系の領域での質的研究に関わりを持つようになった。そのことは，筆者の質的研究に大きな影響を与えていると考えられるので，それについても述べておく必要がある。

　筆者には，1998年頃を初めとして，医学の世界から，質的研究についての講演などの依頼が少しずつ来るようになった[17]。これは，欧米の医学研究の世界では，

---

17 それは，1998年6月の名古屋大学医学部老年科「医学特論」，2001年9月の名古屋―ミシガン・プライマリケアフォーラム，プレカンファランスセミナー「質的研究の実施の仕方」，2003年10月の日本補綴歯科学会学術大会・教育講演などである。

質的研究がしだいに重要視されるようになってきていて，米国に留学した老年科や総合診療科の医師などがそれに触れているのに，質的研究など日本では聴いたことがないし，それを理解する医学研究者はほとんどいないということから，医学を専門としない筆者に依頼が来たものであった[18]。

しかし直接にその研究に参加するようになったのは，2003年に始まる名古屋大学医学部総合診療科からの依頼であった。それは，欧米の雑誌に投稿する予定の医学教育の研究についての，研究デザインの段階からの相談であった。当時，筆者は，医学や医学教育の国際誌の論文に触れていなかったため，筆者が1991-1992年にトロントで学んでその後自分なりに発展させてきた質的研究についての認識が，欧米の医学や医学教育の雑誌の査読水準に適合するものかどうかまったく分からなかったが，研究デザインの段階から，注意深く，かつ効果的なデザインと実施が可能になるように援助した。その研究は実施され，最終的にヨーロッパの医学教育の雑誌に採録されたが，その際に，筆者が研究デザインの時に配慮したいくつかの点が査読者から評価されたことから，質的研究に対する筆者の認識が国外でも通用することを知った。この診療科からは，その後も同様な依頼があり，現時点で国際学術誌に採録された5件の研究に参加した。またその際の査読者とのやりとりなどを通して，欧米の国際誌での質的研究の査読水準等についても理解を蓄積することができた。

その後今日まで，同様の領域での質的研究の紹介や指導に関わることが増えたが，とくに，2009年からは，東京慈恵会医科大学での臨床研究を指導するプロジェクトに参加し，量的研究者と一緒になって主に質的な観点から臨床研究や医学教育研究に関わるようになった。このプログラムでは，量的な臨床研究について学んだ参加者から提出された研究計画を詳細に検討するため，非専門ながら量的な臨床研究についての理解が少しずつ深まり，質的研究を相対化する契機となっている。

なお，以上に述べたいくつかの要因は相互に関連していると考えられるので，それについても述べる。

まず，上記の研究をさらに遡ると，筆者は高校時代から物理学が好きだった。そのため講談社のブルーバックスなどをよく読んでいた。そこには，常識的な認識を

---

[18] 専門領域がまったく異なっていてもその情報を提供できると考えられる人物に躊躇なく依頼し，その人物を招くところは，医療系の積極的で先進的なところであると感じたが，この印象は，それ以来，今日まで変わっていない。

超えなければ理解できない量子力学なども含まれていた。たとえば量子力学では，素粒子がどこにあるかは確率としてしか与えられず，観測した瞬間にその位置が決まるとされる。ところで社会構成主義的な，あるいは解釈主義的なパラダイムに立てば，たとえばインタビューというのは，語り手が初めから話す内容を持っているのではなく，聴き手が語り手にあることを問い，語り手がそれに答えたときに創出されるテクストであって，それは共同構築的テクストと呼ばれる。インタビューを測定と考えれば，これは，測定した瞬間にその値が決まるのであるから，上記の量子力学の考え方と似ている。つまり筆者が社会構成主義的なパラダイムを抵抗なく受け入れることができたのは，異なる世界からのものではあるが，このような先行する類似のモデルを有していたからではないかと考えることができる。

また，筆者が博士課程でハイデッガーを学んでいたことは，筆者の質的研究にとって重要な現象学的な背景となっていると考えられる。筆者は多様な質的研究のパラダイムを認めているし，どのようなパラダイムを志向する研究者の役にも立ちたいと考えているが，個人的には，自分のそれは，現象学的解釈学のパラダイムに一番近いと考えている。また，筑波大学学術情報処理センターでプログラミングを学んだことは，解決すべき問題に対する手続きを解明して定式化し，それを問題に適用して解決する姿勢をもたらしたと考えられる。さらにそこで計量書誌学の研究に手を染めたことは，語や概念を計量して意味を見いだすことの可能性について気づかせたと考えられ，後の，コンピュータを用いた授業研究につながるものと思われる。

そして長く教育工学の世界に身を置いたことは，量的・実証的な研究と，その規範を理解することの背景となっている。そしてさらに，教育工学の世界で当時普及していた上記のような工学主義的なロジックに対する疑問は，〈じっさい〉を観察することと，その際にそこで支配的な文化を見ていくことの重要さについての認識を抱かせた[19]。

長崎大学時代に統計的検定などの相談に対応していたことは，推測統計学についての基本的な考え方とその現実的な応用についての知識を獲得する機会となった。

また，延べ2年にわたるトロント大学での滞在を通して，北米の質的研究の先端に触れられたことは十分意義があった。それだけでなく，そこで大学院生たちに，

---

[19] これについては，大谷　尚（1997）「教育工学からみた質的授業研究」（註12前掲）に詳述した。

研究手法と研究の理論的枠組みを獲得させることを最重視していること，また学部生の課題も，小さな調査のようなことをさせてまとめさせるものがあり，そこでも研究手法が重視されていることを理解した。日本の文系の大学院，とくに筆者の所属する教育学では，自立して研究を行える研究方法と研究方法論を獲得させることより，その領域のこれまでの研究の蓄積を知識として獲得させ，問いを立てさせることを重視しているように思える。しかしいくら問いを立てても，その問いを問う現実的な方法についての訓練はほとんど無い。それは，博士学位を取得させる必要のなかった旧来の文系の大学院に共通していたかもしれない。当時は，とにかく勉強をしているうちに，就職口が見つかってそこに就職するというスタイルの研究者養成が慣行としてなされており，そこでは，研究方法や研究方法論などというものを体系的に教える必要はなかった。しかし北米ではそれとまったく異なる状況にあり，文系でも課程博士を授与する時代になってきた日本も，必ずそういう状況になるだろうとその時に直観した。

さらに，最初のカナダからの帰国後から今日まで続けている教育実践への関わりは，上記のように，観察したことを言語化する訓練になっていたものと思われる。

なお，SCATについては第II部に述べるが，SCATではコード化から理論化までをいくつかのステップに分けて実施する。それは，教育工学では常識であるプログラム学習やCAIでの「スモールステップの原則」（大きな課題をできるだけ小さな部分的課題に分けてひとつひとつ達成させるのが良いという，学習のための原則）を，質的データ分析に無自覚的に適用したものなのではないかと，随分後になって気づいた。

以上，筆者が本書を執筆する背景となっていると考えられる事柄について，省察し，記述してきた。このように見てみると，本書の背景には，偶然と必然によるさまざまな経験があるだけでなく，それが相互に絡み合っていることに，あらためて気づかされる次第である。次の第I部では，質的研究の基礎となる考え方について述べていきたい。

# 第Ⅰ部

# 質的研究のデザイン，方法，パラダイム

# 第 1 章

# 質的研究とは何か
——いくつかの基本概念とその検討——

> 数えられるものすべてに必ずしも意義があるわけではない。意義あるものすべてが必ずしも数えられるわけではない。
> ——ウィリアム・ブルース・キャメロン

## 1 質的研究とは何か

### 1.1 質的研究の今日の普及

　質的研究は，今日まさに隆盛を迎えているように思われる。筆者が質的研究を志した頃は，質的研究ということばを聴いたことのある人は，周囲にほとんどいなかった。そればかりか，世の中にそういうものがあることを知っている研究者は，社会科学を専攻する人の中でさえ希だった。しかし今日，質的研究は広く知られ，広く行われるようになっている。それは，これまで重要だと考えられていても従来の量的・実証的方法では研究的に扱うことができなかった研究主題や問題に適用することが可能であり，それによって，実現が困難だった研究が実施できるためではないかと思われる。また質的研究は，研究対象をより実践的なパースペクティブにおいて捉えるのにも適している。とくに人間を対象として組織的・実践的に行われる教育，福祉，医療などの「社会的サービス social services」あるいは「実践的ヒューマンサービス practical human services」を対象とした研究にも適している。
　また質的研究は，それ以外の領域へも広がって，じつに多様な領域で実施されている。筆者は，SCAT が使われている研究の情報を収集している[1]が，その研究タ

イトルや採録された学術誌の名称などからそれらの専門領域を見ても，これまで，教育社会学，学校経営学，教育情報学，教育工学，心理学，臨床心理学，養護教育学，幼児教育学，企業内教育研究，医学，精神医学，歯学，歯科衛生学，医学教育学，歯学教育学，看護学，看護教育研究，薬学，薬学教育研究，国際保健研究，保育学，介護福祉学，第二言語教育研究，日本語教育研究，社会言語学，中国語教育学，読書研究，環境教育学，理科教育学，数学教育学，音楽教育学，キャリア研究，行政学，法学教育研究，経営学，商学，スポーツ科学，舞踊学，ソフトウェア工学，土木工学など，ありとあらゆる領域があり，それがさらに広がっている。これはSCATが使われている領域だけなのであるから，実際に質的研究がどれほど広がっているかは想像に難くない。

　このような状況では，「質的研究とは何か」という問いに対する答えを，質的研究について調べることで直接に得ようとするのは，賢明ではないと考えられる。たとえば，質的研究の持っているいくつもの要件を羅列しても，質的研究の本質には迫れないように思われる。質的研究は，今日，それほど多様で複雑だからである。そもそも質的研究は，むしろ量的研究に対して立てられた概念であり方法である。そこで質的研究とは何かを考えるために，以下ではまず，量的研究とは何かを考えることにする。そうすれば，量的研究ではアプローチできないものがあり，質的研究はそれを対象にするための研究だということが明らかになるだろうからである。

## 1.2　量的研究と測定

　量的研究とは，「対象を測定することで数量化されたデータを得，それを処理して結論を得る研究」だと言えよう。このことにはおおかたの同意を得られると思う。ではここでもう少し考えを進めてみよう。それは「測定できるものとは何か」ということである。

　それは，次のようなものだと考えられる。

A) もともと数として存在するもの（教員数，児童・生徒・学生数，きょうだいの数，心拍数（単位時間あたり），呼吸数（単位時間あたり），患者数，医師数，病床数，罹患者数など）

---

[1] 自ら収集しなくても「Google Scholar アラート」にSCATの論文を登録しておけば，それが引用されるたびにその引用元の論文の書誌情報がメールで届く。

B）もともと測定値として与えられているもの（知能指数，各教科のテストの成績，身長，体重，血圧，血糖値，HbA1c，医療費など）
C）測定値の演算結果として与えられるもの（ある児童・生徒の全教科のテストの平均点，ある学年の全児童・生徒のある教科のテストの平均点，学力試験の偏差値，BMI，体脂肪率，LDL コレステロール値など）
D）構成された尺度（協調性尺度，創造性尺度，自尊感情尺度，不安尺度，死に対する態度尺度，患者の QOL 尺度，自宅介護の負担感尺度，医師の仕事満足度尺度，医療に関する達成動機尺度，望ましい死の達成の尺度，遺族による緩和ケアのアウトカム尺度，医療介護福祉の地域連携尺度，医療安全風土尺度など）によって数値化する心理・社会的内容

　では，測定が教育や医療などの実践に結び付くための要件とは何か。それは「値がどうなるのが望ましいか」が合意されているものであると考えることができる。つまり値が高い方が良いならそれを上げる努力をすれば良いし，値が低い方が良いならそれを下げる努力をする。

　また，1つの演習授業における教員数／学生数や，病院の看護師数／ベッド数のように，最適な関係がある場合もあるだろう。その場合も，それに近づけるようにその環境を設計することになる。あるいは少年非行の研究を例にとると，年度毎の非行の件数とその詳しい情報（非行の種類，非行を行った子の年齢や性別など，被害者がいれば被害者の年齢など）が得られれば，年齢や性の違いによってどのような種類の非行が多いのか，そしてそれは年度によってどのように変化しているのか，また加害者と被害者の年齢差はどのように変化しているのか，などの知見を得ることができる。また，非行は少ない方が良いのだから，得られた知見から，非行を減らすためのなんらかの実践を計画することが考えられる。このようにして，少年非行を対象とした量的研究を実施することと，その結果を実践に応用することとが可能になる。

　つまり，測定できるための条件とその結果が実践に結び付くための条件は，①「測定結果が数量として与えられる」とともに，②「その結果の望ましい値が合意されている」ことであると考えられる。①でないものは，量的に測定できないし，②でないものは，測定してもその結果にもとづいて実践することができない。

## 1.3 量的測定になじまない，あるいは量的測定からこぼれ落ちてしまうもの

　たとえば，非行について振り返れば，生徒が映画館に行くだけで非行とみなされ，男女交際も非行とみなされた時代がたしかにあった。しかし現在はそのようにはみなされないだろう。そこで，「ある時代のある社会では何をすることが非行とみなされるのか？」，そして「あることが非行とみなされる要因は何か？」，つまり「非行のラベリング」について研究したい場合，これは，量的には測定できないだろう[2]。また，非行に関してはもうひとつ，どうしても量的に測定できない，あるいは量的測定に意味がないのは，「ある1人の子がどのようにして非行に至ったのか」という過程である。

　また，量的測定に意味がないことは他にも多様にある。院内感染の発生率を下げるには，医師を他職種が監視して手洗いをさせると良いというエビデンスがあるそうだが，日本の病院でそんなことをしたら，院内の職種間の関係が悪くなる。これをどう解決したらよいのか？　その前に，そもそもどうして必要な手洗いを十分にしない医師がいるのか？

　また，沖縄の離島1人診療所に赴任したある医師（「島医者(しまいしゃ)」と呼ばれる）が，その島に在住するある高齢女性を診察したら，前任の医師によって明らかに不要な薬が処方されていた。それでその薬の処方をやめようとしたら，その患者に，「それはもう10年も飲んでいる薬で，それを飲むと安心するから，続けて出してほしい」と言われた。そのことから，前任の医師もそのような理由でそれを出し続けていたのではないかと考えられた。それでいろいろ考え，悩んだが，結果的にはしかたなく自分も続けてその薬を出した。しかしその医師は，「自分は医師として正しい処方をしたのか？」という問いを持っていて，これを研究したいと考えている。

　さらに，筆者のワークショップの参加者からワークショップ終了後に頂戴したメールで，次のような質問を受けたことがある[3]。「自分の夫は教師だが，難病で，余命があと数年とみられているし，教職を続けられるのはそれよりさらに短いと思われる。夫本人もそのことを認識しているが，だからこそ，教師が続けられなくな

---

[2]「非行のラベリング」の問題は，社会学などで，量的に扱えない問題の例としてよく取り上げられる。

[3] この話は，匿名性を保持するため，実際に聴いた内容を再構成してある。しかし質的研究のセミナー・ワークショップをしていると，このようなきわめて重く深く真剣な問いを投げかけられることを，他にも何度も経験している。

るまで教師を続けたいと言っている。自分も教師であるが，いったん職を辞して夫を助け，最後まで教師を続けさせたい。その夫の，今から亡くなるまでの教師としての人生を研究したい。それはできるだろうか？」。

　これらの例で扱おうとしているのは，院内感染の例では心理・社会的あるいは社会・文化的問題であり，離島 1 人診療所の医師の例は，医療倫理，プロフェショナリズム，医療専門職としての医師の意義の問題である。そして最後の教師の例は，その教師の生きる意味，あるいはまさにその教師の実存を扱おうとしているのではないだろうか。そうだとしたら，これらの研究で，いったい何をどのように測定できるだろうか。

　これらの問題の核となっているのは，人々の価値観，信念，希望，意欲，意図，意識，意味，意義，気持ち，感じ方などの主観的 subjective あるいは間主観的 inter-subjective で，言語的かつ非言語的で，動的で相互作用的なものであり，それは，量的・客観的には測定しにくいと言える。したがって，量的アプローチだけで研究を行おうとすると，それらを適切に扱うことが困難になる。それに対して，質的なアプローチは，それを研究として扱うことを可能にしてくれる。

　どんなものでも量的に測定しようと思えば測定できないことはない。たとえば，統計数理研究所所長だった林知己夫が 1940 年代から 50 年代にかけて独自に開発した「林の数量化 Hayashi's Quantification Method」と呼ばれる手法は，質的（カテゴリカル）なデータを量的に扱うための多次元データ分析法であり，I 類から VI 類までの 6 つの方法をもつ体系的なものであって，日本の国民性研究などで大きな業績を残した。

　しかし岡村（2004）は次のように述べて，見田（1965a），苅谷他（1997）にもとづき，日本固有のこの「数量化理論」の開発と普及が，日本における質的研究の発展を妨げたという指摘を紹介している。

　　日本の社会学，とくに社会調査方法論の領域においては，統計的調査法と事例的調査法との対比という形で，質的研究の意義や有効性が古くより論じられてきた。この論争のなかで，見田（1965）は質的データが有する固有の特徴として①追体験的な了解可能性，②総合的・多次元的な把握，③変化のプロセスや変化の方向性に関する動的な把握，を提示したが，この問題提起は質的研究の実践，展開へとは必ずしも結びつかず，数量化理論の普及とともに，質的データを数量化して分析する量的研究が増えたと回顧されている（苅谷他 1997）。

そして他ならぬその林自身（林 1976）が，数量化によって，得るものと同時に失うものがあることを，次のように述べている（下線は引用者による）。

> しかし，そこには複雑な人間の心や機能の姿が消えて，抽象化された機能のみが取扱われることになっていないか。枠にはめられた人間研究が盛んになり，大事な人間の心理学研究の原点が忘れ去られることになってはいないか。社会心理学の方も，調査という形でバラバラにされた人間の反応が多くとりあげられ，多くの様々な人間の集まりによって形成され動き変容してゆく集団的・個人的心理としての——人間の関連のダイナミックスから生ずるいわゆる群集心理のようなもの——社会心理が厳密な科学的取扱い，計量化の難しさのため科学的研究の網の目をぬけているのではないかという様に思う。(中略)これを要するに，数量化に耽溺しダイナミックな関連性をもって生きている人間らしさを追求することが稀薄になり，極言すれば数量的，数理的あるいは形式的明晰性—精密科学の様相に憧憬をもつに到った様に思われ，この行きすぎは，データとデータの対応を志向する私の様なデータ屋の基礎知識としても不満足なものとなってきている。<u>何度も繰返す様に，数理的・計量的実証性によって科学性を似て明らかにし得たものも実に多いが，一方これによって失ったものも実に多いことと思う。</u>

林の言う，この「失ったもの」を取り戻す可能性をもつのが，質的研究なのだと筆者は考えている。しかしそれは，単に質的に研究すれば取り返せるわけではない。数量化理論の普及によって失ったものを取り戻すためには，数量化理論と競えるような質的研究を確立することが求められているのだと考えている。

## 1.4 質的な研究が「研究」であるための要件

量的研究者にとっての研究のイメージは，ここまで述べてきたように，「対象を測定して数量的なデータを採取し，それを統計的に処理して結論を得る」ことであろう。しかし冒頭に引用した社会学者のキャメロンが言うとおり，数えられる（量的に測定できる）ものすべてに意義があるわけではなく，意義あるものすべてが数えられる（量的に測定できる）わけではない。それゆえ，対象を「量」でなく「質」そのものにおいて把握する試みがなされ得る。それが質的研究である。

しかし単に経験的・直観的なだけの研究，たとえば「研究参加者がこう言ったからこうだ」では研究にはならない。なぜなら「研究参加者がこう言っても，こうで

はないかもしれない」し，「研究参加者がこう言わなくても，こうかもしれない」からである。したがって，どうであってどうでないのかを析出できる，十分に科学的な手続きが必要になる。そのために，質的研究でも，適切な手続きでデータを採取し，それを一定の手続きで分析する。つまり質的研究とは，データを採取して行う経験科学 empirical science なのであり，この点は量的研究と共通である。

## 1.5 質的研究の構造

### 質的研究の外延的構造

では，質的研究は他のアプローチによる研究と，どのように同じでどのように異なるのだろうか。このことは，多様な領域で質的研究に取り組む研究者が把握しておくべきことであると思われる。なぜなら，今日の研究者は，異なる領域のさまざまな研究者と共同で働くことがあり，その際，それらの研究者の研究と自分の研究とはどのように異なるかを認識しておく必要があるからである。そもそも，それぞれの研究者の所属する研究領域の中にさえ，すでにいくつもの多様なアプローチが併存していることがあり，自分の行う質的研究が，その領域でなされている他の研究とどのように異なるのかを認識しておくことは重要である。

まず，図1のように，研究全体を形而上学と形而下学（科学）とに分けることが可能である。ここでは，形而上学か形而下学（科学）かは，ポパー（1971, 1972）にしたがって，「反証可能性 falsifiability」のある命題を扱うかどうかで分けることにする。たとえば，「地球で暮らす者にとって太陽は東からのぼる」は，それが真であるから科学的命題なのではなく，西からのぼる太陽を証拠として示せば反証できる命題だから，つまり反証可能性のある命題だから科学的命題なのだと考える。同様に，「地球で暮らす者にとって太陽は西からのぼる」も，偽ではあるが，東からのぼる太陽を示せば反証できる命題だから，つまり反証可能性のある命題だから科学的命題なのだと考えるのである。この時，反証に用いる材料は，見つかっている場合もあるし，まだ見つかっていない場合もある。アインシュタインの予言した重力波は，1916年の一般相対性理論にもとづいてその2年後に存在が予言されたが，予言後約100年を経た2016年2月に，観測によって検出された。このように，この材料はその時点で見つかっていなくても良い。しかし，見つかれば反証ができるなら，それは反証可能性があるということになる。そしてこの「材料」は，質的研究では，経験的 empirical に，つまり観察やインタビューなどのデータの採取と

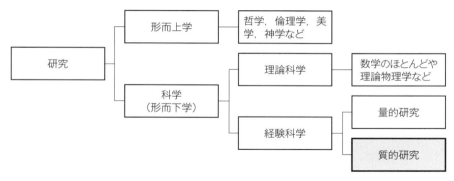

図 1　質的研究の外延的構造

その分析によって，提出される。また，この反証を経験的に行わず，論理的あるいは理論的に行うのが，後述の理論科学である。

ただしここで，形而上学は科学ではないからといって有益でないということはまったくない。哲学，倫理学，美学，神学などの多くはここに含まれる。したがって，法哲学や教育哲学などもここに含まれると考えられる。そのため，法学や教育学のように，全体としては社会科学とみなされるものでも，その全体を構成する一部は，形而上学に含まれることがあり得る。また，生命科学は全体としては自然科学と社会科学とが融合したもののように見られるかもしれないが，その中の生命倫理学は，倫理学として，やはり形而上学に区分されると考えることができる。つまり，○○学というものは，大きくみれば科学であったとしても，その中の専門的な研究領域には，形而上学に含まれるものがあることを理解しておくべきである。

いっぽう，形而下学（科学）はさらに理論科学 theoretical science と経験科学 empirical science に分けることができる。理論科学とは，データを採取しないで実施する科学であって，数学のほとんどや理論物理学などがここに含まれる[4]。それ

---

[4] 本書では，便宜上，一般的に広く理解されている経験科学と理論科学という科学の区分を用いており，どちらも科学として反証可能な理論を扱うとしている。しかしポパーは，学問的言明を3つに分け，反証不可能なものを「哲学的あるいは形而上学的理論」としている点は上記と同様であるが，反証可能なものをさらに2つに分け，反証可能で証明不可能なものを「経験的科学的理論」とし，反証可能で証明可能なものを「論理的数学的理論」としている。そしてポパーは，観察命題と矛盾し得る形に定式化できる場合にのみ科学的だとしていて，数学的理論は観察される事実とは無関係に成立しえるため（たとえば数学では，経験的に観察不可能な多次元の世界を構成できるため），数学は科学に含めていない。したがって，本書での「理論科学」には，ポパーの「論理的数学的理論」に相当するもの

に対して経験科学は，データを採取して実施する科学である。そしてその経験科学はさらに，量的データを採取する量的研究と質的データを採取する質的研究とに分けることができる。

　質的研究では，量的な測定や分析のような，量的研究者が行っていることを行わないし，そもそも今日の質的研究の多くは，実証主義的な立場に立たない。そのため，量的・実証的研究の立場から見ると，質的研究は哲学などに近いイメージを持たれがちかもしれない。しかしこのように見てくると，質的研究と量的研究は，非常に近い存在であり，その特性から，両者は親和性を有してさえいると考えられる。筆者はよく，この両者は双子のきょうだいのようなものであると言っている。なお，上に教育学の例を出したが，教育学は，上記のように哲学を含んでいるだけでなく，理論科学も含んでいる。また，経験科学としての量的研究も含んでいる。したがって，教育学は，形而上学，理論科学，量的研究，質的研究に広がっていて，この図のほとんど全体にわたっている。また，美学的内容が含まれる音楽学は形而上学的なものであるが，計量音楽学は経験科学で量的研究であるし，通常は形而上学とみなされる宗教学にも計量的手続きによるものがある[5]。一般に，学問領域はその対象で区分されているため，教育学，音楽学，宗教学などの大きな区分がなされるが，その大きな区分の中にはこのような多様性がある。そして，学問領域や研究領域をこのように構造的に認識しておくことは，それぞれの学問領域内での質的研究の外延的構造を検討する際に有益である。

**質的研究の内包的構造**
以上のような質的研究は，次のような特性を有するものになる。

(1) 仮説検証を目的としない
(2) 実験的研究状況を設定しない
(3) 観察やインタビューから主に言語記録を作成する
　　ただし既存の言語記録を対象とする（文書研究 document study，文書分析 document analysis）こともある

---

が含まれている。このように考えると，本書の区分の経験科学では，反証は経験的に（観察などにもとづいて）行われるが，本書の区分の理論科学では，反証は論理的に行われると考えるべきである。なお，質的研究は，反証は観察やインタビューなどによって経験的に行われるので，ポパーの分類でも「経験的科学的理論」に区分されると考えられる。
[5] 川端（2003）など。

また写真や人工物を対象とする（人工物研究 artifact study, 人工物分析 artifact analysis）こともある
(4) 記録（質的データ）にもとづいて分析し理論化する
(5) 記録以外の資料も総合して検討する
(6) 研究者の主観・主体的解釈を積極的に活用する
(7) 研究対象の有する具体性や個別性や多様性を通して一般性や普遍性に迫る
(8) 心理・社会・文化的な文脈を考慮してデータ採取とデータ分析をする
(9) そのようにして現象に内在・潜在する意味を見いだし研究参加者とともに人や社会の理解に努める

この結果，ひとつひとつの質的研究は，その性質が強いか弱いかの違いこそあれ，全体として言語的で探索的な本質を持つことになると考えて良い。

## 1.6 質的研究の多様な思想的系譜と手法的系譜

質的研究は，研究対象となる人や社会をどう捉えるか，それ以前に事実や実在をどう捉えるか，またどのような目的のために研究するかなどの多様な思想的系譜と，それを実際にはどのような手続きで実現するかという多様な手法的系譜とを有する。

### 質的研究の思想的系譜

質的研究の思想的系譜としては，現象学，解釈学，現象学的社会学，エコロジー，フェミニズム，批判理論，社会的構成主義，社会的相互作用（行為）論，認知心理学（とくに状況論や社会文化的アプローチ），ネオ・マルキシズム，ポストモダニズム，文化人類学，言語学，記号論，構造主義，科学哲学，分析哲学，シンボリック相互作用論，ポスト構造主義，社会的表象論，批判的人種理論，クイア理論などがあげられる。

これらはそれぞれの質的研究の「パラダイム」（後述）になると考えるべきである。

### 質的研究の手法的系譜

手法的系譜としては，自然主義的手法，解釈学的手法，現象学的手法，構成主義的手法，脱実証主義的手法などと呼ばれる諸手法の系譜に位置づけられ，具体的に

は民族誌学（エスノグラフィ），エスノメソドロジー，グラウンデッド・セオリー，ライフヒストリー，ライフストーリー，ナラティブ・アプローチ，ナラティブ・セラピー，文化心理学，カルチュラル・スタディーズなどの手法が含まれる。

これらにより，質的研究は総じて社会科学におけるパラダイムシフトを志向してきた歴史を有する。

## 1.7 質的研究におけるパラダイムの重要性

さて，上で少し触れたが，個々の質的研究は多様であり，それはそれぞれの「パラダイム」に依拠している。パラダイムとは，その研究者とその研究が依拠する存在論，認識論，価値観などである。この概念は，社会科学や人文科学を専門にする読者以外には耳慣れないものであり，抵抗があるかもしれない。筆者も実際しばらく前までは，セミナーやワークショップでこの概念を最初から出すことは避けるようにしてきた。しかし筆者は，質的研究についてのさまざまな質問やさまざまな誤解に触れるにつけ，パラダイムの理解の必要性を強く感じるようになった。なぜなら，それらの質問や誤解の多くは，パラダイムという概念がないために生じるものであり，パラダイムを理解すれば，それらは自ずから整理されると考えられることが非常に多いためである。たとえばインタビューを例にとって考えてみよう。

インタビューについては，まず，次のような考え方があり得る。

インタビューでは話し手（インタビュイー）は話すべき体験を事実として客観的に持っており，聞き手（インタビュアー）は中立的な立場でそれを引き出さなくてはならないし引き出すことができる。

この考え方は，話し手の中に話すべき体験が確固としてあるという点で，研究的な存在論は「客観主義的実在論 objectivist realism」であり，それを取り出して研究できるとする点で，研究的な認識論は「実証主義 positivism」だと言える。量的研究のほぼすべてはこの立場に立っている。したがって，量的研究者は，パラダイムという概念を持っていないことが多い。かれらにとっては実証主義こそが普遍的に正しいのであって，それ以外の存在論や認識論はあり得ないし，仮にあったとしても，そのようなものを研究に持ち込むべきではないと考えている。

それに対して，次のような考え方があり得る。

人々は個々の体験を事実として持っているのではないし，そもそもあらゆる体験は主体とは無関係に事実として存在するのではない。それは体験しながら，あるいは体験した後で，それについて思ったり考えたり，人にたずねられたり人に話したりするときに事実になる。そしてその作業はつねに社会的な文脈，条件，制約にもとづいている（事実は社会的に構成される）。インタビューもまた，そのような過程であり，体験について言語化するのは，聴き手にたずねられてそれに答えるときである。その際，話し手は，その聞き手が自分にとってどういう人物であるかによって，話す内容を意図的あるいは無意図的に変える。またむしろ，聞き手がどういう人物なのかを探りながら話す。このようにして話された内容は，聞き手と話し手とで作り出した相互行為論的な状況の上に成立し，聞き手と話し手とが共同で作ったもの（共同構築的テクスト）に他ならない。

これは，先の考え方とは異なって，ものごとが客観的に実在しているという考え方ではない。これらは「社会的構成主義 social constructivism」や「相互行為論 interactionism」の存在論である。そして，このような立場では，「意味は解釈によって与えられる」と考えるので，テクストの解釈が重要になる。以後では，前者を実証主義（的）パラダイム positivist paradigm，後者を社会的構成主義（的）パラダイム social constructivist paradigm あるいは解釈的パラダイム interpretive paradigm または解釈主義（的）パラダイム interpretative paradigm と呼ぶことにする。

ところで，完全に実証主義パラダイムに立った研究を質的に行うことは不可能ではない。しかし完全に前者のパラダイムに立つなら，質的に研究する必要はない。それはあたかも，まっすぐな物の長さを測るのに，直定規があるにもかかわらず，曲線の長さの測れる巻き尺を持ってきて測るようなものである。実証主義に立つなら，それにふさわしいすっきりした実証主義的なアプローチを採ることができる。質的研究は，むしろ実証主義パラダイムでは問えない問いを問い，実証主義パラダイムでは求められない答えを求めるものである。

最初に今日の質的研究の世界に登場したのは[6]，ポスト実証主義 post-positivism である。これはごく簡単に言えば，存在論としては実在論であるが，客観主義的実在論のような機械的認識論ではなく，人間による認識によって，実在が完全には捉えられないことを認め，そのために，データ採取やデータ分析を厳密化することで，

---

[6] 文化人類学なども質的方法を採るが，その歴史は古く，前述のように，今日的な質的研究の系譜とは少し異なる存在だと言える。

| 実証主義的／事実志向 | 解釈主義的／意味志向 |
|---|---|
| n＝大 | n＝小 |

**図2　質的研究スペクトラム**

実在に接近できるとする考えであり，量的な手法ではそれらを完全に解明することはできないが，質的に厳密な手法を用いることで，依然として実証できるとする考え方だと言える。このパラダイムの代表的な研究方法が，後述するグラウンデッド・セオリーである。

　個々の質的研究は，多様なパラダイムに依拠している。それはまさに「質的研究スペクトラム」[7]とも言うべき一定の大きな連続体の中に，さまざまに存在している（**図2**）。その一方の端には，量的研究と差がないほど，nが大きく，実証主義的で客観主義的な事実志向（実在志向）の研究が位置づいているが，他方の端には量的研究とは正反対の，小さなnに対して深い解釈を行う解釈主義的で意味志向の研究が位置づいている。質的研究を理解する際に重要なことは，個々の研究がどのような認識論に立ち，どの程度実証主義的でどの程度解釈主義的なものであるのかを見定めることである。したがって，自分が質的研究を実施する際にも，自分がどのようなパラダイムに立ち，どの程度実証主義的でどの程度解釈主義的な研究をしたいのかを確認し，決断することが必要である。つまり質的研究には，パラダイム・アウェアネス paradigm awareness（Hawoth 1984）が必要なのである。

　パラダイム概念はこのように重要であり，本書では何カ所かに登場する。ここでの説明が不足している点は，それらを併せ読んで理解して頂きたい。

## 1.8　質的研究の「樹」——質的研究の生起と展開の場としての「日常」の重要性

　さて，今後の論述のために，ここで，Wolcott（1992）に示されている「教育研

---

[7] このようなものはしばしば連続体 continuam と呼ばれ，とくに，「量的－質的連続体 Quantitative-Qualitative Continuam」（Topping 2006, Niglas 2007 など）として示されてきた。ただしこの「連続体」という概念は，日本ではなじみがなく，それに対して筆者がしばしば質的研究の仕事をする教育系や医療系では，近年「自閉症スペクトラム障害（ASD）」や「双極スペクトラム障害（BSD）」がよく知られるようになってきているため，「連続体」ではなく「スペクトラム」という表現を用いている。なお，スペクトラムは，外見上離散的に見えるものごとを連続的かつ包括的に捉えようとするときに用いられる概念であり，質的研究の多様なパラダイムを理解するのにむしろ適していると考えている。

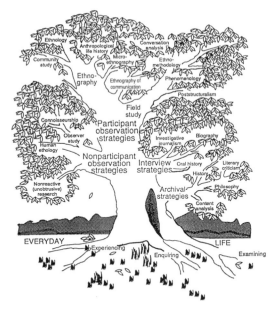

図3 質的研究の樹

究における質的方略」を表す図（**図3**）を掲示しておきたい。これは教育研究における質的研究だけでなく質的研究の本質をきわめてよく表しているように思え，筆者が意義深いと考えている図である。

　この図によれば，質的研究は，「日常生活 EVERYDAY LIFE」という地面に，「経験すること Experiencing」「問うこと Enquiring」「検証すること Examining」という3つの大きな根を張り，その上に幹が立ち上がっている。なお，ここでの「日常生活」は，「職業生活」「地域共同体などでの社会生活」「家庭生活」のすべてを含んでいると考えるべきである。そして，幹と太い枝には非参加観察法 Non-participant observation strategies，参加観察法 Participant observation strategies，インタビュー法 Interview strategies，フィールド・スタディ Field study，エスノグラフィ Ethnography，アーカイブ法 Archival strategies などが記入され，細い枝の葉の部分にはさらに多様な概念が記入されている。

　この図は1992年当時の質的研究の状態を示しており，その後四半世紀以上を経ている。そのため，今日の質的研究の枝と葉は，これとはくらべものにならないほど広がり生い茂っている。今日であれば，そこには，データ採取や研究結果の表象

をアートによって行う Art-based Study, Art-informed Study と呼ばれる研究など[8]も含まれるべきであろうが，当時はそのような試みは研究とは認められていなかった。

しかし筆者がこの図でとくに重要だと考えるのは，この樹の根の部分である。質的研究が，日常生活（職業生活，地域共同体などでの社会生活，家庭生活）の中で研究者が「経験」したことを，研究として「問い」[9]，それを「検証」する[10]ものだということは，質的研究の本質であり，たとえ質的研究の地上部分がどんなに大きく生い茂っても変わらないと考えられる。その意味で，この樹は質的研究の本質を示していると考えている。

ところでこの樹の根はすべて日常生活という地面の中にある。これは，その「経験すること」だけが日常生活の中で行われて，その後，「問うこと」と「検証すること」はどこか別の場所で行われるのではなく，「問うこと」と「検証すること」も，「日常生活」の中で行われることを示している。つまり質的研究では，研究者が「日常生活の中で経験」したことを，あくまで「日常生活の中で問い」，それをあくまで「日常生活の中で検証」するのである。

この「日常生活の中で経験」したことを問うことの重要性は，量的・実証主義的研究でもしばしば強調される。たとえば医師の行う研究などでも，日常の「臨床的疑問 clinical question」を研究として取り上げることが重要だとされる。しかしその場合，「日常生活の中で経験」したことを，「日常生活から取り出し，実験的な研究状況の中で，条件を整えて問い，検証する」ことが多い。その際，臨床試験などを行えばまさに実験的な状況での研究になるが，たとえそうではなく過去から現在までのデータを集めてそれを整えて研究する場合でも，そのために長い期間のデータを集積したり，対照的な研究デザインを採ったりすることで，やはり「日常生活」とは異なる問いと検証とを行うことになる。つまり量的・実証的研究の場合は，日常生活という地面から研究を離陸させ，「日常生活」の土をできるだけ払い落として整った形にしてから，空中で研究を展開するような側面がある。

それに対して質的研究は，問いも検証も，すべて研究参加者が職業生活，社会生

---

[8] 第4章9節，第7章4節を参照。

[9] サンデロウスキー（2013）はこのことを「研究者が対象となる出来事を時間的に概念化し，それらの新しい概念を用いて観察を行うために他の方法に気づき始めるのは，まさしく，研究者がそのフィールドで十分な時間を過ごした後のことなのである」と述べている。

[10] 実践研究ではとくにこの中の「検証」が弱いことがあると筆者は感じている。ただしこの検証は，「仮説―検証 hypothesis-testing」の検証 testing ではない。データの精緻な分析を通して知見を得ることである。

活，家庭生活を営む生活の文脈において行われる。このように考えるとこの樹は，質的研究のデザインと実施のために，重要な点を示してくれるものでもあることに気づく。

　たとえば筆者は，「あるインタビュー研究を開始したいが研究参加者が見つからない。どうしたらいいか？」という質問を受けたことがある。そこでその研究についてさらに聴いてみると，その研究テーマは，その研究者の日常の生活（職務や業務）とはほとんど関係のないところから発想されたものであった。それならば，研究者の身近に研究参加者になる人がいないのは当然である。しかも，仮にその研究の研究参加者がどこからか見つかったとしても，その人に何を聴くべきであり，聴いた結果をどのように分析すべきであるのか，またその分析結果にはどういう意味があるのかが，その研究者に十分に分かるとは考えにくい。それに対して，その研究テーマが自分の日常生活の中から見いだされたものであれば，研究参加者になる人はすでに研究者の周囲にいるだろうし，その人に何を聴くべきか，聴いた結果をどう分析すべきか，その分析結果にはどういう意味があるのかも，その生活経験の中で，ある程度，導き出されているものだと思われる。

　もちろん，研究参加者として想定される人が研究者の周囲にいても，それらの人たちの都合で研究参加者になってもらえず，既知の人ではなく未知の人に研究参加者になってもらうこともある。あるいはまた，非常に個人的なことを聴く必要があるために，既知の人や日常的に会う人からではなく，未知の人から聴くほうが良い（知人より知人でない研究者に話す方が話しやすい）こともある。しかしそれは，そもそも研究参加者として想定される人が「日常生活」で周囲にまったくいないということとは違う。したがって万一，それらの研究参加者に何を聴き，聴いたことをどう分析すべきかを見失いそうになることがあっても，その日常生活の中に回帰して，そこでそれを問い直すことで，それは再度見いだされるものだと考えられる。そのことこそ，質的研究が，「日常生活」の中で，「経験」したことを「日常生活」の中で「問い」，それを「日常生活」の中で「検証」するということである。

　このように，この樹の示す質的研究の意味は深い。この樹は，研究者が質的研究について悩んだ時に，その木陰に帰って考えるのにふさわしい樹であるように，筆者には考えられる。

## 1.9 質的研究で用いられる諸概念

　質的研究について語り尽くすためには，おそらく1,000以上の人文科学的，社会科学的概念が必要になるだろう。そしてそのほとんどをリストアップすることは，人文科学者や社会科学者にとっては，おそらくそれほど困難な挑戦ではないだろう。そのような研究者は本当にたくさんの概念を学んでいるし，それでも足りなければ，質的研究用語事典や社会科学事典などからそれらを拾い上げることができる[11]。

　しかし人文科学や社会科学の概念や用語は，それに慣れない読者にとっては，理解することが大変難しい。それは，人文科学や社会科学では，1つのことばが時代や文脈によって，また使用者によって，しばしば異なる意味に用いられるし，逆に，別のことばが別の使用者によって，同じ意味に用いられることがあるためである。このことは，自然科学や医学などとは大きく異なる。たとえば，本書の読者のうち一定の割合を占めると思われる読者の所属する医学の世界で「症例対照研究 case-control study」ということばの指すものや，それを構成する「症例 case」や「対照 control」の指すものが，使用者によって異なるということはあり得ない。それに対して，人文科学や社会科学で，たとえば「内容分析 content analysis」ということばが指すものは，量的な分析（たとえばBerelson（1952），Krippendorf（2004））から質的な分析（たとえばKracauer（1952），George（1959），Holsti（1969））まで，多様に存在する。

　しかも，今日の質的研究は，このようなじつにたくさんの概念からなんらかの影響を受けている。それゆえ理想的には，それらをすべて理解した上で，それらのうちのどのような考え方にもとづいて自分の研究をするのかを決めるべきである。読者がもし人文科学や社会科学を志す人であるなら，ぜひこのような理想に向かって勉強をして頂きたい。

　しかしながら，このことは，人文科学や社会科学の研究者をめざす人にとっても，決して一朝一夕にはできない。なぜなら，それらの概念は相互に影響しあっているだけでなく，複雑に絡み合っているため，個々の概念の意味や意義は，たくさんの概念全体を理解しなければ把握できないし，またたくさんの概念全体は，個々の概念の意味を理解しなければ把握できないからである。言い換えれば，これらの概念

---

[11] 実際，手もとにあるT. A. シュワント著，伊藤勇／徳川直人／内田健監訳『質的研究用語事典』（シュワント2009）には，380の項目があるが，その各項目にさらにいくつもの説明のための概念が用いられている。

とその相互の関係については，学びながら少しずつ自分の中にその構造を構築していくしかないのである。そればかりか，今この部分を読者が読んでいる間にも，世界のどこかで誰かが新たな概念を創り，新たな術語を創っているかもしれない。だとしたら，つねに新しい概念に目を向けて，最先端の考え方に追いついていかなければならない。

しかしこのように書くと，この本の読者のうち多くの人たちを困惑させる可能性がある。なぜなら今日の質的研究は，人文・社会科学においてだけ実施されているわけではなく，これまで量的・実証的な手法が用いられてきたありとあらゆる領域で実施されているため，そのような領域の研究者らも本書の読者になると考えられるが，そのような研究者は，人文・社会科学的背景を有さず，それを主に学んでいこうと考えているわけではないだろうからである。また，質的研究は，教育や医療や福祉などの実践的な領域でも活用されていて，そのような実践者あるいは実践家もこの書の読者となると考えられるが，これらの人々は実践的な背景を有していても，人文・社会科学的な研究的背景を有しているわけではないだろうからである。

ただしそれでも，質的研究を行う者には，自分の中に，諸概念の地図のようなものを描くことを通して，つねに質的研究の全体を俯瞰するような姿勢が必要だと考えられる。そしてその際には，上記の「質的研究スペクトラム」が，その助けとなるはずである。

## 2　質的研究「方法」と質的研究「方法論」

### 2.1　研究方法と研究方法論の同一視あるいは混乱によって生じる深刻な問題

ところで，「質的研究方法」と「質的研究方法論」とは，区別なく用いられることがしばしばあるが，本書では一貫して，「質的研究方法」と「質的研究方法論」の2つを完全に異なる概念と位置づけ，区別して用いる。そして本書は「質的研究方法」の書ではなく，「質的研究方法論」の書として書いている。したがって，本書の読者として，まずこの2つの概念を，きちんと区別して理解して頂きたい。

この「研究方法」と「研究方法論」は，大変残念なことに，質的研究による研究論文だけでなく，質的研究の専門書においてさえ，区別されることは希である。たとえば1つの解説書や論文の中で，ある研究方法が，「研究方法」と呼ばれた

り「研究方法論」と呼ばれたりする表記のぶれは，ごく当たり前に生じている[12]。また，1つの文書の中で，「研究方法」と呼ぶべきものをすべて「研究方法論」と呼んでいることも多い。たとえば，筆者の手元にある，ある大学院の質的研究に関する授業のシラバスの複数の回に「質的研究方法論のうちの〇〇について概説する」とあるが，筆者の認識では，その〇〇はすべて「質的研究方法論」ではなく，「質的研究方法」と呼ぶべきものである。そしてこのシラバスでは，「質的研究方法」ということばはまったく使われておらず，すべて「質的研究方法論」と書かれている。つまりこのシラバスでは，「質的研究方法」と「質的研究方法論」の区別がまったく無いのである。

　またこれは海外の文献でもしばしば同様であって，たとえばJensen（2012）では，「インタビュー」「観察」「文書／人工物」を「質的方法論 qualitative methodologies」としているが，これらはデータ採取の「方法」あるいは「情報源」であって，決して「方法論 methodology」ではない。

　ところで，両者のこの混乱にはつねに一定の方向性があり，筆者の経験の範囲では，上記のように，「質的研究方法」と呼ぶべきものを「質的研究方法論」と呼んでいる例がほとんどであり，その逆はまず無い[13]。それはどうも，「質的研究方法」より「質的研究方法論」と呼ぶ方が立派に聞こえるという語感を持つ人が多いためではないかと思われる。あるいはまた，「質的研究方法」というのは日常的な表現で，「質的研究方法論」というのが学術的な表現だという語感を持つ人が多いためかもしれない。もちろんこれらはどちらも適切な語感ではなく，ゆがんだ語感だと言うべきなのだが，そのゆがんだ語感のために，「質的研究方法」と呼ぶべきものを「質的研究方法論」と呼んでしまうし，口頭では「質的研究方法」と言っても，それを書くときには，上のシラバスのように「質的研究方法論」と書いてしまう傾向があるのではないかと推測している。そしてmethodよりもmethodologyが高級に聞こえるという語感を持つのは，英語でも同じであって，そのため英語でも，methodと書くべきものをmethodologyと書いてしまうのではないかと考えられる。

---

[12] それは，その著者の認識のぶれを反映しているものと推測される。
[13] 質的研究方法論の存在を認識している人は，それを質的研究方法と呼ぶことはないからだとも考えられる。

## 2.2 研究「方法」≠研究「方法論」

しかしながら，繰り返し述べるが，この2つはまったく異なる概念である。そして筆者は，〈この2つがまったく異なる概念であることを認識することから質的研究は始まる〉とさえ考えているし，本書では，そのことを最大に強調したいと考えている。ではどう異なるのか。

そもそも「質的研究方法」と「質的研究方法論」とが異なるのは，「研究方法」と「研究方法論」とが異なるからである。そして，「研究方法」と「研究方法論」とが異なるのは，「方法」と「方法論」とが異なるからである。そして質的研究以外でも，現実には，「研究方法」と「研究方法論」は区別されずに用いられることが多いし，「方法」と「方法論」も区別されずに用いられることが多い。したがって，「質的研究方法」と「質的研究方法論」とが区別されないという問題の最も基底には，「方法」と「方法論」とが区別されないという問題が存在するのだと考えるべきであろう。そこでまず，「方法」と「方法論」とはどう異なるかを明らかにする必要がある。

そもそも上記のように英語では「方法」は method であり「方法論」は methodology である。この methodology は，method に ology を加えた語であって，logy あるいは ology は「論」である。したがって，方法 method と方法論 methodology が違うのは，宇宙 cosmos と宇宙論 cosmology，語彙 lexicon と語彙論 lexicology，音韻 phoneme と音韻論 phonology が違うのと同じである。この時，宇宙と宇宙論，語彙と語彙論，音韻と音韻論とを区別なく使う人はいないし，宇宙を宇宙論，語彙を語彙論，音韻を音韻論と呼んでしまう人はいない[14]。もっと分かりやすく言えば，夏目漱石と夏目漱石論，シェイクスピアとシェイクスピア論を混同する人はいないし，夏目漱石を夏目漱石論と呼ぶ人やシェイクスピアをシェイクスピア論と呼ぶ人はいない。それなのになぜか，研究方法と研究方法論は区別なく用いられ，それが問題にされてこなかった，そのことこそが深刻な問題なのである。

---

[14] それは「宇宙，語彙，音韻」は研究の対象であるのに対して，「方法」は研究の対象とみなされていないからかもしれないが，そうだとするとそのことこそが問題である。

## 2.3 研究方法「論」＝研究方法「学」

ところで，logy あるいは ology は，接尾辞として「研究」あるいは「学」とも訳される。たとえば，sociology 社会学，ecology 生態学，phenomenology 現象学，typology 類型学，bacteriology 細菌学などがそうである。つまり「方法論 methodology」とは，分かりやすく言えば「方法学」のことである。そして，後者は前者を対象として検討し，その検討の上に立って論じるものである。こう考えれば，「質的研究方法」と「質的研究方法論」とはまったく違うということがはっきりと理解できるはずである[15]。

そして logy はこのように「学」でもあるのだから，「質的研究方法『論』」と言っても「質的研究方法『学』」と言っても同じことである。つまり，「質的研究方法論」とは，その内包的議論として，多様な質的研究の個別の方法を比較し，それらの固有性と共通性とを，それらが依拠する存在論や認識論（パラダイム）を含んで「検討して論じる」ものである[16]。その際そのような検討は，質的研究の内包的構造（どういうものであるのか）に関する議論として，どのような質的研究方法があるのかだけでなく，同時に，その外延的構造（隣接するものとどう重なりどう異なるのか）に関する議論として，質的研究と量的研究とを比較し，さらには，経験科学と理論科学とを比較し，またさらには科学と形而上学とを比較し，時には研究とアート（芸術）とを比較しながら，それらの固有性と共通性とを，それらが依拠する存在論や認識論を含んで検討し論じることになる。

## 2.4 研究方法「論」を認識することの重要性

ところでなぜ，筆者が，〈この 2 つがまったく異なる概念であることを認識することから質的研究は始まる〉と考え，それを最大限に強調したいと考えているかで

---

[15] ひょっとすると研究や学問の世界では，高尚に聞こえることばほど価値があるという妄信があるのではないか。しかしそのような妄信があるとすれば，それはその学問や研究をきちんと学んでいない人の価値観，あるいはそのことを隠すための鎧のようなものではないか。
[16] たとえばサンデロウスキー（2013）は，質的研究の逐語録について「逐語録は写真のように「そこにある」何かをとらえるが，すべてをとらえるものではない。そして，また，そのとらえた何かを変えてしまう。したがって，逐語録の存在論は，実在論的であり構成主義的である」と述べている。

あるが，それには 2 つの理由がある。

　第一に，研究方法が分かったつもりでいても，「はじめに」に書いた「1 人の研究者が質的研究を実施する際に問題となるさまざまなこと」に関して，存在論的・認識論的な理解がなければ，実際の観察やインタビュー，そしてそのデータの分析などのあらゆる局面で，それをどう進めるべきかに迷うことになり，研究が止まってしまうからである。そのような時に，それを解決するのが質的研究方法論なのであるから，質的研究方法論を，質的研究方法とは別に，あるいは質的研究方法を含むものとして，きちんと持っていることが必要なのである。

　そして第二に，質的研究で見いだされる問題のほとんどは，存在論的・認識論的混乱（パラダイムの混乱）にもとづくものだと考えられるからである。質的研究に対して，量的研究の背景である実証主義的パラダイムの立場から，誤解にもとづく指摘や指導や評価が持ち込まれ，研究者自身にも混乱があるためにそれらを受容してしまい，優れた質的研究が生まれる機会が失われてしまったり[17]，不要な研究手続きを導入しなければならなくなることで認識論の混乱したいびつな形の質的研究が生産されたりしている[18]。そしてさらに，それが模倣され，普及していく。

　このような状態から脱却して，優れた質的研究を生産するには，「質的研究方法」だけでなく，「質的研究方法論」についての理解が必要なのである。

## 2.5　質的「データ分析法」 ≠ 質的「研究法」

　また，データ分析法と研究法も混同されている。たとえば SCAT を使った論文の多くに，「質的研究法 SCAT を用いた」や「SCAT は質的研究法である」と書いてある。しかしこれは完全な間違いである。SCAT は質的データ分析のみの手続き

---

[17] たとえば典型的な例としては，投稿した論文のコーディングが 1 人で行われ，複数のコーディング作業間の一致度を確認していないからという理由でリジェクトされたのでどう改善したらよいかという相談を受けたことがあるが，複数のコーディング作業間の一致度を見てコーディング作業の客観性を高めようとするのは，あらかじめ決められたコード群からコードを付す標準化（テンプレート）コーディングであって，質的研究の多くで用いている生成的コーディングでは，複数のコーディング作業間の一致度を確認することはしないのが普通である。そもそもグラウンデッド・セオリーの創始者であるグレイザーは，質的研究は，究極的には 1 人で実施できなければならないとしているくらいである。このようなことが起こるのは，査読者も投稿者も研究方法論について不十分な認識しか持っていないためだと言わざるを得ない。
[18] たとえば同様に，コーディング作業者を無理に複数用意して結果の突き合わせをしなければならなくなるなど。

を規定したものであり，質的研究のためのデータの採取手続きなどについては一切規定していない[19]。したがって，SCAT だけで質的研究を実施することはできないのだから，そのようなものを「質的研究法」と呼ぶことはできない。SCAT は「質的研究法」ではなく，あくまで，「質的データ分析法（分析手法・分析方法）」である。

そもそもこのような誤解を有する研究者は，SCAT にもとづいてデータ分析を行ったのなら，その質的研究全体は何にもとづいて行ったのであろうか。SCAT を質的研究法だと考えて質的研究を行った場合は，質的データ分析だけが質的研究であると考えているのか，質的データ分析以外には，質的研究を検討するべき方法は無いと考えているのかのどちらかだと考えざるを得ない。

このことを寿司職人の仕事に喩えれば，SCAT はいわば「寿司を握る」だけの過程である。しかし職人は，そこに至るまでにさまざまなことができなければならない。朝，魚河岸に出かけて魚介類を目利きして仕入れ，店に帰ってそれを捌き，必要に応じて酢締めにしたり煮たりし，煮切りを作り，卵焼きを焼き，酢飯を作れなければならない。そのようにして，寿司を握ったら，それを客に美しく出せなければならない。さらにその前提として，包丁が砥げ，厨房全体の衛生管理もできなければならない。その職人がその店の主人なら，店の経営ができなければならないし，新たに開店するなら立地条件の検討や従業員の採用もできなければならない。寿司を握る前後に，職人はこれだけできなければならない。同様に，質的研究でも，SCAT による質的データ分析の前に，先行研究を参考にして研究テーマを決めて研究をデザインし，観察やインタビューによってできるだけ良質のデータを採取し，それを処理しておく必要がある。そのようにして SCAT でデータを分析したら，その分析結果を論文にして提示しなければならない。SCAT を質的研究法だと書いている人は，寿司を握る以外の部分，つまり質的データ分析以外の部分は何を使って行ったのだろうか。

つまり，SCAT を質的研究法だと認識している人は，SCAT について誤解しているだけでなく，質的研究全体について誤解しているのである。しかしそれではいけない。質的研究をめぐっては，そのパラダイムから，個々のデータ採取の方法についてまで，さまざまに議論が展開されているのであるから，それらを把握して研究を開始し，研究の途中でも，つねにそれらを学びながら研究を展開するのでなけれ

---

[19] グラウンデッド・セオリーでは，データ採取の手続きまで規定している。

- 質的研究方法論
    - 研究パラダイム（研究的存在論・認識論・価値論等）に関する認識
    - 量的・実証的研究との異同についての議論と理解
    - 種々の研究方法とそのパラダイムについての類型論（typology）
    - Mixed Methods Research 等についての議論と理解
    - 研究公正・研究倫理についての議論と理解
    - 以下のような質的研究方法についての認識と具体的理解
        - 研究目的（リサーチ・クエスチョン）の設定・評価方法
        - 研究デザイン方法
        - 質的データ採取方法
            - 観察方法
            - インタビュー方法
            - フォーカス・グループの方法
            - 文書研究・分析の方法
            - 人工物研究・分析の方法
            - アートによるデータ採取の方法
        - 質的データ分析方法
            - シークエンス分析（SCAT 等）の方法
            - 非シークエンス分析（グラウンデッド・セオリーでの分析等）の方法
            - 質的マトリクスの方法
                - 質的マトリクスによる分析方法
            - ネットワークによる方法
                - 意味ネットワークによる分析方法
                - 因果ネットワークによる分析方法
    - 分析結果の提示 presentation 方法
        - 提示方法の類型論についての認識
            - 口頭発表の方法
            - ポスター発表の方法
            - 論文構成・執筆・発表の方法
            - アートによる表象の方法
            - パフォーマンス・エスノグラフィ等の方法
        - 質的研究に適したタイトルの命名方法

図4　質的研究方法論が包摂する範囲の例

ばならない。

　なお，質的研究方法論が包摂する範囲は少なくとも**図4**のようなものになると思われる。質的研究には，この全体に対する視界が必要であり，本書では，これらのほぼ全てについて解説している。

## 2.6　研究「方法論」を理解せず研究「方法」を真似ることの問題

### 質的研究と芋ごろごろ

　上記のようなことが分かっていないと，どのようなことが起きるだろうか。ここ

ではひとつ日本の昔話に学んでみることにしよう。「芋ごろごろ」あるいは「芋ころがし」[20] というお話がある。これは，食事作法を知らない人たちが立派な場所に食事に呼ばれたため，一緒に呼ばれた人の中の作法を知っている人の真似をして食べることにして，しばらくはなんとかなっていたが，作法を知っている人がお芋を落としてごろごろと転がしてしまったら，皆，それまで真似てしまったという笑い話である。

　この話が面白いのは，間違いまで真似てしまうところであろう。しかし質的研究をするようになってから，これとまったく同様に，間違いまで真似た多くの研究に触れるようになった。そのためこの話は単なる笑い話ではなく，むしろさまざまな領域で今も現実に起きている，間違いまで真似てしまう深刻な状況を象徴するものであり，じつは笑い話にみせかけた，非常に重大で普遍的な問題についての，きわめて鋭利な指摘，かつ鋭い風刺であって，だからこそ今日まで綿々と語り継がれているのではないかとさえ考えるようになった。

　この話で，なぜ間違いまで真似てしまうのかを考えてみると，それは，真似ている人たちが，食事作法全体や個々の食事作法の意味，あるいはさらに，食事作法の背景となっている礼法を知らないまま，作法を知っているかのように真似だけをしているためであろう。それらが分かっていれば，作法として芋を転がす根拠が見つからず，それは間違いだと分かるはずである。もちろん，「芋を転がしてもそれが作法だと思って真似してしまうのはあまりにも非常識である」と言うことはできるし，そこにこの物語の面白さや，そんな人たちへの温かな共感もあるのだろう。しかしながら研究上の概念や手続きの間違いは，食事中に芋を転がしてしまうことほど明白に間違いと認識できるものではない。そのため，発表されている質的研究には，このような誤りが非常に多い。そこでは，研究手法や，ましてや研究方法論の意味や意義を理解せず，他の論文や解説書を読んで，形ややり方だけ真似るため，間違いまで真似てしまい，しかもそれに気づいていない[21]。そのようにして，間違いは普及し，共有され，さらに拡大してしまう。

---

[20] 落語の「本膳」などと同じで，原話は，元和年間（1615-24）に出版された笑話本『戯言養気集』の一篇である『芋ころがし』とされる。

[21] 萱間（2013）は，看護学の論文の研究方法の部分に「しかし実際には，研究方法の本の一節をそのままコピーしたり，すでに査読や審査を通った先輩の論文に書かれている通りにそのまま使っている論文を見かける」と書いている。これは剽窃の疑いさえあり，この指摘には驚かざるを得ないが，そのようなことがなされているなら，「芋ごろごろ」が広がるのは当然である。

**質的研究と仿製鏡**

ところでこの物語で真似られたのは，芋を落とすといううっかりミスである。では，研究で真似られる間違いの起源はどこにあるのだろうか。言い換えれば，研究では，間違いはそもそもどのようにして作り出されるのだろうか。

仿製鏡（倣製鏡・傍製鏡）とは，古代の銅鏡の一種であり，漢式鏡・唐式鏡などと呼ばれる中国で作られた銅鏡の図文を模倣して日本で作られた鏡であるとされる。倉林（1996）は，中国で作られたオリジナルの銅鏡にあった漢字は日本では読めなかったため，逆字，誤字，省画，字体分割などがあるとしている。また，佐伯（2010）によれば，西谷（1991）は「弥生時代後期の仿製鏡の中には，明らかに漢字をモデルとしながらも漢字の書体をなさず，文様化していることがしばしば認められる」と指摘し，鶴（1986）は「漢字が本邦に渡来し，上代人が初めて文字に接した時はおそらく模様と思ったのであろう。仿製鏡に於ける文字の配列はお手本の漢鏡とは相違して文をなしていない。のみならず，文字の篇旁［引用者注：「へん」と「つくり」の意］さえも入れ替っている」と指摘している。つまり，オリジナルの正しい姿を知らずに真似たために，いわば奇形化してしまったのである。

ここで，漢字を知らない日本人が，漢字を「おそらく模様と思った」ように，質的研究をきちんと学ばない人は，質的研究の概念や手続きを，「おそらくこういうものだと思った」，つまり，自分に理解できる範囲で勝手に理解したであろう。そうだとすれば，上に引用した西谷（1991）の表現を借りれば，「明らかに質的研究をモデルとしながらも質的研究の形体をなさず」，上に引用した鶴（1986）の表現を借りれば，「お手本の質的研究とは相違して意味をなしていない」質的研究が生じてしまうことになる。このようにして，真似られる間違いが次々に生産されるのだと考えることができる。ようするに質的研究は，「仿製研究をさらに複製することで奇形化」してきた側面があると考えられるのである。

## 2.7　このような問題についての具体的な指摘

このような事態は，国内だけで起きているのではなく，欧米でも起きているし，それに対する具体的な指摘もある。たとえば，グラウンデッド・セオリーは，データ採取から理論化までを体系化した質的研究の手続きであり，理論浮上 theory emergenceによって理論構築を目指す。しかし，Kennedy/Lingard（2006）は，医学教育研究におけるグラウンデッド・セオリーの利用には次の3つの落とし穴 pitfalls があると指摘している。それは，①グラウンデッド・セオリーのような分析手法のみ用いている，②理論浮上でなく既存の理論の応用になってしまっている，③理論の構築でなくテーマの記述になってしまっている，である。筆者も，このような間違いにしばしば触れてきているのでこれには同意するが，筆者はさらに，これに加えて，グラウンデッド・セオリーの「理論的サンプリング」という概念が，非常にしばしば間違って理解されていると認識している。

　グラウンデッド・セオリーで「理論的サンプリング theoretical sampling」や「理論的飽和 theoretical saturation」のように「理論的 theoretical」ということばが使われるとき，それは「理論にもとづいて実施する」という意味ではなく，「理論化のための」という意味である。理論的サンプリングとは，サンプリングしてその結果を分析して理論を書きながら，その理論を検討し，それがどういうサンプルにもとづいて導き出されたのかを検討し，その理論を変える可能性のあるようなサンプルを新たに採取しては分析することを継続することで，これまでの結果との「継続的比較[22] constant comparison」を行いながら理論を作っていく。そのような，理論化しながら実施していくサンプリングが，「理論的サンプリング」であり，これ以上サンプリングして理論化しても理論が変わらないと判断できる状態が「理論的飽和」である。

　グラウンデッド・セオリーがこのような手続きを取るのは，グラウンデッド・セオリーの認識論とその徹底性のためである。グラウンデッド・セオリーは，とくに初期のそれは，それまで量的に行ってきた実証的研究を，一貫して質的な原理だけで実施するための画期的な方法である。グラウンデッド・セオリーでは，量的な原理を用いないのであるから，「サンプルサイズ」というものを研究開始前に設定することができない，というより断固としてそういうことをしない。もしそのようなことをすれば，質的に実施できるはずの研究に量的な原理が混入してしまうことになるからである。そこで，「サンプルサイズ」はあらかじめ設定せず，それに替わるものとして，上記のような，理論化と一体化した「サンプリングの手続き」を規定する。その手続きにしたがって理論化が終了したときがサンプリングの終了であり，その時のサンプルの大きさが結果的にサンプルサイズになるのであって，これは，量にほんの少しも依存しない，じつに徹底し一貫した質的な研究方法である。

---

[22]「絶えざる比較法」と訳されて普及しているが，決して良い訳ではないと思われるため，本書ではこう記す。

残念なことに，グラウンデッド・セオリーの根幹に存在してその全体を貫いているこのような認識論的・方法論的意味が広く理解されていないからこそ，これらの概念は誤解されてしまうのである。

しかしこれはグラウンデッド・セオリーだけでなく，他の質的研究方法についても言える。また，医学教育研究だけでなく，医療系の質的研究全体についても言える。さらに，筆者は，医療系の研究の影響を受けた介護福祉学の論文にも，質的研究について，まったく同様な問題が見いだされると認識している。そしてさらに言えば，同様の問題は，人文・社会科学系のありとあらゆる領域の質的研究でも生じている可能性がある。

## 3　記録とコード化

質的研究の意義を量的研究との比較で述べれば，それは，質的研究が，最初に述べたように，これまで重要だと考えられていても従来の量的・実証的研究では扱えなかったような研究主題や問題に適用されうることだといえる。しかしでは，質的研究はなぜ，このような主題に適用できるのだろうか。言い方を変えれば，質的研究はどのようにして，これを達成するのであろうか。筆者は，それを検討するためには，研究における「コード化」の意味に着目する必要があると考えている。そしてこのことは，分析の際に，ことばをどう扱っていけば良いのかについて，非常に重要な指針を与えてくれるものだと考えている。以下，その点について述べる。

### 3.1　コード化としての言語記録化

まず，人を対象として何かを検討するとき，その人やその人たちの行動・活動を見るだけ，あるいはその対象となる人や人々から話を聴くだけで，何も記録を作成しないアプローチもあり得るだろう。日常生活ではほとんどこのように行動している。それだけでなく，それがたとえ職業生活で専門的な観点からなされる場合でも，このようなことはしばしば行われている。たとえば，学校で授業を検討するとき，教育委員会の指導主事や大学の研究者などを校外から指導助言者として招いて授業を見てもらい，授業後にコメントをしてもらうことは一般的である。この場合，指導助言者は，授業を観察しながらメモ程度の記録はするだろうが，詳細な記録を作

成するわけではない。

　しかし同じ対象でも，それを研究として扱う場合には，記録を作成することになる。観察記録，インタビュー記録などはこれである。上記の，授業を対象とする授業研究あるいは授業分析では，授業の逐語記録を作成することが行われているが[23]，これも観察記録の一種であると考えることができる。この場合，記録は，「言語という記号・符号」を使って作成されているので，言語記録を作成するのは，見聞きした内容に，「言語的な記号化・符号化」，つまり「コード化」を施したことになると考えられる。そして質的研究では，まずこのような手続きを取るのが一般的である。このような言語記録の作成を，言語的なコードを用いる「言語コード化」と呼ぶことにする。(ただし「言語コード化」の「コード」は質的データ分析におけるコーディングの際の「コード」よりも広い意味で用いる。)

## 3.2　コード化としての数量化

　これに対して，記録を数値で作成する場合がある。たとえば，あらかじめ決められたいくつかのカテゴリーに従って教師の教授行動の数を数えて記録し，授業の特徴化を行うことができる。このように，量的研究で測定によって数値を得る「数量化」は，一種のコード化であると考えることができる(ここで，数値をコードと呼ぶのに抵抗があるなら，英語の市外局番や郵便番号を考えれば良い。アメリカとカナダでは電話の市外局番はエリア・コードと呼ばれており，郵便番号はアメリカではZIP[24] コード，カナダではポスタル・コードと呼ばれているが，これらはすべて，コードとして数値を用いているわけである[25])。同様なことは医療面接の研究などでも行われている。RIAS (Roter Interaction Analysis System) (Roter/Larson 2002) は，医療面接に含まれる行動をあらかじめ決められたカテゴリーで分類し分析する方法である。この場合，カテゴリーで検討するので名義尺度による測定を行っていることになり，その結果は，そのカテゴリーに当てはまるか当てはまらないか，つまり＝か≠かであるが，その頻度を数えてそれを量的に処理すれば，量的な研究になる。

---

[23] 今日ではこれは Transcript Based Lesson Analysis (TBLA) と呼ばれている。
[24] Zone Improvement Plan の頭文字からなる。
[25] これを測定の「尺度」で表現すれば，数値コードは，量的尺度 (間隔尺度，比例尺度) による測定の結果であり，言語コードは，質的尺度 (名義尺度，順序尺度) による測定の結果であると言うことができる。

そして量的な研究では，さらに多様な尺度を用いた測定が行われる。たとえばテストの得点を用いた研究がなされるし，患者の検査値を用いた研究がなされる。これらは，間隔尺度あるいは比例尺度による測定であり，結果は数値として与えられる。これらの数量化もみな，コード化であると考えることができる。そこでこのようなコード化を「数値コード化」と呼ぶことにする。

## 3.3　コード化としての数量化による情報の縮約

　数値コード化の重要な機能の1つは，情報の「縮約 compression」である。たとえば，ある子どもの数学のテストの得点とは，その子の数学の学習の実態を，テストによる測定という手続きによって縮約した数値コードだと考えることができる。また，ある患者の体温とは，その患者の健康状態のある側面を，体温計による測定という手続きによって縮約した数値コードだと考えることができる。上記の，ある授業の授業者の教授行動を数値化したものは，同様に，その授業の教授様態あるいは授業の状態を縮約した数値コードだと考えられる。

　この縮約は，じつは言語コード化でも行われている。たとえば，言語を用いた観察記録やインタビュー記録を作成するという行為は縮約であって，観察したことを観察記録に，インタビューで聴いたことをインタビュー記録に，それぞれ縮約しているのである。なお，後の便宜のために，この観察記録やインタビュー記録のようなコードを「1次言語コード」と呼ぶことにする。

　ただし以上について，認識しておくべき重要なことがある。

　第一に重要な点は，情報の縮約には必ず捨象が伴うこと，言い換えれば，情報を，よりコンパクトに圧縮しようとすれば，必ずその情報の一部を失うことである。観察記録は，そこで生じていることのすべてを記録できないし，インタビュー記録も，語り方の抑揚や話し手の表情などの多くを記録できない。また，ある子どもの数学のテストの得点はその子の数学の学習の多様な実態についての多くの情報を捨象するし，体温はその患者の健康状態の多くを捨象している。つまり，情報の縮約の際には，同時に，多くの情報が捨象されるのである。

　第二に重要な点は，観察記録やインタビュー記録のような言語コードでの縮約と，上記のような数値コードでの縮約とを比較すると，一般に言語コードに縮約するより数値コードに縮約する方が，その縮約の度合い，つまり縮約度が大きいことである。そして縮約度が大きいということは，捨象される情報も大きいことを意味する。

では，数値コードでは，そのように捨象される情報量の大きさの問題をどのように克服するのであろうか。

### 複数の数値コードの併用

数値コードの縮約度の大きさによる，捨象される情報量の大きさの問題を解決するための第一の方法は，複数の数値コードを組み合わせて用いること，つまり「併用」である。たとえば大学入学試験で，ある受験者の合否を決めるために複数の科目の試験を受けさせるのは，そのためであると考えることができる。また，ある患者から，血圧，心拍数など，必要に応じて複数の測定結果を得るのも，そのためであると考えることができる。

### 複数の数値コード間の演算

第二の方法は，数値コード間の「演算」である。たとえば，1人の生徒が受けたすべてのテストの得点を合計して合計点を得るのは，個々のテストの結果の数値コードだけでなく，それらを合わせた情報を有する新たな数値コードを構成しているのだとみることができる。また，BMI（Body Mass Index 体格指数）は，1人の人間の体重（kg）÷身長（m）$^2$であり，身長という数値コードと体重という数値コードとの間で演算を行うことで，BMIという新たな意味をもつ数値コードを構成するものである。この場合，複数の数値コードの演算によって，直接には測定できないBMIという肥満度などの判断に用いることができる，より高次の数値コードを得ているので，体重や身長という最初の個々の数値コードの情報は捨象され，情報の縮約度はさらに大きくなっていると考えられる。ちなみに，最初の数値コードを「1次数値コード」，演算の結果の数値コードを「2次数値コード」と呼ぶことにする。（上述の1次言語コードが，できごとのかなり素朴なレベルでの，いわば「ベタ」な記述であるのに対して，1次数値コードはその時点ですでに，特定の観点から行われた測定の結果であり，抽象度・捨象度が高くなっていることに注意すべきである。）

また，このような演算は，1人から得た複数の数値コードの間で行うだけでなく，多くの人や多くの研究参加者から得た数値コードの間でも行われる。たとえば，ある学級全体やある学年全体の学習の状態を把握するための平均点や標準偏差などは，複数の人（研究参加者）から得られた1次数値コードの演算によって構成される2次数値コードである。いずれにしても，数値コードの演算によって，新たな意味をもつ数値コードを構成しながら，情報をいっそう縮約していくことができる。

このような数段の処理を経た情報の縮約度は，非常に大きくなっている。たとえば大谷／松原（1984）は，ひとつひとつの授業で使われるすべての語（出現語）を調べた研究である。授業でのすべての出現語の頻度分布は，新聞や雑誌での出現語のそれと同様に，非常に頻繁に使われる少数の語と少ない回数しか使われない多くの語によって構成されるため，指数分布になるのだが，それでも教科，学年，授業のスタイル等によって，各授業間でその分布に違いがある。そこで，1つの授業の全出現語の頻度分布をエントロピー（平均情報量）[26]という指標で特徴化し，それを用いて多数の授業間の比較を行うことを試みたのがこの研究である。これなど，授業での言語使用という，実際には非常に複雑な状態が持つ特徴を，複数の数値コードの演算によって，エントロピーというたった1つの数値コードに縮約してしまうものだと位置づけることができる[27]。

このように，そもそも縮約度が大きいだけでなく，演算によってさらに縮約度を上げながら，新たな意味を構成することができるのが，数値コードの最大の特徴であると言えよう。

## 3.4　コード化としての言語記録化による情報の縮約

いっぽう，質的研究で使われている観察記録やインタビュー記録などの言語コードには，どのような特長があるだろうか。

まず，上記のように，これらの記録は，情報の縮約度が小さいということである。そして，縮約度が小さいということは，捨象されずにコードの中に保存されている情報量が大きいということである。

数値コードと言語コードを，測定の「尺度」で表現すれば，数値コードは，尺度水準の高い量的尺度（間隔尺度，比例尺度）による測定の結果であり，言語コードは，尺度水準の低い質的尺度（名義尺度，順序尺度）による測定の結果であると言うことができる。しかし，情報工学者の藤田（1975）が「水準の低い尺度は，あいまいさを含んでいるが，それだけに内容は豊かになっている。これに反し，水準の高い厳密な尺度は定量的にはっきりしているが，内容は乏しくなるのはやむをえないことなのである」と述べているように，言語コードは多くの豊かな情報を提供す

---

[26] 藤田（1969）参照。
[27] 大谷／松原（1984）では，これを用いて多くの授業を教科，学年，授業のスタイル等によって比較している。

る。この点が言語コードの最大の特長である。

　ところで，数値コードでの併用や演算のようなことは，言語コードでもできるのだろうか。

　「演算」の原語は operation であり，むしろ「操作」を意味し，そもそも「算」という意味は無い。そして観察記録やインタビュー記録という言語コードを「操作」してさらに縮約したり新たな意味を見いだしたりすることなら，一般に行われている。たとえば必要な箇所を抜き書きしたり，要約を作成したりすることは，1次言語コードの「操作」なのだと考えることができる。

　しかし質的研究では，観察記録やインタビュー記録のような1次言語コードから，さらに縮約した2次言語コードを作成することも行っている。それがいわゆる「コーディング（コード化）」である。質的な研究には，エスノグラフィのように，記述を重視し，そのコード化やカテゴリー化を目的としない研究もある。しかし質的研究手法の中でも代表的な存在であるグラウンデッド・セオリーでは，観察記録やインタビュー記録に対して，「理論的コード化 theoretical coding」という分析手続きを適用する。また，グラウンデッド・セオリー以外にも，コード化を行う質的研究手法は非常に多い[28]。この際のコードとは，観察記録やインタビュー記録という1次言語コードをさらに縮約して作成した2次言語コードであると考えられる。また，グラウンデッド・セオリーの理論的コード化は，オープン・コーディング，アクシアル・コーディング，セレクティブ・コーディングと呼ばれる段階的なコーディングの手続きによって構成されているが，縮約度という観点からみれば，これは，コードの縮約度を高めていく過程であると考えることもできる。

### 複数の2次言語コードの併用

　質的研究における観察記録やインタビュー記録のような1次言語コードは，縮約度が小さいため，操作可能性が小さく，上記のように，抜き書きしたり要約したりの操作は可能であるとはいえ，それは簡単な作業ではなく，分析者の能力に依存する側面が大きい。それに対して，2次言語コードは縮約度が高いために操作性も高いので，1次数値コードどうしを併用できたように，2次言語コードどうしを操作的に併用することが容易である。実際，1つの質的研究の中で，じつに多くの2次言語コードが用いられている（多くのコーディングがなされている）。そしてそれら

---

[28] 本書第II部で紹介する SCAT でもコーディングを行う。

は，表にまとめて分類されたり構造的に検討されたりしている。むしろ，2次言語コードは，このような併用によって意味を構成するために使われていると言うことができる。

### 複数の2次言語コード間の演算

それだけでなく，2次言語コードも演算をすることができる。それは，1次数値コードや2次数値コードのように，数学的な処理を行うわけではなく，多くは複数の言語コードを組み合わせたり，要素を交換したりすることによって新たな概念を構成する「概念構成」であり，その結果が「構成概念 construct」と呼ばれる。たとえば，「学習」という1次言語コードと「指導」という1次言語コードを組み合わせて（加算して），「学習指導」という2次言語コードが構成され，「自己」という1次言語コードと「理解」という1次言語コードを組み合わせて，「自己理解」という2次言語コードが構成される。

さらに，2次言語コードを構成する1次言語コードを他のものに交換する（入れ替える）ことで別の2次言語コードを構成することができる。「学習指導」の「指導」を「支援」と交換することで「学習支援」を構成できるし，「学習指導」の「学習」を「生活」と交換することで「生活指導」を構成できる。同様にして，「自己理解」から「自己受容」「自己呈示」「自己開示」を構成することができるし，「他者理解」「状況理解」などを構成することができる。

このように見ると，概念というのは，数値コードと同様かそれ以上に演算可能なコードであって，そこにこそ，質的研究のコード化の意義が存在するのだと考えることができる。

なお，筆者がこのように，読者の理解にとってやっかいな説明に見えるであろうことに力点を置くのには理由がある。それは第一に，量的研究と質的研究との相違を相対化した包括的な認識を持つためである。コード化による縮約とコードの演算という概念は，量的研究と質的研究を包括して認識することに役立つ。そしてこの考え方は，質的研究と量的研究のそれぞれの内包的構造と，両者の間の外延的構造を浮かび上がらせる（**表** 1-1，**表** 1-2）。

そしてこのことに力点を置く第二の理由は，この言語コードの演算，つまり「概念の演算」[29] こそが，質的データ分析の重要な機能であるにもかかわらず，個々の

---

[29]「概念の演算」という概念は実際に存在している。吉川（1979，1981），田浦／永井（2011）。

表 1-1　研究と演算可能性

| 量的研究 | 質的研究 | | |
|---|---|---|---|
| 数値で記録する | 言語記録にさらにコーディングを行う | 記録を作成して記述する | 見るだけ聴くだけで記録しない |
| 演算可能性 | | | |
| 高 ←――― | | ――→ 低 | 無 |

表 1-2　コードの縮約度と演算可能性

| 研究の種類 | 1 次コード | | | 2 次コード | | |
|---|---|---|---|---|---|---|
| | 形体 | 縮約度 | 演算可能性 | 形体 | 縮約度 | 演算可能性 |
| 見るだけ聴くだけで記録しない | 無 | ― | ― | ― | ― | ― |
| 質的研究：言語記録を作成して記述する | 言語記録 | 低 | 低 | 無 | ― | ― |
| 質的研究：言語記録にさらにコーディングを行う | 言語記録 | 低 | 低 | コーディングによるコード | 中 | 中 |
| 量的研究：数値で記録する | 数値 | 高 | 高 | 演算結果の数値 | 高 | 高 |

　質的研究でなされているコーディングの多くは，きわめて残念ながら，文のまま書かれていて十分に縮約されていなかったり，そのような文によるコードと句によるコードとが羅列されていて，演算に耐えないものであったりするからである。

　前節で述べた，Kennedy/Lingard（2006）が，医学教育研究におけるグラウンデッド・セオリーの利用の問題として指摘しているうちの，①の「グラウンデッド・セオリーのような分析手法」というのは，十分に縮約されていない言語コード（日本の論文にも欧米の論文にも見られる文のままのコーディング）や，相互に演算のできない言語コードの羅列（句と文，名詞句と感動詞など）によって，言語コード間の演算が適切になされていないことを指しており，③の「理論の構築でなくテーマの記述になってしまっている」ことは，その当然の帰結である。また，②の「理論浮上でなく既存の理論の応用になってしまっている」というのは，その結果，それしかできないからだと説明することができる。

　質的研究におけるコーディングの第一の目的を，「縮約した 2 次言語コードの演算」だと考えるなら，演算が不可能なコーディングには意味がないと考えるべきで

ある。したがって，筆者は，質的な分析の際の，「文」で書いたような「テーマ」や「カテゴリー」は，実践家には共感できるものであったとしても，高度な分析には耐えないものだと考えている（このことについては第11章7節で具体的に述べる）。

## 4　質的研究における主観と客観

### 4.1　質的研究ではどのように主観性が保持されるか

　量的研究は客観性を重視して主観性を排すが，質的研究は主観を排除しないとよく言われる。そればかりか，能智（2011）も述べるように，しばしば，質的研究者は「主観を鍛える」必要があるとさえ言われる。
　しかしでは，研究者の主観は，質的研究のリサーチ・クエスチョンの設定，デザイン，データ採取，データ分析，分析結果の表象（論文化等）の各過程で，どのように発揮され，あるいはどのように抑制されるのだろうか。また，研究対象，あるいは研究内容に含まれる可能性のある研究参加者の主観は，この各過程でどのように取り上げられ，どのように保存され，どのように扱われるのだろうか。それは主観のまま扱われるのだろうか。あるいは客観化されるのだろうか。客観化されたものは主観に還元され得るのだろうか。また，質的研究には客観は不要なのだろうか。あるいは，質的研究では，客観は主観とともにはたらき，主観をコントロールするのだろうか。これらについては，ほとんど論じられない。しかしながら，それを把握しておかなければ，質的研究でどのように主観を活用することができるのかについて，明瞭に把握することができない。そしてこの状態では，研究から主観を排除すべきだと確信している量的・実証的研究者との対話ができない。
　つまりこのような状態では，質的研究者が「主観は必要だ」と考えている質的研究は，「主観は排除すべきだ」と考えている量的研究者からの「質的研究というのは，研究では絶対に排除すべきものとして自分たちが強く教えられてきた主観を混入させることを避けないものであり，いいかげんな研究であり，むしろただのファンタジーではないか」という疑義や疑念や指摘に対して，何も答えることができない。そしてじつは，質的研究者は，これを量的・実証的研究者に対してばかりか，質的研究者どうしでさえ説明できない。むしろ質的研究者の間では，このことはお

互いに答えられないので，お互いに問わない。いうなれば，そのことは，ブラックボックスのままであって，触れられることがほとんどない。しかしそのような説明ができないこと，言い換えればそのような説明が存在していないことは，筆者の考えでは，質的研究の欠陥である。それでは，質的研究を質的研究者自身が十分に理解していないのだと言わざるを得ない。

そこで筆者はここで，このことについての説明を試みることにする[30]。これは筆者の試論であって，「質的研究における主観と客観に関する試論」として読んで頂き，批判を受けてさらに検討することを望んでいる。

## 4.2 質的研究における「主―客」と「内―外」

これまでしばしば，「主」と「内」は同一視され，「客」と「外」は同一視されがちであった。たとえば，ケミス／マクタガート（2006）は，人文・社会科学におけるアプローチを区分している二分法のうちの2番目として「①問題，現象，方法を，主として客観的な見方で（いわば「外的な」見方で）捉えるアプローチと，②問題，現象，方法を，主として主観的な見方で（いわば「内的な」見方で）捉えるアプローチ」という二分法を指摘している。このすぐ後で，この二分法は間違っていて，弁証法的に考えるべきだと指摘するのだが，それは，「この両者を対話の無いものと考えるな」ということあって，「客観的」を「外的」とし，「主観的」を「内的」としていることについては，間違っているとしているわけではない。

これに対して本書では，「主―客」という軸とは別に，「内―外」という軸を設定する。そのような軸を設定するのは，ここでの検討には，幾何学の証明問題における補助線のように，それを出すことで，この問題を分かりやすく整理することができると考えるからである。

まず，人間の精神活動について，**図5**のようなモデルを考える。ここでは「主―客」の軸と「内―外」の軸は直交している[31]。ここで主と客とは，まったく異なる2つの状態と考えるのではなく，ある1つのことがらの2つの要素あるいは2

---

[30] なおこの説明は，大学院の質的研究ゼミでの討論の中で，その必要によって作られたものである。大学院ゼミで取り上げる論文には，認識論的に混乱したものがある。その混乱はどこがどう問題なのか，その徹底的な検討のためには，このような議論が必要になるからである。
[31] この場合，どちらが水平軸でどちらが垂直軸でもかまわないが，ここでは主―客を水平軸，内―外を垂直軸としている。

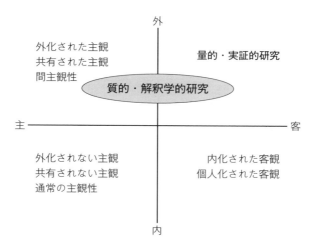

図5 「主─客」「内─外」と質的研究

つの側面である（ケミス／マクタガート（2006）が言うようにこれを対立するものとして二分するのではなく，弁証法的な「契機（モメント）」と考える。ただし弁証法における「契機」はチャンスという意味ではない。弁証法による説明では理解しにくい読者は，この「契機」を「要素」「側面」と読み替えるのが良いと思われる）。したがって，主であれば客の要素は絶対に存在しないとか，客であれば主の要素は絶対に存在しないということではなく，人間の精神活動なら，どのようなことがらにも，主と客の相反する要素が同時に含まれ得ると考える。この点においては内と外も同様であって，どのようなことがらにも，内と外の対立する要素が同時に含まれ得ると考える。とくに主と客とにおいては，むしろ，1つのことがら，たとえば分析あるいは研究の中で，主と客との豊かな対話がなされ得るし，なされるべきだと考える。

ただし，上記のようにこの図では，「主─客」の軸と「内─外」の軸とは直交している。直交しているということは，両者が相互に独立していることを意味している[32]。

---

[32] 実際には相互に影響や制限を与え合っている場合も多く（たとえば，ケミス／マクタガート（2006）が主と内，客と外を同一視しているように，外は客であることが多く，内は主であることが多いなど），直交以外のモデルも考えられるが，ここでは相互に独立した直交軸として設定する。

たとえばある特別な嗜好について,「そういうことは客観的には理解できるが主観的には理解できない」ということがある。それは,「そういうものが生じることの背景は分かるが,自分はそういう嗜好には共感できない」という意味だと考えられる。このことから,「理解」は,客観的にも主観的にもなされて両立し得るのであり,しかもその理解の結果は,一人の人間の中で,相反するものになり得るのだと分かる。このとき,客観的理解とは,相手を対象として見て,主に知識や知性によって理解することだと言えよう。それに対して主観的理解とは,相手を主体として見て,主に共感によって理解することだと言えよう。ただし,前者の知識や知性が,主観に影響されていないわけではないように,後者の共感に,知識や知性がまったく含まれないわけではない。

## 4.3 量的・実証的研究における主観性の排除と洗浄

量的・実証的研究は客観性を最重視し,主観性を排除する。まず,研究参加者からのデータ採取は,研究参加者の客観的な側面を測定して,客観的なデータとする。たとえば,教育で扱う「能力」のようなものは,テストで客観的に測定する。また,医療的な研究では,研究参加者の身体的状況を,さまざまな検査によって測定してデータとすることで客観化する。また,研究参加者の価値観や性格や態度などの内面的で主観的な状況は,客観的な心理的尺度によって客観的に測定される。つまり測定では,測定内容は客観化 objectify され,外化 externalize される。研究者はそれを,統計的手法などの客観的な手続きで操作・処理し,客観的な知見を得て,口頭発表,ポスター発表,論文,著書などの形で客観的に表象する。

ここで重要なことは,量的・実証的研究で客観的な測定や処理をしている対象には,身体的な状況のような,もともと客観的な対象だけでなく,心理的尺度で測定するような,主観的で内面的な内容も含まれるということである。しかし量的・実証的研究では,主観は排除すべきものであるため,それをあえて上記のような手続きによって,客観化し外化する。このとき,客観化し外化することは,元の情報の有している主観的な内容を「洗い流すこと」つまり主観を「洗浄」することだと言えるかもしれない。

## 4.4 質的研究における主観性の保持

### 質的データの採取における主観性の保持

　それに対して質的研究では，必ずしも客観性のみを重視するのではない。むしろ客観化のできないもの，客観化すれば流れ去ってしまうものを，主観性を重視したまま取り上げる。たとえば，研究参加者の内面を，量的・実証的研究のように客観的な心理的尺度で測定して客観化・数値化するのではなく，インタビューによって，研究参加者の「ことば」として取り出し，それをそのまま扱おうとする。その際，その過程は，研究参加者だけで行っているわけではなく，多くの場合は研究参加者と研究者とによるインタビューという共同構築的な過程を経て，データとして取り出される。取り出されたデータは，言語化（言語コード化）されているのであるから，それを第三者が読んで理解することもできる。その意味で，そのデータはある程度客観化されているし，だからこそ，論文にインタビュー記録の発話を引用することができるのだと言える。

　ここで重要なことは，主観性を保持したまま外化することは，このように可能だということである。たとえば，芸術作品などは，主観性を保持したまま外化された表象であると言える。絵画や彫塑は，それがたとえ抽象であろうと具象であろうと，作品として外化され表象された時点で，鑑賞者によって主観的に理解されるのだと考えることができる。それは言語を用いた芸術である小説や詩などでも同様である。質的データも，芸術的表象ほどではないかもしれないが，同様に，主観性を含んだまま外化された側面を有していると考えられる[33]。その点で，論文に引用されたインタビューの発話は，そこに客観的な解説が付され得るとはいえ，その発話そのものは小説や詩と似た側面を有していると考えることができる。

### 質的データの分析における主観性の保持

　そしてそのようにして採取された質的データは，分析のために研究者の内面（頭の中）に持ち込まれる。それは基本的には，言語データである質的データを「読む」という作業を通して行われる。これを「内化」と言うことができる。しかしそれを考えるためには，ことばや図の形で「書き出す」という作業が行われる。それ

---

[33] このデータ採取を芸術を用いた方法で行うのが，Art-based Study，Art-informed Study と呼ばれる質的研究の潮流である。第7章4節を参照。

は頭の外に出して目で見てみるので,「外化」と呼ぶことができる。そして分析のためには,この外化と内化を交互に繰り返すような定式的で共有可能な客観的な手続きも取られる。たとえば,グラウンデッド・セオリーで,プロパティやディメンションという概念を用いてそれを修正していくのは,そのデータを操作して外化し,かつ内化する対話的(弁証法的)手続きだと考えることができるし,後述のSCATの分析表の中でことばを操作し,書いては考え,修正しては考えるのも,分析手続きに含まれる外化と内化(言い換えれば主体の頭の中での思考と,主体の頭の外にあるSCATの分析表での作業)の対話的手続きとみなすことができる。

　質的分析では,このように,たとえばインタビュイーの主観性を保持した質的データが,分析者が読むことによって分析者の内に取り込まれた後,分析の過程で,外化と内化とを繰り返されながら,さらに多様で深い意味が見いだされていく。そこではつねに,たとえばインタビュイーの発話内容に対する分析者の「共感」「受容」「解釈」「想像」「創造」などの,主観を含んだ理解や意味づけ(意味付与)という操作によって分析される。しかし同時に,上記のグラウンデッド・セオリーやSCATでの手続きのように,ある程度まで定式化された分析手続きを使って客観化される。そしてこの客観化の過程で,先行研究との突き合わせがなされ,それらを「分析的枠組み」とした分析がなされるが故に,研究参加者の主観的内容に対して,研究参加者からも研究者からも外にある客観との突き合わせを通して,研究参加者や研究者の主観を超えた解釈が適用され,主観のみによる恣意的な分析になることが抑制されるだけでなく,研究参加者や研究者が主観的に認識していなかった意味が見いだされる創造的な作業が行われる[34]。

　質的データの分析はこのような過程を経るが,その点で,これらの定式的な分析手続きは,主観的内容を客観化するために採用されるのではなく,主観と客観との対話のために採用されると考えるべきである。そしてその結果は,他者に理解可能な形で再び言語化され,外化されて,口頭発表,ポスター発表,論文,著書などの形で表象される。それは,他者に理解されるように表象されている点で客観化されていると言うことができ,小説や詩に近かった1次データよりは客観性は高くなっ

---

[34] 第5章3節で述べる氷山のモデルで,研究参加者の発話を分析することで,研究参加者が直接には言わず,かつ思ってもいなかった氷山の最下部の内容が,分析によって示されるとは,1つには,こういうことが分析過程でなされるからである。つまり,研究参加者の主観を超えた客観が,分析的枠組みとして研究者によって適用されることで,分析結果が研究参加者の主観を超えたものとなるのだと考えることができる。

ていると言えよう。しかしやはり，それらの表象は，量的研究に比して，はるかに主観性を重視したものであり，主観的内容が含まれ，読者の主観性に訴えるような側面を依然として有している。その意味で，質的研究の結果は，単に主観性だけでなく，間主観性 inter-subjectivity を有していると言うことができる。（なお第7章4節で後述するアートを含む多様な表象は，主観性をいっそう重視した外化であると考えることもできる。）

## 4.5　質的研究における主体的解釈とは何か

　これまでたびたび「解釈」ということばを使ってきた。また本書では，この後もこのことばが使われる。そのため，ここでそれについて触れておきたい。

　まず「解釈」は，質的研究だけで用いられるものではない。たとえば臨床心理学や精神医学で用いられる投影法では，結果（言語での表現や描かれたもの）を解釈する必要がある。たとえばロールシャッハ・テストでは，インクのしみを見てなされた言語表現を解釈する（高橋／高橋／西尾 2007）。また，バウムテスト（樹木画テスト）や風景構成法でも，描かれたものの解釈が必要になる（コッホ 2001，レボヴィッツ 2002）。しかもこのようないわゆる人間科学（小林／西 2015）の領域だけでなく，たとえば量的な分析手法である因子分析でも，解釈が必要になる（柳井／前川他 1990）。つまり，量的な研究でも解釈が排除されているわけではない。これらにおいてはむしろ，解釈という概念が明示的に使われている。完全に量的な研究で，IMRaD（Introduction 導入，Methods 方法，Results 結果，and Discussion 考察）の形式で書かれた論文でも，Methods に因子分析が含まれていれば，その論文に「解釈」という過程が含まれていることになる。それだけではなく，そもそも，因子分析を含まない論文でも，Discussion では，通常，Results に対する研究者のなんらかの解釈が含まれるのが普通である。なぜなら量的な分析結果を見て，そこに意味を見いだす行為は，解釈と考えることができるからである。

　これに対して，今日の質的研究では，解釈をより積極的かつ明示的に用いている。しかしその場合，解釈とはどういうことを言うのだろうか。たとえばインタビューアーが言わなかったことをインタビュアーが解釈するのは，インタビュアーがインタビュイーを信じず，インタビュイーを疑うということなのだろうか。

　このような疑問に対しては，伊賀（2014）が質的研究法における解釈学的なアプローチとしての「解釈的現象学的分析 IPA : Interpretative Phenomenological Analysis」

の方法論について述べた次のものが，解釈に対する理解を助けてくれると思われる（下線は引用者）。

　　P. Ricoeur（1965）は解釈学には二つの系譜があるとする。第一の系譜はアリストテレスの現実を言葉で表現することが解釈であるとの主張に始まり，表現されている直接的意味を理解しようとする立場であって，「意味の想起としての解釈学」と呼ばれた。第二の系譜は聖書釈義の伝統から生まれ象徴的表現に示された直接的意味からそれが類比している隠された意味を理解しようという立場であって，「懐疑の実践としての解釈学」と呼ばれた。
　　これに対して，J. A. Smith et al.（2009）は前者を話者の経験をその話者自身の言葉で再構成し，部内者の視点に立つと話者の経験がどのように見えるかを明らかにする解釈の方法として捉えた。また後者は，その現象に光を当てて，話者が語らなかったこと，語りたがらなかったことを明らかにすべく部外者の理論的視点に立ち，語られた経験の背後に隠されたことを明らかにする解釈の方法として捉えた。そして，後者は懐疑の実践としての批判的解釈学と異なり，あくまでも話者の語った話を内側から聞き，そのトランスクリプトをテクスト内的に読みながら，とくに用いられた隠喩の意味や用いられた時制などの時間的構成に着目して疑問点を研究者が解釈するやり方を「疑問を問う解釈学」と呼んだ。そしてこれと共感の解釈学（浮上してきた実質的テーマに取り組む解釈学）とを併用する二重の解釈学という方法論を打ち立てた。
　　このように，IPAは話者の語った経験の①顕在的意味が明確になるように促し，また②潜在的な隠された意味を解釈して顕在化し，③話者と聞き手たる研究者本人，さらには報告書の読者に理解出来るようにする分析方法である。

　最後の部分を要約すると，質的研究における解釈とは，「経験の，潜在的な隠された意味を顕在化し，研究参加者と研究者と研究の読者に理解できるようにすること」である。これは解釈学的現象学についての説明であるが，筆者は，質的研究における解釈の理解には，これが大いに参考になると考えている。ここには，2つの重要な内容が含まれている。
　1つめは，解釈とは潜在化された「意味」を顕在化させることだということである。今日の解釈学的なパラダイムを含んだ質的研究は，経験を「事実として明らかにする」のではなく，経験に潜在する「意味を明らかにする」のである。どのような人のどのような経験にも潜在的な意味があるのだから，これは誰にとっても同じ

であって，特定の研究参加者に対する懐疑にもとづいて，本当のことを暴こうとするわけではない。

そしてもうひとつは，ここで「理解できるようにする」相手に，「話者」つまり研究参加者が含まれていることである。このことはまず，研究参加者を，単に研究対象者として見ているのではないことを示している。そしてさらに，これに従えば，「この分析では深い解釈をするから，分析結果は研究参加者には見せられない」というような解釈学的な研究は，あってはならないことになる。もちろん，どのような研究参加者にどのような分析結果を見せても，すぐに「ああ，そうだったんですか」と理解してくれるとは限らない。しかし少なくとも「説明と同意」（インフォームド・コンセント）において，その研究が解釈学的に行われることと，そのために，研究参加者の日常的な認識とは異なる分析結果になることがあり得ることを，十分に説明してよく理解してもらわなくてはならない。そしてそのためにはさらに，研究者と研究参加者との間の相互の深い敬意と尊重が必要であり，あくまでその基盤に立って，データ採取と解釈が行われ，その結果が研究参加者に示されるのでなければならないだろう。これについては，研究倫理について述べる第8章7節で再度触れることにする。

## 5 質的研究の評価規準としての客観性，信頼性，妥当性

### 5.1 質的研究に客観性，信頼性，妥当性はあるのかという問い

質的研究についてよく抱かれる疑問は，「質的研究に客観性，信頼性，妥当性はあるのか」というものである。そしてその多くは量的研究者から，あるいは量的研究を学んだ大学院生などから発せられるものである。

たとえばまず客観性について考えてみると，量的研究では，客観性を高めるためにn（サンプルサイズ）を確保しているのに対して，質的研究では，サンプル数が少なく，ときには，n＝1の研究さえ存在する。また，量的研究は統計的な分析手法のような客観的な分析手続きを用いるのに対して，質的研究の分析は研究者の主観にもとづいているように見える。そのため，質的研究には，量的研究のような客観性はないのではないかという疑義あるいは疑念が抱かれ，それが質的研究者や質的研究を志す大学院生たちに対して投げかけられる。質的研究を適切に指導する指

導教員がいない状態で質的研究をしようとする大学院生は，しばしば，質的研究に対するこのような問題を指導教員や他の教員から突きつけられて質的研究を断念することがあるし，住（2011）が「質的研究の発表を学会で見聞し，発表者とフロアとのやり取りが噛み合わず，拡散する議論に研究の成果が回収されてしまうことを，とても残念に思っていた」と述べているように，学会発表の際に聴衆や司会者からこういう質問をされて，きちんと答えられないまま不完全な発表になってしまう例を，筆者も数多く見ている[35]。

また，量的研究，とくに臨床研究や疫学研究の立場からはさらに深い疑念が寄せられることがある。それは，研究計画の変更についてである。臨床研究では，研究計画（研究プロトコル）を立てると，それを社会に公表してから研究を始める。これを「臨床試験登録」と呼ぶ。これは，臨床試験情報を公開することによってその透明性を確保し，研究参加者の保護と臨床試験の質を担保する制度である。具体的には，ネガティブな結果は公表されないことによるメタアナリシスへの公表バイアスの影響を避けることや，同じような研究が乱立することを避けること，そして意義の失われた不必要な研究が繰り返し行われないことを目的としている。「人を対象とする生命科学・医学系研究に関する倫理指針」（文部科学省・厚生労働省 2021）（2021 年 3 月 23 日制定，2022 年 3 月 10 日一部改正）でも，介入を行う研究は「当該研究の概要をその実施に先立って登録し，研究計画書の変更及び研究の進捗に応じて更新しなければならない」。また，「研究を終了したときは，（中略）遅滞なく，当該研究の結果を登録しなければならない」としている。つまり研究計画は研究前に公開され，基本的に研究の途中で変更しない[36]。それに対して，質的研究では，

---

[35] 客観性や主観性だけでなく，たとえば医療系だと「その研究は前向きですか後ろ向きですか？」のような臨床・疫学研究の基本的な概念で質問され，たとえ質問者が否定的な立場から質問したのではなく，またたとえ発表者がそれらの概念を量的研究の概念としてはよく理解していたとしても，自分の質的な研究にそれらの概念を当てはめて考えたことがないために，答えに詰まってしまうというような場面も目にする。これも同様に残念なことである。本書ではそのようなことの助けになるよう，量的な研究的概念も用いている。

[36] このことはまた，研究結果の評価の際にも重要である。そのうちの 1 つは検定の統計学的な性質にもとづくものである。統計学的には，ある目的でサンプルを取って，それについてある検定を一度だけ行った場合に有意差が出る確率と，同じサンプルに対して 10 種類の観点から検定を行って，そのうちのどれかに有意差が出る確率とは異なる。帰無仮説が正しく，かつそれぞれの検定が独立している場合には，前者では，危険率を 5％ に設定すると，有意でない確率は $1-0.05=0.95$ である。しかし後者の研究では，1 回目の検定ではこれと同じだが，2 回目の検定でも危険率 5％ と設定すると，それは 1 回目の検定で有意でなかった 0.95 に対して 5％ の危険率を設定していることになるので，2 回目の検定で有意でない

研究の手続きばかりか研究の目的さえ，研究途中で変更される場合がある．
　ここではこの問題を検討してみたい．

## 5.2　相互に独立した概念としての信頼性と妥当性

　しかしこのことを説明するために，まず概念を明確にしておきたい．信頼性と妥当性は，本来，量的研究の概念であるが，これは質的研究ではしばしば混乱して使われている．とくに，「分析の信頼性と妥当性を確保するために」のように，「信頼性と妥当性」がセットで使われる場合が多い．そしてこのような場合，ほぼ例外なくこの2つの概念は区別されていない．また区別されていないのだから，両者の意味についてもきちんと把握されておらず，それは単に「しっかりとした研究になる」「まともな分析になる」「たしかな研究になる」というような，じつにあいまいな意味で用いられていることが多い．
　筆者は「信頼性」と「妥当性」が区別なく用いられる問題について，近年よく使われるようになった「安心・安全」ということばを例に出して説明している．安心は安全だけで確保されるわけではないが，少なくとも安全でなければ安心できない．また，安心だということは少なくとも安全だということである．だから安心と安全は相互に独立した概念ではない．むしろ安全とは，ある状態の物理的な状況を指す概念であり，安心とは，その心理的な状態を指す概念だと言うことができる．つまり信頼性と妥当性もこの安心と安全のように非独立的に使われてしまっているのである．
　それに対して，量的研究における信頼性とは，測定の評価の概念であり，「同じ対象に同じ測定をしたときに結果が同じになる確率」のことであって，決してその

---

確率は，$0.95 \times 0.95 = 0.9025$ で，有意でない確率は1回目の検定より小さくなり，有意である確率は $1 - 0.9025 = 0.0975$ となる．つまり5%のはずの危険率が，実際には9.75%と大きくなっている．同様にこれを10回繰り返して最後の検定で有意差が出た場合，有意でない確率は $0.95^{10} = 0.5987$ となり，有意である確率は $1 - 0.5987 = 0.4013$ となる．つまり5%のはずの危険率が，なんと40%以上になってしまう．もちろんこういう研究を，探索目的に行うことはあり得るが，それはそのような手続きを示して公表すべきであって，これを最初から，10回目の検定のみを行う目的で計画した研究として公表すれば，それは統計学的に嘘をつくことになる．このことは，有意差が出たのが10回目でなく1回目であったとしても同様であるし，10回の検定を1人ではなく同じ研究グループの10人が同時に行ったとしても同様である．つまり上記の時間的な手続きは説明のために示したのであって，時間的な関係がどうであっても，それは10の探索を計画したうちの1なのだから，その全体の中での1つ分の検定の優位でない確率は，依然として0.5987である．

研究を「信頼できる」という意味ではない。それは言い換えれば「複数回の測定をしたときの結果がばらつかない割合」のことである。その意味で，測定の「信頼性」とは，測定結果の「再現性 reproducibility」に他ならない。

そうであればこれを「測定の再現性」と呼べばよいのに，なぜそう呼ばず「信頼性」と呼ぶのかだが，それは，この「信頼性」というのは，測定自体より，「測定ツール」の評価に使う概念だからだと考えられる。ある測定ツールによる測定の再現性が高ければ，その測定ツールは信頼できる。つまり，「測定の再現性」とは，測定とその結果という文脈からみた測定の評価指標の名称であり，「測定の信頼性」とは，その測定ツールを選択するか，使い続けるか，というような測定ツールの使用の文脈からみた，測定ツールの評価指標の名称である。つまり測定の場合，再現性と信頼性とは同じであるが，異なる文脈でそれらを呼んだものであると考えるべきである[37]。

それに対して，妥当性とは，測定したいものを正確に測定できている程度のことである。このことを考えるため，1つの例を出したい。

筆者が以前に読んだ古い本に次のように書かれていた。「第二次世界大戦前や大戦中に，軍楽隊の隊員を選ぶのに，その頃は楽器を習っていたような人はほとんどいなかったので，とにかく走らせて速い者を選んだ。その理由は，足の速い者は運動神経が良いだろうし，運動神経の良い者は音楽ができるだろうと考えられたためである。」つまりここでは，「音楽的な能力」を「足の速さ」という尺度（ものさし）で測定しているのである。まずこのケースについて妥当性と信頼性を考える。

今日では，足の速い人が音楽的な能力も高いと考える人はまずいないだろうし，実際にその通りだろう。つまり「「足の速さ」という尺度（ものさし）による音楽的能力の測定」は，測定の妥当性が低いということになる。

いっぽう，足の速さというのは，測定のたびに異なるものではない。学校時代にクラスや学年で足が速くリレーの選手になるような子は，計測のたびに順番が入れ替わるというようなことはなく，ほぼ毎回，同じ結果が出ていたと，読者も記憶しているのではないか。したがって，「「足の速さ」という尺度（ものさし）による音

---

[37] 正木／都谷（2006）では臨床研究について，「なお，「信頼性 reliability」と「再現性 reproducibility」は結果的にほぼ同義と考えることができる。観察者や測定日時が変わった場合でも同様の結果を得るために「信頼性（再現性）」の確保が重要である。「信頼性（再現性）」が確保されていればその結果の評価は容易になる」と述べて，信頼性は再現性であることを示している。

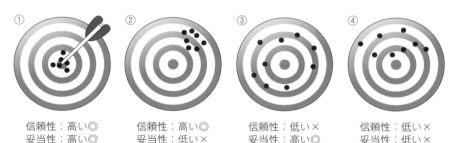

図6　信頼性・妥当性の的モデル

楽的能力の測定」は，測定の妥当性は低くても，測定の信頼性（再現性）は高いと言えよう[38]。

このように，測定の信頼性と妥当性とは，概念としては基本的に相互に独立している。そこで，信頼性と妥当性には，それぞれ高低を設定すれば，次の4つの組み合わせがあり得ることになる。

① 信頼性高かつ妥当性高
② 信頼性高かつ妥当性低
③ 信頼性低かつ妥当性高
④ 信頼性低かつ妥当性低

そしてこれは，しばしば図6のような的モデルで示される。

①は的の真ん中にほとんどの矢が当たっている状態
②は的の真ん中には当たっていないが，ある場所を中心に多くの矢が当たっている状態

---

[38] ところで，この測定を，「音楽的な能力の測定」だけではなく，それを含んだ「軍楽隊員として適性の測定」なのだと考えれば，この測定方法に対する評価は変わり得る。実際，リズムに合わせて楽器に息を吹き込み，同時にキーやピストンを操作するのが吹奏楽の演奏だとすれば，それは運動に非常に近い性質を持っている。また，吹奏楽で管楽器を担当するなら心肺機能が健全である必要があるし，そもそも楽器を演奏するには，かなりの体力が必要である。しかも軍楽隊なら，楽器を構えて演奏しながら行進もする。その意味で，走る速さというのは，音楽家としての適性の評価のためには妥当な尺度とは言えなくても，軍楽隊員としての適正の評価のためには，あながち妥当性の低い尺度ではなかったのかもしれない。そうだとすると，この測定は，その信頼性の高さとあいまって，当時としては，かなり有効なものだったのだと考えることもできる。だからこそ，今日では不思議に思えるこのような尺度が用いられていたのであろうと推測される。

③は的の真ん中を中心として適度にばらけて矢が当たっている状態
④は的の真ん中とは関係なくあちこちにばらばらに矢が当たっている状態

ただし、③の信頼性低かつ妥当性高があり得るとするのは、妥当性をその測定値の平均で表すような場合のみである。しかし、測定値の平均が意味をなさない場合もあり、そのような場合、「信頼性が低くなれば測るべきものが測れなくなる」ので、「信頼性は低いが妥当性は高い測定（信頼性低かつ妥当性高）という状態はあり得ない」とされる。上には、2×2の4つの状態をモデルとして示すために、あえて③も示したが、このように、③はあり得ないという考え方の方が一般的であり、的モデルによる説明も、①②④の3つの的の図を示しているものが多い。このことは「妥当性係数は信頼性係数を超えない」と表現される。

なお、社会では、組織や制度や機械などのメカニズムに対して「信頼できる」という意味で用いられることがあり、これが研究に関する概念としての「信頼性」の誤解の背景となっているが、研究でも、信頼性という概念が「その研究を信頼できる程度」という意味で使われることがある。とくに、近年相次いで発覚した臨床研究の不正によって、「臨床研究の信頼性の確保」ということが強く叫ばれるようになり、この時の「信頼性」とは、その研究の手続きや結果が社会から信頼できるという意味であり「測定の信頼性」のことではない[39]。これを区別して使用する必要がある。

## 5.3 質的研究の測定の信頼性と妥当性

### 質的研究の測定の信頼性

ところで、量的研究の「測定」とは「データ採取」のことであるから、質的研究でのデータ採取である観察やインタビューやフォーカス・グループの実施が、量的研究の「測定」に相当すると考えられる。したがって、質的研究における「測定の信頼性」とは、観察なら観察、インタビューならインタビュー、フォーカス・グループならフォーカス・グループを、同じ研究参加者に対して行った時に、同じ結果が得られる確率のことだということになる。

しかしここで問題がある。まず、人を対象とする量的研究で身体的あるいは生

---

[39] たとえば宮崎／門脇（2013），武藤（2016）などにおける「信頼性」とは、研究を信頼できる程度のことである。

物・医学的な測定を行うなら，そしてその測定に侵襲性がないなら，同じ対象に同じ測定を連続的に行っても問題はないので，その複数回の測定の再現性ということに意味がある。しかし質的研究ではそれとは異なる。たとえばインタビューでは，一度聴いたことを同じ人にすぐにまた聴くということにはまったく意味がない。仮にそんなことをしたら，研究参加者は不思議に思うか滑稽に思い，二度目以降のインタビューはまともに成立しないだろう。仮にそれが実施できるとしても，量的な研究でどの程度同じ測定結果になるかは，研究参加者の意志に影響されないように研究が設計されるが，質的な研究では，インタビューを受けたことをインタビュイーが記憶していて，同じことを答えようとしたり，逆に違うことを答えなければならないと思ったりすることがあり得るため，測定結果がどの程度同じになるかは，研究参加者の意志に影響を受ける[40]。だからそもそも，量的研究で重大な意味を持つ「同じ対象に同じ測定をしたときに同じ結果になる割合」ということが，質的研究の場合には，まったく意味を持たないということになる。したがって，質的研究で，量的研究の概念である「測定の信頼性」ということばを，そのままの意味で使用することはできない。それにもかかわらず，「信頼性」ということばが質的研究でもよく使われるのは，やはりそれが量的研究における本来の意味である「再現性」ではなく，「信頼できる」という意味だと誤解されているからだと考えるのが妥当であろう。

### 質的研究の測定の妥当性

次に「測定の妥当性」を考える。測定の妥当性とは，「測りたいものが測れている度合い」のことである。そうだとすれば，質的研究における測定の妥当性とは，インタビューやフォーカス・グループでは聴こうとすることが聴けている度合い，観察では見ようとするものが見えている度合い，ということになる。

しかしながら，量的研究では，測定の対象が客観的な実在であって，その都度，その測定対象はたとえば血圧，血糖値，心拍数などに厳密に決まっていて，いったん測定を始めれば，別のものを測定することはない[41]。また，測定の対象が心理・

---

[40] また，仮になんらかの理由で，一定期間を経て，あえてそういうことをしたとしても，前のインタビューから今のインタビューまで，インタビュイーの経験が変わっているのだから，1回目と2回目とは異なる回答をし，同じ回答にはならないのが自然である。むしろ質的研究で一定の期間をおいて同じインタビューをするとしたら，それは，その間の研究参加者の変化によって回答がどう変わるかを知るための縦断的な研究における repeated interview であろう。

社会・文化的な内容である場合も，たとえばアンケートなどではできるだけ妥当性の高い尺度を選択するし，既存の尺度を用いない場合でも，個々の質問と全体とができるだけ妥当なものになるようにアンケートを設計して実施する。つまりそこでは，妥当性の高い方法が選択されて決定され，適用される。

それに対して質的研究のインタビューやフォーカス・グループや観察では，聴こうとするものや見ようとするものは大まかに決まっているとはいえ，多くの研究は探索的であり，測定対象は厳密に決まっているわけではないことが多い。むしろ「何を測定するべきなのか（何を観察するべきなのか，何を聴き取るべきなのか）を探索しながら測定する（観察する，聴き取る）」というのが，質的研究の測定，つまり質的研究のデータ採取の本質であるとさえ言える。

もちろんそのような過程でも，ミクロに見れば，ひとつひとつの質問には，測定対象が決まっていると言える場合もある。たとえば，インタビュイーが，過去のある決断について「後悔している」と答えたとき，インタビュアーが，それがどの程度深い後悔であるのかを聞きたいなら，その測定の対象は，「そのことについてのインタビュイーの後悔の程度」である。そしてその際，それを「それはどの程度深い後悔ですか？」と直接に聞くのが妥当か，「それと同じくらい後悔したことは何か他にありますか？」と間接的に聞くのが妥当かは検討すべきところである。また後者の質問の代わりに，「今でも，その決断をするべきではなかったと思うことはありますか？　あるとしたら，それはどのような場合ですか？」という別の間接的な聞き方も可能である。したがって，これらのうちのどの質問をするのが最も妥当かということは検討の対象になる。このように考えると，インタビューの個々の瞬間には，測定の妥当性はつねに検討されていると言うことができる。しかもそれがある程度予測されているのなら，それをどのように聞くのかは，できるだけ詳細に検討した上で，インタビューガイドに書いてから，インタビューを実施すべきである。

しかしながら，その際に大切なことは，用意したインタビューガイドに拘束されてしまうと，良いインタビューはできない[42]ということである。たとえば，どう

---

[41] 別のものを測定してしまえば，それは測定の妥当性がきわめて低いということになる。
[42] 筆者は，SCATのワークショップを依頼される時に，依頼者側があらかじめ持っているデータを分析題材に使ってワークショップをして欲しいと言われることがある。その場合，そのことが研究参加者との間の「説明と同意」に含まれていれば，そのデータを見せて頂くのだが，それらは，「インタビュイーがこう言ったのなら，なぜ，インタビュアーはそれについてさらに聞かなかったのか」と残念になるものであることが多い。つまりインタビュ

聞くかは，個々の研究参加者の背景や，その人のその時の感情，またその発言に至ったそのインタビューの文脈などを考慮して，動的に決まるものである。しかもいったん質問を始めても，その質問を受けるインタビュイーの表情や動作などの反応を見て，妥当な質問の仕方ではなかったと気づいたら，あるいはより妥当な質問の仕方があると考えたら，すぐにそれをはっきりと，あるいはゆるやかに修正すべきである。それにそもそも，インタビューでは，ひとりひとりのインタビュイーごとに，この人にはぜひこのことを聴きたいという内容が出て来るのであるから，聴き方だけでなく，聴く内容さえも，ひとりひとりのインタビュイーで異なることになる。このように，質的研究の測定は，量的研究のアンケートのように，「すべての研究参加者にあらかじめ決めたことをあらかじめ決めた方法で適用するのではない」ことを理解すべきである。

このような質的研究にとって，測定の妥当性とは何を指すのであろうか。上記のように考えれば，質的研究にも，測定の妥当性はたしかにあり得る。しかしその妥当性は，それにもとづいて測定方法をあらかじめ選択し，すべての研究参加者に適用するようなものではない。むしろ，ひとりひとりの研究参加者ごとに妥当な測定方法があり得るし，何が妥当かは，測定中に変わる。つまり質的研究の測定の妥当性は，つねに動的に評価し，それにもとづいて測定を変化させなくてはならないようなものである[43]。

## 5.4 質的研究の分析の信頼性と妥当性

質的研究では，「分析の信頼性と妥当性」というものが，じつにしばしば問題にされる[44]。そこで次に，これについて考えてみたい。

---

ーガイドに拘束されていて，聴くべきことを聴いていないということは，じつにしばしば起きていると言える。

[43] なお，これとは異なり，測定（データ採取）方法をあらかじめ選択するということはあり得る。たとえば，個別インタビューをするかフォーカス・グループをするかは，研究デザインの時に決定しなければならない。その場合，ひとりひとり個別に研究者と研究参加者との間で言語化しながら聴き取りを行いたいなら個別インタビューが適しているが，研究者に，聴きたいテーマについての経験がなく，同様な経験を有する研究参加者どうしで言語化がなされることを期待する場合はフォーカス・グループが適している。ただし，他の研究参加者の前で語りたくないことを聴き取りたい場合は，フォーカス・グループは実施できない。このように，その研究目的や研究内容や研究参加者の特性に合わせて，測定（データ採取）方法を選択するということは，質的研究でもあり得る。しかしそれは，「測定の妥当性」というより「測定方法の選択の適切性」と呼ぶべきだと考えられる。

## 質的研究の分析の信頼性

　量的研究の論文は，IMRaD の形式で書かれることが多い。前節でも触れたように IMRad とは，Introduction, Methods, Results and Discussion の頭文字であり，「イムラッド」あるいは「イムラド」と読まれる。Methods は研究の「方法」であって，そこではたとえば，どのような対象母集団からどのようにサンプリングを行い，そのサンプルに対してどのような測定を行って，そのデータをどのような方法（どのような統計的手法）で分析するかが規定される。この時，量的研究では，いったん Methods が設定されると，必要な研究能力のある者がその Methods 通りに実施すれば，理想的には，誰でも同じ唯一の Results が得られるように研究がデザインされる。それが量的研究の結果の再現性である。追試研究や再現実験（repeat research）等と呼ばれるものは，この Methods 通りに実施して，同じ Results が出るかどうかを検証するものである。そのため，Methods は，誰が読んでもその研究の追試研究ができるように書かれている必要がある。

　それに対して質的なデータの分析においては，同じ研究者が同じデータに対して同じ分析的枠組みを適用して分析したとしても，分析の結果は異なり得る。それは，1 人の研究者がつねに多様な研究的視点を持ち得るからであって，研究的視点が異なれば，同じ分析的枠組みを用いても異なる結果になり得るからである。つまり質的データの分析には，唯一の正しい Results はない。このことを言い換えれば，質的なデータの分析には，再現性は存在しないということになる[45]。したがって，測定の信頼性（再現性）のような意味での分析の信頼性（再現性）も存在しないと考えるべきである。

## 質的研究の分析の妥当性

　分析の妥当性とは，「そのデータから得るべき分析結果が得られている程度」と理解できる。これは質的研究の分析にも必要である。

　この時，量的研究の分析の妥当性というのは，Methods に記述され規定された分析方法の妥当性である。そのため，量的研究では，「分析の妥当性を高めるために

---

[44] 筆者の認識の範囲では，「分析の信頼性と妥当性」をとくに強調するのは看護学における質的研究である。それは，同じ医療系の隣接領域である医学の研究者から，それが問われるからではないかと考えられる。

[45] このことを強調するために筆者は，SCAT のワークショップなどで，「質的研究者が同じデータを同じ日の午前と午後に分析すれば，その結果は違うものになり得る」と述べている。

○○を行った」というようなことが記述されることはまずない。

　それに対して質的な分析では，第5章2節で述べるように，分析の際に適用する概念的・理論的枠組みによって，分析結果は異なる。しかも適用すべき概念的・理論的枠組みには，研究者を超えて最適性があるわけではなく，どのような分析的枠組みを用いるかは，その研究のオリジナリティに属することがらである。

　また，量的研究で用いられる統計的分析は，確立された定式的な手続きであるため，統計パッケージなどを用いることで誰でも同じ水準で実施できるのに対して，質的なデータ分析には一定の定式的な手続きがあるとはいえ，データをどう分析できるかは研究者の研究的背景や経験，また言語的な能力に左右される。だからこそ，分析の妥当性を高めようとする手立てが講じられ，それがしばしば「分析の妥当性を担保するために○○を行った」のように論文に記述されているのだと考えられる。しかし多くの場合，その手立て自体の妥当性に問題があると筆者は考えている。これについては本節の5.6で少し触れた上で第5章4節であらためて論じる。

## 5.5　量的研究と質的研究の「的」の違い

　次項に進む前に，ここで，本節で読者と共有した「的モデル」について再考したい。

　的モデルによる信頼性と妥当性の理解を基盤とすれば，測定と分析の両方に信頼性（再現性）が求められない質的研究は，的モデルの3番目，つまり「信頼性が低く妥当性が高い」研究なのだと理解すべきだろうか？　これはじつは，一部にそういう理解もある。たとえば，量的研究と質的研究を対比させるとき，「量的研究は信頼性が高く，質的研究は妥当性が高い」という説明がなされることがある。しかし，質的研究は信頼性が「低い」わけではなく，信頼性が「求められていない」のである。したがって，的モデルの3番目が質的研究だと考えることは，質的研究にとって適切ではない。

　質的研究でもおそらく，射手は的の真ん中を狙っているであろう。しかし質的研究の場合，何を狙うかは，その射手に任せられていて，しかもそれがその都度，動的に決まるのである。そう考えると，「1つの的」を前提とする信頼性と妥当性の的モデルが，質的研究の説明には不適合だということになる。むしろ，「量的研究の的は1つだが質的研究の的は無数にある」と考えるのが，質的研究の実態に合っている。質的研究の射手は，たくさんの的の中から，自分の研究的背景や研究的関

図7 量的研究と質的研究の「的」の違い

心に応じた的を選択できるのであり，その結果，多様で豊かな獲物を得ることができるのである。

ではなぜ，質的研究の的はたくさんあるのだろうか。それは，量的研究とは違って質的研究では，「明らかにすべき真実は1つ」だと考えないからである「真実は，文脈や研究者の立場によって多様にあり，多様な解釈で成立する」と考えるため，つまりそういうパラダイムに依拠するためである。明らかにすべき真実が1つでないなら，的も1つである必要はない。

もちろん量的研究でも，明らかにすべき研究テーマはたくさんある。しかし量的研究では，いったん研究テーマを決めたら，その時点で的は1つになる。だからこそ，測定の再現性（信頼性）と結果の再現性とが求められるのである。それに対して質的研究では，いったん研究テーマを決めても，依然として，的はたくさんある。言い換えれば，いくらテーマを絞り込んでも，そのテーマの中で，明らかにすべきことは依然として無数に存在しているのである。

筆者は，量的研究と質的研究のこのような違いは，図7のように表現できると考えている。

## 5.6 質的研究の客観性

質的研究における測定の信頼性と妥当性，分析の信頼性と妥当性を論じたところで，最初に触れた質的研究の「客観性」について，立ち戻って論じることにしたい。

研究の客観性とは，言うまでもなく，「まともに分析や研究ができている」というような漠然とした意味ではない。「客観性」とはまず，主観性に対立する概念であるから，複数の間で一致している程度だと考えることができる。じっさい『質的

研究用語事典』(シュワント 2009)では,客観性の「学問や批判における」意味を「間主観的意味」だとしている。またこれを「特定の学術的コミュニティの中で,対話や討議,道理に基づく議論を通して合意に至る能力を指す」としている。これを短く言い換えれば,やはり,「複数の人の間で意見が一致している程度」である。ただし,ここで注意すべきことは,多くの人の間で一致しているということと,それが妥当だということとは無関係だということである。それが妥当であるとすれば,それは,そのコミュニティで共有されているものが妥当であるという仮定にもとづく。しかしその仮定が正しいとは限らない。たとえば,そのコミュニティの多くの人が間違っていれば,客観性は高いが妥当性は低いことになる[46]。

客観性はもうひとつ「科学的な確からしさ」のような意味を持つことがある。シュワント(2009)はこれを,「機械的意味」として,「規則や手続きに従うことを意味する。なぜなら規則や手続きは主観性に対するチェックであり,特異性や個人的判断を抑制するからである」としている。この場合の規則や手続きとしては,「証拠の提示」「定式化されて共有された分析手法の適用」などがあげられる。また,否定的事例の検討(得られた知見に反するような事柄を採取したデータの中に探して検討すること)も質的研究ではとくに客観化のための必要で重要な手続きになる[47]。そしてこのような客観性は「科学的客観性」と呼ばれる。この場合の客観性は,人に見せても高められない。しかし「証拠の提示」も,「定式化されて共有された手続きの適用」も,複数の間で一致することを担保するものだと考えれば,科学的客観性の根底にはやはり,複数の間での一致があると考えることができる。このように,多くの人に見せることで高められるのは客観性であって,妥当性ではない。ましてや信頼性でもない。

ところで質的研究では「分析の信頼性と妥当性を高めるために,複数のコーディング作業者が……」というような記述をした論文がじつにたくさんある。しかし,複数のコーディング作業者を設定するのは,その複数のコーディング作業者の間の一致を見ようとしているのであるから,そのことで高めることができるのは,信頼性でも妥当性でもなく,客観性である。妥当性のないコーディングを行うコーディ

---

[46] このような状態は,そのコミュニティに権威や権威者が存在するとともに,それに対する信奉や服従が存在するときに,特に強くなると考えられる。したがってそのためにも,権威は否定されなければならない。
[47] 「否定的事例の検討」は,なにより「確証バイアス」の排除のために必要である。確証バイアスについては,柴田(1996)等を参照。

ング作業者をいくらたくさん集めても，妥当性は高くならないし，信頼性も高くならない。その場合，複数のコーディング作業者を設定することではなく，1人のコーディング作業者のコーディングの妥当性を高めることこそが，研究にとって必要なことである。

　また，「分析の信頼性と妥当性を高めるために研究会で分析結果を示して意見を聞いた」というような論文もある[48]。しかしこれも，信頼性と妥当性を高めることにはならない。まず信頼性であるが，ある人たちに見せてその人たちの意見を得られたとしても，別の人たちに見せたら別の意見が得られる可能性があるため，再現性の意味での信頼性が高められるという保証はまったくない。次に妥当性であるが，その人たちの意見を聞いたら妥当性が高まるとしたら，まずその人たちの「分析者としての妥当性」が記述されていなければならない。しかしながら，そのようなことは通常，一切記述されていない。同様に，「分析の信頼性と妥当性を高めるため，質的研究に経験ある者のスーパーバイズを受けた」と書かれているものもあるが，その「経験ある者」が誰であり，その経験がどのようなものであるのかは一切記述されていない。つまり読者には，そのスーパーバイザーとスーパービジョンの妥当性がまったく分からない。そのような情報がなく，そのことで信頼性や妥当性が高められたと考えており，読者にもそれを信じることを要求するとしたら，それはすでに科学でなく，妄信でしかないと考えるべきである（これについては第5章4節で再度述べる）。

　そもそもここでの，「分析の信頼性と妥当性を高めるために」というのは，推測すると，「良い分析をするために」のようなあいまいな意味で使われているにもかかわらず，それが研究であるため，研究でよく使われる「信頼性と妥当性」ということばを使ってしまったのではないだろうか。しかしそれは研究的な概念を正しく使っていない。研究的な概念を正しく使ってはじめて，良い研究ができる。大変残念ながら，このような論述を行う論文執筆者も，その問題を指摘することなくその論文を採録する雑誌の査読者も，研究で最も重要な認識論を備えていないと言わざるを得ない。

　また筆者は，筆者のSCATのワークショップに参加したある方から，自分について研究して学会で口頭発表をしたら，「自分のことを研究するのは禁じ手であり，

---

[48] たとえば，野村／村田 (2003) では，「なお分析の信頼性及び妥当性を得るために，看護実践者の研究会で一部報告を行い，意見を求めた」とある。

表2 測定と分析における信頼性・妥当性・客観性

|  | 測定の | | | 分析の | | |
| --- | --- | --- | --- | --- | --- | --- |
|  | 信頼性(再現性) | 妥当性 | 客観性 | 信頼性(再現性) | 妥当性 | 客観性 |
| 量的研究 | ○ | ○ | ○ | ○ | ○ | ○ |
| 質的研究 | − | ○ | − | − | ○ | ○ |

それは主観的だから研究にならない」と言われたが，SCATを使えば客観性が高められるので，SCATを使えば自分のことを研究していいのではないか？と相談されたことがある。それに対する筆者の回答は，「SCATを使って高めることができるのは分析の妥当性であって客観性ではありません」である。この場合も，「客観性を高める」とは，「良い分析になる」というような意味だったのだろう。（ただしこの質問者には，質的研究には「自己エスノグラフィ」というものがあり，自分のことを研究することは質的研究においては決して禁じ手ではないので，そのような文献を引用して自己エスノグラフィとして論述してはどうかと示唆し，関連の文献を紹介したところ，自己エスノグラフィとして論文を執筆し，学会誌に採録されている。）

　では，質的研究では，客観性を担保することはできないのか。n＝1の質的研究の分析結果の客観性はどのように担保されるのか。それはその1のサンプルの徹底的な検討とその際の先行研究の引用による。これについては，第4章3節3.3，第5章2節，第9章6節等で述べる。以上については，後述の部分に詳細な議論を譲るが，とりあえず，本節の冒頭の問いに答えるためにそれを**表2**に示しておく。表中の○はあるべきでありなければならないもの，−は実証主義的な研究では最大に追求すべきであっても，今日的な質的研究では追求することが求められないと考えるべきものである。

## 6　「母集団とサンプル」概念の再考

### 6.1　量的研究における母集団とサンプル

　量的調査は，「悉皆（全数）調査」と「標本調査」とに分けることができる。前者は，たとえば，全国の全世帯を対象に調べる国勢調査や全国の全事業所，全企業

を対象に調べる事業所・企業統計調査である。それに対して後者は，調べたい全体の中から，標本を抽出して行うもので，多くの量的研究はこれである。そして，この標本調査において最も基本的で重要な概念は，「母集団 population」とその「サンプル sample」（「対象母集団 target population」と「対象サンプル target sample」）であろう。

「対象母集団」とは，「その研究が対象として想定する人々」であり，「対象サンプル」とは「その母集団を代表するように対象母集団から抽出した対象母集団の部分集合」で，それが「研究参加者（研究対象者）」である。そして，量的研究，とくに臨床研究や疫学研究では，研究参加者を規定するための「選択基準 inclusion criteria」と「除外基準 exclusion criteria」が設定される。研究参加者を選ぶ場合，「対象母集団」に入る人たちの条件をまず「選択基準」で規定する。しかし，対象母集団に入る条件を持つ人たちの中に，なんらかの理由で対象サンプルからは除外するべき人たちがいる。それはたとえば，データ採取が困難な人たち（たとえば認知症で質問に適切に答えられない人たち）や既知の交絡要因あるいは交絡因子[49]を持っている人たち（たとえばある食べ物や飲み物の発がん性を調べるときに，既知の発がん要因である喫煙習慣のある人たち）などである。それで，選択基準で選ばれる人たちの中から，そのような条件を持っている人たちを，「除外基準」で除外して，最終的な対象サンプルを規定する[50]。

言い換えると，「対象母集団に入る条件を選択基準で規定」し，「そこからなんらかの理由で研究参加者としては除外するべき人たちを除外基準で規定」することで，対象サンプルの条件が限定的に確定される。その上で，そのような条件の人たちを，できるだけ対象母集団を代表するような一定の手続き（第4章3節で後述）で抽出することで，対象サンプルが得られる[51]。

---

[49] 交絡因子とは，ある因果関係において，原因と関連があり，かつ結果に影響を与えるような因子である。
[50] 現実には交絡因子を持っている人たちを除外できないことも多く，その場合は統計解析の段階で調整される。
[51] 質的研究の場合，後述のように「対象母集団」を厳密に想定しないため，選択基準と除外基準を峻別することができず，選択基準を詳しく書けば除外基準は不要になり，除外基準を詳しく書けば選択基準は不要になってしまう。そこで，研究計画書（リサーチ・プロトコル）に選択基準と除外基準を書くなら，理解しやすいように，バランスや表現を重視して書くと良い。たとえば「○○である」という条件を選択基準にして「□□でない」の「□□」を除外基準として書く等である。

## 6.2 質的研究における結果の一般化可能性

このとき，対象サンプルで得られた知見を対象母集団に広げて考えることを一般化 generalization と呼び，その可能性を一般化可能性 generalizability と呼ぶ。その意味で一般化可能性は外的妥当性 external validity と同じである。しかし質的研究はさまざまな点で量的研究と異なっている。では，質的研究における一般化可能性をどのように考えたら良いのだろうか。

**質的研究の結果の一般化可能性を担保する「比較可能性」と「翻訳可能性」**

はじめにここで，1つの考え方を示す。それはポスト実証主義的パラダイムによる質的研究にも適用可能な考え方である。

量的研究の場合，サンプルサイズとデータ採取方法，実験手続き，統計的手続きが適切であれば，その結果は一般性を有し，他にも適用可能であると考えられている。むしろ，他での適用を重視するために，厳密な手続きを取るのである。それに対し，質的研究はサンプルサイズも小さく，対象の個別性や具体性を重視するため，量的研究の観点からは当然，「研究結果に一般性や普遍性はあるのか？」「研究結果は他のケースでも適用できるのか？」という疑問が出てくる。言い替えれば，質的研究の知見の「一般化可能性 generalizability」と他への「適用可能性 applicability」の問題である。

ここで理解すべき重要なことは，質的研究の結果は，対象の個別性や具体性や，それが背景とする社会・文化的文脈に依拠しているのだから，その結果が「量的研究のような意味における一般性」を有しているわけではないということである。しかし，それなら質的研究の結果には一般性がまったくないのかといえば，そうではないという考え方ができる。つまり，「質的研究の結果も一般性を有するが，その一般性は，量的研究の一般性とは質が異なっている」という考え方である。（ただし本書で多様なパラダイムにもとづく質的研究について論じる立場に立つ筆者は，この考え方が可能かどうかは，パラダイム次第だと考えている。ポスト実証主義に立つならこのような考え方も可能だが，より社会的構成主義的立場や解釈学的立場に立つなら，この考え方と決別すべきではないかとも考えている。しかしそれは後で再検討することにして，ここではいったんポスト実証主義も含めた立場に戻って論述を続ける。）

では，量的研究の一般化可能性と質的研究の一般化可能性はどう異なっているの

かだが，質的研究の一般化可能性は，論文の結論自体にはなく，それはむしろ，論文読者等（研究のオーディエンス）が論文を読み，それを自分の抱えているケースや，その他のケースと「比較」しながら，自分のケースのために「翻訳」することで，適用が可能となり，一般化が実現されると考えるのである。この時，質的研究の一般化可能性は，その「比較可能性 comparability」と「翻訳可能性 translatability」（Goetz/LeCompte 1984）によって提供されるものと考えられる。

両者の一般化可能性は，このようにその意味が異なっている（ただし一般化については上述のように次節以降で再検討を行う）。

### 比較可能性と翻訳可能性を担保する「詳細な記述」

そして，このように，ある研究の結論を他のケースと比較し，他のケースに合わせて翻訳するためには，その研究についての「詳細な記述」（厚い記述 thick description（ギアツ 1987））が必要である。それはまず，観察した事象やインタビュー内容そのものに関する詳細な記述である。しかし同時に，その事象やその研究参加者の文脈あるいは背景についての詳細な記述も必要である。たとえば，ある教育システムがいくつかの学校でこんなふうに機能したという結論が出た場合，それらの学校の教師や児童・生徒のそれまでの教育テクノロジー利用の経験が，自分の学校のそれとどのように同じでどのように違っているかという情報が，その論文の読者がその研究結果を自分の学校に適用するために必要である。その際，それが自分の学校と同一である必要はない。研究に参加した学校が教育テクノロジーに慣れていたと書かれていて，自分の学校が慣れていなければ，慣れていた学校の結論を慣れていない自分の学校に合わせて翻訳することができる。大事なことは，読者にとって，その研究における学校と自分の学校とでは，条件が同じか違うか，また違うならどう違うかが分かり，それにもとづけば，読者に必要な比較・翻訳ができるということである。質的研究の論文はそのような要件を満たすように記述されていなければならない。

なお，このような一般化を「自然主義的一般化 naturalistic generalization」（Stake/Trumbull 1982, Lincoln/Guba 1985）と呼ぶことがある[52]（この概念については後に再検討する）。

---

[52] Melrose（2009）によれば，この概念は，Stake/Trumbull（1982）が提案し，Lincoln/Guba（1985）がこれを肯定し transferabilty と呼んだ。

## 6.3 質的研究でも「母集団とサンプル」という考え方は有益か

　しかしここで述べてきたことは，量的研究の考え方に沿いながら，それを修正する形で質的研究を論じるものである。その結果，このような説明は，量的研究者にとっては，「質的研究者による苦しい言い訳」のようにしか聞こえず，場合によっては，「質的研究は，やはり不完全な研究だ」という印象をぬぐい去ることができないのではないだろうか。

　そもそもこのような説明をしなければならないのは，質的研究者たちが，量的研究における「母集団とサンプル」という考え方から脱却できず，それを脱構築できていないためではないかと考えられる。

　非常に実証主義的な研究[53]を除けば，質的研究では，「対象母集団」という考え方をしない。また，研究参加者を，その対象母集団から抽出した「対象サンプル」であるとは考えない。質的研究でも，そういう関係が漠然と想定されていることは無くはないと言えるが，それでも厳密には，後述の理由で，研究参加者を「対象母集団から抽出した対象サンプル」と考えることはできないため，そういった漠然とした想定は質的研究の本質と矛盾している。しかしながら，そう考えることはできないにもかかわらず，質的研究でも「母集団とサンプル」ということばが使われ続けている。それは，「後から新しいことを始める者は，まずは先人のことばを借用してそのまま使わざるを得ない」という，よくある慣習や制約によるものだと言えるが，そのことが，いくつかの問題を引き起こしているように筆者には思われる。それは，量的・実証的研究で「母集団」や「サンプル」が示すものと，質的研究でそれらの名称を仮に借用して示しているものとは，本質的に違うのに，その本質的な違いが認識されないことである。そしてこのような不認識は，量的・実証的研究者の側だけでなく，質的研究者の側にこそ存在している。

　このような不認識にもとづいて，量的・実証的研究者の側では，「質的研究で母集団やサンプルと言っているものは，非常に曖昧なもので，そこでは母集団ということばを使いながら母集団は厳密には想定されていないし，サンプルはその母集団を代表するようには抽出されていない」という批判的認識がなされる。そのことにより，量的研究の立場から見て，質的研究は不十分で無意味な研究だということに

---

[53] あるいは量的なアプローチを主とするミックスト・メソッド・リサーチ（第9章3節で後述）の質的な部分。

なる。

　いっぽう質的研究者の側の不認識は,「質的研究でも,「サンプル」と言うことばを使っているのだから, 量的研究のような母集団を厳密に規定し, そこから適切な数のサンプルを適切な方法で抽出しなければならない」というものである。つまり, 上記のような「先人のことば」を使えば, 先人の考え方も侵入してくるのであるが, その侵入は可視化されていないため, 暗黙にそれに影響を受けてしまっているのである。そのため, その考え方に支配されてしまい,「ただし質的研究では量的研究ほどnを大きくできない上, 母集団に対するサンプルの代表性が低いため, その結果には量的研究のような一般化可能性は無いが, 一般化は「自然主義的一般化」を通して実現できるのです」という説明がなされることになる。

　しかし, 筆者が長く, 比較可能性と翻訳可能性の説明を含むこの種の説明を行ってきた経験では, この説明は, 量的研究者に十分な好意と理解とを持って受け止められることはない。どのような場合も「それなら理解できる！」という反応を示されたことはなく, 外見的にはこの説明をおとなしく聞いてはいても, 内心では納得していないことが筆者にも分かる。むしろ量的研究者はこれを, 上述のように「苦しい言い訳」として聞いているのではないかとさえ感じる。

　筆者の経験では, 量的研究者に質的研究を説明するときに最も理解されにくいのは, このように「質的研究はサンプルサイズやサンプルの代表性において量的研究と異なるので, ここはこういうふうに質的研究の概念で考えて下さい」と言って, 量的研究者になじみのある尺度を部分的に用いておきながら, 量的研究者にまったくなじみのない質的研究固有の概念を持ち出して行う説明である。しかし量的研究者は, サンプルサイズやサンプルの代表性という同じ尺度を使うこのような説明を, 同じ尺度から見て不十分なものとして拒否しやすいし, 質的研究の固有概念を理解する用意もない。そもそも, そのような固有概念は, その量的研究者がいったん受け入れたとしても, 次にその人が他の量的研究者に説明するときに, 上手に使える見通しがないことを, その量的研究者は知っている。それはあたかも, A国の人にB国の優れた文化を紹介する際に, B国のことばで書かれた解説書を渡すようなものである。B国の人から直接にそれを聞いたA国のその人は, なんとかそれを理解するかもしれないが, 次にA国の別の人にそれを説明しようとしたときに, 自分たちの国のことばで書かれた説明資料を持っていないため, A国の他の人を納得させる説明はできない。同様に, 量的研究者に理解されるのは, あくまで量的研究者が分かる概念を使いながら,「質的研究と量的研究はデータを採取して分析する

点でまったく同じだが，この点とこの点はまったく逆なのです」などと「きっぱり」と説明するものである。筆者は，量的研究の尺度から見て低く見える説明は行わず，量的研究のことばを使った明晰な別の説明を行うことによって，拒否感をもたれにくいと感じている。質的研究についてよく受ける質問に，「量的研究者に質的研究を説明しても理解してもらえないがどうしたらいいか」というものがある。しかし，質的研究固有の概念を作って量的研究者にそれを押しつけ，それを受け入れさせて説明しようとするなら，理解されないのは当然である。それは上記のように，A国の人にB国のことばでのみB国の文化を説明しているのと同じではないか。そうではなく，A国の人たちにはA国のことばを使ってB国の文化を説明するべきではないのか。しかも質的研究者は，どのような場合も相手の文脈に身を置き，相手の文脈を理解することから研究を始める。だったら，このような説明の際も，量的研究の文脈に入って，その文脈の中での説明を試みるべきではないのか。

　筆者はそのような観点から，量的研究者に質的研究について説明するとき，Lincoln/Guba（1985）によって提唱された質的研究の固有の評価規準である「trustworthiness 信憑性」や，その構成要素である「信用性 credibility，移行性 transferability，依存性 dependability，確証性 confirmability」（それぞれ量的研究の「内的妥当性 internal validity，外的妥当性 external validity，信頼性 reliability，客観性 objectivity」に替わって提唱された）を近年は使っていない。むしろ実際には，それを使う必要を感じなくなっている（そのためこれらは本書でもあえて取り上げていない）。講演などでこれらについて質問があれば，「こういう考え方があります」という補足的説明には使っても，「こういうふうに考えて下さい」とは絶対に言わない。そして，筆者による説明で量的研究者が納得するのは，むしろ，経験科学における主要な概念である「母集団とサンプル」に帰って考え直すからである。

　だからこそ繰り返すが，質的研究の研究参加者は，対象母集団から抽出した対象サンプルではない。しかもそのことは，量的研究と質的研究での，「サンプル」に対する測定手続きの本質的違いからも理解することができる。次にそれを述べる。

## 6.4　そもそもサンプルとは何か──サンプルに対する操作的定義から

　そもそも，サンプルとは何なのであろうか。このことを考えるために，サンプルについての操作的定義を考えてみよう。量的研究でのサンプルとは，「あらかじめ決められた同じ測定変数を同じ方法で測定する対象」の群である。量的研究で，サ

**量的研究**
対象母集団 ⊇ 対象サンプル ＝ 研究参加者 → そこから得た知見は対象母集団に関する知見だと考える

**質的研究**
ある特性を有する目の前の人たち ⊇ 研究参加者 → そこから得られた知見は同様の特性を有する人たちに適用できるのではないかと考える

**図8　量的研究と質的研究における研究参加者の位置づけ**

ンプルのそれぞれに異なる測定を施すことはありえない。したがってサンプルサイズ＝nとは、「あらかじめ決められた同じ測定変数を同じ方法で測定する対象の数」である。

　それに対して質的研究の場合、たとえば自然な状況で研究参加者を観察するとき、ある研究参加者がしたことを別の研究参加者がするとは限らないのだから、すべての研究参加者の同じ行動を同じように見るわけではない。それゆえ、ひとりひとりの研究参加者の何を観察するかは、研究参加者ごとに異なっている。またインタビューの場合、今日の質的研究で最も多く用いられている半構造化インタビューで聴く内容は、研究参加者ごとに同じ部分と異なる部分とがある。もちろん観察でもインタビューでも、何を見るか何を聴くかはおおまかには決まっている。しかし実際に何を見て何を聴くかは、このようにひとりひとり異なる。そして観察やインタビューはデータ採取であり、量的研究の「測定」に相当するのだから、質的研究では、個々の研究参加者に対して「異なる測定変数を異なる方法で測定」していることになる。このように、質的研究の研究参加者は、量的研究のサンプルとは異なり「あらかじめ決められた同じ測定変数を同じ方法で測定する対象の群」ではない。だとしたら、そもそもこの意味で、質的研究の研究参加者は「サンプル」ではないと考えなくてはならない。

　またサンプルの「抽出」つまり「研究参加者の選択」の原理と手続きも、量的研究と質的研究とでは異なっている。質的研究における研究参加者の選択は、量的研究における手続きのように、対象母集団からの無作為抽出や層化抽出法などの「確率抽出法」[54]によって実施されることはまず無い。これは、質的研究の研究参加者の選択は、量的研究とは異なって「対象母集団を規定してから、それを代表する部

---

[54] 第4章3節を参照。

分集合をサンプルとして抽出する」という原理にもとづいてはいないからである。そのため，質的研究の研究参加者は，母集団と考える集団に対して，必要な代表性 representativity を有しているとは，必ずしも言えない。

このように，質的研究の研究参加者は，第一には，その人々に対する「測定の原理と手続き」において，第二には，その人々の「選択の原理と手続き」において，量的研究とは異なっており，サンプルと呼ぶべきではない（大谷 2013a, 2013b）。このことを，より端的に表現すれば，「質的研究は標本調査ではない」ということになる（図8）。

## 6.5 質的研究の研究参加者とはどういう人々か

それでは，質的研究の研究参加者は，どういう人たちだと考えればよいだろうか。最初の説明に戻ると，量的研究では，対象母集団が設定され，そこから，その対象サンプルとしての研究対象者を選択する。それに対して，質的研究では，一般的にはむしろ，研究者の目の前になんらかの問題や課題や経験を有する人々が存在していて，そこからリサーチ・クエスチョンが生まれ，研究者にそのようなリサーチ・クエスチョンを抱かせたその人々の中の何人かに研究参加をお願いし，その人たちを通して研究する。それは，「質的研究の樹」（本章1節の図3）にあるように，日常生活（職業生活，社会生活，家庭生活）を通して出会っている人たちであることが多い。もちろん量的研究でも，その出発点は，日常の診療や相談業務など日常の職業生活であることは十分にある。ただし，その点をいったん捨象して，対象母集団を設定するところから研究が開始され，そこから適正な手続きで対象サンプルを得る。そしてもちろん質的研究でも，前述のように，目の前の人たちが研究参加者となるための都合がつかないとか，研究のトピックの特性から研究者と研究参加者が既知の関係であることは避けるべきと判断されるなどの理由によって，目の前の人たちのかわりに同様の特性を有する別の人たちに研究参加者になってもらうことはあり得る。しかしその場合でも，それらの研究参加者は，「目の前の人たち」と連続性を有する人たちであって，設定された母集団から抽出した人たちというのとは異なっている。つまり質的研究で研究対象となるのは，基本的に，日常的に出会う人たちであって，研究のために対象母集団を設定する必要がないし，設定すらできない場合がある[55]。

ところでその場合，質的研究者の目の前の人たちの背景に，研究者が同様な特性

を有する人たちの集団をまったく想定していないわけではない。しかし目の前の人たちは，そのような集団を代表するサンプルとして選ばれるのではなく，むしろ選ばれた人たちの共通の特性から，同様な特性をもつ人たちの集団が暗黙に「想定される」と言う方が質的研究のあり方をより適切に表現している。また，研究参加者として選ばれた人あるいは人たちと，そのように暗黙に想定された集団との関係は，分析を通してさらに明らかになってくるし，どのような人たちが想定されるべきかも，分析を通して明らかになってくるのであって，最初から，「まず対象母集団が規定され，そこから対象サンプルを抽出する」という量的研究とは，むしろ方向性が逆である。つまり質的研究の想定する集団は，仮にあるとしても，対象母集団とはかなり異なる特性の集団である。そこで，本書では，そのように想定される背景となる集団を，量的研究における「母集団」とは区別して，「被想定背景集団（敢えて英訳すれば supposed background group または supposed background group of people)」と呼んでおくことにする。それは，質的研究において「母集団」のかわりにこの概念を使用することで，母集団という概念の引き起こす上記のような混乱を収拾あるいは緩和することができるのではないかと考えるからである。

## 6.6 研究で得られた知見の適用の範囲と方向性

　量的研究と質的研究の研究参加者についてのこのような違いは，研究の結果得られる知見や理論の適用範囲についても，両者の間に違いを生じさせる。

　量的研究では，対象母集団が厳密に決まり，そこからその対象サンプルとしての研究対象者を選択しているので，その研究対象者から得られた知見・理論は対象母集団に適用できると考える。これが「一般化 generalization」である。むしろ，対象

---

55 こう考えれば，自分自身が研究対象となることは，質的研究では必然的なことであって，その場合，データ採取やデータ分析において，他人を研究対象とするときとは異なる固有の難しさがあることを除けば，自分を研究対象とすることを避けるべき理由はないし，ましてや，避けなければならない理由はないと理解できるであろう。くわえて，質的研究では，他人を研究対象とすることが，自分を研究対象とすることに比して，格段に易しいとは言えず，誰が研究対象になっても，データ採取やデータ分析は簡単ではない。むしろ，自分であれば，幼少期からの背景などがよく分かっているし，必要なら家族にたずねることもできる場合が多いのであるから，研究参加者として都合の良い側面を有している場合もある。近藤（2016）は，自分を対象とした自己エスノグラフィを行っているが，そこで自己を対象とした理由のひとつは，そのような，自己に関する幼少期からの情報の利用のしやすさである。

母集団に適用できる知見・理論を得るために，対象母集団に対する代表性を有する対象サンプルを研究対象者として選択する。

　それに対して，質的研究では，むしろ逆に，選ばれた人たちの特性から，同様な特性をもつ人たちの集団が想定されるのである。しかも，選ばれた人たちの背景にどのような集団を想定すべきかは，むしろ，分析を通してさらに明らかになってくる。そして，量的研究の結果が，主に事実に関することであるのに対して，質的研究の結果は，主に意味に関することである。したがって質的研究の結果は，被想定背景集団の人たちに「適用」できるというより，むしろ，そのような人たちの「理解」を助けるものとなると言う方が適切である。

　さらに，研究参加者として選ばれた人は，被想定背景集団の人たちの有する一般的な特性を有している人である場合もあるし，そのような特性をとりわけ先鋭的に有している典型的な人であるかもしれない[56]。したがって，そこで得られた知見が，被想定背景集団の人たちの理解に役立つこともあれば，直接に役立つわけではないこともある。たとえば，ある研究で，ある研究参加者の姿が描かれたとする。その論文を読んだ人が，自分が抱えている実践上の対象者が，その論文に描かれた人と同じではなく，むしろまったく逆だと気づいたとする。その場合，その論文の対象者と対照することで，自分の対象者をそれまでより深く理解することが可能になるかもしれない。この時，この論文の知見は，この対象者に直接に「適用」されたとは言えない。また，この人を被想定背景集団の人と呼ぶことにも困難がある。しかしそれでもなお，この論文は，この実践上の対象者の「理解」に資するものとして，有益に機能している。こう考えると，質的な研究の知見は，被想定背景集団の人々の理解に資するだけでなく，その反対の特性を有する人々を含む，より広範囲な人々の理解に資することもあり得ると考えることができる。

---

[56] たとえば安藤（2014）では，著者がハローワークのカウンセラーの職に在ったときに出会った多くの頻回転職者との経験から，「頻回転職」の意味の検討を試みており，この論文では，頻回転職を「3回以上の転職」と定義している。この場合，「対象母集団，対象サンプル」という考え方をするなら，3回以上の転職経験者を対象母集団として，そこからなんらかの確率的サンプリング（たとえば性別や年齢などによる層化抽出法）で，必要な数の対象サンプルを選ぶことになる。しかしながらこの研究では，13回の転職を経た男性1人を研究参加者として，インタビューとその分析を行っている。つまりこの研究では，対象母集団から対象サンプルを抽出したわけではない。著者が出会った多くの頻回転職者やそれ以外の頻回転職者を被想定背景集団としながら，頻回転職において典型的な経験を有する人物を研究参加者として選び，その経験を深く検討している。そこで得られた知見は，直接にではないが，被想定背景集団の人たちの「理解」に資するものであることが期待されていると言える。

対象母集団 → **抽出** → 対象サンプル（研究対象者）
　　　　　　　　　　　　　↓
　　　　　　　　　　　データ採取
　　　　　　　　　　　　　↓
　　　　　　　　　　　データ分析
　　　　　　　　　　　　　↓
　　　　　　　　　　　　知見
　　　　　　　　　　　　　↓
対象母集団 ← **適用** ← 対象サンプル（研究対象者）

**図 9-1　量的研究における研究対象者**

ある特性や条件を有する目
の前の人たち＝研究参加者 → **暗黙的想定** → 被想定背景集団
　　　　　　　　　　　　　↓
　　　　　　　　　　　データ採取
　　　　　　　　　　　　　↓
　　　　　　　　　　　データ分析
　　　　　　　　　　　　　↓
　　　　　　　　　　　　知見
　　　　　　　　　　　　　↓
ある特性や条件を有する目
の前の人たち＝研究参加者 → **理解** → 被想定背景集団

**図 9-2　質的研究における研究参加者**

　質的研究は，先に生まれた双子のきょうだいとも呼ぶべき量的研究の概念を借用して記述されることが多い。しかしその概念は，そもそも質的研究には適合しないことがある。質的研究の本質を捉えながら研究を展開し，それを通して質的研究を発展させるには，またそのことを量的研究者に理解できるように説明するには，このように，質的研究の依拠する認識論についての理解と，それにもとづいた質的研究に関する新たな説明の枠組みとが必要である，と筆者は考えている。

　以上を図示すると**図 9-1**，**図 9-2** のようになる。

## 6.7　質的研究における「一般化可能性」再考

　ところで，このように考えると，今日の質的研究で，一般化可能性をことさらに主張する必要はないと考えることができる。前述の「自然主義的一般化」も，その背景には母集団とサンプルという考え方があり，研究の知見はなんらかの形で一般化できなければならないという観念の制約の中で提案された，ある意味で非常に苦しい構成概念であると考えることができなくはない。じっさい，Hellstroem（2008）

は「自然主義的一般化」について「新しいボトルに入れただけの古いワイン」と批判している。そうであれば，ここまで述べてきたように，質的研究の結果は，質的研究の特質から考えても，一般化することはできないし，他で適用することもできないのだと，すっきり考えてしまえば，「自然主義的」などという意味の曖昧な形容詞を付けてまで，「一般化ができる」と言わなければならない必要はなくなり，そのようなジレンマからも解放されるのである[57]。そもそも「自然主義的一般化」が最初に提案されたのは 1982 年であり，すでに 37 年を経ている。質的研究は，筆者の考えでは，10 年くらい経つとかなり変わる。この概念は 37 年前の質的研究にとっては，必要かつ有益であったため，質的研究の発展を促進し得たのであろう。しかし，その貢献もあって，その頃に比して格段に多様に発展した 37 年後の質的研究にとっては，当時のように必要でも有益でもなく，むしろブレーキとなり拘束となるものだと考えるべきなのではないだろうか。

## 7　質的研究における結果の再現性

　次章に入るまえに，ここであらためて少しだけ質的研究の結果の再現性 replicability（再現可能性）について触れておきたい。
　まず，再現性は，自然科学，医学，心理学などについて，同じ実験を行ったときに結果が一致することを意味している。しかしながら，これまで述べてきたように，質的研究は実験的研究状況を設定しない，つまり実験を行わない。したがって，質的研究には，まず，実験結果の再現性という意味での再現性概念は適用できない。
　それで，再現性をより広義に取って，この概念をアンケートなどにもとづく実証主義的な調査研究にも適用し，ある調査結果が，別の研究者による別の調査でも同じ結果になるかという意味で考えるなら，つまり調査という測定の再現性を考えるなら，それは，調査の内容によると考えるべきである。そのアンケートの質問が，いつたずねても同じ回答になるような，出生年，出生地，学歴などの「事実」に関

---

[57]「データ収集 data collection」という概念も同様である。「収集 collection」とは「ゴミ収集 gabage collection」のように，あちこちから集めてくることである。量的研究ではたしかにデータを集めるのだが，質的研究で 1 人だけにインタビューするような場合，「収集」という語は適さない。そのため現在では，data collection に対して，「データ採取，データ取得 data acquisition」が使われるようになっている。

するものであるなら，再現性は比較的高くなり得る。それに対して，健康状態，支持政党，何かの嗜好のような，調査の実施時期によって回答が変わり得る質問であるなら，再現性は低くなると考えられる。人文科学や社会科学では，研究対象は人の内面や社会であり，物理的な存在のような恒久的な特性を有さない場合が多く，その研究対象の多くは，つねに変動しているため，結果に再現性があるとは言えない。

このように，調査結果だけでも再現性がないのだから，これに加えて，多様な観点からの研究的な分析が加わった人文・社会科学の研究になれば，もはや再現性など望むことはできないし，それは望まれていない。このことを最も分かりやすく述べているのは，文部科学省科学技術・学術審議会学術分科会（2009）の「人文学及び社会科学の学問的特性」であろう。

　伝統的な学問観によれば，人文学及び社会科学の学問としての特性は，1（数学ではなく）自然言語により記述する学問であること，2（外形的，客観的な事実を明らかにするのみならず）<u>解釈を通じた意味づけの学問である</u>こと，3（研究対象に<u>再現可能性がない</u>という意味で）非実験系の学問であることということになる。（下線引用者）

この2番目の下線部にあるように，人文・社会科学はそもそも「研究対象」に再現性がないのである。それに加えて，これもこれまで述べてきたように，質的研究では，その測定にも分析にも再現性はない。そうである以上，研究の結果にも当然，再現性はないと理解するべきであるし，そう理解することに何の問題もない。「再現性がないなら科学ではないのではないか」と考えるのは，自然科学の規範で人文・社会科学を考えているか，実証主義の規範で質的研究を考えているのであって，それぞれ，規範の適用対象を誤っている。したがって，このようなことは，人文・社会科学の研究者や学生には言う必要もないことである。それにもかかわらず，あえてこのようなことをここに書いたのは，自然科学的あるいは実証主義的な研究がほとんどだった領域で質的研究が開始される場合，その旧来の規範が，新たな研究の営みを覆い，それを拘束するからである。そのような例は，医学，看護学，薬学などの医療系の研究の世界でしばしば見られる。そのためもうひとつ，質的研究に再現性がないことの必然性をあげておこう。

　それは，それぞれの研究が何を扱っているかである。自然科学は事物・事象などの「実在」を扱う。しかし質的研究が扱うのは，事実ではなく「意味」である。そ

れは，リチャーズ（2009）が，「統計分析では，パターンは示せるが，その理由は説明できない。人々の行動パターンや経験にどんな意味があるのかは，質的にしか解明できない」（下線引用者）と述べる通りである。ただしこれは質的研究だけにとどまらず，上の引用の1番目の下線部にあるように，人文学，社会科学，そしてそれらと重なる部分はあるものの，人間科学と呼ばれる諸領域は，事実や事象などの検討を行うとはいえ，それを通して，むしろ「意味」を研究対象とする科学である。そして再現性とは，事実に関するカテゴリーであり，意味に関するカテゴリーではない。つまり自然科学では，事実を扱うがゆえに再現性が求められ得るが，人文・社会科学では，意味を扱うがゆえに，再現性は求めようがないし，求められないのである。

　なお近年，実験的研究にも再現性が確保されていないことが明らかになってきており，「再現性の危機 replication crisis, replicability crisis」と呼ばれている。たとえば，270人の科学者によって構成される Open Science Collaboration（2015）は，心理学と社会科学の実験的研究の再現を試みた結果，2008年に米国の主要な査読付き学術誌3誌に採録された100件の論文のうち，完全な再現ができたのは39％であったことを明らかにした。また，Camerer et al.（2018）は，2010-2015年に *Nature* 誌および *Science* 誌に発表された21件の実験社会科学研究を再現した結果，再現性が確認されたのは62％であったと報告している。つまりこのような領域でさえ，再現性はその重要な「原理」ではあるが「現実」ではないと見る必要があるのかもしれない。したがって，科学における再現性は，今後，これまでとは異なる形で問い直され，その概念が変革されていく可能性もあるのではないかと思われる。質的研究方法論における質的研究の外延的構造を検討する観点として，このような動向も，関心をもって見守る必要があると考えている。

# 第 2 章

# リサーチ・クエスチョンの設定

## 1 質的研究のリサーチ・クエスチョン

「質的研究ではどのようなリサーチ・クエスチョンを立てるのが良いか？」ときかれることがある。筆者は最初，これを聴いたときに困惑した。それは，「質的研究をすると決めてから，では何をやったらいいか？と考えることがあるのか？　そうではなく，やりたいことがあるからこそ質的研究をするのではないのか？」と思ったからである。しかし「質的研究ではどのようなリサーチ・クエスチョンを立てるのが良いか？」という問いは，「質的にアプローチすべきテーマとはどういうものなのか？」という問いである。実際，本書でも述べているが，ある研究を質的に実施したいと相談され，そういうテーマなら量的にやるべきだと答える必要がある場合もある。したがって，質的研究ではどのようなリサーチ・クエスチョンが立てられるべきかを検討しておく意味はある。

### 1.1　量的研究では得られない知見を得る

　質的研究では，第一に，量的研究では得られない知見を得ることを目的にすることになる。それはたとえば，そのできごとやその行動のじっさいはどうであるのか，つまり，「具体的状況・過程の記述」である。それはまた，結果・成果志向product-orientedでなく経過志向process-orientedの研究である。また，外見的に観察・測定可能な事象より，その内側の意識や気持ちはどうであるのか，つまり，個

人・集団の「内面的現実の解明」である。また，事象の背景や深奥に，外見的には分からないどのような仕組みや諸要因の関わり合いがあるのか，つまり「構造の解明」である。また，問題を解決するために研究するのではなく，そもそもどんな問題が潜んでいるのか，つまり「潜在する問題の発見や探索」も，質的研究の得るべき知見となる。このように見てくると，質的研究は，多かれ少なかれ，探索的な特性を有するということになる。

### 1.2 「どうなっているか」と「どうすればいいか」

　リサーチ・クエスチョンを設定するときに重要な観点として，「どのような種類の知見あるいは理論」を得ようとするのかがある。これは質的研究にとってはとくに重要である。

　質的研究をしようとする教育者や医療者などの実践家は多いが，一般に，研究の主体が実践家である場合，日々の職務の中で解決すべき問題をつねにいくつも抱えているし，そのような問題の多くは同じ職種の人々の間で共有されていることが多いため，それを解決したいというのが研究の動機である場合が多い。そのため，リサーチ・クエスチョンは，しばしば「○○を解決するにはどうすればいいか？」「○○を達成するにはどうすればいいか？」となる傾向がある。研究者が実践家なら，それは当然のことだと思われている。しかし質的研究の場合，ここにまず，大きな落とし穴があると筆者は考えている。

　もちろん筆者がこのことに異を唱えるのは，それを追究することこそが実践家にとっての研究の意義であると確信する方々にとっては，はなはだ不本意であるだろう。しかしながら，「いじめの起きるプロセスやメカニズムはどうなっているか？」が分からない状態で「いじめを減らすにはどうすればいいか？」を問うことには意味が無い。

　つまり，「どうすればいいか？」を問うためには，まず「どうなっているか？」が分かっていなければならない。そのため，「どうすればいいか？」を知りたいなら，少なくともまず，「どうなっているか？」が既知であるかどうかを確認し，それが未知なら，なによりもまずその「どうなっているか？」を問わなければならない。しかし多くの場合，その「どうなっているか」は未知なのである。むしろ「どうなっているか」が既知なら，そのメカニズムを使って量的な研究を実施することができる。しかし研究者が質的研究をしようとしているのは，じつはこの，「どう

なっているか」が未知だからではないだろうか。これが，質的研究では「どうすればいいか？」ではなく「どうなっているか？」を問うべき第一の理由である。

　第二の理由もある。それは，量的研究と質的研究における「条件の統制」の違いである。量的・実証的研究では，質的研究と異なり，「どうすればいいか？」を問いやすい。それは第一に，量的研究では，実験的研究状況を設定するため，その「どうすれば」という（学習指導や治療などの）介入を研究参加者に対して実験的に与えて，その効果を測定することができるからである。そしてその際，「介入に関連があって結果に影響を及ぼすような介入以外の要因・因子である交絡因子」も排除あるいは統計解析によって調整しやすい。それに対して，質的研究では，基本的に介入を行わず，しかも介入の効果を検証あるいは実証するような対象母集団の設定とそれを代表するような手続きで抽出された対象サンプルの設定も行っていない。また基本的に実験的研究状況を設定せず，できるだけ自然な状況で実施するので，条件を統制して交絡を排除するようなこともできないし，もちろん交絡を統計解析で調整することもできない。むしろ，量的研究にとっては交絡になるようなあらゆる種類の多様で複雑な要因の中で研究を行うことになる。質的研究は，そもそもこのように，実証や仮説検証を目的とするものではないがゆえに，「どうすればいいか」を解明することには適していないのである。

　そして第三の理由である。それは，量的研究と質的研究の依拠するモデルの違いによる。量的研究たとえば医学の例をあげると，ある要因が，ある結果を引き起こすかどうかを調べるなら，その要因を持っている人たちと持っていない人たちについて，そのような症状が起きる頻度を比較すれば良い。あるいは，その要因を持っている人たちは過去には存在せず，かつその結果は肯定的なものであるなら（ある病気に有益だと考えられる新薬の効果を調べるなど），その要因を与える「介入」を行って，その結果を調べれば良い。ところでここで依拠しているのは，生物・医学的 bio-medical なモデルであり，その要因（曝露）がその結果（アウトカム）を生むプロセスは，もちろん決して単純ではなく，複雑で多段階的なプロセスを経るとしても，全体をおおまかに見れば，要因と結果とは，ほぼストレートな関係で捉えることができる。そのようなモデルでは，ある要因によってある結果が生じることが分かれば，その結果を生じさせるためにはその要因を与えればよいことになる。つまり「どうなっているか」が分かれば，「どうすればいいか」も分かることが多い。言い換えれば，「どうなっているか」と「どうすればいいか」は，問いとして，近いものとなる。そのため，多くの問いは「どうなっているか？」とは問われず，あ

えて「どうすればいいか？」と問われることになる。そしてそれが，その実践家の働く世界では，レリバンシーの高い研究目的とみなされるのである。

　いっぽう，質的研究が扱うものは，心理・社会・文化的 psycho-socio-cultural な内容であって，しかも個々の研究参加者は個々の文脈に依存している。そこには，主に見ようとする要因以外の多様で複雑な要因が絡み合って影響を与えているし，それらはひょっとしたら，影響が重なり合うことで，主たる要因として想定しているもの以上に大きな影響を与えているかもしれない。その際，上記のように，実験的研究状況を設定せず自然な状況で行うため，それらの要因を交絡因子として排除するような研究デザインを取ることができない。また当然，それらを統計解析によって調整することもできない。そしてさらにやっかいなことに，その要因の中には，意志，意図，価値観，熱意，努力，勤勉さ，意思決定，気分などの人間的要因も関わってくるため，「どうなっているか」が分かっても，「どうすればいいか」は，人によって異なる（たとえばある人はこの方法を採りたいが別の人は別の方法を採りたい）ということさえあり得る。したがって，「どうなっているか？」と「どうすればいいか？」は，かなり違う。「どうなっているか」が分かっても「どうすればいいか」はすぐには分からないのである。

## 1.3 「記述的問い」と「処方的問い」

　ところで「どうなっているか？」という問いは「記述的問い descriptive question」と呼ばれ，「どうすればいいか？」という問いは「処方的問い prescriptive question」と呼ばれる（Chapman/Sonnenberg 2003）。そしてその問いで得ようとする知見は，それぞれ「記述的知見 descriptive finding」と「処方的知見 prescriptive finding」と呼ばれる（Michel/Hambrick 2010）。また，その問いで得ようとする理論は，それぞれ「記述的理論 descriptive theory」と「処方的理論 prescriptive theory」と呼ばれる（Chen 1990）[1]。このように，「記述か処方か」は，「問い（リサーチ・クエスチョン）」，「知見」，「理論」にわたって区分されており，それは非常に重要な区分である[2]。それにもかかわらず，実践家の間では，この区分を認識してどちらの問いを

---

[1] ただし，Butts/Rich（2015）では，descriptive theory を 1 つの概念からなるものとし，それと prescriptive theory との間に，複数の概念を結びつける explanatory theory が存在するとしている。

[2] この中間に「どうなるか？」という「予測的問い predictive question」，「予測的知見 predic-

選択すべきかを自覚的に検討することは，ほとんど行われていない。量的・実証的研究では，上記のようにそのどちらを問うこともあまり変わらない場合があるので，それでも良い場合があろうが，質的研究では，これらを区別しなければならない。しかしながら，多くの研究では，当然のように「どうすればいいか？」つまり「処方的問い」をリサーチ・クエスチョンにしてしまっているように筆者には思える。

### 1.4 処方的問いを記述的問いに書き直す

したがって，ある問題について，実践家や実践的研究者がいくら処方的問い「どうすればいいか？」を立てたくても，質的研究では，まず，記述的問い「どうなっているか？」を問わなくてはならない。そのためには，実践家の明らかにしたいと考えている処方的疑問，たとえば「○○を進めるために何をすればいいか？」を記述的疑問，たとえば「○○を進める際の阻害因と促進因は何か？」の段階へ戻さなくてはならない。したがって，研究目的も，たとえば「○○の改善のための諸要因の解明」から，たとえば「○○の阻害因と促進因の解明」へと変えなければならない。じつはこの，「処方的知見への実践者の直接の希求」から離れて，処方的研究目的をいったん記述的研究目的に書き直すことが，質的研究では非常に重要な最初の基本的手続きになるのである。

### 1.5 記述的知見・理論から処方的知見・理論を得るには

では，記述的知見だけを求めるなら，処方的知見を必要とする人は質的研究はできないのだろうか。この疑問に対しては2つの答えがあり得る。

1つめの答えは，記述的知見は，実践の現場では，そこから処方的に使っていくことができる場合がかなりあるということである。たとえば「Aを促進するにはどうすればいいか？」という処方的知見を得たい人が，かわりに「Aの促進因と阻害因は何か」という記述的知見を求める研究をする。しかしその研究で，Aの促進因と阻害因とが分かれば，Aを促進するためには，その促進因を高め，阻害因を低め

---

tive finding」，「予測的理論 predictive theory」があるが，これは質的研究とは結びつきが薄いので，本書ではあえて取り上げない。ただしオルポート（2017）は科学の目的を「理解」「予見」「制御」としており，これが「記述」「予測」「処方」に相当すると考えれば，「予測的知見・理論」も重要な科学的知見・理論であると言える。

れば良いことになる。また，「B が起きないようにするにはどうすればいいか」という処方的知見を得たい人が，かわりに「B はどういう背景やどういうきっかけで起きるのか」という記述的知見を求める研究を行うとする。しかしその研究で B の背景やきっかけが分かれば，B が起きないようにするには，その背景を変革し，そのきっかけを排除すれば良いことになる。このように，記述的知見は処方的な利用が可能になることが多い。したがって，記述的知見を得る研究が実践上，処方的にまったく役に立たないわけではない。

ただし，これらの知見は処方的に研究した結果でない以上，その知見を処方的に適用してもうまくいかないこともあり得る。たとえば，A の促進因を高め，阻害因を低めても，現実には，A は促進されないかもしれないし，B の背景を変革して B のきっかけを排除しても，B は生じるかもしれない。それはそれぞれの記述的知見が，A の促進因をどれくらい高めて阻害因をどれくらい低めれば A が促進されるという知見を含まないからであり，B の背景をどのようなものに変革してきっかけをどの程度排除すれば B が生じないようになるという知見を含まないからである。したがって，そのようなときは，次の段階として，得られた記述的知見から処方的知見を得るための研究を，計画し実施する必要がある。これが 2 つめの答えである。

なお，実践の現場では，記述的知見が無いままでも，処方的知見があれば，それが緊急に必要とされることもないとはいえない。たとえば，なぜその病気に効くかよく分からないが，少なくともその病気に確実に効き，その病気にかかった人の命が助かるような薬があれば，それを使うことになるだろう。そこで明らかになっているのは，「この患者を救うにはこの薬を与えれば良い」という処方的知見である。しかし記述的知見無しにそのような処方的知見を適用すると，予期せぬ副作用（unintended/unanticipated/unexpected side effect）を生じさせる恐れがある。また，それは問題の引き起こす症状を対症療法的に抑えるだけで，問題そのものは，知らないうちに発展させてしまうかもしれない[3]。だから，処方的知見を得て，それが有効だとの認識を得ている問題についても，記述的知見が不十分であれば，やはり記述的知見を問わなければならない[4]。

---

[3] たとえばドアを確実に閉めるためにはドアクローザーが有効だという処方的知見に基づいて，ドアクローザーが普及すると，ドアを閉めない人たちが増えることなど。

[4] McKenna/Pajnkihar/Murphy（2014）のように，記述的理論と予測的理論の間に「説明的理論（explanatory theory）」を加え，処方的理論と合わせて全体で 4 つの理論を設定する立場もある。この場合，記述的理論は，現象が分類され記述されるだけで，どのような背景でそのできごとが生じるかなどの説明は含めない理論であり，そのような説明が説明的理論

## 2 リサーチ・クエスチョンの評価

### 2.1 リサーチ・クエスチョンの評価規準としてのFINERクライテリア

臨床研究のリサーチ・クエスチョン[5,6]の規準として，「FINERクライテリア」というものがある。これは，F = Feasible（実施可能性がある），I = Interesting（興味深い（読者と査読者の高い関心に応えられる）），N = Novel（新規性・新奇性がある），E = Ethical（倫理的である），R = Relevant（必要性・必然性がある）の頭文字をつないで，FINERつまり「より素晴らしい」という意味になるように，いわば語呂合わせをしたものである[7]。なお，このRelevantは，研究にとって重要な概念であるが，筆者の考えでは，これは対応する日本語のことばが無い概念であって，「関与性」などの訳があることはあるが，それも分かりにくく，いつも説明しにくさや伝えにくさを感じている。福原（2008）は，これを「切実である」と訳していて，それは明晰でインパクトのある訳だと思うので，かならずこの訳も伝えている。ただし「切実」には「喫緊性」が感じられるし実践性が感じられる。しかし，

---

に含まれる。

[5] 本書では，Research Questionの意味では「研究設問」を使っていない。それは，「設問」とは「問いを設定する」という意味であって，「研究設問」には「研究のための問いを設定する」という語感が強く，research questionの訳語として適切であると筆者に感じられないからである。もちろん辞書には，「設問」の意味として「問いを設定する」ことだけでなく，「設定された問い」そのものも指すと解説があるが，それでも設問は第一義的には，問いを設定することであり，それが転じて二義的に「問い」そのものを意味することもあるのだと考えられる。それは，「質問」があくまでも第一義的には「問いを質（ただ）す」こと，つまり「問いを問う」ことであるが，「君の質問は何か？」のように，二義的には，問いそのものを指しても使われるのと同じだと考えられる。

[6] グレッグ／麻原／横山（2007）は，リサーチ・クエスチョンを「研究の問い」としており，筆者には「研究設問」より良い訳であるように感じられる。ただし，熟語でなければ専門用語（術語）に聞こえない，見えないという感覚を持つ人が多いためか，この訳はあまり普及していない。

[7] FINERクライテリアを改良したものに福原（2008）の「FIRMNESS規準」がある。これは，F = Feasible, I = Interesting, R = Relevant, M = Measurable, N = Novel, E = Ethical, S = Structured, S = Specificの頭文字をつないで，「FIRMNESS確実性」という語呂合わせをしたものである。ただし，ここで加えられたMeasurable「量的に測定できる」は，そのままでは質的研究に適さない。また，2つのSつまり「Structured 構造化された」と「Specific 明確な，具体的な，特異な」は，質的研究の有する本来的に探索的な特質には適合しないように筆者には思われる。

Relevantは，必ずしも喫緊性を意味しない。たとえば，「将来の○○の発展のためには，この研究がrelevantだ」ということがあり，「長期的に見た場合にrelevant」ということもある。じっさい英語では"future relevance"や"relevant for future"という表現がしばしば使われる。そのため「切実」ということばに「喫緊性」を読み取るとすれば，それは誤解になってしまう。そこで筆者はこれを「（その研究をすることが）必要かつ必然である（その研究をすることの必要性と必然性）」という意味だと説明している。

　社会科学系の研究者でも，この中のFeasibilityとRelevancyの2つの要素が研究には重要だと学んだ人はいると思う。たとえば研究助成金を申請するためには，この2点を十分に検討すべきだという助言がしばしばなされる。しかしそこでは，I＝Interestingness，N＝Novelty，E＝Ethicalityが重視されてきたとは言えない。

　筆者は，この5つのうちのどれがいちばん重要だと思うか？という質問を受けることがあるが，その質問を発したのがこれから自分のリサーチ・クエスチョンを設定しようとする人であるなら，「間違いなく「Interestingness」です」と答えている。研究とは決して，スムーズな作業ではない。研究のすべての段階で，予測できなかった困難が生じるのが普通でさえある。また研究を終えてそれを論文化して投稿すると，査読者から思いもよらない指摘がなされ，がっかりしたり憤慨したりする。しかしそれに応えて研究を再考し，論文を修正しなければならない。そのようなさまざまな困難を克服して研究を遂行し，論文として発表するためには，計り知れないほどの意欲とエネルギーとが必要になる。また本書の読者の一部は専門の研究者ではなく，教育実践者，医療者などの研究以外の職に従事しながら研究をする人々であると思われる。そのような人々にとって，忙しい仕事の中で時間を作って研究を遂行することは，さらに困難であると考えられる。だからこそ，まず自分で，これは面白い！と思えるような研究でなければ，完成させることは難しい。誰よりも，自分がやっていて面白く，この面白いものをぜひ他の多くの人にも読んでほしいと思えるような研究テーマを選ぶべきである。

## 2.2　論文化された研究の評価へのFINERクライテリアの適用

　ところで質的研究に関する筆者の大学院ゼミでは，前期に参加者各自が自分の研究テーマに近い質的研究の論文を授業者つまり筆者と相談しながら選定し，それを徹底的に検討して発表する。そのゼミでFINERクライテリアを紹介したところ，

いつの頃からか，授業で論文を検討する際には，その論文が医療系の論文でなく社会科学系の論文であっても，その研究テーマを最初にFINERクライテリアで評価することも発表者の課題とするようになった。そのような経験を経て，FINERクライテリアは，臨床研究や医療系の研究だけでなく，実際に社会科学系の研究に適用しても十分に効果的であると考えるに至っている。

その際に，FINERの内のFeasibility，つまり実施可能性は，リサーチ・クエスチョンを立てる段階では問題になっても，過去の研究なら，すでに実施できたのだから問題にならないではないかと思われるかもしれない。しかしたとえ事後であっても，その研究が実施上どのような点でどの程度の困難を伴ったと考えられるか，その研究の実施上無理はなかったか，それはFINERの他の要素に影響を与えていなかったか（たとえばそのままでは低かった実施可能性を高くするために倫理性の面で問題のある研究になっていないか等）を評価することができる。その意味で，FINERクライテリアは，発表された研究に適用してその研究テーマを再検討する際にも有益であると考えている。

## 2.3 F, I, N, E, R を各要素のバランスの検討のために使う

ところで，このFINERクライテリアは，通常は「設定するリサーチ・クエスチョンが，このすべてを満たさなければならない規準」として用いられる。しかし筆者は，これをもう少し動的に使用することを勧めている。それは，これらの5つの要素は，お互いに相反関係になることが多いからである。

たとえば，ある希少なできごとに対して，体験者に直接にインタビューをして研究すれば，InterestingnessとNoveltyの高い研究になると考えられる。しかしそのような希少なできごとの体験者を探してインタビュイーになってもらうことは簡単ではないため，Feasibilityは低くなる。また，過去の経験だけを聴くのではなく，何年かにわたって経験を聴いていくような縦断研究をすれば，InterestingnessとNoveltyの高い研究になると考えられる。しかしそのような研究には長い時間がかかる上，当初インタビュイーになって下さった方に，最後までそれを続けられない事情が生じるかもしれず，「研究参加者の脱落」が起こる場合があり得るため，Feasibilityは低くなる。さらに言えば，修士論文などのように限られた時間に完結させなければならない研究なら，NoveltyとRelevancyは多少低くなっても2年できちんと完了できる程度にFeasibilityの高い研究をする必要があると考えられるが，

逆に，研究結果を，Novelty と Relevancy の高い研究しか採録しない国際学術誌に投稿するなら，Feasibility が低くてもあえてそれを実施しなければならない。したがって，この場合，リサーチ・クエスチョンを設定するときに，Feasibility と Interestingness と Novelty の要素をどれくらい満たすかの「案分」をする必要がある。

このような相反関係は，FINER の他の要素の間にも存在する。たとえば上記のように Ethicality を下げれば Feasibility を上げることができる場合がある（ある特性を有する研究参加者に対して，あることを質問することが，倫理上論争になるような可能性が考えられても，それをあえて質問してしまうなど）。また，Relevancy はそれほど高くないが，高い Interestingness の実現を狙って実施され発表される研究というものもある[8]。

いずれにせよ，FINER の各要素は，リサーチ・クエスチョンの設定の際に，すべてを「満たす」ようにするためにだけ使われるのではなく，その各要素のどれを

---

[8] そのような研究の典型的な例を紹介する。たとえば，2019 年 1 月時点でインパクトファクター 23.562 である医学の一流誌 The British Medical Journal（BMJ）は，クリスマスと年始に向けた Christmas Issue を発刊しているが，2014 年には，ニュージーランドの医院（GP (General Practitioner) のオフィス）での「待合室の雑誌が古い」という患者の不満に関する基礎的研究として，待合室に置いたどのような雑誌が「無くなるか」を調べた前向き「コホート研究」が掲載されている。待合室には 87 の雑誌が置かれ，より新しい雑誌ほど，またゴシップ雑誌ほど「無くなっていく」ことを統計的に明らかにし，結論として，「待合室に新しい雑誌がないのは，新しい雑誌を置いていないからではなく，それが無くなるからである」という結論を示している。また，雑誌が無くならないようにしたければ，ゴシップ雑誌でない古い雑誌を置くべきであるとしている。最後に，医学部のカリキュラムに「待合室科学」を含めるべきだと提言している（Arroll/Alrutz/Moyes 2014）。いっぽう 2016 年の Christmas Issue には，小児病棟をサンタクロースが訪問する要因について，186 人の病院職員へのインタビューで明らかにした量的研究が掲載されている。その際，サンタクロースの病棟訪問について重大な交絡因子となると考えられる北極からの距離との関係も検討している（Park et al. 2016）。これらは Relevancy の高さをねらった研究ではなく，読者も査読者も，そして研究者ら自身も，Interestingness の高さを享受する研究である。ただし，このような研究の意義は娯楽的なものだけではないと筆者は考えている。それは第一に，Relevancy の低いこのような研究こそ，Feasibility や Ethicality の問題を生じる恐れがあり，それを研究デザインで巧みに避けなければならず，研究デザインの能力が問われるからである。たとえば上記の Arroll/Alrutz/Moyes (2014) では，雑誌が「無くなる」のは，患者（あるいは職員）が意図的にあるいは誤って持ち去っているからである。それが分かっているのに，この研究を患者（あるいは職員）に対するインタビュー研究としてデザインすれば，研究参加のためのインフォームド・コンセントを得ることが困難になるとともに，倫理的に問題が生じて Feasibility と Ethicality が低くなる可能性がある。しかしこの研究では，研究参加者というものが存在せず，雑誌を観察している。この研究は「コホート研究」であると記述され，実際には前向きコホート研究であるが，そのコホートは人間のコホートではなく，なんと雑誌のコホートである。このようなデザインによってこれらの問題を克服している。その点でじつに見事な研究デザインであると言え，そこに研究デザインの独

優先させ，どれなら多少犠牲にできるのかという案分に使うことを勧めたい。なお，これらの案分は，リサーチ・クエスチョンの設定の段階ではなく，研究デザインの段階でなされるのではないかという疑問が持たれると思われるが，研究デザインをまったく想定せずにリサーチ・クエスチョンを考えるということは現実にはないと考えられる。したがって，リサーチ・クエスチョンの設定の段階で，この案分は始まると考えられる。そしてさらに，この案分は研究デザインの段階でもなされる。それではリサーチ・クエスチョンの評価が変わってしまうではないかと思われるかもしれないが，そもそも質的研究ではリサーチ・クエスチョンが，研究デザインの過程を経てもまったく変更されないことはあり得ないので，この点は問題にならない。つまり，FINERクライテリアは，リサーチ・クエスチョンの評価規準として，リサーチ・クエスチョンの設定と研究デザインの両方の段階で十分に検討されるべきである[9]。

---

創性と妙味がある。また，Park et al.（2016）では，サンタクロースが来たかどうかのデータ採取を，小児病棟の入院患者つまり児童を対象に行えば，倫理的な問題が生じる恐れがあり，Ethicalityが低くなる。それを，患者ではなく病院職員に聴くことによって，その問題の回避に成功している。しかも，上記のように重要な交絡因子になる〈可能性のある〉北極からの距離に配慮してきちんと検討している点も優れているがゆえに面白い。このように，この種の研究はInterestingnessとNoveltyを高くするために，FeasibilityやEthicalityが低くなる危険性を孕んでいるが，逆に，Relevancyが高くないだけに，それ以外の指標は少しでも低くすることはできない。したがってこのような研究には，優れた研究デザインが必要とされるのであって，研究デザインの側面で学ぶべき点がいくつもある。しかもさらに付言すれば，ある時点ではRelevancyが低くInterestingnessとNoveltyだけが高いように見える研究でも，その研究には，将来のRelevancyの芽が含まれている可能性がある。筆者はトロント大学医学部のファカルティ・ディベロップメントで，患者が研修医に対して怒り出した時に，指導医はどう対応すべきかというトレーニングを見たことがある。この時の患者は，actor SPつまり俳優による模擬患者であった。彼女は，セッションに入る前から少しずつ怒りの状態を作っていき，セッションでは，見ていて本当に怖くなるほどの迫真の怒りの演技がなされ，セッション後は，怒りの状態を少しずつクーリングダウンしていった。そしてその怒りの演技の時に研修医に向かってぶつけられたことばが「待ち時間が長いし，待合室にはろくな雑誌がないじゃないか！」であった。考えてみれば医師―患者関係（physician-patient relationship）は，初診であっても，患者が待合室で待っているときにすでに始まっている。そう考えれば，待合室の雑誌の研究は，拡張された医師―患者関係の研究であると位置づけることができる。また，上記のサンタクロースの病棟訪問の研究も，小児という入院患者にとっての病棟環境に関する研究であると位置づけることは不可能ではない。

[9] 付言すれば，筆者は，このFINERクライテリアが筆者の本来の専門である教育の領域で有効に活用できると考えている。それは，教材の選択や授業の設計に関する評価規準としての活用であり，すでに，国内外でのいくつかの講演や授業研究の機会にそのように紹介している。その場合，Feasibleは，その教材の入手や扱いの容易さと，教材を使った授業の実

## 2.4 研究者の専門性とリサーチ・クエスチョンの関係

　ところで，ときどき，それが社会的に Relevant であり，自分の仕事にとっても必要であるからという理由で，自分の専門性と距離のあるリサーチ・クエスチョンを立てようとするケースがある。

　たとえば，産婦人科医師や産婦人科で働く看護師が，人工妊娠中絶をする患者の社会的・経済的背景は何であるかを研究したいと考えるとする。これはたしかに Relevant なリサーチ・クエスチョンであるかもしれない。しかしそれを医師や看護師が実施するとしたら，それは妥当であろうか。患者の妊娠中絶という意思決定の背景には，生物・医学的 bio-medical なものもあり得るだろうが，それと同時にしばしば心理・社会的 psycho-social，社会・文化的 socio-cultural，あるいは社会・経済的 socio-economical な背景も大きいのではないか。だとしたら，この研究には，そのような領域の先行研究に明るく，かつそこでの専門的概念を適切に利用できる研究的背景が必要とされる。そのような研究者は，医師や看護師などの医療者よりもむしろ，心理学者や社会学者ではないだろうか。

　ただし，人工妊娠中絶を意思決定した患者は，それに対するどのような医療情報の提供を望んでいるか，またどのような看護や言葉がけを望んでいるかを明らかにしたいのなら，これはまさに，医師や看護師などの医療者が行う研究として妥当性があると考えられる。

　別の例をあげよう。沖縄の離島では，埋葬された後に遺族によって行われる「洗骨」という儀礼があり，これを遺族が実施できるかできないかは，患者が最後の治療をどこで受けるかの意思決定に影響すると，沖縄の離島一人診療所の医師が気づき，この洗骨について調べる必要を強く感じて，その研究をしたいと考えるとする。このように考えると沖縄の離島一人診療所医師にとって，この問題はたしかに Relevant な問題である。しかし，洗骨の方法や難しさ等についての解剖学的な観点

---

施可能性を，Interesting は，その教材の学習者にとっての面白さと授業者にとっての面白さを，Novel は，学習者にとっての新鮮さを，Ethical は，その教材による授業実践の倫理性を，Relevant は，それを学ぶ必要性・必然性を示す規準と考えるのである。リサーチ・クエスチョンの評価規準である FINER クライテリアがこのように教材の評価にも使えるのは，偶然ではない。それは，教材とは「学習者が深い問いを発する対象」であり，その点で本質的にリサーチ・クエスチョンと同じであるし，学習においても研究においても，その深い問いを現実的な作業を通して問い尽くし，その結果を明らかにする点で両者は共通しているからである。

からの考察を含む生物・医学的観点からの研究なら，医師が実施することは妥当かもしれないが，洗骨の文化的意義や洗骨を困難にする背景としての今日の沖縄の家族の，離島を離れた暮らし方などを研究するなら，埋葬儀礼などに関するたくさんの研究的知見を背景として有している文化人類学者や離島での暮らしを研究する社会学者などの方が，医師よりも適していると言える。

　このように，FINER クライテリアの Relevancy に強く影響されてリサーチ・クエスチョンを設定すると，良い研究にならない場合がある。いくら Relevancy の高いリサーチ・クエスチョンを立てても，そのリサーチ・クエスチョンと研究者の専門性との距離が遠ければ，バックグラウンドサーチや分析がうまくできない可能性があるため，Feasibility は低くなる。また，なんとか実施できたとしても，それでは十分な先行研究の利用や関連する多様な専門的概念を構造的に駆使した深い考察がなされにくく，その結果，妥当性の低い研究にしかならないと考えられる。

　ただし，このような研究の妥当性を高め，かつ Feasibility の高い研究にする方法はある。それは，上記のような研究的背景を有する他の領域の適切な研究者を加えた共同研究を行うことである。なお，修士論文の研究や，人文科学系や社会科学系の博士論文は単著でなければならないのが普通であるので[10]，これらの研究では共同研究にすることは困難であるが，それ以外の論文であれば，研究デザインの際に研究組織を適切な共同研究にすることで，研究者の専門性とリサーチ・クエスチョンとの距離の問題を解決することができる。

---

[10] 医学では，学術誌に掲載された論文をほぼそのまま博士論文と位置づけて学位請求することも一般に行われている。その際にその論文が掲載される学術誌の条件には大学によって多少の違いがあり，「英語で公刊されている査読付きの学術誌」や「インパクトファクターが1以上の国際学術誌」など多様であるが，国際誌，国内誌とも，医学の論文は通常は共著であるので，医学では博士論文が共著論文であることがごく一般的にあり得る。ただしその場合も博士学位申請者が第一著者でなければならないのは当然である。またその論文を博士学位請求論文とすることについて，共著者の同意書を提出しなければならない場合もある。

# 第3章

# 研究デザイン

## 1 質的研究の研究デザイン

### 1.1 質的研究に類型はあるか

　量的研究には，いくつかの一定のデザインがある。したがって研究者はそれらのデザインの中から自分のリサーチ・クエスチョンに適合するものを選択して採用することになる。あるいは，意図的ないしは無意図的に，リサーチ・クエスチョン自体が，すでにそのようないくつかのデザインのうちの1つに沿って，抱かれているかもしれない。

　それに対して質的研究には，そのようないくつかのデザインがまったくないわけではないものの，それは「観察による研究[1]」「インタビューによる研究」「フォー

---

[1] 医学以外であれば，一般にはインタビューによるデータ採取を行う研究を「インタビュー研究」と呼び，観察によるデータ採取を行う研究を「観察研究」と呼ぶ。そして後者は，研究者が研究参加者の行動を直接にあるいはビデオなどで観察する研究であり，観察研究の多くはインタビューも含むことになる。しかし本書では観察によるデータ採取を行う研究を「観察研究」とは呼ばない。それは，臨床・疫学的研究では，ランダム化比較試験などのように介入を行う「介入研究 intervention study」に対して，介入を行わない研究を「観察研究 observational study」と呼び，この場合の「観察」は，研究参加者の行動を観察するのではなく，その診療記録や検査データなどだけを見る場合も非常に多く含まれるからである。その点で上記のような医療系以外で使われている「観察研究」とは意味が異なるので，本書の読者のうち一定の割合を占めると予想される医療系の読者に混乱を生じさせないためである。

カス・グループによる研究」「アンケートの自由記述による研究」「文書研究」など，データ採取のソースにもとづく類型である。また，「縦断的研究」「横断的研究」のような時系列との関係での類型もある。しかしいずれにせよ，それらは非常に大まかな区分である。そのため，質的研究の個々の研究デザインは，既存のいくつかの類型から選択できるようなものでない。Taylor（2010）は，「質的研究は個別にデザインされるものであり，方法と手続きは，リサーチ・クエスチョンを最大に解明できるように研究者によって開発されるのである」と述べている。このように，質的研究の研究デザインは個別性が高い。しかしそこには，質的研究に共通するいくつかの特性を見いだすことができる。以下，それについて検討する。

## 1.2　研究プロセスの非定向性──質的研究の循環的なプロセス

　その第一の特性とは，研究プロセスの非定向性である。

　量的研究では，一般にデータ採取を完全に終えてからデータ分析を開始する。つまり，データ採取とデータ分析とは異なる2つの過程である。また，量的な研究では，研究デザインに従って分析結果を得たにもかかわらず，有意差が出ないなどの理由で研究デザインを変更して，追加でデータ採取をするようなことは許されない[2]。つまり研究プロセスを逆に戻ってはいけない。

　それに対して質的研究では，最初のデータを採取したら（たとえば最初の1人のインタビューを終えてその内容を逐語記録化したら），すぐにその分析を開始するべきであるし，一般に最後のデータの分析時まで，データ採取を継続することになる。たとえば質的研究でよく採用される半構造化 semi-structured インタビューでは，質問内容の多くは回答者ごとに異なる。その際，これまで行ったインタビューの分析結果を背景として，次のインタビューで質問する内容を検討するのは，必要で有益なことである。そしてデータを分析していたら，最初の1人に再度聞いてみたいことが出てくることは十分にあり得る。あるいは，観察を行った研究の観察記録の分析の最後の段階になって，観察に登場するある研究参加者のある背景が観察結果に

---

[2] これには少なくとも次の2つの理由がある。第一に，そのようなデータ採取には，その手続きに再現性がないからである。第二に，適切にデザインされた研究では，帰無仮説を棄却するのに十分なサンプルサイズと分析手続きが設定されているはずであり，そのサイズで有為差が出なかったなら帰無仮説を採択しなければならないのであって，さらにサンプルを増やして無理に有為差を出して帰無仮説を棄却すれば，帰無仮説が実際には真であるのに棄却してしまう誤り（第一種過誤，α過誤，偽陽性））を犯すことになるからである。

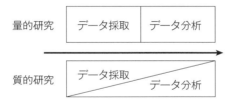

**図1　量的研究と質的研究の異なるプロセス**（ポープ／メイズ 2008）

影響を与えているのではないかと考えて，その研究参加者のその背景について，本人に確認する必要が出てくることもある。

　Coffey/Atkinson（1996）は，質的研究のためのデータの分析に焦点化した研究書であるが，その冒頭に，質的研究のためにデータ採取を終えたアンとフィリップという2人の社会学の博士課程大学院生を登場させる。2人はアンと同じアパートの女子学生2人が楽しそうにエアロビクス[3]に出かけた後，お互いに，自分たちが置かれた困難な状況について話している。2人とも，予想した以上にデータ採取がうまくできたと感じている。アンは何百ページにも及ぶフィールドノーツを作成し，それをコンピュータに入力して校閲も済ませている。フィリップはいくつものフォーカス・グループを実施してそれを録音し，その録音から逐語記録を作成している。しかし2人とも，それが終わった時点で，それをうまく分析することができないのである。この2人について著者らは次のように述べる。「この2人は本来，このような状況にはいなかったはずである。そもそもデータの採取をするなら，同時にそのデータの分析もしなくてはならない。データを分析しないでデータの蓄積だけを行うことが，「不幸を作り出す原因 recipe for unhappiness」なのだ。」

　また，Glaser/Strauss（1967）も，データ採取，コーディング，分析は同時に行うべきだと書いている。

　このように，データ採取の手続きとデータ分析の手続きとを分けてしまうことは，質的研究において犯しやすい最大かつ最も深刻な誤りの1つである。それは**図1**の通りである。しかし同様に，データ分析の過程と理論記述の過程も峻別することができない。

　つまり質的研究では，データを採取しながらそれを分析し，ある程度データ分析が進んだら理論記述を試みるが，その結果，まだデータ分析が必要だと判断すれば

---

[3] エアロビクス・ダンスのこと。いかにも当時らしい記述である。

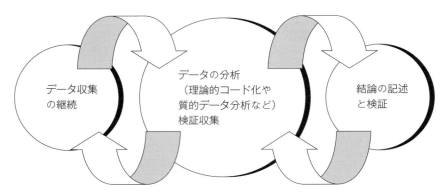

図2　質的研究のサイクリックなプロセス（大谷 1997a）

さらに分析を行い，その結果，別のデータが必要であると考えられればさらにデータ採取を行って分析する。質的研究ではこのように，データ採取，データ分析，理論記述は，**図2**に示すようなサイクリックなプロセスである。ただしこの時，「さらにデータ採取を行う」とは，必ずしも別の研究参加者をリクルートして（サンプリングして）その人からデータ採取することを意味するわけではない。以前にインタビューした研究参加者の話をさらに聴くことも，さらにデータ採取を行うことである。

## 1.3　質的データを採取して分析すればすべて質的研究と呼べるか

筆者は，「こういう研究をしたいのだが」と，次のような研究について相談されることがある。それは，研究対象者を二分して，一方のグループにだけある介入を与え（ある映像を見せる，ある学習をさせるなど），もう一方のグループにはそれを与えない。そして両グループにフォーカス・グループを実施して質的データを採取し，そのデータを分析して，介入を与えたグループと与えないグループとを比較するものである[4]。これに対して筆者は，「そのようなデザインの研究は，一般的な意味での「質的研究」とは呼ばない」と答えている。

この研究では，採取するデータとその後の分析はあくまで質的である。それなの

---

[4] こういう発想は，医療系の対照研究をモデルにして出てくるものと考えられる。医療系では，ランダム化比較試験（RCT），症例対照研究，要因対照研究（コホート研究）などの対照研究が重視されているからである。

になぜ，質的研究と呼ばないと考えられるのか。その最大の理由は，質的研究は基本的に，自然主義的 naturalistic で非実験的 non-experimental な状況で，つまり実験的研究状況を設定しないで実施するものだからである。とくにこのような，統制群と実験群とも呼ぶべき2つのグループを設定することは，きわめて質的研究らしくない。そして実験的状況で行う研究が質的研究らしくないことのさらに本質的な理由は，そのような実験的研究では，2群に分けた段階でおそらく仮説（たとえば「その介入を受けたグループの方が良い結果を生じる」）が存在しており，それを検証しようとする点で，実証主義的パラダイムにもとづいており，認識論的に，質的研究と相容れないからである。その意味で，このような研究は，「質的研究」とは呼ばず，「質的データを採取する実験的研究」あるいは「質的実験研究」と呼ぶべきだと考える。

　ただし，2つのグループに別の刺激提示を行って比較するのではなく，対象となる1つあるいは複数のグループに，ある授業，ある保育，ある医療面接などの場面を見せ，それについてフォーカス・グループを実施するような範囲なら，質的研究と呼んで良いと考える。それは，ある種の介入を行っているとはいえ，研究対象者を二分して異なる刺激を与えるような実験的研究状況を設定していない，言い換えれば実験的デザインをしていないからである。そしてさらに，そのような実験的手続きを取っていないということは，異なる経験を与えてその結果を見ようとしているのではなく（臨床研究的に言えば異なる曝露を与えてそのアウトカムを見ようとしているのではなく），もともと持っている経験に対して，刺激を提示してその経験にもとづく語りなどを引き出して研究しようとするのであって，研究者が見ようとするのは，与えたものの影響ではなく，与えたものが引き出す体験の記憶や語りだからである。

　同様に，あることを経験した人たちのフォーカス・グループと，それを経験していない人たちのフォーカス・グループとを実施して比較する研究デザインも，質的研究と呼ぶことに問題はない。それも，研究対象者を2群に割り付けて〈異なる経験をさせる〉のではなく，〈異なる経験を有していた〉人たちに研究参加者になってもらって，自然主義的研究状況でデータ採取を行う研究だと言えるからである[5]。

---

[5] Aomatsu/Otani/Tanaka/Ban/van Dalen (2013) は，医学生と研修医との2つのフォーカス・グループを実施してその結果を比較している。ここでは，医師としての医療を経験する前の医学生とそれを経験した後の研修医との2つのグループを比較している。つまり「異なる経験を有する」2つのグループの人々を比較している。これは，実験的に2グループに分

## 1.4 介入の効果や経験の影響を検証する質的研究はできるか

### 介入の効果を検証しようとする質的研究の問題

このような研究は，たとえば，ある授業方法の効果や，スクールソーシャルワーカーの介入の効果や，保健師の介入の効果を実証する研究だと考えられるので，それを想定して考える。

まず，量的な臨床研究でそのような効果を検証する場合，ある介入を「曝露」として，その効果があったことを測定するための「結果（アウトカム）」を設定するが，そのためには，そのアウトカムが達成されたかどうかの測定可能な評価点（エンドポイント（真のエンドポイント true endpoint あるいは代用エンドポイント surrogate endpoint））の設定が必要になる[6]。

問題は，これを質的に行うとどうなるか，またそもそもこれを質的に行えるのか？である。

そこでまず，この「効果」について考えると「効果を見る」というのは，たとえ2群に分けるなどの実験的な手続きを踏まず，その介入を受けた人へのインタビューだけを行うとしても，そこで理念的に想定されているのは，その介入を行わなかった場合との比較を行って「差」を見ることであると考えられる。そしてその「差」というのは，2群を比較する量的な概念である。したがって，これをあくまで質的に行おうとしても，「差」を求める行為の背景には，アプリオリに2群の量的な比較があるのであって，それはやはり本質的に量的な行為である。したがって，それは質的なアプローチとは矛盾する。

それに対して，「差」ではなく「違い」を見るということであるなら，それは質的研究となり得る。したがって，質的な研究が行えるとすれば，そこで期待されるのは，むしろ，「ある授業方法によって，学習者や授業者にどのような変化が生じたか」「スクールソーシャルワーカーや保健師の介入によって，どのような変化が生じたか」を調べることであろう。また質的研究は，探索的な本質を持つので，そ

---

けて異なる「経験をさせた」のではないので，質的研究と呼ぶことに問題はない。

[6] このエンドポイントは研究前に設定し，大規模な研究では，それを満たしたかどうかを判定するために，個々の研究参加者が実験群・統制群のどちらに割り付けられているかを知らない人たちによって構成されることで客観的・中立的に評価を行う「エンドポイント委員会」を組織し，そのような研究計画を世界に公表してから研究を開始する。ただし，このような委員会を構成しないとしても，量的な介入研究では，エンドポイントが研究デザイン時に設定されることには変わりはない。

のような研究は，「○○の介入による効果についての<u>実証的研究</u>」ではなく，「○○の介入による変化についての<u>探索的研究</u>」のようになると思われる。

　ところで，質的研究でも効果の実証ができるという考えがある。たとえばマクレオッド（2007）は，臨床心理学における量的研究に関して，無作為割り付けしたクライアントの実験群と統制群とを比較すれば，無作為統制デザインの研究では，心理療法を受けたクライアント群の不安得点が，統制条件のクライアント群の得点と比較され，無作為化が成功していれば，結果の差異は介入によるものと結論づけることができるとしている。そして，臨床心理学における質的研究においては，心理療法の参加者によってなされる記述的説明を通じて，介入と結果のつながりが立証されると述べている。その際，「Howe（1989）は，「面接対象となった家族について『彼らは自分たちの問題（多くの場合は 10 代の子どもとの問題）』が介入を通じて改善されたかどうかについてはっきり述べることができた」と指摘しています」と述べている。これに従えば，質的研究でも「効果」を実証することはできるということになる。

　しかしながらこれに反して，マクレオッド（2007）自身が同書で同時に，上記の Howe（1989）を引用して「インフォーマントは，こうした変化をあるときは心理療法に因るものであると考え，またあるときは自分たちの努力の成果だと思い，また別のときには，外的あるいは偶発的な影響によって変化が起こったと考える」と述べているし，「ある母親は，「今では家のことが全てうまく言っています……でも，私たちが家でしたことは，先生たちがして下さったことより 10 倍役に立ったんです」と語っていました」とさえ述べている。つまり，ここでマクレオッド（2007）は，ある結果が出たときに，それが介入の結果なのかどうかを明らかにすることは困難だとも述べているのである。

　そもそも，質的研究では，どのような変化が生じたかは調べられるが，その変化が，与えた介入の結果であるかどうかを明らかにすることは困難である。それは，質的研究では，自然主義的な研究デザインを行うのであって，量的研究のように交絡を排除するための実験的なデザインを採れないためである。

　まとめれば，質的研究は，第一に，差を見るものではないという点において，第二に，介入と生じた変化との因果関係を立証できない点において，介入の効果の検証には適さないと考えるべきである。

　なお，介入の効果ではないが，同様に「差」の実証を目的とするもので「発達障害児の両親では，父親より母親の方が子どもの障害についての関心が高い，という

ことを実証したいがどのように質的に実証できるか？」という質問を受けたこともある。しかしこれも，上記と同様であって，それは「高い・低い」という量的な「差」を見ているがゆえに，質的な研究には適さないと考えるべきである。質的研究が意味を持つのは，むしろ，「発達障害児の両親の，子どもの障害についての関心は，父親と母親とでどのように違うか」を調べることであろう[7]。

**経験の影響を検証しようとする質的研究の問題**

それでは，上記のような「介入の効果」の検証ではなく，ある「経験の影響」の検証なら，質的に行えるだろうか。

医療系の質的研究では，しばしば，量的な研究のデザインを踏襲しようとする傾向がみられる。それは暴露（要因）がある群と無い群の2群を比較して，その暴露の影響を見ようとする研究である。たとえば，終末期の患者に対する家族の介護（ファミリーサポート）について，質の高い介護を行えた家族とそれが行えなかった家族にインタビューして，患者に対する質の高い介護にはその患者が亡くなったあとの家族の精神的状況を良くする影響があるかどうかを調べる研究である。その結果，質の高い介護のできた家族が，その後の精神的状況が良く，そうでなかった家族のその後の精神的状況はあまり良くなかったことが分かったとする。その時，「終末期の患者に対して，質の高い介護を行えた家族とそれが行えなかった家族とでは，患者が亡くなった後，前者の家族の精神的状況は良く，後者の家族の精神的状況は良くない」という結論が研究結果として述べられることになる。しかしそれはやはり問題である。

第一に，そのような状況には，上記のようにじつにさまざまな交絡因子の影響があると考えられ，実験的研究状況を設定できない質的研究では，その交絡を完全に排除することはできない。また，統計的解析で調整することもできない。したがって，患者が亡くなった後の家族の精神的状況は，患者に対する家族の介護の質とは別のことがらの影響によって変わっているのかもしれないからである（たとえば，

---

[7] ただし，効果を検証しようとする質的研究は，実際にはかなり多く行われており，本書のように，質的研究では効果の検証はできないという解説はあまり見ない。その数少ない例外の1つは，寺沢（2015）による次の文章である。「「効果」は統計分析とたいへん相性が良いトピックです。統計分析を得意とする教育心理学や教育経済学は，特定の介入の効果を見事に数値で明らかにします。反面，「効果」は質的研究と相性が悪いわけです。ですから，「質的研究でX学習法の英語習得上の効果を明らかにしたい」という問の立て方はけっこうな悪手なのです。」

亡くなった患者が家族の主たる収入をもたらしていたのなら，その患者が亡くなった後の精神的状況には，そうでない家族よりも大きな否定的影響があり得る）。

そして第二に，さらに深刻な問題もある，それは，そもそも精神的な状況を良く保つことができるような家族だから質の高い介護が行え，そうでない家族だから質の高い介護が行えなかったのかもしれないということである。つまりこの研究結果においては，「因果の逆転（因果関係の逆転）reversal of cause and effect, reverse cause-effect relationship, reverse causality」が起きているかもしれないのである。しかもそれを確認する方法は無い。

量的研究では，交絡を排除あるいは調整するとともに，因果の逆転を排除する研究デザインを取ることもできる。しかし質的研究はそうではない。量的研究と質的研究のこのような根源的な違いを認識せずに，量的研究で成立していることをそのまま質的研究で実施しようとすると，このような問題を抱え込むことになることに，つねに注意すべきである。

## 1.5 研究の規模——どんな大きさの研究をするべきか

大規模な研究，つまり研究参加者が多く，研究期間も長くかかる研究を実施しようとすれば，前述の FINER の Feasibility はどうしても低くなる。また，量的な研究は，規模によって認識論が変わらないが，質的研究の場合には，規模が大きくなれば，それは単に規模が変わるのではなく，研究の根幹となる認識論が変わってくることになる。なぜならば，そもそも規模の大きな質的研究は，より実証主義的なパラダイムに立つからである。

筆者が勧めるのは，コンパクトで切れ味のある研究である。まずコンパクトであることで，Feasible な研究になる。その上で，そのコンパクトさを生かして，Interesting で Novel で Ethical で Relevant な研究を実施するのである。自分が生涯で追究を続けたいテーマはいくら大きくても良い。しかしそれを，いくつかのコンパクトな研究に分けて，そのひとつひとつを実施していき，将来的にはそれらを接続して大きな研究にすることができる。

大きな規模の研究ひとつを実施するより，小さな規模の研究を複数実施する方が，FINER のすべての要素を高くすることができる。小さな規模の研究で低くなるのは，研究手続きの実証主義的な妥当性（サンプルサイズの適切性）だけである。しかし質的研究では，実証主義的な妥当性を追求するわけではないため，それは問題

にならない。

　工学には「スケールメリット[8]（規模の効果）scale merit」という概念がある。これは，ある装置などを作るのに，規模をn倍にしても，コストはn倍未満になるだけなので，結果的にコストは低くなるという概念である。たとえば，100倍の容量を持つコンピュータのハードウェアは100倍より小さいコストで作ることができる。だとすれば，製造コストの点では，コンピュータは大規模にすればするほど良いということになる。しかしコンピュータの場合，大規模なシステムは問題であると考えられるようになってくる。それは第一に，セキュリティが重視されることで，機能を集中せず分散すべきだと考えられるようになるからである。そして第二に，ハードウェアにはスケールメリットが成立しても，ソフトウェアには成立せず，10倍の大きさのソフトウェアは，10倍をはるかに超えるコストをかけなければ開発できないことが分かってくるからである。ようするに，ソフトウェアの場合，スケール・デメリットが生じるのである。

　質的研究もこれと同じように考えられる。質的研究でも，時には大きな研究が必要とされることがあるかもしれない。しかし実証主義的な質的研究でなければ，大きな規模の研究は必要ない。くわえて朝倉（2015）は「しかも，質的研究は，決して"お手軽な"研究方法とは言えない。質的研究の特徴のひとつは，時間と忍耐を要する仕事（time-consuming）なのである」と述べている。そうであれば，上記のような小規模で切れ味の良い研究をひとつひとつ実施していく方が良いと言える。例をあげると，安藤（2014）や山元（2017）は，研究参加者が1人の研究であり，大橋（2017）は，インタビュイーが母子1組の研究である。しかし丁寧なインタビュー，分析に用いた概念的・理論的枠組みの適切性，そして精緻な分析が評価され，それぞれの学会誌に採録されている。また，Aomatsu et al.（2013）は，便宜的サンプリングによるたった2つのフォーカス・グループを比較しただけであるが，理論的枠組みの適用の適切性とフォーカス・グループの分析の精緻さにおいて評価され，国際誌に採録されている[9]。

---

[8] スケールメリット，スケールデメリットは和製英語である。
[9] この研究は，財団法人医学教育振興財団「懸田賞」（第22号，2015年度）を受賞している。

## 2 質的研究のためのガイドライン

医療系の研究領域では，質的研究論文を執筆する際のチェックリストが存在する。これは医療系以外の研究でも参考にすることができるので，ここで紹介しておきたい。

まず，次の例のように，研究に関する独立した組織あるいは大学附属の組織が，そのようなガイドラインを発表している。

- CASP Checklist : 10 questions to help you make sense of a Qualitative research（CASPはオックスフォード大学関連の組織）
- Joanna Briggs Institute (2017) Critical Appraisal Tools, Checklist for Qualitative Research（アデレード大学健康科学部内のセンター）

また，次の例は，個々の学術誌がその雑誌に投稿される質的研究論文が参考にすべきガイドラインやチェックリストを公表しているものである。

- *International Journal of Tuberculosis and Lung Disease*（IJTLD）の IJTLD Guidelines for Qualitative Research
- *Social Science & Medicine*（SSM）の Guidelines for Qualitative Papers

さらに，同様のものとして，それを，その学術誌に論文の形で掲載して示していることがある。

- Mays, N./Pope, C. (2000) Assessing quality in qualitative research. *British Medical Journal.* 320 (7226). 50-52
- Russell, C. K./Gregory, D. M. (2003) EBN user's guide : Evaluation of qualitative research studies. *Evidence Based Nursing.* 6. 36-40
- Anderson, C. (2010) Presenting and Evaluating Qualitative Research. *American Journal of Pahanaceutical Education.* 74(8). 1-7
- Tong, A./Sainsbury, P./Craig, J. (2007) Consolidated Criteria for Reporting Qualitative Research (COREQ) : a 32-item checklist for interviews and focus groups. *International Journal for Quality in Health Care.* 19(6)

これらの例の中でも，最後の COREQ は，インタビューとフォーカス・グループ

による研究のためのものであるが，32項目を持つ非常に包括的なものであり，これが掲載された学術誌以外にも広く使われている。たとえば，生物・医学系を中心に300種類以上のオープンアクセスの論文誌の電子出版を行っている出版社BMCは，質的研究のReporting Guidelineとして，このCOREQを指定している。

　ところで本書で強調してきたように，今日の質的研究は広範なパラダイムの存在を前提として成立している。しかしながら，上記のガイドラインは，そもそも以前は実証主義かポスト実証主義のパラダイムに依拠する研究以外は存在していなかった医療系を中心とし，しかもかなり古いものもあるため，全体に（非明示的にだが）実証主義的であって，多様なパラダイムによる質的研究の存在を前提としているとは言えない。

　それに対して，質的研究を記述し報告するための21項目のリストであるSRQR（Standards for Reporting Qualitative Research : A Synthesis of Recommendations）（O'Brien et al. 2014）は，実証主義的な研究から解釈学的な研究までも含み，項目もきわめて網羅的である。何より，Methodsの最初にパラダイムを書くように提案していることは，この規準が，多様なパラダイムによる研究を前提としていることを明示的に示している。たとえばBritish Journal of DermatologyやJournal of Advanced Nursing（それぞれ2017年のインパクト・ファクターが6.129と2.267）などが論文執筆ガイドラインとしてSRQRを指定している。日本では，『プライマリケア連合学会誌』が投稿規定で，質的研究はSRQRに従って報告するよう求めている。

　なお，Peditto（2018）は，既存の質的研究の報告基準を比較して，COREQとSRQRが優れているとしている。また，研究論文の質を向上させるためのEQUATOR（Enhancing the QUAlity and Transparency Of health Research）networkで，Reporting guidelines for main study types欄に質的研究報告のためのガイドラインとして，SRQR，COREQをこの順にあげている[10]。論文投稿者も査読者も，このような報告基準を理解しておくことが，質的研究を発展させるために有益であると考えられる。

---

[10] EQUATOR networkには，質的研究のためのガイドラインとして，別にもうひとつ，Tong/Flemming/McInnes/Oliver/Craig（2012）によるENTREQ（Enhancing transparency in reporting the synthesis of qualitative research）もあげられているが，SRQRとCOREQより優先度は低く位置づけられている。

# 第4章

# データ採取

## 1　質的研究の研究参加者

### 1.1　研究「対象者」から研究「参加者」へのパラダイムシフト

　本書でもこれまでこのことばを用いてきたが，研究参加者 research participant とは，以前は「研究対象」あるいは「研究対象者」と呼ばれていた人たちを指すことばである。研究対象となる人たちは，英語では，subject, research subject, あるいは human research subject と呼ばれてきた。また，object person of research, object of research とも呼ばれてきた[1]。(subject と object は〈主〉と〈客〉であるから，ことばとしてはまったく逆の意味であるにもかかわらず，同じ人々を指すのに使われてきたわけである。)

　しかしこういった呼び方は，研究対象となる人々の主体性や自発性をまったく無視している。その背景には，長い間の，「研究の主体はあくまで研究者である」という考え方がある。そこで，「研究対象となる人たちは，研究者が行おうとする研究の趣旨を理解し，その研究に賛同し，自らの意志によってその研究に〈主体的に参加する〉ボランティアである」という考え方が出てきた。そのような考え方にもとづいて，従来の「研究対象者」を修正した呼び方が「研究参加者」である。した

---

[1] ただし，object of research ではなく research object は，「研究目的・目標」research objective の意味で使われることが多いので注意が必要である。

表1　研究対象となる人々と研究者との関係についての考え方

|  | 旧来の考え方 | 今日の考え方 |
| --- | --- | --- |
| 研究対象の人々 | 事実や真理について無自覚な人「研究主題（subject）」 | 研究の目的と意義を理解して主体的に参加するボランティアとしての「研究参加者（participant）」 |
| 研究者 | 高度で専門的な知識・技術を有するがゆえに特権的な存在 | 研究をデザインし責任を持つコーディネータ |
| 両者の関係性と研究の貢献 | 研究は人々や社会に長期的かつ間接的に貢献し，研究者は社会的敬意を受ける。 | 両者はともに主体的で，平等かつ互恵的 mutually beneficial な関係。成果は求められれば研究参加者に還元する。 |

がって，研究参加者という概念の背景には，そういった，研究対象となる人々の位置づけの変革や，研究者と研究対象となる人々との関係性の変革，つまりパラダイムシフトがあることを理解する必要がある（**表1**）。

　このことは，今日でもよく理解されているとはいえない[2]。また，量的研究の伝統を持ち，今日でも量的研究が主流であるいくつかの領域では，いまだに「研究対象者」ということばを用いているし[3]，そのような領域の研究者による質的研究の解説論文などでも未だに「研究対象者」が使われている。しかし筆者の考えでは，少なくとも今日の質的研究で「研究参加者」を「研究対象者」と呼ぶことは，今日の民主主義社会で「国民」を「臣民」と呼ぶくらい，パラダイムにおいて矛盾していると言わざるを得ない。

　なお，このように書くと，過去の診療データを使うだけであって，本人がデータを使われていることさえ知らないような「後ろ向きコホート研究」の研究対象者まで研究参加者と呼ぶのはおかしいではないか，という疑問を示されるかもしれない。これに対しては，筆者はそのような人々もやはり研究参加者と呼ぶべきだと考えている。たしかにこの場合，主体的に研究に参加するボランティアとしての研究参加

---

[2] 実際，2005年に *Handbook of Qualitative Research*（デンジン／リンカン 2006）を翻訳した際，research participant の訳語として提案されたのは「研究参加者」ではなかった。しかしこの語にはこのような考え方の背景があることを共有して，むしろこの訳書から日本でも「研究参加者」という訳語を普及させるべきだと考えて，研究参加者という訳語を使用することにした。それでも，2009年に筆者の所属研究科で研究倫理審査制度を設定し，その規定に研究参加者ということばを入れたところ，教育学の研究者のほとんどが，そのことばの理解に困難を感じていた。

[3] たとえば日本心理学会倫理規定（日本心理学会 2009）では，実験の場合のみ「実験参加者」ということばが使われているが，それ以外は一貫して「研究対象者」が使われている。

者はいないのだと考えれば，研究参加者と呼ばずに，研究対象者と呼ぶことができるだろう。しかし主体的に研究に参加する研究参加者は本当にいないと考えて良いのだろうか。そもそもこのような研究は，「人を対象とする生命科学・医学系研究に関する倫理指針」（文部科学省・厚生労働省 2021）（2021 年 3 月 23 日制定，2022 年 3 月 10 日一部改正）では，過去に取ったデータで，検体を含まないものを利用し，かつ要配慮個人情報を取得しない場合には，「説明と同意」を要さないが，その研究について告知することで，研究に参加しない選択（オプトアウト）ができることを保証しなくてはならないと規定されているものである[4]。この時，この研究の研究対象者は，この告知を見て研究の意義を理解したために，「参加しないことを選ばなかった人」であるかもしれない。それは言い換えれば，「研究の意義を理解して研究に参加することを選んだ人」なのであり，その意味では，研究参加者である。だとすれば，後ろ向きコホート研究の研究対象者も，研究参加者と呼ぶべきだということになる。

　しかしこのような考え方がひとつひとつの論文に記されることはない。しかも日本では，このような考え方がなかなか導入されなかったために，研究対象となる人が研究に「参加する」という考え方があるとは知らず，この research participant は，研究対象者ではなく，研究に参加する研究者つまり「共同研究者」であると誤解され，しばしば誤訳されてきた。そしてさらにやっかいなことに，研究に主体的に参加するという意味では，研究対象となる人々と研究者とは同等なのだから，研究者が，自分や共同研究者を research participant と呼んでいる英語の論文も，多くはないが実際に存在している。このことを理解しておかないと，論文の内容を読み誤ることになる。

　いずれにせよ重要なことは，今日では，研究対象となる人々は，「研究の対象」なのではなく，「研究に主体的に参加する人々」として扱われなければならないということである。

---

[4] 当該箇所の規定は次のとおりである。「研究者等は，必ずしもインフォームド・コンセントを受けることを要しないが，インフォームド・コンセントを受けない場合には，当該研究の実施について，6①から⑨までの事項を研究対象者等に通知し，又は研究対象者等が容易に知り得る状態に置き，研究が実施又は継続されることについて，研究対象者等が拒否できる機会を保障しなければならない（後略）。」

### 1.2 研究参加者の主体性の尊重

　ところで，どのような研究参加においても研究参加者になんらかの負担，負荷をかけるのであり，それをつねに最少限にするように研究デザインをするべきである。しかし，どれだけの負担・負荷が認められるかは，得られる成果とのバランスについて慎重に考慮された上で，それを研究参加者に明瞭かつ詳しく説明した上で，最終的には，「研究に賛同し，自らの意志によってその研究に主体的に参加するボランティア」である研究参加者の判断にもとづくことになる。

　こう考えると，上に，研究者は，研究参加者にかける負担・負荷を最小限にするべきだと書いたが，それは，得られる成果に見合うものでなければならない。逆に言えば，研究者と研究参加者がともに，その研究に十分な成果を期待し，研究参加者が，提案された協力を，それに見合う負担・負荷であると評価できるなら，その負担・負荷を担ってもらうことは検討に値する。それは，その負担・負荷を低くしようとするあまり，期待される成果が低くなってしまうなら，研究参加してもらう意味がなくなってしまうからであり，そのことはまた，研究参加者がせっかく主体的かつ自発的に研究に参加してくれることの意義を無化してしまうことになるからである。

　たとえば，（これは量的な研究だが）ある医学的な研究のデザインのワークショップで，研究参加者に病院に宿泊してもらい，食べ物の塩分が尿にどれくらい出るかを調べようとする研究計画があった。この研究では，食べ物と飲み物は，いくつかの選択肢の内から研究参加者が選んで良いことになっていた。しかしそれでは実験として適切性を欠く[5]。とくに，飲み物にはお茶や水があったが，お茶の利尿作用が研究結果に交絡する恐れがあると筆者には考えられた。研究者は，研究参加者に病院に泊まり込んでもらって負担をかけるので，せめて食べ物と飲み物は選べるようにすべきだと考えたのだったが，この場合，研究参加者に遠慮しすぎて研究参加者の参加の意義を見失っているように筆者には思えた。つまり，研究参加者は，この研究の意義を認めて主体的にこれに参加してくれるのであるから，その主体性を無駄にしないためにも，実験が適切に行われるような食べ物と飲み物の制限を受け入れてくれるよう研究参加者に提案すべきだと筆者には考えられたのである。逆

---

[5] この適切性とは，実験の内的妥当性を担保する条件のことである。この種類の実験的研究では，研究の内的妥当性が高くならなければ，外的妥当性も高くならないのだから，まず，内的妥当性を高くするためにも，食べ物と飲み物の制限は設定すべきだと考えられる。

に言えば，むしろ，その研究参加者に，研究成果を上げるためには食べ物と飲み物の制限が必要であることを説明して，それでもこの研究に参加することに意義があると考える人に，それに同意してもらって実験に参加してもらうべきだと考えるのである．

## 1.3　研究参加者の保護の優先性

　しかしもちろん，研究者と研究参加者との間で合意されれば，研究参加者にどのような負担をかけ，どのような害を与えてもかまわないというものではない．いくら研究参加者がその負担を受け入れると言っても，客観的に見て，その負担をかけるのは適切ではないと判断される場合もある．また，そのような同意は研究者と研究参加者との潜在的な非対称な権力関係あるいは権威勾配の上に成立しているかもしれず，研究者にも研究参加者にも，それが自覚されていない場合があるかもしれない．研究者はつねにそのことに最大限に慎重になるべきである．しかしながら研究者は，自分の研究を成立させようとするあまり，視野が狭くなってしまい，そのことに気づかないこともあり得る．実際，研究倫理審査をしていると，そのような研究計画にしばしば触れることがある．それは，審査員の目から見れば，研究参加者に与える害は多様に予想されるのに，「害は無い」と言い切ってしまっている申請書である．研究者は，研究計画に，自らの研究の目的と研究デザイン，研究参加者にかける負担や害，そして研究成果の意義について詳細に説明する必要があるが，研究機関の倫理審査委員会は，研究者にかわって（あるいは研究者とは別の観点から）そのような点についても判断をするのであるから，研究者は，審査の結果を謙虚に受け入れることも必要であり，場合によっては，研究デザインを変更しなければならない．

　つまり研究参加者は，研究の意義を評価して主体的にその研究に参加するボランティアであるとしても，その研究参加者に担って頂く内容については，慎重に考慮する必要があることに変わりはないのである．

## 2 観察やインタビューの中立性の再考
──観察の理論負荷性

　量的・実証主義的研究では，観察は中立的に行わなければならないとされる。しかし質的研究では，この中立性という概念自体が問い直される。ではどのように問い直されているのか。それを検討するために「パラダイム」概念の基盤となっている，科学哲学における「観察の理論負荷性 theory-ladenness」[6]という概念に目を向けてみよう。本書ではできるだけ平易な記述に努めるが，この概念は重要であるため，いくつか引用を出すことをお許し頂きたい。

　「観察の理論負荷性」とは，「我々は理論を背負って見ている」という「デュエムのテーゼ」をハンソンがこう呼んだものである[7]。

　渡辺（1998）は，「観察の理論負荷性」について，「観察や知覚は理論などに影響されない不変の与件，経験的知識の純粋な基盤ではなく，概念や理論を不可欠な背景としていることを要約的に表す概念。N. R. ハンソンが後期ウィトゲンシュタインから得た着想を科学の場面に応用し，知覚と概念との間の論理的な関係を考察した際に鍵概念として用いて以来，科学哲学におけるその使用法が定着した」としている。

　また，伊勢田（2006）は，「理論負荷性という語は，主に科学哲学において，観察というものが成立するためには不可避的に背景にある理論に依存せざるをえない，という「観察の理論負荷性」を論じる文脈で使われてきた。たとえば科学的な観察は高度な実験・観察装置からの出力という形で行われるため，そもそもその装置がどういう装置なのかという理論がわからなければ観察もできない。通常こうした現象は，知覚と理論的解釈という二段階のプロセスとして理解されることが多いが，ハンソン Norwood Russell Hanson は理論が知覚そのものに影響を与えている，という一段階の理解を提案した。この主張を文字通りにうけとれば，別の理論の信奉者は同じ方向を見ていてもそれぞれに「別のもの」を観察することになり，理論比較

---

[6] クーンのパラダイム論は，この観察の理論負荷性の延長上にあり，その相対主義的な本質を維持している。
[7] この「観察の理論負荷性」は科学の学習の際にも現れると考えられている。植木／久保田（2011），工藤（2016）などは，観察の理論負荷性の観点から理科の学習を研究したものである。

の共通の基盤が失われ，相対主義的科学観に道が開かれることになる」と述べている。

ところで，この「理論負荷性」という概念を提出したハンソンについて渡辺（1998）は次のように述べる。「ハンソンは，実証主義の認識論の基盤となっている，どんな個人的，社会的，文化的背景にも左右されることなく万人が同一のものとして与り得る〈観察〉という概念，および理論とは無関係にそうした観察を表現する〈観察言明〉という概念に異論を呈した。彼によれば，見ることは一般にあるものを特定の種類のもの〈として見る seeing as〉ことであって，これは〈ことを見る seeing that〉と様々な仕方で絡み合うが，一方，ことの理解は受け入れている理論に左右される。」

つまり，観察の理論負荷性とは，中立的な観察によって理論が導出されるのではなく，理論によって観察が可能となるのだということを意味している。観察の際には，観察者の依拠する理論によって観察対象の見え方が変わるし，そればかりか，そもそも何が観察対象として見えるのか自体が変わることになる。

このことは，質的研究における観察であれば，いっそう理解しやすいであろう。質的研究の観察は，何かの生じる頻度を数えるような限定的で客観的な手続きを取るのではなく，研究者の主体性に依拠している。その時，何を見るか，何が見えるかは，研究者が背負っている理論に影響される。また，質的研究におけるインタビューでは，回答者は，聞かれたことを答える。つまりインタビューとは，「質問の結果」であり，その質問は，研究者の背景にある理論に依拠することになる。そもそも，研究で人の営みを観察するときや人から話を聴くときに，研究者が完全に中立的になるということができるのか。研究者が研究参加者について，何か見たいものが，聴きたいことがあるのなら，その見たいものや聴きたいことは，研究者の「研究的関心」にもとづいているのだし，その研究的関心こそが，研究者が学んだいくつものさまざまな理論や概念から出てきたものではないのか。だとしたら，それは理論負荷性を有していると考えるべきである[8]。

---

[8] 宇宙物理学に「人間原理」という概念がある。これは，人間には，宇宙はあるモデルで認識されているが，本当の宇宙の姿は分からず，人間が理解できるようにしか，宇宙の姿を描くことはできないため，実在としての宇宙は，人間の原理によって構成されているというものである。これなど，究極の「観察の理論負荷性」と呼ぶべきかもしれない。

## 3 サンプリングとサンプルサイズ

第1章6節で「母集団とサンプル」概念を再考した際，質的研究の研究参加者はサンプルではないと述べた。しかしここでは，量的研究と対比して論じるため，便宜上，あえて「サンプル」「サンプリング」「サンプルサイズ」ということばを使って論じることにする。

### 3.1 サンプリングの類型

一般に，母集団からサンプルを抽出する手続きをサンプリングと呼ぶが，これには大きく分けて確率抽出法 provability sampling と非確率抽出法 non-provability sampling とがある。

確率抽出法は量的研究で用いられ，次のようなものが含まれる[9]。

**確率抽出法**
- シンプル・ランダム・サンプリング Simple Random Sampling（無作為抽出）
  乱数などを用いて，母集団からランダム化して抽出するもの。
- 継続的抽出法 Sequential Sampling
  一定時間あるいは一定期間サンプリングを継続することで，それが母集団から見ればある程度ランダム化されているとみなすもの。ある一定期間に診察に訪れた患者をサンプルとするなど。
- 層化抽出法 Stratified Sampling
  母集団を層に区分して，各層から抽出する。年齢別あるいは一定の年齢幅で一定数ずつ抽出するなど。
- システマティック・ランダム・サンプリング Systematic Random Sampling
  母集団から系統的にサンプリングするもの。100のうち20のサンプルが必要なときに5番目ごとに抽出するなど。
- クラスター（エリア）抽出 Cluster (Area) Sampling
  群あるいはエリアごとに抽出するもの。各県から20人ずつ抽出するなど。

---

[9] サンプリングの類型については，Trochim (2006a, 2006b) が詳しい。

・マルチ・ステージ・サンプリング　Multi-stage Sampling
　　以上を多段階に行うもの。地域で学校を選び（クラスター抽出），学年ごとに学級を選び（層化抽出），最後に学級の中ではシンプル・ランダム・サンプリングをするなど。

　いっぽう，非確率抽出法は質的研究と，一部の簡略化された量的研究で用いられ，次のようなものが含まれる。

## 非確率抽出法
・便宜的抽出法 Convenient Sampling
　　集めやすい人たち，頼みやすい人たちに研究参加者になってもらうもの。自分の関わっている集団の人たちにお願いするなど。
・継続的抽出法 Consecutive/Sequential Sampling [10]
　　サンプリングと分析を繰り返すもの。グラウンデッド・セオリーの理論的サンプリング theoretical sampling はこれである。
・層別抽出法 Quota sampling（クォータ抽出法）／最大変異抽出法 Maximum Variation Sanpling
　　層別に選ぶもの（確率抽出法の「層化抽出法」と似ている）。その際，個々のサンプルの間の違いが大きくなるようにする。
・ジャッジメンタル（目的的）・サンプリング Judgmental (Purposive) Sampling ／クリティカルケース・サンプリング Critical Case Sampling
　　特定の根拠で選ぶもの。あるいは特別の条件をもっている人を選ぶもの[11]。
・自己選択サンプリング Self-selection Sampling ／ボランティア・サンプリング Volunteer Sampling
　　研究参加者の方から自発的に研究者にアプローチするもの。
・スノウボール・サンプリング Snowball Sampling（機縁法）
　　研究参加者が次の研究参加者を研究者に紹介するもの。カミングアウトしに

---

[10] 量的研究で一定時間内の受診患者を次々とサンプリングする継続的抽出法 sequential sampling は，擬似的なランダム・サンプリングであって，非確率抽出法としての継続的抽出法とは異なる。
[11] Critical Case Sampling の critical case というのは，決して否定的な意味ではない。しかし論文が公開されたときに研究参加者に誤解を与えることを避けたければ，judgemental sampling と記述するほうが良い。

くい経験や体験を有する研究参加者が，インタビューで自己の経験や内面について語ったことが自分にとって有益だったと考えるとき，同様の背景を有する知人や家族を紹介してくれることがあり，そのようにして行われるもの。

　これらはそれぞれ特徴があるので，研究デザインのときにどれを採用するかを十分に検討し，論文にも，その理由と採用した方法を明記すべきである。ただし，質的研究では，sampling という概念ではなく participant recruitment を用いることが多くなっている[12]。これは，前述のように，サンプルという概念が質的研究に必ずしも適合しないからである。したがって和文の論文には，「この研究では○○の理由により□□サンプリングの方法を採用して，研究参加者募集を行った」などと書くのが良いと考えられる。

### 3.2　サンプリングと「理論的飽和」の問題

　質的研究のサンプルサイズについて，しばしば当然のように，「理論的飽和」という概念が用いられる。そのような文脈では，この「理論的飽和」は，質的研究に普遍的で絶対的な概念であると考えられているように思われる。たとえば寺下（2011）は「質的研究の対象の選定とデータの収集」として，「継続的比較」と「理論的飽和」について説明している。また豊田／秋田／無藤（2011）は「量的研究が統計的サンプリングを利用するのに対して，質的研究ではその研究の過程において理論的サンプリング（theoretical sampling）を重視する」として，理論的サンプリングが質的研究全体に普遍的な概念であるように述べている。しかし，理論的サンプリングや理論的飽和はすべての質的研究に普遍的な概念ではない。なぜなら，理論的サンプリングや理論的飽和は，グラウンデッド・セオリーの固有概念だからである。

　グラウンデッド・セオリーにおける「理論的飽和」とは，「理論的サンプリング」を続けながら理論化を行い，それをその時点までで得られていた理論と突き合わせること（継続的比較 constant comparison）で，「それ以上新しいカテゴリー，プロパティ，ディメンションが出てこない状態」（戈木 2014）と説明されるが，この「カテゴリー」「プロパティ」「ディメンション」はグラウンデッド・セオリーに固有の

---

[12] たとえば，Petrocchi-Bartal/Khoza-Shangase（2014）や Puri et al.（2017）などでは "purposive participant recruitment" という語が使われている。

概念である。したがって，グラウンデッド・セオリー固有の概念を用いて構成されている「理論的サンプリング」「理論的飽和」もまた，グラウンデッド・セオリーの固有概念であると考えなければならない。

それにもかかわらず，理論的サンプリングや理論的飽和という概念は，グラウンデッド・セオリーを用いない質的研究でもしばしば用いられてきた。その際，上記のように，それが本来グラウンデッド・セオリーの概念であることを認識せずに，質的研究に普遍的な概念であると誤って認識されてきた。その背景は2つ考えることができる。1つは，一部のグラウンデッド・セオリーの専門家を除いては，グラウンデッド・セオリーがきちんと学ばれてこなかったこと，もう1つは，日本では，質的研究がグラウンデッド・セオリーとともに入ってきた領域が多く，そこでは質的研究とグラウンデッド・セオリーとが同一視されてしまったことである。しかしながら，理論的サンプリングや理論的飽和をグラウンデッド・セオリー以外の質的研究で用いること，あるいは用いなければならないと考えることは問題である。その理由は2つある。

第一には，それがグラウンデッド・セオリーを離れて使われることで，上記のような本来の定義「それ以上新しいカテゴリー，プロパティ，ディメンションが出てこない状態」の有する操作的厳密性が無化され，曖昧で主観的な状態でも，理論的飽和が達成されたという恣意的な判断に結びつく危険性があることである。理論的飽和は，グラウンデッド・セオリーにおけるサンプリング停止の根拠なのであり，サンプリング停止が安易に決定されないように，厳密に定義されているのだから，本来，その定義から離れるべきではない。グラウンデッド・セオリーは，とくにグレイザーとストラウスによる初期のものは，量で行える研究を質でも行えると考えて体系的に確立された，全体に一点の曇りもない質的研究方法である。その際，サンプルサイズを最初に規定する研究方法にしてしまうことは，量の原理に依拠してしまうので，絶対に避けなければならない。そこでそのかわりに，理論的サンプリング theoretical sampling，継続的比較 constant comparison，理論的飽和 theoretical saturation という3つの概念と手続きを構成し，それを導入することで，サンプルサイズを量的に規定するのではなく，このように規定されたサンプリング手続きの結果として，サンプルサイズが決まるという論理的整合性のある手続きを設定した。そのために，この理論的サンプリングと理論的飽和についても，厳しくスペシフィック（限定的・特異的）に規定しているのである。したがって，理論的サンプリングと理論的飽和は，あくまでグラウンデッド・セオリーの中で，その本来の条件を

満たすように使用しなければならないと筆者は考えている。

　ところで，グラウンデッド・セオリーは，ポスト実証主義のパラダイムに依拠しているため，同じポスト実証主義のパラダイムに依拠する質的研究で理論的飽和を「借用」することは，そこに上記のように問題があることを認識して，それを何らかの方法で克服するなら，少なくともパラダイムとしては矛盾していない。しかし異なるパラダイムの質的研究にこれを適用することは，重大な問題を生じる。たとえばこれまで述べてきたように，解釈主義的な質的研究では，n＝1 の研究も成立している[13]が，そこでは当然，理論的飽和など最初から目標にしていない。このような研究に，この研究では理論的飽和に至るまでサンプリングをしていないから問題があると指摘することは，まったく無意味である。このことだけをとっても，理論的サンプリングと理論的飽和は質的研究に普遍的な概念・手続きではないことが分かるだろう。それにもかかわらず，理論的サンプリングと理論的飽和というポスト実証主義の概念と手続きが，それ以外のパラダイムの質的研究にも適用され得るかのように解説がなされているのは，むしろその解説者のパラダイム概念の欠如によるのだと考えられる。これが第二の問題である。上記のように，質的研究がグラウンデッド・セオリーとともに入ってきたときは，質的研究＝グラウンデッド・セオリー＝ポスト実証主義であり，パラダイムがそれしかなかったために，パラダイムというものが意識されなかったので，そのような誤解が生じたのであろう。しかし今日のように多様なパラダイムに依拠する質的研究が存在する時代には，そのような誤解は完全に克服される必要がある。

## 3.3　サンプルサイズと知見の一般性の検討

### n＝1 の研究はなぜ成立するのか

　先に，規模の小さい質的研究をすべきだと述べた（第 3 章 1 節）。量的・実証的研究，たとえば臨床疫学的研究の場合，必要なサンプルサイズ，つまり，n＝いくつであるべきかは，研究デザインの段階で，統計学を用いて決定される。それに対して質的研究は，非常に少ない人数のインタビューなどに基づくことがあり，上記

---

[13] たとえば安藤（2014）は 13 回の転職をした 1 人の人物に対するインタビュー研究であり，山元（2017）はアニメ視聴を契機として日本語習得をした 1 人のフランス人学生に対するインタビュー研究であって，どちらもジャッジメンタル・サンプリングによる n＝1 の研究である。

のように n=1 の研究さえ成立している。この点は，量的研究に馴染んだ人には理解が困難な点であろう。いったい質的研究ではなぜ，こんなに小さい n で研究が成立するのだろうか。

　この問いは，質的研究についての根源的な問いの1つであり，これは量的研究者から質的研究者にぶつけられるだけでなく，誰より質的研究者自身が問うべき問いである。しかしながら，質的研究者は，まあそういうものだと自己肯定的に考えていて，量的研究者にそれを説明する努力を怠ってきた。そのため，この根源的な問いに対する，量的研究者にも了解可能な有効な説明は存在していなかった。しかし筆者がこのような疑問を持ち続けていたとき，あるできごとを経験し，それをきっかけとして，これに対する説明のためのモデルを構築するに至った。少し回り道になるが，この根源的な問いの問題を共有して頂くため，まずそのできごとからここに記したい。

### コーディング作業者は何人必要か

　筆者は 2011 年にウィーンで開催されたヨーロッパ医学教育学会 AMEE に参加した。その際，トロント大学の The Wilson Center が担当する質的研究に関する丸1日のプレコングレスワークショップにも参加した。このセンターは質的研究による医学教育研究で国際的に知られている。筆者は 1991-1992 年と 2005-2006 年の延べ2年間，トロント大学に滞在し，とくに後者の機会では，医学教育の研究も行った。しかしその時は，医学部の家庭医療学の教員らと交流を持ったが，このセンターとは交流がなかったため，交流のきっかけを作ることも，そのワークショップへの参加の目的の1つであった。

　そのワークショップで，コーディングについてのある印象的なできごとを経験した。

　それは，データにコーディングするとき，コーディング作業者は1人で良いのだと，講師が説明した時のことである。この説明に，東ヨーロッパからこのワークショップに参加した 30 歳代半ばの男性医師が嚙みついた。彼は，その説明に対し，「コーディング作業者は当然，複数いた方が良いのですね？　しかし複数用意できないときは1人でもかまわないという意味ですね？」と確認した。すると，講師は「そうではなく，1人で良いのです」と回答した。しかし質問者はこの回答に納得しない。それで，5人の講師が順番に5種類の説明をした。しかしどの説明も，質問者を納得させることはできなかった。たとえば5人が次々にした説明の内の1つ

は,「昔,発展途上国で文化人類学などのフィールドワークをしていた研究者は,たいてい1人だった。つまり,1人で記録を作成し1人でコーディングしていた。だからコーディング作業者は1人で良いのだ」というものだった。しかしこれなら,「その時,複数いれば複数でやったはずだ」と考えることもできるため,1人で良いことの説明になっていない。

ところでこの時,講師の誰かが一言,「そうですね,もちろん複数いた方がいいのですけどね」と言ってしまえば,この質問者は引き下がったはずだった。しかし講師は誰もそう言わなかった。その点でこの講師たちは,非常に信頼のできる質的研究者たちだと筆者は感じた。しかしそのような講師たちでさえ,最後まで,この質問者を納得させる有効な説明はできなかった。

この状況に触れた筆者は,ある重大なことに気づいた。それは,コーディング作業者が1人で良いことの合理的な説明は,大げさに言えば,まだこの世の中に存在していないのだということである。しかしその説明は,きっとn＝1の質的研究がなぜ成立するのかの説明にもなり得ると考えた。それで,そのような問題意識を持って帰国して,ちょうど1年ほど経ったとき,あるモデルと説明がふと頭に浮かんだ。その説明とは,次の通りである。

まず,量的研究も質的研究も,究極的には一般性・普遍性のある知見を追究しており,両者はこの点で同じだと認識する。このことについて,量的研究は一般性を追究し質的研究は個別性を追究するのだという説明がなされるのが普通である。筆者も以前はそのように理解し,そのように説明していた。そして,質的研究では,その個別的な知見を他の個別のケースに適用するために,比較可能性と翻訳可能性,詳細な記述などが必要になると説明していた。しかし同時に,それはどこかおかしいという気持ちも持っていた。なぜなら,本当に個別性を追究するだけなら,それを論文として公表する意味がないからである。公表された研究を読者が読んで,そこになんらかの意味を見いだすのは,やはりそこに,なんらかの一般性や普遍性があるからではないのか。そうだとしたら,質的研究でも,一般性や普遍性を追究しているのではないのか。そういう気持ちである。したがって,質的研究が「着目」する点は,個別性や具体性ではあっても,究極的にはやはり,量的研究も質的研究も,同じように一般性・普遍性のある知見を追究しており,両者はこの点で同じだという立場に立ち直すことにした。

では,量的研究でその際に最も避けたいことは何か,言い換えれば,最も恐れるのは何かだが,それは,個別のサンプルの持つ偏った特性を拾い上げて,それを一

般的・普遍的な特性だと誤認してしまうことである。そのため，適用する手続きに応じて十分なサンプルサイズが必要になる。

　他方，上記のように質的研究でも一般性・普遍性のある知見を追究するが，その際に，サンプルサイズを大きくすることで個別のサンプルの持つ偏りを拾いあげないようにしようという発想はしない。逆に，個別性や具体性をできるだけ深く追究して，深い意味を見いだすことで，それが深ければ深いほど，一般性や普遍性のある知見になると考える。質的研究の場合，サンプルサイズを大きくすると，個別性や具体性の詳細な検討がしにくくなるため，かえって深い追究を妨げることになる。たとえば，萱間（2013）は，著者自身の博士論文の研究では，当時，量的研究が主流であったため，質的研究でも最低 30 例の研究対象者が必要との指導を受けてそのとおり実施したが，それを海外の学会で発表したところ，「30 例の対象者数が本当に必要だったのか」や「30 例のデータを分析しきることができたのか」などと，研究対象者数が多すぎるという批判を受けて驚いたと書いている。もちろんここには，パラダイムの問題がある。第 1 章 1 節で示した「質的研究スペクトラム」にあるように，実証主義的な質的研究では n は大きくなり，そのサンプルの事実をデータとして集積することになるが，解釈主義的な質的研究では n は小さく，研究者と研究参加者とが共同構築的に意味を見いだしていくことになるのである。

　では，そうだとしても，質的研究ではなぜ，小さな n の個別や具体の中に普遍性を見いだせるのか。必要なのは，ここから先の説明である。これについては，あるメタファーを用いたモデルを使って説明したい。

### 個と社会の関係性の「納豆モデル」

　たくさんの新鮮な納豆をそのまま（納豆のたれや醤油などを加えず）力強く十分にかきまぜる。そうすると納豆の「糸」が豊かに出てきて，それが相互に強く絡み合う。この時，納豆の一粒一粒を人間とみなせば，ひとりひとりが個別に存在しているのではなく，多様に絡み合うようなつながりを有している状態だと見ることができる。そしてそこでは，個と個が相互依存的 inter-dependent な関係にあるとともに，いくつもの個が全体を形成しており，全体が個を含み込んでいるのだから，個と全体も相互依存的な関係を有している。そしてこのような状態こそが，人間の心理・社会・文化的 psycho-socio-cultural な現実である。

　ところでそのように，納豆の糸が強く絡み合っている状態で，箸で納豆一粒を取り上げようとする。しかし，たくさんの納豆がくっついてきて一粒だけを取り上げ

**図1 個と社会の関係性の「納豆モデル」**

ることは困難である（**図1**）。質的研究で1人の研究参加者にインタビューすることは，まさにこのようなことである。つまり，1人からのデータ採取は，1人についてだけのデータ採取になるのではなく，その人を通して，他の人や社会についてのデータ採取をもすることになるのである。

　実際，1人のインタビューイーの体験は，その人と関わりのある，祖父母，親，きょうだい，いとこ，隣人，教師，友人，職場の同僚，上司，部下などのさまざまな人々から，多様な影響を受けており，それらの人々の存在を反映している。それどころか，そのインタビューの中で，それらの人々についても語られることがある。つまりインタビューとは，その対象がたとえ1人でも，回答者1人に関してのみデータ採取を行っているのではなく，その背景にいる多くの人に関するデータ採取をも同時に行う過程なのだと考えることは，決して不合理ではない。これが，質的研究で個別的・具体的な追究を深く行うことを通して，一般性や普遍性を汲み上げることを可能にすることのひとつの説明である。

　ただしその際，その個別的で具体的な深い追究は，研究者の思索のみによって成立しうるわけではない。もしそのようなことをすれば，それが深ければ深いほど，逆に地下の迷路に迷い込んでしまう危険性がある。そうならないためには，その行く手を照らす光が必要である。それが，これまでの知見の蓄積である。分析の際に先行研究の知見を，分析的枠組みとして適用することで，妥当で了解性の高い研究にすることができる（それについては，第5章2節で後述する）。つまり，量的研究が大きなnの中で相互に突き合わせることで客観性を担保しようとするのに対して，

質的研究では先行研究の知見等と照らし合わせることで，客観性を担保するのである。ただしその突き合わせとは，単に，得られる知見が過去に得られた知見と合致しているかを見ることではない。先行研究の知見は，研究を構想するときに，それを構成する要素あるいは背景として既存の概念的・理論的枠組みが利用されることもあるし，データの分析の時に分析的枠組みとして概念的・理論的枠組みが利用されることもある。その結果，先行研究の知見と合致しない結果が出ても，それは，先行研究と突き合わせをしたことになる。n＝1の研究は，決して必要なものが欠如した研究ではない。n＝1だからこそ解明できることがあり，それを解明するのが質的研究に課せられた課題でもある。

そしてn＝1の研究がなぜ成立するのかを説明するのは，そのような質的研究を行う質的研究者に課せられた課題であろう。質的研究では，このように，いまだに，必要で有効な説明を欠いていることがある。うまい説明が思い付かないからといって，古いワインを新しいボトルに入れて用意するようなことは，これからは避けるべきであると考えている。それは，古いワインを新しいボトルに入れて他の人に勧めてきた，筆者自身に対する自戒でもある。多様なパラダイムに見合った説明は，質的研究に従事する者の集合的営為によって，構築していく必要があると考えている。

## 4　観察と観察記録

### 4.1　参加観察と非参加観察

今日の観察 observation には，参加観察 participant observation, panticipatory observation, participating observation [14] と非参加観察 non-participant observation, non-participatory observation, non-participating observation とがある [15]。前者と後者を分けるのは，主として「観察対象となる人や共同体の活動に，研究者が参加しているかいないか」である。なおこの「参加―非参加」は，じつにしばしば，その場で直接

---

[14] http://sustainicum-platform-new.allafine.com/files/tmethods/65/sq/Resource_Description_65.pdf
[15] participatory observation, non-participatory observation については，たとえば Crano/Brewer/Lac (2015) を，participating observation, non-participating observation については，たとえば Barnard/Gravlee (2015) を，それぞれ参照。

に観察するかそうでないかという意味に誤解されているが，その区別は「直接―間接」（直接観察 direct observation と間接観察 indirect observation）であり，「参加―非参加」ではないことに注意すべきである[16]。たとえば，児島（2006）では，研究者が，日本語を教えるボランティアとして，観察対象となる生徒たちの生活の場に入っているが，これはまさに参加観察と言える。

　ところで，参加観察という方法と概念はどのように用いられるようになったのだろうか。研究者が観察対象となる活動に参加すれば，観察対象の営みには，観察者の存在が影響しているのであるから，観察を難しくするだろうということは容易に考えられる。そのような難しい方法は当初は採用されないだろう。また，観察者が観察対象に関わるようになるまで主流であった客観主義的実在論の立場では，観察対象に関わらないようにする観察がなされていたはずだと考えれば，この2つの観察のうち，非参加観察が古くからあった観察で，参加観察が新しい観察だということになる[17]。

　つまりこの非参加観察と参加観察という対概念は，参加観察を開始した人たちが対照的に創り出した新たな構成概念だと考えられる。ではなぜ，このような対照的な構成概念が必要だったのか。

　非参加観察が主流であった時代に，研究対象となる人やコミュニティの営みを，より詳細に，しかも少しでもその人たちに近い立場で理解したいと考えた人たちが，参加的な観察を始める，あるいは始めようとする。すると，従来のような，客観的なデータを採取するために，「観察者効果」や「観察者期待効果」を避けるための最大の努力をしなければならないと考える人たちから，そのような方法では観察者

---

[16] これについて，その場で観察したかそうでないかで分けるのだという思い違いが広がっている。たとえばもう随分前になるが，筆者は，ある高名な研究者が学生を連れて学校に授業の観察に行ったことを「参加観察に行った」と説明していたのを聞いた。しかし学生は，その教育実践にもその準備にもまったく参加しておらず，ただその場に行って観察したという説明であった。それで，筆者が，ではその場に行かないで観察するのは何と呼ぶのですか？とたずねると「うーん……ビデオ観察」と言われた。しかしその認識は誤っている。たとえその場に行かずビデオで観察しても，その実践の準備などに参加していれば（たとえば観察する授業のための教材開発や指導案の作成に参加していれば）それは参加観察であり，たとえその場で観察してもその営みに参加してこなかったのであれば非参加観察である。なお，観察者がその場に居て姿を隠したか姿を見せたかによる観察の区分としては，concealed observation, non-concealed observation という対概念がある。

[17] そしてさらに，前者に「非」が付いていて後者にそれが付いていないことから，この対概念は，参加観察ができたときに作られたのだと考えることができるが，こういったことに気づくためにも，言語に対する感受性を豊かにする必要がある。これは，適切なコードを

効果や観察者期待効果を避けることはできないので，それは認められないと言われる。そのようにして，「従来のものが「正しい観察」であって，新しいものは「間違った観察」である」と批判される。あるいはさらに，「従来のものだけが「観察」であって，新しいものは，「観察」でさえない」と批判される。つまり従来のものと新しいものとの関係は，絶対的な垂直の関係とされてしまう。

　そのような状況で必要なのは，従来のものと同様に新しいものも有益であることを認めさせる「ことば」である。それが，参加観察と非参加観察という概念的枠組み conceptual framework である。新しいものを間違った観察，あるいは観察ですらないとする考え方に対して，そうではなく，新しいものを「参加観察」という観察として，従来のものを「非参加観察」という観察として，相対的に位置づける。このことによって，「正しい─間違った」「観察である─観察でさえない」という絶対的な垂直の関係を 90 度回転させ，両者を相対化した水平の関係に配置することで，どちらも観察だとするのが，非参加観察・参加観察という対概念である[18]。

## 4.2　観察時に注意すべきこと

　観察の際に何を見て記録すべきかは，研究の目的に応じて決まるものである。とはいえここでは，そのことを論じる前に，それ以外のいくつかの必要な点に触れておきたい。

　まず，観察の際には，被観察者の心情などの状態に最大限に配慮する必要がある。たとえば，いつもは居ない外部の人間がそこに来ていて，その人物に観察されているということは，窮屈なことである。そのために，普段とはかなり異なる行動を取っているかもしれない。それに加え，ノートなどに記録されながら観察されることは，観察される人たちに，さらに強い緊張を感じさせ，そのために行動が大きく変容してしまう恐れがある。たとえば，ある職場で，普段は行っている職務とは関係ないが潤滑油のような機能を果たしている雑談や冗談なども，観察者がいて会話を記録していると，なされなくなる恐れがある。そのような場合は，観察時には記録をせず，記録は観察場所を離れてから行うことが必要になることもある。ただしこ

---

　　案出したりする能力と通底するものだと考えている。
[18] ここに述べる「非参加観察」という概念の生じた経緯については，筆者は妥当な推論だと考えているが，証拠となる文献等を見つけることができていない。ぜひ読者にご教示を願いたい点である。

の場合も，観察記録を内緒で書いてはならず，観察記録を書くことは，「説明と同意」に含まれていなければならない。

　ところで，山川／大谷／谷井（2007），谷井／大谷他（2009，2010）の研究のための観察をしていたとき，数人からなる研究者グループが子どもたちの行動をあちこちで観察し記録していたため，子どもたちが何を記録されているのか不安な様子を示していると，子どもの世話をしている大人から告げられたことがある。そこで筆者らは，「できるだけみんなの良いところを見て，それを記録しようとしているのですよ」と子どもたちに説明した。これはある程度効果的で，その後，観察に対する子どもからの不安が研究者らに伝えられることはなかった。

　ただしもちろんこのときも，たとえ相手が子どもでも，観察対象者を騙すようなことをしてはならない。主に悪いところを観察・記録しているのに，主に良いところを見ていると伝えてはならない。それが嘘であれば，それが嘘であることは，観察されている人たちには分かると考えるべきである。それは相手が子どもでも同じである。子どもは論理性や科学性が未発達であるため，大人に分かることの多くが分からない場合もたしかにある。しかし逆に，直観力に優れ，しかも利害にとらわれないので，大人以上に人間の本当と嘘とを見抜く力のある場合もあることを，研究者は認識するべきである。しかも，相手が大人なら正直に伝えるが相手が子どもなら嘘を言うというのは，子どもを尊重していないのではなく，人間というものを尊重していないのだと考えるべきである。そもそも質的研究は，研究対象となる人と研究者との間の平等で互恵的な関係を基盤として成立する。それにもかかわらず相手を騙して観察しようとするなどは，研究倫理に反する前に，質的研究の精神や原理に反する行為であると筆者は考える[19]。

---

[19] このことは観察以前の研究参加者募集の段階からそうである。河原（2010）には，著者らが，「40歳以下の女性だけ」の実験参加者を募集するのに，「改正雇用機会均等法に基づき，性別で募集するわけにはいかないから，性を限定せずに募集し，そのなかから女性だけを選び，男性には，選ばなかった理由として，性と年齢以外のものを上げて回答した」とある。これは，募集広告の「積極的欺瞞」であると言わざるを得ない。別の場所で，参加者募集について，積極的欺瞞をしてはいけないと書いてあるのに，ここで社会的な嘘をついたことを自分で堂々と書いている。しかも謝罪や後悔のつもりで開示して自己批判しているのではなく，（残念なやり方だと書きながら）平然と記述している。これを見た応募者の男性や40歳以上の女性は，どう感じるだろうか。この研究機関や著者らをそれ以降信用しないのではないか。筆者にも，この著者らの遵法感覚と倫理が深く疑われ，結局，この書全体についても疑念が払拭できない。ではどうすれば良いかだが「男女雇用機会均等法適用除外求人」が行えれば良いが，この法律に規定された「例外」にはこのケースは適用できない。それで，この法律に則って募集するなら，男女両方を採用し，採用した男女両方

## 4.3 観察記録の書き方

　観察記録（field notes あるいは observational field notes（McKernan 1996））は，①観察したこと，だけでなく，②観察しながら考えたこと，③観察の結果さらに確認を要すること，を含み，これらを分けて書くのが良い．筆者は経験上，3色以上の多色ボールペンで，①を黒字，②を青字，③を赤字で書くようにしている．通常は，各色のノックを押して色を選択する多色ボールペンを使用しているが，ある時，軸の周囲の4方向に4色の表示がされていて，ペンを水平に持って，使いたい色の表示を上にした状態でノックすることで色の選択を行うタイプのボールペンを入手した時に，それを一度だけ使用したことがある．しかしそれは，フィールドで必要とされるすばやい色の変更に対応できないことが分かり，それ以来，そのボールペンは観察には使っていない．観察記録にはそれくらいのスピードが要求される．

　そもそも，観察記録を書くときは，その時に目の前で起きていることを観察しながら，観察した部分を記録しなければならない．そして記録しているうちに，観察すべきできごとはどんどん前に進んでいく．またそもそも，聴いた発話などを「記録」しながら，今見ていること，聞こえていることを「記憶」しなければならない．つまり，目と耳による観察と，記憶と記録とを並行して進めていく．これは，同時通訳のような極端に集中を要する作業であって，そのため，余計なことに頭を使うのは，極力避けなければならない．その意味でも，少しでも手間のかかる道具は使用するべきではない．

　なお，色を分けるのではなく，考えたことには「㋕」，後で質問したいことには「㋕」などのように，文字を記号化した指標を付けて記録しておくことも可能であり，たまたま多色ボールペンを持っていなかった時には，この方法が有効である．しかし，たとえば授業後の短い休み時間に，授業者に質問したいことをすべて質問しなければならないような時は，赤で書いてあればその箇所が一目で分かるため聞き漏らしが生じないが，指標を付ける方法だと指標の見落としが生じることもある．

---

に被験者になってもらい，その内の女性のデータだけを使うことでこのような積極的欺瞞を行うことを避けることができる．もうひとつは，そもそも雇用と考えないで募集することである．これについて筆者が法律家に相談したところ，この場合，「雇用」ではなく「（準）委任」（業務委託）として取り扱うべきだったのではないかとの見解を得ている．

# 5 個別インタビュー

質的研究で，誰もが最初に思い浮かべるデータ採取方法は，個別インタビュー individual interview だと思われる。個別インタビューは，質的研究の最も強力なデータ採取ツールである。個別インタビューは，研究参加者による言語化を待つだけでなく，研究者が問うことで，言語化を促すことができる。そこでは一問一答のやりとりを超えた対話的なやりとりがなされ，深いデータが採取される可能性がある。また，個別であるため，研究参加者が他の人に聴かれたくない内容も話すことができる。(以下，「インタビュー」と「面接」の両方を慣例に即して用いる。)

## 5.1 個別インタビューの類型

個別インタビューは，形式面で，形式的面接 formal interview，非形式的面接 informal interview の2種類に分類される。

### 形式による分類（形式的面接・非形式的面接）

形式的面接 formal interview とは，インタビューの形式の整ったものであり，それは，インタビューイーにインタビューの目的が説明され，日時，場所が確認されて実施されるものである。

非形式的面接 informal interview は，そのような前提で行われるものではなく，日常の会話や，観察のために訪問した組織や機関での通常の会話や食事中の会話などを意図的に，あるいは結果的にインタビューとして用いるものである。非形式的面接は，インタビューとして行われていない会話の内容をインタビューデータとすることになる場合があるため，研究倫理の面で問題である場合もある。今日の研究倫理の規準では，「説明と同意」は，研究参加者とのファーストコンタクトの際に行われなければならないとされており，その規準に照らせば問題になる。この規準に照らして実施可能な非形式的面接は，研究者がその訪問先にいる間に見聞きしたことはすべてデータとして使わせて頂くという「包括同意」を説明によって取得してある場合に限られる。そうすれば，その後の会話を非形式的面接として利用することができる。ただし，そのような包括同意を得ると，相手は自分の話すことはなんでも研究に使われる可能性があると考えるため，研究者との気軽な日常会話がしに

くくなってしまう恐れがある。また，逆に，いったん包括同意を得ていても，通常の会話では，それが研究に使われると自覚しないで話す場合があるので，その都度，その内容を使うことについての了解を得るべきである。

**構造による分類（構造化面接・半構造化面接・非構造化面接）**

また，個別インタビューは，内容面で，「構造化面接 structured interview」，「非構造化面接 unstructured interview」，「半構造化面接 semi-structured interview」の3種類に分類される。

構造化面接は，質問の内容と順序が完全に決まっており，かつ，すべての研究参加者に同じ質問をするものである。質問が決まっているという点で，それはアンケートとよく似ている。ただし，インタビューでは，回答を選択肢から選ばせることはしないので，構造化面接は，自由記述ばかりのアンケートの質問項目を口頭で順番に伝え，それに対して口頭で答えてもらうようなやりとりになる。構造化面接は，そもそも大規模な調査で，複数の調査員が調査対象者を訪問して実施したり，電話で実施したりするときに用いられてきた方法である。より小さな規模の研究では，今日ではあまり用いられないが，研究者が直接にインタビューを行わず，調査員等が代わりに行う方が良いと判断される場合には，今日でも用いられることがある。たとえば，斉藤／尾藤（2006）は，重篤な状態の患者に延命治療を施すかどうかを家族が意思決定しなければならないときに，医師がどう関われたかを調べた研究であるが，そのような経験を持つ家族に医師がインタビューすると，「医師はその時に役に立たなかった」というような，医師に対する否定的な内容を言いにくいと考え，そのような測定バイアスを排除する目的で，調査会社の調査員が構造化面接を行ったものである。

非構造化面接は，構造化面接とは反対に，質問することがまったく決まっておらず，通常の会話のように行われるインタビューである。今日では，そのような面接方法に触れたことの無い人も多いと思うが，これは主に，上述の非形式的面接（インフォーマル・インタビュー）の際に取られる方法であり，観察のために訪問している場所での，研究対象となる共同体の成員からの日常会話を通した聴き取りが，非形式的面接である。それ以外には，なんらかの特別の事情があるとき（たとえば非常に探索的なインタビューで，とにかく自由に話してもらいたいと研究者が考えているようなとき）以外は，用いられることは希である。

半構造化面接は，構造化面接と非構造化面接の中間に位置するもので，質問内容

とその順序がある程度決まっているが，それらに対する回答の結果を見ながら，必要なそれ以外の質問を自由に行うものである。現在の質的研究でのインタビューとしては，これが最も多く用いられる。

　なお，形式で2分類，内容で3分類があっても，2×3＝6種類が存在するわけではない。それは，形式的面接ならば，構造化面接，半構造化面接，非構造化面接のすべてがあり得るが，非形式的面接では非構造化面接以外はまずあり得ないためである。

### 回数による分類（シングル・インタビュー，リピート・インタビュー）

　個別インタビューはさらに，計画されたインタビューの回数によって，シングル・インタビュー single interview とリピート・インタビュー repeat interview に類別されることがある。

　シングル・インタビューとは，1人の研究参加者に1回だけインタビューすることであり，通常のインタビューはこのように計画されることが多いと思われる。しかしながらこの場合も，フォローアップ・インタビューは非常に重要であり，フォローアップ・インタビューを行うことは，当初から計画に入れておくべきであることを強調したい。したがって，フォローアップ・インタビューを行えない人には，研究参加者になってもらうべきではない。ただしこのことについては，本節の「誰がインタビュイーとして適しているか」に詳しく述べるので，ここではこれ以上触れない。

　それに対して，1人の研究参加者に複数回のインタビューを計画するとき，これをリピート・インタビューと呼ぶことがある。Vincent（2012, 2015）は，妊娠した生徒とその母親へのインタビュー研究でこのリピート・インタビューを用いているが，そのような社会的に脆弱な立場にある人々のデリケートな問題を扱う際に，望ましい関係性が作られながらゆるやかに聴き取りが進められる点や，その経験が現在や将来にどのように影響しているかを知ることができる点で，有効であるとしている。リピート・インタビューは，あることについて，1回で終了しないほどたくさんのことを聴きたいとき，あるいはいくつかの観点に分けて聴き取りをしたいときに，何回かのインタビューを最初から計画しておくような場合と，今から将来に向けて，研究参加者の環境が変わっていくのにつれて（たとえば子どもの成長につれて）その都度の様子などを研究するために一定期間にわたって聴き取りをしたいとき，いわば「前向き prospective」の縦断的な研究を行うときにも用いられる。

## 5.2 インタビューガイドの十分な検討とそれに拘束されないことの重要性

インタビューの際には，何をどのような順序で聞くかをあらかじめ十分に検討し，それに即して質問が行われる。そのための計画，つまりインタビューのシナリオをインタビューガイドと言う。何を聞くかを慎重に検討することは，インタビューの成功のために必要であるだけでなく，その研究そのものの目的や意義を明確にする作業でもあるので，インタビューガイドを研究デザインのときに慎重に作成しておくことは有益である。今日では，インタビューを含む研究の倫理審査は，このインタビューガイドを付して申請しなければならないのが普通である。研究参加者になってもらうときの説明と同意の際にも，インタビューガイドを示して説明することが必要かつ効果的であるので，十分に検討してインタビューガイドを作成しておくことは重要である。

なお，筆者は，インタビューガイドは練りに練って作っておくべきだが，いったんインタビューが始まったら，インタビューガイドのことは忘れるべきだと説明することがある。第1章5節の註でも少し述べたが，筆者はSCATのワークショップを依頼されるとき，自分たちの手持ちのデータを分析題材に使ってワークショップを実施してもらえないかと相談されることがある。その時，それが当該研究参加者の同意を得ている場合のみ，それを検討するのだが，インタビュー記録を見ると，なぜ，ここでこのことをもっと踏み込んで聴かないのだろうと感じることが非常に多い。つまり多くの半構造化面接は，インタビューガイドに拘束されすぎていて，実質的には構造化面接になってしまっている。しかし，聴こうと思っていたことが10あったとして，その10について浅い情報が得られても，研究的にはほとんど意味がない。それより，そのうちの1つでも，深く聴けることが重要である。そしてそのような深い聴き取りのためには，インタビュイーの個々の発話に対して，研究者の研究的関心からのその都度の「研究的な問い」がそこで発せられなければならない。そのためには，インタビューガイドに拘束されてはならない。

## 5.3 インタビューの導入の重要性――きっかけを開くことば

インタビューの際には，とくにライフストーリー・インタビューの際には，インタビュイーの履歴書を頂いてそれを読んでおき，それに沿ってインタビューすると良い。

筆者は，日本と外国とで，テクノロジーを専門とする教師や教育研究者らへのライフストーリー・インタビューを継続している（Otani 2005 等）。その際には，それがどこの国であっても，最初の質問を決めている。それはいつも同じで，「あなたが，あなたの人生で最初に，教師になりたいと思ったのはいつですか？」である。

　この質問への答えの多くは，「親が（あるいは親戚が）教師だったから」である。しかしこれとは異なる内容を，しかもすぐに答えるインタビュイーも稀にいる。たとえば「小さいときに，子どもどうしでままごとのような遊びをしていたときから，自分はつねに先生の役だった」と誇らしげに答えた人もいる。また，「父が地方の役職をしていて，何人もの来客を同時に招待して食事することがよくあったが，その時に，そこに来ていた教師がつねに面白いことを言う人で，教職に興味を持ったから」という答えもあった。さらにもっと長くかつ興味深い語りもある。たとえば，「街でバスに乗っていたら高校時代の知り合いに偶然会い，その人と話していたら，その人は自分より前のバス停で降りるという。何をしに行くのかとたずねると，教師になるために，教育委員会に書類をもらいに行くところだと言うので，そのバス停で一緒に降りた。そして，自分もその人に付いて行ったが，ふと考えて自分もその書類をもらい，教員採用試験を受けたら合格したので教師になった」というのもあった。この答えには，「それでその知り合いの人も教師になったのですか？」と聞いたところ，「じつはその人は教師にならなかったのだ」とのことで，インタビュイーと2人で大いに笑ったことを今でも覚えている。

　手前味噌になるが，このように，今から行うインタビュー全体につながるようなトピック，しかも，素朴に思い出して率直に語りやすいトピックを最初に聞くのが良い。その答えは，すぐに答えられるものでも時間のかかるものでも，長い物語でも短い物語でも，教師であるその人のその後の人生を決めることになった重要なできごとについての語りであり，それがその人の人生にとって持つ意味は，その人にとって深いものである。そしてそれは，多くの場合，思い出深く懐かしい物語でもある。また，最後の例のように，それがインタビュアーとインタビュイーの間のアイスブレイキングになり，打ち解けた雰囲気を作ることもある。くわえて，同じことをすべてのインタビュイーに聴いていると，こちらにも蓄積ができてくる。そのことで，類似の例を示してさらに語りを引き出すということもできる。

## 5.4 インタビューでは聴き取れない発話や理解できない内容を残さないこと

　インタビューで聴き取れない発話や理解できない内容があったとき，インタビュアーが遠慮してしまい，「どうせ録音してあるのだから後で聞き直せばいい」「後で考えればいい」と思って，「今，何と言ったのですか？」あるいは「それはどういう意味ですか？」と聞き直さず，次の質問に進んでしまうことがある。これはとくに，外国語でのインタビューでしばしば生じるが，母語でのインタビューでも同様なことは生じる。インタビューに慣れない大学院生のインタビューの録音を筆者が聴いていると，そういうことがときどきあることが確認できる。

　たしかに，インタビューには，本質的に，その時に分かったと思っても，後で何度も聴き直すことで，より深い意味が分かったり，インタビューの時に理解したのとは違う理解をすべきだと気づいたりすることは多い。このことはインタビューを考えるとき，つねに重要である。しかしだからといって，インタビュー時に分からないことがあったとき，それをそのままにして良いということにはならない。むしろ，筆者の考えでは，これはインタビューにおいて，最も良くない行為である。理由は3つある。

### ①後で聴いても分からない

　インタビューで聴き取れなかった場合，筆者の経験では，後で録音を聴いても，聴き取れることはまずない。とくに，外国語でインタビューしている場合，後で聴いても分からない。それをネイティブスピーカーに聴いてもらっても，分からないことが多い[20]。

### ②分からなければ次の適切な質問ができない

　半構造化インタビューなら，ひとつひとつの質問への回答次第で，次に何を聞くかが決まってくる。ということは，ある質問の回答が十分に理解できていないなら，次に何を聞くべきかは決まらないということになる。

---

[20] インタビューするときは，相手の口の動きを見ながら聴くことが，明瞭な聴き取りの助けになる。たとえば，日本人には聞き分けにくい英語の th などは，相手の口を見ていればかなりはっきり分かる。その他，b と v の違いなども，聞き間違わないようにするためには視覚的に確認しながら聞くことが有効であり，それは後で録音を聴いても分からない。

### ③聴き手が完全に理解していないことは話し手に分かる

　この場合，こちらが完全に理解していないということは，相手には分かっていると考えるべきである。そして，「このインタビュアーは，自分の話を理解しないままインタビューを進めているのだな」とインタビュイーが感じたら，「このインタビューはそのような中途半端なものでいいのか」という不信感や「このインタビュアーはどうして分かったふりをするのか」という疑義を抱きかねない。インタビュイーは，自分の言っていることがインタビュアーにきちんと，しかも深く理解されているという実感を持ったとき，より深い内容を語ってくれる。したがってインタビュイーに，インタビュイーの言っていることをインタビュアーがよく理解していないと思わせる行為は，インタビューで得られる情報の質を著しく下げることにつながる。そもそもインタビューとは，共同構築的な過程である。その共同構築によって，インタビューの内容はお互いに深くなる。分からないまま先に進むことは，共同構築的であるべき過程を，一問一答式の形式的な会話におとしめることになる。これこそが，インタビュイーが言ったことが分からないままインタビューを進めることの最大の問題であると筆者は考えている。

　インタビュイーの存在とその体験に深い敬意を払うことと，インタビュイーに遠慮することとは，まったく違う。インタビュイーは，研究の目的を理解し，それに賛同して主体的に研究に参加者してくれるボランティアとしての研究参加者である。その賛意と主体性を尊重するからこそ，聞くべきことはうやむやにせず，きちんと聞かなければならない。

## 5.5　インタビューの文字起こし作業と録音を繰り返し聴くこと

　インタビューは，今日ではICレコーダ等で録音され[21]，それを文字に起こす（transcribeする）「逐語記録化」あるいは「文字起こし」[22]という作業を経てデータ

---

[21] 録音のための機器は，異なる機種を同時に2台以上使うべきである。2台以上使うのは，なんらかの理由で録音されていなかった場合に備えるためであり，異なる機種を同時に使うのは，録音のミスが操作ミスであれば，同じ機種だと同じミスをしてしまうからである。とくに外国で外国語によるインタビューを行うような場合，異なる言語環境にいるだけで不注意になるし，録音機の準備をしながら録音前の会話をしたりしていると，操作がおろそかになり，母語では絶対に間違えないような間違いをしてしまうものであるため，十分な注意が必要である。

[22] 「テープ起こし」，「筆耕」など多様な呼び方がある。

とすることが多い。この文字起こしを自分ですることは，データをじっくりと聴き，それを考える良い機会を持つことになる。それを通して，文字化される前の話し手の語調や，間などの「パラリンガル」な特徴もよく分かる。その点では，文字起こしは自分でした方が良い。

また，大久保（2016）は，「インタビュー内容を文字にしていく際には，他の人に頼まないことである。他の人が反省しても何にもならないし，文字にしていくプロセスは，自分で自分をシビアに問い返す貴重な時間だからである」と述べている。つまり，文字起こしは，データを詳細に検討する機会であるだけでなく，自分のインタビューを省察する機会でもある。したがって，文字起こしを他人に頼めば，インタビュアーは，これらの貴重な機会を失ってしまう。

しかし文字起こしの時間がどうしても取れないなら，文字起こしは業者等に依頼することもありえると思う。ただし音声情報のうち，文字にできる情報はほんのわずかである。発話の間，抑揚，話す速度，その時の声の表情など，文字にならないものはたくさんある。それがどういうものであるかは，自分で文字起こしをした経験がないと分からない。したがって，文字起こしを依頼するなら，そういう経験を十分に積んでおくべきである。それにもかかわらず，たとえば医療専門職として働いていた人が社会人大学院生になって研究を始めるような場合，しかもプロジェクトの予算があってそれが使えるような場合，これまで自分で文字起こしをしたことがないのに，いきなり専門の業者に文字起こしを依頼してしまうことがある。それは避けるべきだと筆者は考える。

また，文字起こしを依頼する場合も，自分はインタビューを繰り返し丹念に聴く必要がある。どれくらい聴けば良いかという質問に対して，筆者は，「自然と全体を丸暗記してしまうくらい」と答えている。筆者は，自分のインタビューデータだけでなく，指導している大学院生の研究のインタビューデータも聴くが（大学院生の研究の研究参加者には，指導教員がインタビューを聴く必要を説明して，同意を頂いている），それらをしばしば通勤途中に聴いている。通勤の際に読書をする人は多いが，地下鉄などの車内で立っていると読書は困難である上，乗り換えを含む歩行中には読書はできない。しかしインタビューを聴くのは，立っていても，乗り換えの最中でも，歩行中でもできる[23]。

---

[23] その際，ノイズキャンセリングヘッドホンを使っている。地下鉄車内は騒音が大きく，音楽なら聞こえるがインタビューは非常に聴き取りにくい。しかし性能の良いノイズキャンセリングヘッドホンを使えば，じつにはっきりと聴くことができる。なお，イヤホンを両

また，食事の時間や，簡単な作業をする時間にも，「ながら」で聴き続けることがある。良いインタビューはそうやって何度も聴くに値する内容があるし，あじわいのようなものさえ感じられる。むしろそのようなあじわいが感じられるまで何度も聴くのが良い。これは自分で文字起こしをする場合もじつは同じである。

　なお，文字起こしをするためのテクノロジーには伝統がある。というのは，アメリカの企業などでは，上司が手紙やその他の書類を口述し，それをタイピストがタイプするという方法を採ってきたからである。その時に口述を行う人とそのための機械（以前は小型のテープレコーダーだった）を dictator と呼び，その録音を聴きながら文字起こしする人とそのための機械（テープレコーダーにフットスイッチがついていて，再生を停止すると何秒か戻って止まり，次に前の最後の部分を重ねて聴くことで，聞き漏らしがないようにする機能が付いている）を transcriber と呼んできた。また，その仕事を transcription typing job と呼び，その仕事をする人を transcriptionist と呼ぶこともある。今日では，これを実現するようなパソコン用ソフトウェアが出ている。また，IC レコーダに「書き起こし再生」という，声の高さを変えないで速度を変えたり，通常は次のファイルに飛ぶ早送りボタンを使って同じファイルの先の部分に飛んだり，発話を聞きながら必要な箇所を前向きだけでなく後ろ向きにも探せるような，デジタルならではの機能を持つものがある。しかも音声を文字化するソフトまで実用化されるようになってきている。しかしながら，どのようなテクノロジーが提供され，利用できるようになっても，インタビューを丸暗記してしまうくらい繰り返し聴くことは，質的研究者にとって最も重要なことである。

## 5.6　誰がインタビュイーとして適しているか

　筆者がセミナー・ワークショップの際によく受ける質問のひとつに，「誰がインタビュイーとして適しているか」というのがある。言い換えれば「インタビュイー

---

耳に入れて歩行するのは危険であり，極端な例かもしれないが，2008 年 5 月 15 日にカナダで，ヘッドホンをしていた大学生が，交差点に緊急降下してきたヘリコプターに気づかず，それに巻き込まれて死亡した事故が起きている（http://www.theglobeandmail.com/news/national/death-shatters-family-of-kenyan-student-studying-in-cranbrook/article672482/）。ノイズキャンセリングヘッドホンは，こうした危険性を増すと考えられる。そのため，通常のヘッドホンであろうとノイズキャンセリングヘッドホンであろうと，他の交通機関等と接触する危険性のある歩行中は，安全のために片側だけを使用することを勧めるが，優れたノイズキャンセリングイヤホンならば，片側だけ耳に入れておけば十分に聞こえる。

はどういう観点から選ぶべきか」である。

　まず，研究参加者になってもらうためには，研究者が何を明らかにしたいのかを理解し，それに賛同して，主体的に参加してくれる人であることが必要である。しかしこれは本来，研究参加者になってもらう前提であるので，ここではそれに触れない。

　そこで，最初の「誰がインタビュイーとして適しているか」という質問に戻るが，その際，筆者は次のような3つの条件を答えている。

### ①フォローアップ・インタビューが可能であること

　第一の条件は，フォローアップ・インタビューが可能なことである。筆者の考えでは，これは最大の条件であって，これ以外の条件をいくら満たしていても，この条件が満たせなければインタビュイーとして選ぶべきではない。

　それは，事実のみを聞くようなきわめて実証主義的なインタビューを除けば，インタビューの結果を分析すると，必ず，さらにたずねてみたい点が何点も出てくるからである[24]。その場合，フォローアップ・インタビューができなければ，分析が止まってしまう。

　このフォローアップ・インタビューの時期は多様である。たとえば6人にインタビューする場合，1人目の発話の分析後に，その人にすぐにフォローアップ・インタビューしたいことがあるだろうし，3人目や6人目のインタビューを実施している時やその分析の際に，「この点は1人目の人はどうだったのだろうか？」と知る必要が出てくる場合もある。さらに，全員のインタビューを終了して，全体の理論化を行うための分析をしている時にも，何人目かのインタビュイーに，あることをあらためて聞く必要が出てくる場合がある。したがって，フォローアップ・インタビューが研究終了まで可能である人にインタビュイーになってもらう必要がある。

### ②言語化の能力が高いこと

　第二の条件は，言語化の能力の高さである。つまり，候補となる複数の人々の間に，聴き取りの対象となる体験や思想の深さの差がないなら，あるいはインタビューしてみなければその差が分からないなら，言語化の能力の高い人にインタビュイ

---

[24] むしろ，分析の結果そういう点が出てこないとすれば，それは分析が不十分であるか，インタビュイーの選定が間違っていると考えるべきである。

ーになって頂くべきである。サンデロウスキー（2013）も，「インタビューデータの質はすべて，研究対象に選んだ出来事について研究参加者がどのように言葉で説明できるかという能力にかかっている」と述べている。

　インタビューとは，ことばを通して体験や思想や感情に関するデータを採取することであるから，インタビュイーがことばにしてくれなければ，データ採取ができない。また，インタビュイーが良質な表現をしてくれなければ，深いデータ採取ができない。この場合の良質な表現とは，文学的に優れた表現という意味ではない。たとえば，同様な複数の体験に異なる部分があれば，それを異なる形で表現してくれる必要がある。また，前に起きたことが後で起きたことの理由になっていると考えられるかそうでないと考えられるかを，考えながらある程度明確に語ってくれるなど，体験を構造化して伝えてくれる必要がある。また，言語化に慣れていない人が，日常の体験のほとんどを言語化しておらず，そのためそれを覚えていないことが多いのに対して，言語化の習慣のある人は，日常の体験をその都度なんらかの形で言語化している可能性が高く，その言語化の内容とともに，その体験を覚えている可能性がある。その意味でも，言語化の能力は重要である。

　このように，インタビュイーの言語化の能力は，インタビューを行う質的研究にとってきわめて重要である。そもそも質的研究では，客観的なデータを数多く採取してその全体的傾向を見るのではないため，少数のインタビュイーからでも良質なデータが採取できることが，良い研究が成立する条件になる。したがって，良いデータを採取するために，できるだけ言語化の能力の高いインタビュイーが必要になる[25]。Holstein/Gubrium（1995）は，アクティブなインタビューにおいては，インタビュイーもまた当事者としてのコーディング indigenous coding を行っているのだと指摘するほどである。

　どんなに深い体験をしていても，それを言語化する能力がなければ，深いデータは採取できない。だから，かなり抽象的かつ単純な数値的モデルを示すことが許されるなら，「10の深さの体験をしていてもそれを5までしか言語化できない人」よりも，「8の深さの体験しかしていなくてもそれを7まで言語化できる人」の方が，インタビュイーとして適している。このように考えても，インタビュイーの言語化の能力は非常に重要である。

---

[25] たとえば，安藤（2014）は，たった1人のインタビュイーを対象とした n＝1 の研究であるが，このインタビュイーの初職は中学校の国語教師であり，読書家であって，言語化の能力に優れている。

ただしこれは，インタビューの目的や性質にもよる。そのインタビューが，体験の意味やその時の気持ちなどより，主に客観的事実（それについては，どこで何年何月頃から何日間かけて誰と一緒に実施したか等）に関することを聞くものであるなら，つまり，より実証主義的な立場に近い質的研究であるなら，言語化能力より，事実に関する記憶と想起の能力が重要になるかもしれない[26]。

つまりこのように，「誰がインタビュイーとして適しているか」は，聴き取りたい内容が，どれくらい事実に関するものでありどれくらい思考や感情に関するものであるかによる。またそれは，その研究が，どれくらい実証主義的なものでありどれくらい解釈学的なものであるかによるのである。

### ③語りたいことがあり，あなたをその語りたい相手と認識してくれる人であること

第三の条件は，「語りたいことがあり，かつ，あなたをその語りたい相手と認識してくれる人」である。筆者は，「インタビュイーが答えにくいようなことを豊富に答えてもらうにはどのようにすれば良いか」という質問や，「学生にインタビューするときなど，「べつにぃ」などと気のない回答をされることがあるがどのように質問すれば良いか」という質問を受けることがある。この質問への答えは，「インタビューとはそもそも，質問に答えてもらうのではなく，あなたに語りたいことがある人に，あなたに語ってもらうことです」である。

質的研究のインタビューでは，これまで述べてきたように，研究参加者を単に外側から測定するのではなく，その人に言語化してもらう。その言語化には努力とエネルギーが必要だし，時には苦痛さえ伴う。それにもかかわらずその言語化をしてくれる人とは，それを語りたいと顕在的あるいは潜在的に思っている人である。

しかし語りは一人では成立しない。ハイデッガーは『存在と時間』の中で，「独白 monolog は対話 dialog の欠如的様態である」（ハイデッガー 1995）と言っているが，このことは，独白でさえ，頭の中で対話をしていることを意味している。インタビューでは，その対話が研究参加者と研究者との間で行われる。つまりインタビューは，単に聴き取りの過程なのではなく，研究参加者と研究者との間でなされる対話を通した，テクストの共同構築の過程なのである[27]。

---

[26] ただしきわめて実証主義的な研究なら，インタビューよりアンケートの方が適していると考えられる。それは，聞く内容がある程度決まっているし，nが大きい必要があるからである。

[27] サンデロウスキー（2013）は，このことについて，「インタビューデータは本当の意味で決

では，そのインタビュイーにとって，その研究者を「語りたい相手」であると思えるかどうかは，何によって決まるのであろうか？　それはその研究者が，インタビュイーの有する経験や体験を深く聴き取る人であると思えるかどうか，それを受容する人であると思えるかどうか，そしてさらにそれを研究に生かして，同様な背景を持つ人たちや同様な経験をする人たちのために貢献してくれる人であると思えるかどうかだと考えられる。

なお，上記のように，「語りたい」ということは，顕在的ではなく潜在的である場合も多い。それを顕在化して自覚的に語りたいと思えるようになることは困難な場合もあるが，可能な場合もある。しかしそれが可能になるのは，やはりその研究者が「潜在的な語りたい相手」である場合だと筆者は考えている。

優れたインタビューとは，このような条件が満たされて初めて成立するものだと言える[28]。

## 5.7　インタビューによる子どもからのデータ採取

教育実践研究（日常の教育実践を対象として，研究者あるいは実践者が実施する研究）などには，子どもから聴き取りをしてそれをそのままデータとして使っているものがある。しかしそれらの研究では，子どもからデータを採取する時に特別に配慮するべきことについての検討が記されていることはまず無い。教育実践研究などでは「子どもがこう言っていた」と書くことは当たり前になっている。しかし子どもからデータ採取をすることには，克服すべきいくつもの問題がある。たとえば，子どもに対して教師が聴き取りをすれば，量的研究で言われる測定バイアスのうち，「追従によるバイアス（相手の期待に応える情報提供をする）」や「報告バイアス（好ましいことだけ報告する）」が，大人より多く含まれるのではないかと考えるべきである。したがって，子どもからデータ採取をする時には，そのようなバイアス

---

して「生」ではない。むしろ，ある特定の社会的な相互作用（研究のためのインタビュー），そして個人の体験を言葉で表現してまとめていくナラティブ的構成の産物なのである」と述べている。

[28] ところで，このように考えると，個々のインタビュイーには，その人でなければならない条件と深い必然性が必要なのである。その意味では，質的研究の場合，1つの研究に研究参加者が何人いても，そのひとりひとりについては，ジャッジメンタル・サンプリングを行っているのだと認識することも必要だと考えている。そしてこの意味でもやはり，1人のインタビュイーは1/nのサンプルであると考えることができないのである。

を含むさまざまな問題について，十分な検討をしておく必要がある。

　大橋（2017）は，動物園の主たる来園者である「子ども」と，その「保護者」に焦点を当て，動物との接触体験が親子にどのような影響を与えるのかを，小学生とその母親の振り返りの語りを採取し分析することで探索的に明らかにしようとした研究である。この研究では，子どもの語りも分析の対象となるため，子どもの語りを対象とすることの重要性として，諏訪（2015）や田柳／平田他（2014）を引用して，一人称研究の重要性と「行為者の理論」の必要性を確認している。しかし同時に，子どもの語りを対象とすることの問題についても慎重に検討している。まず，子どもの認知発達における「被暗示性」を問題とし，仲（2010）の，それが「エピソード記憶の未確立，情報源の混乱，迎合性などによるもの」であるとの見解を記している。一方で，仲（2010）がまた，暗示の無い問いかけがなされれば子どもからでも正確な情報を引き出すことができるとしていることを紹介している。また，司法の場での研究として，岩倉／越智（2007）の，子どもの目撃証言では年齢が信頼性認知に与える影響は無かったとの知見を紹介している。ただし，田中（2006）の，正確な証言を得るための子どもへのインタビュー方法として，①誘導的な質問をしない，②誘導を受けやすい権威のある人物を聴取者としない，③予期や思い込みといった認知的枠組みを持って質問しない，④オープンな質問だけをしない（事実を思い出させる手がかりとなるような質問も必要である），⑤同じ質問を繰り返さない，を紹介している。その上で，この研究が，そのような配慮を行いながらデータ採取を行ったものであることを述べている。

　本書で何度も述べるように，「研究参加者がこう言ったからこうだ」では研究とは言えない。データ採取の時もそのデータの分析の時も，その研究参加者が誰で，どのような背景を持ち，何を，どのように語る傾向があるのか，がつねに検討されなくてはならない。その意味で，子どもからのデータ採取も，どういった問題があり得て，それをどのように克服すべきであるかが，このようにつねに慎重に検討されなくてはならない。その上で，それが研究デザインにどのように取り入れられたのかが，記されなければならない。

## 6 フォーカス・グループ

> 教会の教区ホールで，何人かの未亡人たちに自分たちの経験を話してもらった。ある女性は，「悲しみを忘れるには，実際にはもっと時間がかかるのに，他の人たちから「半年経ったら，もう悲しむのはおやめなさい」と言われる」と不満を述べた。別の女性がそれに付け加えて「夫が亡くなってから2年目の方が，1年目より辛いものよね」と言ったとき，そこにいたすべての人々の口から，同意のつぶやきが起きた。
> ——Morgan, D. L. (1989)

### 6.1 フォーカス・グループの機能と意義

　フォーカス・グループ focus group は，以前はフォーカス・グループ・インタビューと呼ばれていた。しかし今日ではこのように呼ぶことは少なく，フォーカス・グループとだけ呼ぶか，フォーカス・グループ・ディスカッションと呼ぶ[29]。そして前者を FG，後者を FGD と略すことがある。

　フォーカス・グループは，同様な経験を有する人たち数名に集まってもらい，モデレタ（やりとりの調整者，つまり聴き手，研究者）が質問をし，それについて参加者に答えてもらうのだが，それはモデレタによる質問に対する参加者による単なる応答ではない。むしろそれは，参加者どうしのグループ・インタラクション（相互作用・対話）を促進し，それを聴き取るものである。その際には，参加者が何を言ったかだけでなく，参加者の内の誰が誰に対してそれを言ったのかも重要な情報になり得る。したがって研究者は，インタビューすると同時に観察も行うのである。それが，今日では多くの場合，それをフォーカス・グループ・インタビューと呼ばない理由である。

　ところで筆者は，セミナーやワークショップでフォーカス・グループの有効性を

---

[29] 今日の医学系国際誌の英文論文のほとんどが focus group あるいは focus group discussion と記述しているが，希に focus group interview と書かれているものがある。ただしそれらの著者所属を見るとアジアの研究機関であることが多い。そのことは，柳田國男の「方言同心円説」のように，日本を含む「アジア」には古い術語がまだ残っているところがあると考えられる。実際，Dilshad/Latif（2013）は，その刊行年度にもかかわらず，タイトルは"Focus Group Interview as a Tool for Qualitative Research : An Analysis"であり，本文中でも，一貫して Focus Group Interview という語が使われている。しかしその著者らは2人ともパキスタンの大学の教員であり，この論文はパキスタンの雑誌に採録されている。

説明するとき，参加者に対して，それが午前であれば朝食に，それが午後であれば昼食に，ご飯（食事という意味ではなく炊いた米）を食べた人はいるかをたずね，その人たちに，それを食べた時にそのテクスチュア（歯触り，舌触り，堅さ，柔らかさなど）について，どのような言語化をしたかをたずねることにしている。当然その時点では，まず回答は得られない。なぜなら，米の鑑定家や料理評論家でない限り，ご飯を食べながらそのテクスチュアについて言語化する人は，まずいないからである。そこでさらに，そのご飯はどういうものだったかを聞いていく。たとえば前日に炊いておいたご飯をお弁当に入れてきてお昼に食べた人，朝炊いたご飯をお弁当に入れてきてお昼に食べた人，コンビニのお弁当を食べた人，コンビニのおにぎりを食べた人など，食べたご飯のテクスチュアに特徴のありそうな人に「では，今振り返るとどう感じられますか？」と聞いていくと，「そういえば，前日のご飯なので少し固くなっていた」とか，「おにぎりなので冷たかったが固くはなかった」などの感想が出てくる。この時点で，「では同様な感想あるいは逆の感想を持った方はいませんか？」とたずねると，別の参加者から，「そういえば自分の食べたご飯も同じだった」「いや，自分の食べたご飯は違っていて，こうだった」というような感想が徐々に出てくることが多い。そして，そういう人々に，「そのような言語化はいつしましたか？　それを食べた時ですか？　今ですか？」とたずねると，その答えは多様で，「食べた時にそう言語化したが今まで忘れていた」や，「食べた時には，そのご飯についてなんらかの感覚を自覚した記憶があるが，それをその時は言語化せず，今，その記憶されている感覚にしたがって言語化したらそう言えた」や，「食べた時には何も感じなかったが，その時はいったいどういう感覚だったのかを振り返ってみたら，たしかにこのように言語化できる感覚を持ったのだと思える」などの答えが得られる。しかし多くに共通しているのは，このような言語化が，他の人の発話をきっかけに，それに促されてなされるのだということである。

　人間は，日常生活でのほぼすべての経験を言語化していない。その言語化を，個別インタビューの時には，聴き手と話し手（研究者と研究参加者）との対話によって行っていくのだが，同様な体験をした人どうしのこのようなグループダイナミクスによって，その言語化を促進するところに，フォーカス・グループの意義がある。したがって，うまく実施すれば，非常に深いデータが採取できる有効なデータ採取方法になる。

　本節冒頭の引用は，Morgan（1997）が著者自身の Morgan（1989）を引用してい

るものである。フォーカス・グループを専門とするこの研究者が，自身の研究から典型的な例として選び出しただけあって，このエピソードは，フォーカス・グループの本質をよく表している。フォーカス・グループではこのように，研究者がそれまでまったく知らず，研究参加者たち自身もこれまで感じていたが決して言語化していなかったことが，参加者の間の相互作用によって言語化され，引き出されることを，これはみごとに描いていると思う。

このように，フォーカス・グループは，こちらにも未知であり，あちらにも非言語化状態であることを，その場の相互作用で言語化する点に最大の特長があると考えられる。

なお，このように，フォーカス・グループは，参加者がお互いに言語化を促進することで深い語りを聴けるようにすることを目的に組織するのであって，決して，一度に数人に話を聴くことで n を大きくする目的で行うものではない。

## 6.2　フォーカス・グループと他のデータ採取方法との組み合わせ

前項で述べたように，フォーカス・グループは上手に使えば非常に有効なデータ採取の手段になる。しかしながら，フォーカス・グループは単にグループインタビューだと思われていて，それが，個別インタビューや観察と効果的に組み合わされればさらに有効な手段になるということは，なかなか解説されない。そこでここでは主に Morgan（1997）に依拠して，それを示す。

### 個別インタビューと比較した場合の長所と短所

フォーカス・グループを個別インタビューと比較した場合の**長所**は，参加者が，自分が語るべき内容をあらかじめ持っていないような時でも機能し得ることである。また，コントロール度が低くてよく，質問の構造化も必要のない場合があるため，研究者が，何を聞いたら良いか分からないようなきわめて探索的な立場の時でも有効に機能し得る場合があることである[30]。

いっぽう，フォーカス・グループを個別インタビューと比較した場合の**短所**は，インタビュアーつまりモデレータのコントロール度が低いこと（参加者どうしがあ

---

[30] 筆者はこれに加えて，あるいはこのどれにも増して，上述のように，他の参加者の発話に触発されて，ふだん言語化していない体験を言語化することが促進されることをとくに強調したい。

ることについて話し始めれば，それが研究者が知りたいことでなくても，それをしばらく聴かなくてはならないことになる)，個々の参加者が話す時間と情報量が少ないこと，モデレータの役割が重要になりモデレータにはスキル(他のメンバーに発話の機会を与えないほど話し過ぎる参加者の発言を角の立たない方法で抑制することや，自分からはあまり発言しない参加者に発言を効果的に促すことなど)が求められること，などである。

### 個別インタビューとの組み合わせ

　フォーカス・グループは，個別インタビューと組み合わせて用いることもできる。その場合，2つの方法がある。

　第一に，フォーカス・グループのフォローアップ・インタビューとして個別インタビューを用いることである。それは，フォーカス・グループで明らかになったことについて，個別の背景や事情についてさらに深い理解を必要とするような時に用いられる。フォーカス・グループの参加者に個別インタビューに応じてくれるように依頼して実施することになる。

　第二には，個別インタビューのフォローアップにフォーカス・グループを使用することである。その際には，個別インタビューで特定の人たちに共通の特性がありそうだと分かったとき，それを確認するためにその人たちのフォーカス・グループを行うことになる。

### 観察と比較した場合の長所と短所

　フォーカス・グループを観察と比較した場合の長所は，特定のトピックに関するたくさんの相互作用を短時間(期間)で観察できることである。一方，フォーカス・グループを観察と比較した場合の短所は，観察に比べると，決して自然な状況での相互作用ではないことである。

### 観察との組み合わせ

　フォーカス・グループを観察に先立って行うことで，観察対象となる人たちとのラポール(相互信頼)の形成に有益である場合がある。グラウンデッド・セオリーで「理論的サンプリング」を行うためにフォーカス・グループを用いることもできる。あるいはフォーカス・グループを理論的サンプルとして用いることも可能である。それはたとえば，観察・分析結果を観察サイト(観察場所)以外からの参加者

によるフォーカス・グループで確認することや，観察結果を観察サイト内の参加者によるフォーカス・グループでメンバー・チェッキングすることである。

## 6.3 グループの構成

グループの構成は，いくつかの観点から適切に実施する必要がある。まず，同質性と差異性であるが，グループを mixed にすべきか segmented にすべきか（性，年齢，エスニシティ，社会階層などで）が問題になる。その際，そのトピックについて話しやすいかどうかで決めるべきである。ただし「同質」とは，参加者の背景の同質性であって，そのトピックに対する意見の同質性でないことに注意すべきである。そのトピックに対する意見の同質性が高いと，フォーカス・グループを実施することに意味がなくなる。

次に，知っている人どうしにするか知らない人どうしにするかも重要である。Agar/MacDonald（1995）は，知っている人どうしだと円滑に話し始めるが，当然の前提（暗黙の前提）taken-for-granted assumption にもとづいて話してしまい，それが言語化されないことがあると指摘している。そして，その前提こそがむしろ研究者の知りたいことなのだから，知っている人どうしでグループを構成することは適さないと述べており，とくに，知り合いどうしでは話さないような話題については注意が必要だとしている。

ただし知り合いどうしと知らない人どうしでは，グループ・ダイナミクスに違いがあることに注意する必要があるとも指摘している。また，どちらかしか選べないこともあるが，選べる場合は，研究者の知りたいことをなめらかに話せるのはどちらかによって決定すべきであるという。

## 6.4 グループの人数

フォーカス・グループの場合，グループの人数はどれくらいにするかも重要である。人数が少ないとグループインタラクションが機能しないが，多いと，とくに参加者の話す意欲が高い時には，モデレートが困難になる場合がある。また，大きいグループは，付近の人との私語グループに分かれてしまい，記録が困難になるため，通常は6～10人が適切であるが，これは参加者の話す意欲によって増減すべきであり，意欲の高い場合には少人数に，意欲の低い場合には多人数にすべきであるとさ

れている。

　なお，記録にビデオを使用するか音声録音だけにするかも問題である。ビデオの長所は，「誰が」言ったか，そしてさらに「誰に」言ったかを記録できる点である[31]。いっぽうビデオの短所は，参加者の自由な発言意欲を損なう可能性があることと，専用の録音器よりも音質が低い点である[32]。

## 6.5　フォーカス・グループのための専用施設

　なお北米では，マーケット・リサーチなど商業的な目的でのフォーカス・グループの利用が発展しており，フォーカス・グループ・ラボラトリー focus group laboratory と呼ばれる市場調査用の専用施設が，大都市には必ずある。そこには，参加者にとって心地よい家具調度，壁や机に埋め込まれた録音・録画装置，ハーフミラーの壁などがある。この施設を運用する企業等は，フォーカス・グループの参加者募集や会話の文字起こしも有料で請け負ってくれる場合がある。また大学にも，研究や実習のために同様の施設が設置されている例もある。フォーカス・グループは，北米ではそれほど普及している。

# 7　文書研究・文書分析

## 7.1　文書研究，文書分析，質的文書分析

　質的研究では，個人や組織がその生活や業務のために作成した文書を対象として研究することがあり，それを文書研究 document study（Sandelowski/Barroso 2002 他），文書分析 document analysis（Bowen 2009 他），質的文書分析 qualitative document analysis（Altheide 2009, Altheide/Schneider 2013 他）などと呼ぶ。

　それは，「文献研究 literature study」とは異なる。文献研究は，何らかの思想や思索，また研究の結果を論述した，書物や論文などの「文献 literature」を対象とする

---

[31] 商業的な調査では，クライアントにハイライト部分を見せることができる。
[32] この点は両方の機器を同時に利用することで解決できる。そもそも註21で述べたように，インタビューでもフォーカス・グループでも，録音機器は2つ以上，しかも異なる機種を使うことが望ましい。

ものである。それに対して文書研究・文書分析は，まず，①個人や組織の活動の過程で，あるいは結果として産出される文書を，②むしろデータとして一定の方法で分析する。その際，手記のようなものをインタビューデータのようにみなして分析する場合もあるが，報告書などの内容を分析する場合もあって多様である。

## 7.2 文書研究・文書分析のメリットとデメリット

Bowen（2009）は，質的研究における文書研究の優越性として，自らの観点に加えて Merriam（1988）や Yin（1994）を引用しながら，その特徴を述べている。まずメリットとして，①データ収集 data collection のかわりにデータ選択 data selection をすればよい「効率性」，②インターネット時代には多くの文書が公開されていて，無許可で使える「入手可能性」，③新たなデータの収集が困難な時に使える「費用対効果の高さ」，④人を観察したり人にインタビューしたりする場合と異なって，反応することがないので，研究者からの反射性 reflexivity を考慮しないですむ「非反応性」，⑤研究者の存在などに影響を受けない情報の「安定性」，⑥情報の「正確性」，⑦それがカバーする範囲（年度等）の「包括性」をあげている。いっぽう，デメリットとして，①研究目的に応じた「詳細さの無さ」，②公文書等が意図的にブロックされていることによる「検索不可能性」，③文書作成者による「バイアスの存在」をあげている。しかしこのようにメリットが大きいため，文書研究・分析を，質的研究にとって有益な方法としている。

## 7.3 実際の文書研究・文書分析の例

### 教育研究での例

筆者はかつて，学校で行われる教育実践研究で設定される「研究仮説」に関する文書分析による質的研究を行った（大谷 1999, 2000, 2003）。この「研究仮説」とは，「○○において△△をすることで□□になるだろう」という形で書かれるもので，○○は研究の対象（研究の範囲や領域，学習内容，素材など），△△は研究方法（研究の具体的方途など），□□は研究結果の予測（願う児童・生徒の姿など）であるとされる。具体的にはたとえば，「視聴覚メディアの効果的な利用で学習方法が多様化することにより，学習意欲が高まり，豊かな表現力が育つだろう」のように書かれ，これは国内で広く行われている。しかし筆者は，これにはいくつもの問題があ

ると感じていた．とくに，人を対象とした複雑な要因の絡み合う教育実践研究であるのに，あまりに単純な仮説であることにどうしても共感できなかった．そこでこのような「研究仮説」を記述している研究紀要等に対する文書研究・分析を行った結果，それらの多くは，仮説の条件節と帰結節の関係があいまいであったり，一方の内容が他方に含まれてしまっていたりして，記述に論理的な問題があるものが多いことが明らかになった．また，紀要等でも，これらは例外なく検証されないことも明らかになった．このような理由から，筆者はこれを，不合理かつ不必要な存在であり，このように，実践研究をゆがめる仮説検証の形を無理に取らず，むしろ記述的研究をすべきであると論じた．

しかし同時に，そもそもこのような「研究仮説」が実際にどのような背景でいつごろ始まり，それがどのように広がったのかを調べる必要があった．むしろこのような不合理なものが普及していることをこそ研究することで，学校の本質的な文化的特性を知ることができる可能性がある．そこで，市教委の指導課長等を経験した校長らに聴き取り調査を行ったが，校長らは，「自分が教師になった時にはこういうものは無かった．しかし今は一般的だ．そしていつ頃それが入ってきてどのように普及したのかについての認識はまったくない」と答えた．このことからも，自分の職場等において長い年月をかけて漸次的に変化するものごとについては，当事者へのインタビューは効果的でないと言える．そのため，文書分析を行うことにした．

具体的には，愛知県C市の教育研究所に保管されている「C市教育委員会・教育研究所研究紀要」（1966-1998年の33年分．ただし1967年は欠損）に掲載された「優秀賞受賞論文」を縦断的に調査し分析することで，その普及の開始時期など，これまで知られていなかったいくつかの有益な知見を得た．33年分にも及ぶ情報を分析するためには，上記のようにインタビューは有効ではなく，これが可能になったのは，Bowen（2009）の述べる質的研究における文書研究・分析のメリットの⑦カバー範囲（年度等）の「包括性」のためであると言える．

いっぽう大谷（2008b）は，テクノロジーの教育利用に関する質的研究であり，学校に導入されたテクノロジーが引き起こす文化的なコンフリクトについて，これまで行ってきた4つの質的研究をまとめて検討することで，テクノロジーの教育利用における中規模理論の構築をめざした結果，「テクノロジーの教育利用における「神神の微笑モデル」」を提案した．その4つとは，学校に導入されたテクノロジーが「a．問題を引き起こした事例」「b．問題を引き起こしているにもかかわらず見過ごされた事例」「c．問題を引き起こさず，一定期間内に文化変容を起こした事

例」「d. 問題を引き起こさず，きわめて長いあいだに文化変容を起こした事例」である。a では，この事例の開始時点から，メーリングリストを通じて「間接的観察」を行っていたが，それ以外には，授業者が著した実践報告，授業者インタビューによって検討を行った。b は当該学校の実践研究の指導助言者としての継続的な参加観察の記録を分析した。c は継続的な非参加観察の記録を分析した。それに対して d では，学習指導案における「本時の目標」を「〜がわかる」「〜を理解する」ではなく「〜ができる」とする「行動目標」として記述することについて検討した。そのため，ある市の教育委員会の発行している研究部集録（各教科の研究部のいくつかの班が書いた授業実践報告集）の複数の教科にわたる 1974-1989 年の 16 年分の資料を複写させて頂いて研究室に持ち帰り，詳細に分析した。この分析によって，学習指導案における「行動目標」としての「本時の目標」がいつ頃から，どのような教科で，どのような形式で記述され始めるのか，またそれは教科や小学校と中学校という校種によってどのように違うのかについて明らかにした。これも上記の Bowen（2009）の述べる文書研究・分析のメリットの⑦カバー範囲（年度等）の「包括性」によるものであると言える。

　それ以外にも文書は頻繁に使われ得る。たとえばある学校の教育活動について調べるとき，その学校の学校要覧，入学試験のある学校なら児童・生徒募集要項なども利用できるし，それらにも目を通すべきである。

　また，このような学校教育のトピックだけでなく，企業内教育で作成される文書も文書分析の対象になりえる。たとえば田中／水島他（2015a, 2015b, 2017）は，営業実習の「週報」を，本書第 II 部で紹介する SCAT で分析するとともに，インタビューによる分析を加えることで，新入社員の「学び方の学び」と指導員によるその支援についての解明を行い，そのモデル化を試みている。これは，Bowen（2009）の⑦カバー範囲（年度等）の「包括性」以外のすべてのメリットを反映した研究だと考えることができる。

### 医療研究での例

　いっぽう，医療の分野でも文書分析はなされている。星（2004）は，病気・障害を抱えた子どもの親夫婦の体験世界を描き出すことを目的とした研究だが，そのような親へのインタビュー（妻9，夫3，夫婦12）に加えて，同様の親によって執筆され出版された 5 つの手記（そのうちの 1 つは大江健三郎の『恢復する家族』）を分析している。このように，辛い体験についてのインタビューは，心理的な侵襲性が

高いと思われるが，それに替えて文書から情報取得をすることによって直接の侵襲性を避けることは可能である。これは Bowen（2009）の②「入手可能性」によるものだと考えることができる。

ただし業務報告書のようなものとは異なって，手記には個人や家族の内面が綴られており，しかも学術論文や学術書とは異なって，研究的な批判に曝されることを前提に発表されたものではない。したがって，「入手可能」であって「公開されている」からといって，それをどのように扱っても良いというものではないことに，注意を払うべきであろう。

**新聞や業務上の文書を対象とした例**

教育や医療以外の例としては，1962 年に読売新聞に掲載された 304 の身上相談を分析した見田（1965b）などがある。ここでは，身上相談をその不幸の要因によって分類するのでなく，それがもたらす「不幸のかたち」（欠乏と不満，孤独と反目，不安と焦燥，虚脱と倦怠）の 4 つの基本類型にまとめている。これは，全国紙への投書という包括性を生かしたものだと考えられる。また，1 年を通して取り上げることで，データ採取の季節によるバイアスなどを避けることができる可能性もある。

業務上の文書の例としては，前述の田中／水島他（2015a, 2015b, 2017）があげられる。

## 7.4 文書研究・文書分析についてその他

このように，文書研究・文書分析によって，当事者が自覚していないこと（長い年月をかけてゆるやかに変わることを含む）を明らかにすることができる。また，心理的な直接の侵襲性を生じさせないという利点もあるため，インタビューが心理的侵襲性を有する可能性のあるときに用いることも検討できる。ただし，星（2004）は，インタビューによるデータ採取とちがって，フォローアップ・インタビューができないことを問題としてあげている。これは，Bowen（2009）のあげたデメリットの①研究目的に応じた「詳細さの無さ」に含まれるかもしれない。

ところで能智（2011）は，語りの背後にある「内面」を強調するために，それと対比的な存在として「説明書」をあげ，「説明書の文章やそれに類する語りほど「内面」という言葉と相容れないものはありません。家電製品の使い方も実際に起

こった事実の客観的な記述も，それが明確で一義的な意味を持つほどに，個々の語りを発する語り手の内面から離れ，むしろその語り手を通過するためのものに見えます」と述べている。これは文書研究・分析について述べたものではない（能智(2011)では文書研究・文書分析は取り上げられていない）。また，ここでの説明書は，語りと対比するために取り上げられたものであるから，ことさらにこれを問題にする必要はないとも考えられよう。しかしその上で，文書研究に関連してこのことについてあえて筆者の考えを述べれば，筆者は，製品の説明書にもしばしば執筆者や製造者の「内面」が反映し得るものと考えている。たとえば筆者の手元にあるカールツァイス社の双眼鏡の「使用説明書」には，「カールツァイスという名前は「高品質」の代名詞になっています。そこで，当社ではツァイス双眼鏡について，次の条件で10年保証を行います」と書かれている。保証期間だけを示すなら，「高品質」云々は述べる必要がない。これは，説明書を通して製品の卓越性を示したいし，それによって製品に愛着を持ってほしい，製品を大切にしてほしい，持つことと使うことに誇りを持ってほしい，などの執筆者の「内面」が表れているし，それこそがこの「高品質」という記述の部分の，決して「明確で一義的な意味」ではなく「複雑で重層的な意味」なのだとは言えないだろうか。筆者はこのように，どのような文書にも人の内面を読み取ろうとする姿勢によって，質的研究における文書研究・分析はいっそう面白く，かつ意義深いものになる可能性があるのではないかと考えている。

## 8　人工物研究・人工物分析

　多くの質的研究では，観察記録やインタビュー記録などの言語記録が主たるデータになる。また前節の文書研究・文書分析も，主に言語的な記録を対象としている。しかし主たる資料として，あるいは補足的な資料として，研究対象となる人々の作成した物を対象に研究・分析することがある。これが「人工物研究 aritifact study」「人工物分析 artifact analysis」である[33]。

　教育実践や学校での子どもの活動についての研究で，児童生徒の作品を分析する

---

[33] それに対して Historiography analysis というものがある。これは，過去の活動やできごとに関する「史料」による研究である。

ような場合は，これにあたる。また，ある地域の人々の作っていた祭礼用の人形だったものが，その土地が観光地化するに従って，土産物として売られるようになり，それにつれて形態が変わってきたことに着目した研究者が，過去から現在にわたってその変化を分析し，それを観察やインタビューなどで得られた情報と組み合わせて分析するような場合も，人工物分析だと言える。

　都市生活者に関する人工物分析として Featherston（2008）は，どのラジオ局がよく聴かれているかを知るためには，おもてだった調査やインタビューをするかわりに，多くの中古車販売店に行って車のラジオがどの局にチューニングされているかを調べれば良い[34]と述べている。また，どの雑誌がよく読まれているかを調べるためには，雑誌のリサイクルに各戸を回って雑誌を回収すれば良いと書いている。ただしこのようなデータ採取は，応答者 respondent の知らないうちにそれらの人たちから情報を集めることになるので，プライバシーの侵害にならぬよう研究倫理上の問題に注意する必要があると述べている。

　なお，第 2 章 2 節の註で紹介した，Arroll/Alrutz/Moyes（2014）の，医院の待合室の雑誌が無くなっていくことを観察した研究も，対象が人間ではなく雑誌という人工物である点で，人工物研究とみなすことができる。

　文書と人工物の中間的存在として，絵画と写真を対象にした研究も存在している。たとえばアリエス（1980）では，絵画に描かれた子どもの姿の分析を行っている。また，白井（2006）では，女子校から共学校になった学校の 2002 年と 2005 年の卒業アルバムを調べ，それを個人顔写真，各種集合写真，学校行事のスナップ写真に分類した上で，「サイズ」「位置」「姿勢」「しぐさ」「ポーズ」「表情」「視線」という既存の 7 つの指標に加えて「服装」「髪型」を検討することで，女子高生の外見がどのように変化したかを検討している。

## 9　アートを用いたデータ採取

　以上のようなデータ採取とは少し異なるものとして，アートを用いたデータ採取も採用されている。多くは研究参加者に絵を描いてもらうなどのアートに関わる行

---

[34] 以前のカーラジオのチューナーは，選局ボタンを押し込むことで機械的にその局を選択した状態に固定され，エンジンを再始動しても，ラジオは同じ局を選局したままになるためである。

為をしてもらって，それによってデータ採取を行うものである。絵画以外のデータ採取も多様に行われているが，たとえばキルトによるものがある。カナダの Centennial College の Ziral Helen Pearman は，トロント大学に提出した *Resilient Iris : Intergenerational Spirit Injury of Diasporic African Women : Spirit Healing and Recovery* という博士論文で，北米に住むアフリカ系の女性が「世代を超えて共有している霊的な傷」についての研究を行い，研究参加者に簡単なキルトを作ってもらうことでデータ採取を行っている。Pearman 自身はアートそのものを専門とする研究者ではないが，さまざまな布の端切れ，セロハンテープ，安全ピンなどを持参し，大きなテーブルや台の上で，研究参加者たちに共同でキルトを作ってもらう。そしてそれを読み取ることでデータ採取を行うのである。たしかに，研究参加者に対して，「あなたの中にアフリカ系女性として世代を超えて共有されている霊的な傷はどのようなものですか？」と質問しても，「それはこうこうこういうものですよ」と，十分に言語化された適切な回答を短時間で得ることは非常に困難だろう。そのため，研究参加者が言語化を経ないでそれを表象できる方法を選び，工夫して，データ採取を行っているのである。

　このような研究は，国内ではまだほとんど見られない。しかし北米では，第7章4節で述べるアートによる研究結果の表象と合わせて，Art-based Study あるいは Art-informed Study と呼ばれて行われており，Knowles（2007），Pearman（2009），Barone/Eisner（2011），Leavy（2015, 2017）などが解説している。近年，このような形式による修士論文や博士論文を認める大学も増えてきている。

# 第5章

# データ分析

> 概念のない科学は，たとえば，道具のない彫刻家，レールのない鉄道路線，骨のない哺乳動物，恋のないラブストーリーのようなものである。概念のない科学はファンタジーの産物でしかない。自分の課題に関する私の理解も読者のたくさんの関心も，そのようなファンタジーに実体を与えることはない。
>
> ——Blumer, H.（1969）

## 1　カテゴリー分析（テーマ分析）とシークエンス分析

　質的データ分析には，大きく分けて「カテゴリー分析 category analysis, categorical analysis」あるいは「テーマ分析 thematic analysis」と呼ばれるものと「シークエンス分析 sequence analysis, sequential analysis」と呼ばれるものとがある。カテゴリー分析（テーマ分析）とは，データの分析の際に，内容を表す概念であるコードを付し，それらの概念の高次化と構造化を行っていく分析である。グラウンデッド・セオリーのデータ分析はこれである。それに対してシークエンス分析とは，記述の内容のもつ順序性や時間制（時系列）を重視し，それに沿って分析していくものである。代表的なものとしては，談話分析や会話分析などがある。

　1つの研究でいくつかのデータを分析する場合，前者と後者とでは，分析の過程に大きな違いが出てくることがある。前者の場合，通常は複数のデータ（複数の観察記録や複数のインタビュー記録）から抽出したたくさんの概念を集め，その全体に対して分析を進めていく。したがって，複数のインタビューや観察を分析しても，結果は1つになる。それに対して後者では，観察されたできごとやインタビューの

内容が持つ時間性あるいは時系列が重視されるため，ひとつひとつのデータに対して分析を行う。したがって，複数のインタビューを分析した結果は複数できることになるのが普通である。ただし，談話分析や会話分析は，固有のパラダイムと方法論を有し，固有の方法によるデータ採取と分析のスキルを必要とするものであって，そのような学派に属する研究者あるいはそのような訓練を受けた研究者によって行われるのが普通である。したがって本書ではとくに断らない限り，主にカテゴリー分析（テーマ分析）に関して述べる。シークエンス分析については，ぜひそれぞれの専門書を参考にされたい。

なお，後述のSCATも，テーマを記述していくカテゴリー分析（テーマ分析）に区分することができる。しかしながら，注意すべき点がある。それは，SCATでは，データに含まれる語りや観察の内容の順序性や時間性が保存され，ひとつひとつのデータに対して分析するため，同時にシークエンス分析の特徴も有しているということである。このことについては，以降，何度か触れることになる。

## 2 分析的枠組みとしての概念的・理論的枠組みの適用

質的データ分析の際の「概念的枠組み conceptual framework」や「理論的枠組み theoretical framework」とは，分析の際に適用して分析を有益なものにする概念や理論であり，両者は合わせて「分析的枠組み analytical framework」と呼ばれる。やっかいなことに，概念的枠組みと理論的枠組みがそれぞれ何を指すのかについては，論者ごとに異なっている。そこで本書では，分析に用いる枠組みを「分析的枠組み」と呼び，その分析的枠組みとして概念を用いるものを「概念的枠組み」，理論を用いるものを「理論的枠組み」と呼ぶ。

筆者は，質的データ分析の際のこれらの分析的枠組みの利用を重視し，つねにその重要性を強調している。たとえば筆者の大学院ゼミでSCATによる分析の課題を出すと，各参加者がそれを個別に分析してきて発表し討論するのだが，その際には，SCATの分析表だけでなく，その分析で用いた概念的・理論的枠組みについての解説の書類も必ず作成して提出することになっている。したがって，討論の際には，SCATの分析過程だけでなく，その概念的・理論的枠組みの選択の適切性やユニークさ，また分析への適用の適切性も検討される。同様に筆者は，講演やワークショップでも分析的枠組みの利用の必要性を強調している。実際，SCATのワーク

ショップでは，必ず，インターネットに接続できるパソコンで分析を行い，参加者がグループごとに分析をしながら分析のための概念的・理論的枠組みを探して見いだし，それを適用して分析を発展させるようにしている。

しかし筆者がワークショップの際に必ず実施している事前アンケートでの質問には，概念的・理論的枠組みについての質問が書かれることがある。それは，「概念的・理論的枠組みとはどういうものか？」「概念的・理論的枠組みとしてどのようなものを使えば良いのか？」「それは1つの分析に1つあるべきなのか複数あるべきなのか？」「既存の概念的・理論的枠組みを使うことで，オリジナルな分析ができはなくなってしまうことはないのか？」などである。そこで以下では，これらについて述べることにしたい。

## 2.1 分析的枠組み（概念的・理論的枠組み）とは何か

分析のための概念的・理論的枠組みとは，あらためて説明すると，採取したデータをどのような視点から分析するか，どのような側面を重視して分析するか，どのような背景や構造があると仮定して分析するか，などの基盤となるものである。それはつまり，その分析が依拠する既存の研究的知見，言い換えれば先行研究の知見であるから，そのような枠組みを用いて分析を行うということは，その分析が先行研究の研究的知見の蓄積の上に行われることを意味する。したがって，そのような枠組みを用いた分析は，客観性が高くなり，了解性と説得性が高くなるだけでなく，既存の知見との関連が明確であるため，既存の知見の発展にどのように有効であるのかが明確である。それに対してそのような枠組みを用いない分析は，場合によっては恣意性が高く，了解性と説得性が低くなり，既存の研究的知見との関連が明確でないものになる危険性がある。そのため，質的データの分析には，基本的には，分析的枠組みとしての概念的・理論的枠組みが必要だというのが筆者の考えである[1]。その結果，論文には当然，その概念的・理論的枠組みの出典が引用文献とし

---

[1] たとえば概念的枠組みについては，「概念枠組み（conceptual framework）と研究課題の設定について：データ収集の焦点化と範囲の限定のために」http://web.cc.yamaguchi-u.ac.jp/~ysekigch/qual/framework.html が参考になる。しかしここで「理論的枠組み」と呼ばれているものは，本書では研究方法論あるいはパラダイムと呼んでいるものに相当すると考えられる。また，武田（2016）も，概念的枠組みの利用に参考になるが，この論文では，「概念的枠組み」という概念だけを示し，「理論的枠組み」には触れていないため，理論的枠組みはすべて概念的枠組みに含めて考えられていると思われる。この論文で武田が紹介している Bor-

て示される。

　一方，どのような分析にどのような概念的・理論的枠組みを適用するのかは研究者のオリジナリティである。くわえて，既存の概念的・理論的枠組みの適用というのは，データを既存の概念や理論の範囲内に押し込めて理解し解釈するということではなく，既存の概念や理論という研究的な知見を適用して，さらに新たな知見をその上に積み重ねることであるから，それは創造的かつ生産的でオリジナルな仕事である。

　なお，「概念的枠組み」や「理論的枠組み」が存在しているのではなく，存在しているのは「概念」や「理論」であって，それを分析的枠組みとして用いる場合に，それらを「概念的枠組み」「理論的枠組み」と呼ぶ。そして一般に，前者つまり「概念的枠組み」として用いる「概念」とは，その概念の要素や成り立ち（内包的構造）と，その概念に類する他の諸概念とどのように重なりどのように異なるか（外延的構造）とが，先行研究によってある程度明らかにされているものであり，それらのほとんどは先行研究によって構成された構成概念 construct である。それに対して「理論的枠組み」として用いられる「理論」とは，いくつかの既存の概念や新規の構成概念を用いたもので，それには，第 2 章 1 節で述べたように，

① できごとの状況や構造や過程，つまり「どうなっているか」を記述し説明する「記述的理論 descriptive theory，説明的理論 explanatory theory」
② ある目的のためには何をするのが有効か，つまり「どうすればいいか」を示す「処方的理論 prescriptive theory」

がある。なお，概念には，「○○概念」という名称がついているわけではないのに対して，理論には，「○○理論」や「○○仮説」「○○論」などの名前がついていることが多い。しかしそのような名前のついていない理論もある。また，「概念」と「理論」の違いは明確であっても，分析の枠組みとしてそれらを用いるときの「概念的枠組み」と「理論的枠組み」という呼称の違いは，冒頭で述べたように，術語として必ずしも明確ではなく，両者を区別せず一方だけを使う研究者もいる。

---

dage（2009）では，外部にあるものは「理論」でも，それを自分の研究に適用する場合には，「概念的枠組み」と呼んでいるものと思われる。

## 2.2　概念的・理論的枠組みを分析にどう利用するのか

まずここで分析の際の概念的・理論的枠組みの利用の例をあげよう。

患者に対する医師の「共感」は，治療の効果にも影響を及ぼすことが知られているが，これは医師の職業経験を経て低下するというエビデンスがある。これに対してAomatsu/Otani/Tanaka/Ban/van Dalen（2013）は，医学生と研修医のフォーカス・グループを実施し，それを患者に対する医師の共感の研究にはこれまで用いられて来なかった，看護学の研究的知見である「患者に対する医療者の共感は4つの要素（感情的 emotive 要素，モラル的 moral 要素，認知的 cognitive 要素，行動的 behavioral 要素）で構成されると考えることができる」という「共感の4要素」（Morse et al. 1992）の理論的枠組みを用いて分析した。その結果，従来の研究で全体に低下するとだけみられていた患者に対する医師の共感は，この4要素で分析すると，低下するものと発展するものとがあり，むしろ全体の質が変化することを明らかにした（この論文は英文であるが，青松（2016）で日本語による簡潔な解説を読むことができる[2]）。

また安藤（2014）では，13回転職した男性へのインタビューを分析しているが，その際の概念的枠組みとして，西洋の「個人性 individuality」に対して仏教的な考えに強い影響を受けた日本の「個別性 eachness」（河合 1995, 1999）を用いている。

また，山元（2017）では，アニメ視聴を契機として日本語習得をしたあるフランス移民二世のインタビューの分析によって，彼女の特徴的な日本語の獲得の背景と過程とを検討しているが，そこでは概念的枠組として「発話キャラクタ」（定延 2011）を用いている。

## 2.3　できるだけ近い研究領域からの概念的・理論的枠組みの採用

ところでこのような概念的・理論的枠組みはどのようなところから持ってくるのが良いだろうか。

第一に，理論的・概念的枠組みは，その研究対象を扱う専門領域から選択されるのが妥当である。たとえば，教育工学の研究の場合，教育工学固有の概念や理論を

---

[2] ただし青松（2016）で「モラル」と記述されているものは，英語での形容詞としてのmoralであり，日本語ではすべて「モラル的」という形容詞として理解すると良い。

分析的枠組みとして用いるのが良い。論文が掲載される学術誌の対象領域と同じ領域から採用された概念的・理論的枠組みは，その論文の読者になじみがあるし，その枠組みの利用によって，その領域の研究の積み重ねによる発展に貢献することになる。

それに対して，その研究領域とは異なる領域から理論的枠組みを選択し採用すると，それは読者にとってのその研究の了解性を下げ，説得性も下げることになる。そしてそれはつまり，査読者にとっての了解性と説得性を下げることも意味する。

そこで筆者は，これについて，つねに次のように勧めている。それはまず，分析のための概念的・理論的枠組みは，第一にその研究の領域固有のものを選択して適用すべきだということである。そしてどうしてもそれをそのような領域から見つけることができなければ，次に，できるだけ近い隣接領域（たとえば医学にとっての看護学や看護学にとっての医学）から探すべきである。そして隣接領域からも見つけることができなければ，その次に近いその他の近接領域から見つけるべきである。このようにして，できるだけ近いところから探し，見つからなければ少しずつ遠くに探しに行くようにするのが良いと考えている。

上記の例で言えば，Aomatsu et al.（2013）は，医学教育の研究であるが，その理論的枠組み「共感の4要素」（Morse et al. 1992）は上記のように隣接領域である看護学から採用している。

## 2.4　研究者の研究的背景領域からの概念的・理論的枠組みの採用

ところで，研究者には多様な研究的背景がある。たとえば上記の教育工学は複合的研究領域であるため，通信工学，制御工学，教科教育学，教育心理学，教育学などの異なる領域を研究的背景とする多様な研究者が参加している。また今日，新たな研究課題による新たな研究領域が生まれ，そのほとんどは複合的領域であると言える。そのような場合，その多様性と複合性がその領域の強みであるのだから，そのような多様な研究的背景領域からの枠組みを積極的に採用することになると考えられる。しかしその際，いくら教育工学にはこれらの多様な背景があり得るからといっても，通信工学を背景として教育工学を研究する研究者が，教育心理学の概念的枠組みを使うのは，適切であるとは言えない。なぜなら，自分の専門的領域の概念や理論であれば，その内容や背景を理解しているため，適切な使い方ができる可能性が高いが，そうでない場合，それを適切に使えるとは限らないからである。し

たがって，そのような場合，自分の研究的背景からそのような枠組みを探すことが勧められる。

　たとえば上記の安藤（2014）はキャリアに関する研究であるが，著者は臨床心理士であってその研究的背景のひとつは臨床心理学であることから，「個別性 eachness」（河合 1995, 1999）という臨床心理学的概念を妥当に用いることができる。また，上記の山元（2017）の著者の現在の専門は日本語教育，第二言語教育であるが，学部・大学院修士課程時代には言語学を専攻し，言語学はその研究的背景の重要なひとつであるため，「発話キャラクタ」（定延 2011）という言語学の概念を妥当に用いることができている。

　ただしどのような場合にも，データの分析は，第一にそのデータの文脈に沿って行うべきである。したがって，データの文脈を無視して，いきなり自分の専門的領域から自分の知っている枠組みを持ってきて適用しようとしてはならない。どのような枠組みも，そのデータの文脈を重視した分析を可能にするものでなければならない。ただし，データの文脈はつねに明示的なわけではない。その場合むしろ，そのデータの文脈をより明確にすることができる枠組みや，そのデータの潜在的な文脈を顕在化することができる枠組みを用いるべきであり，それが自分の領域にあるのなら，それを使うことは妥当である。これについては，第 11 章 8 節でも述べる。

## 2.5　複数の概念的・理論的枠組みを同時に利用することについて

　ところでそもそも，データの分析のためには，基本的には，そのデータ全体の分析に一貫して適用できるような，あるいはそのデータの中核的な部分の分析に適用できるような，有効で強力な分析的枠組みが「1 つ」あるのが望ましい。たとえば，上記の Aomatsu et al.（2013）では，ほぼ「共感の 4 要素」（Morse et al. 1992）という理論的枠組みだけを用いて分析を行っている。しかしこの研究は，この理論的枠組みを適用することを前提にデータ採取を行った研究である。それに対して，一般に質的分析では，分析を進めながら分析的枠組みを見つけることが多い。また，質的研究の多くは，この研究のように，医学生と研修医の違いを見るような焦点化した狙いを持ったデザインではなく，かなり包括的で探索的な特性の強いデザインを取ることが多い。したがって，データを分析していると，ある部分にはある概念的枠組みが適用でき，別の部分には別の概念的枠組みが適用できる場合がある。それ

では，そのような場合に，たくさんの概念的枠組みを適用して分析を行って良いだろうか。

このことについての答えは簡単ではない。それは不適切な場合も適切な場合もあるからである。ではその適切性を決定する要因は何だと考えるべきだろうか。それは第一には，それらの複数の枠組みの組み合わせ方であり，第二には，その研究領域が複合的な特性を持つ領域であるかどうかである。

まず，複数の枠組みの組み合わせ方についてだが，部分を説明するような小さな概念的枠組みをデータ全体のあちこちにちりばめるように適用して分析しているだけで，全体を通して解釈するような主要な分析的枠組みあるいは全体の中でも中核的な部分を解釈するような中核的な分析的枠組みが適用されない場合は，そのデータの分析の一貫性が担保されず，論文は，部分的な解釈とその個々の部分に対応するたくさんの引用文献を羅列したようなものとなる。その結果，分析過程の了解性や分析結果の説得性が低くなり，結局そのような適用は適切でないと理解される可能性が高い。しかもこのような研究は，それがこれまでのその領域のどのような蓄積の上に立つものであるのかや，またどの領域にその研究の成果を積み上げようとするものであるのかも不明確になる。結局，何の領域の蓄積にも依拠せず何の領域の発展にも貢献しないような，その場しのぎで場当たり的な分析として，学術的価値が低いと判断されることになる。

それに対して，あくまで全体を通して解釈するような大きくて中核的な理論的枠組みが採用された上で，それ以外の周辺的な部分に，小さな概念的枠組みが適用されている場合は，有益な分析となり，その適用も適切であると理解される可能性が高い。しかしその場合，その周辺的な部分の小さな概念的枠組みはできるだけその研究領域と近い領域から採用されるべきだし，仮にそれらが適用されなくとも中核的な理論的枠組みの適用だけで分析の意義が十分にあるようなものであることが望ましい。つまり，小さな概念的枠組みをちりばめるように分析しても，その分析の意義を大きく高めることにはならない。

なお，そのデータ全体に，中核的な部分が複数あり，そのデータはそのいくつかの部分の複合体とみなせるような場合には，その中核的な部分ごとに中核的な概念的・理論的枠組みがあるのはかまわない。しかしその場合でも，そのデータの複数の中核的な部分が関係性を有している以上，そのいくつかの枠組みも関係性を有しているのが望ましい。

次に，その研究領域の性格についてであるが，その研究領域が複合的な性格を有

するものであればあるほど，複数の多様な領域からの概念や理論を分析的枠組みとして利用することが必要な場合もあると考えられる。たとえば上記の教育工学のような例であれば，通信工学と制御工学の概念が同時に，あるいは教育心理学と教科教育学の概念が同時に用いられるということは考えられ，それは適切な適用とみなされる可能性がある。それに対して，伝統的で非複合的な研究領域では，多様な領域から多様な枠組みを採用して分析することは，適切でないと理解される可能性が高い。それは，そのように多様な領域からの枠組みを採用しなくても，その領域のこれまでの蓄積の中に，採用すべき伝統的な概念的枠組みがいくつもあるだろうと考えられるからであるし，それがその研究領域の研究の継続性と発展性に貢献するからである。

　具体例をあげると，上記の安藤（2014）では，前述のように臨床心理学的な概念である「個別性 eachness」（河合 1995, 1999）を中核的な分析的枠組みとして用いている。しかしそれと同時に，「漂泊」という概念的枠組みを，「漂泊自我」（老松 1997），「漂泊民」（沖浦 2004），「定住漂泊」（金子 1972）などから構成して用いている。これらはそれぞれ，ユング派の精神分析学，民俗学，文学，を背景とする概念であるが，これは，中核的な概念的枠組みとしての「個別性」と深く有意な関連性を有している点で，妥当性があると言えよう。また，山元（2017）では，前述のように，中核的な分析的枠組みとして「発話キャラクタ」（定延 2011）を採用している。しかしこれ以外に，「移動する子ども」（川上 2010），「重要な他者」（三代 2014）なども採用されているが，前者は第二言語獲得についての重要な概念である点で，後者は学習の際の重要な要因の概念である点で，これらを周辺的に使用することは妥当と考えられるだろう。

## 2.6　採用すべき概念的・理論的枠組みはどの時点で決定されるのか

　これらの枠組みの適用がどの時点で決定されるかは，多様である。

　第一に，データを分析する前である。その場合，その概念的・理論的枠組みを適用することを前提に研究がデザインされる。上記のように，Aomatsu et al.（2013）は，「共感の 4 要素」（Morse et al. 1992）を適用する目的でデザインされた。したがってこの研究では，分析的枠組みを得てからデータ採取が行われた（ただしこの研究の第一著者はそれまでも一貫して医師の共感に関する質的研究を行っており，「共感の 4 要素」はその過程で出会った理論であって，第一著者の質的研究の過程で見いだ

したものをこの研究に適用したのであるから，これは第一著者の研究全体を見れば，研究の前に獲得したものではなく，研究の途中で獲得したものだと言うことも可能である）。

次に，データ採取の段階，たとえばインタビューの途中で，分析的枠組みを見いだすということもある。この場合は分析開始前に枠組みを獲得したということになる。ただし，質的研究の場合，優れたデータ採取（観察やインタビューなど）は優れた分析の過程でもある。したがって，この場合，分析開始前だと言い切ることはできない。

そして最も多いのが，分析しながらそれらを見いだし，その適用を決定する場合である。それは，分析の進展によって，「こういう事象や体験については，あの概念や理論が適用できる」と気がついて，その概念・理論を確認して適用することである。あるいはまた，分析の進展によって，「どこかにきっと，これを説明したり解釈したりできる概念や理論があるはずだ」と考えて探し，それを見いだして，あらためて分析に適用することである。

このように見てくると，質的データ分析における概念的・理論的枠組みは，研究や分析を開始したら，いつ出会うこともあり得ると言える。そしてさらに言えば，データ分析がいったん完了した後でも，分析に適した別の概念的・理論的枠組みに出会い，それを適用して，あらためて分析全体をやり直すということもあり得る。

以上のように，質的データの分析の際の概念的・理論的枠組みの適用については，どこからそれを持ってくるか，組み合わせて用いるかどうか，どの時点で決定するかなどが，多様であるが，適切な枠組みを適切に適用することで，その分析を有意義なものにすることができるし，その論文の客観性や了解性を高めることができる。

なお，どのような概念的・理論的枠組みをどのように見いだし，どのように適用するのが適切かは，優れた論文を多く読むことによって学ぶべきである。

## 3　質的データ分析手法の必要性

### 3.1　質的データ分析に必要な省察可能性と反証可能性

量的研究では，データ自体にはそこからすぐに読み取れるようなメッセージや意味が含まれない。そのためそのデータを何らかの方法で分析する必要があると誰も

が思っている。しかし質的研究では，たとえばインタビューをすれば，インタビュイーは何かを語る。それで，それ以上の分析がなされず，「このインタビュイーがこう言ったからこうだ」というような論文がしばしばある。しかしそれでは分析とは言えない。なぜなら，「そう言ったけれどそうではない」かもしれないし，「そう言わなかったけれどそう」かもしれないからである。解釈的な質的研究において分析とは，観察記録やインタビュー記録の中の，目に見えている意味を取ってくることではなく，そこに潜在する意味を浮かび上がらせてすくい取ることである。そのためには一定の分析力を有する「分析手続き」「分析手法」が必要である。

　質的データの分析にはさまざまな方法がある。筆者が最も優れていると考えているのはグレイザーとストラウスによる最初のグラウンデッド・セオリー（Glaser/Strauss, 1967）の分析手法である。カテゴリー分析（テーマ分析）では，データに，それぞれの部分の内容を表すような概念をキーワードのように付していくことが一般的であり，それを「コード化 coding」と呼んでいるが，グラウンデッド・セオリーの分析手法はコード化を行う代表的な手法である。しかもグラウンデッド・セオリーでは，理論的コード化 theoretical coding という段階的で構造的なコード化を行う。それだけでなく，グラウンデッド・セオリーは，データ採取から理論化までの一貫した理論体系を有する質的研究方法であり，量でできることをすべて質で行う統一性と徹底性とを備えている。社会科学の研究方法にノーベル賞が与えられるなら，これこそ唯一その受賞に値すると言えるものだとさえ筆者は考えている。しかしこれは，そもそも大規模なデータ採取と長い研究期間を要する大がかりな研究に用いる重厚長大な方法であるうえ，分析の奥行きが深く，正しく使いこなすことがきわめて困難な方法である。10年以上前には，日本でもグラウンデッド・セオリーのワークショップがしばしば行われていたが，その後は以前に比べるとほとんど行われていない。それに参加した人は，「こんな立派な方法はとても自分にはできない」と感じて帰ることになるのが，その1つの理由であるかもしれない。筆者はこれは，社会科学的にきわめて優れている人物を除けば，グラウンデッド・セオリーの専門家が教員をつとめる大学に大学院生として入学し，研究指導を受けながら身に付ける以外に，習得するのは困難なのではないかと考えている。

　だったら，質的データはデータを読むだけで自己流に分析すれば良いのか。もちろん決してそうではない。データの分析には，さらに満たすべき要件があるからである。筆者の考えではそれは，まず分析結果に対する**「分析者による省察可能性」**と**「読者による反証可能性」**である。

「**分析者による省察可能性**」とは，分析結果が妥当であるかどうかを，分析者自身が分析過程を振り返って検討できることである。このことのためには，分析手続きが自分にとって明示的であるとともに，分析の過程が残る必要がある。質的な研究では，妥当性の低い，恣意的で飛躍した分析を行ってしまうことがある。しかし分析過程が残っていれば，分析者による慎重な再検討が可能になる。

　「**読者による反証可能性**」とは，分析結果の妥当性に疑問を持った人が，「この分析のここがこうおかしいのではないか？」と指摘できることである。残念ながら，質的研究の論文には妥当とは評価できない結果が示されていても，それを導いた分析の方法も過程も示されていないため，批判のしようのないものがある。しかしそれでは科学とは言えない。自分が書いた論文が，「この分析のここがこうおかしい」と指摘されることは，「どうしてこういう結論になったのか分析過程がまったくわからない」と指摘されることより，はるかに良いことである。前者の指摘を受ける論文は少なくとも科学的論文であると言えるが，後者の指摘を受ける論文は科学的論文とは言えないし，そもそもそこでなされていることは分析とさえ言えない。逆説的に聞こえるかもしれないが，どのような研究にもなんらかの問題があるのだから，その「問題点がきちんと指摘されるのが良い研究」なのである[3]。

　こう考えてくると，これらを保証するのは，用いている分析手法の「**分析手続きの明示性と了解性**」だということが分かる。それは，その分析が，ある一定の定式的な手続きによるものであり，かつ，それが他者にも了解できるように示されているということである。研究を行ってどういうデータを採取したのかは，必要があれば見せることができる。しかしそれに加えて，それをどういう方法で分析したのかも，他者が理解できるように示すことができなければならない。その意味でも，明示的で了解性のある分析手続きを有する質的データ分析手法が必要になる。

## 3.2　標準化コーディングと生成的コーディング

　コーディングには，主に2種類がある。第一は，選定された，あるいは標準化さ

---

[3] 筆者は大学院生が学会誌に投稿する論文の指導をしていて，投稿した論文に対して査読者から問題の指摘がされると投稿者が残念な思いをする場面をよく見ている。しかしその指摘の内容が，「どうしてそうなるのか分からない」とか，「何を言いたいのか分からない」などではなく，分析に対する明確な指摘であるなら，それは，投稿論文が，批判的に読むことに値する論文だからであって，その指摘は喜ぶべきである。

れたコード群からコードを選んで付す「標準化コーディング standardized coding」あるいは「テンプレート・コーディング template coding」である。これは主に，量的な内容分析や質的な内容分析などで用いられる。これを用いる研究の多くは実証主義寄りのパラダイムに依拠しているので，このコーディングでは，複数のコーディング作業者 coder を設定することが多いし，その間の一致度を評価することも行われる。その際，一致したものだけを採用したり，一定の一致度の水準を維持できるようにコーディング作業者を訓練したりして，コーディング（測定）の客観性を高めることが行われる。したがってそのような論文では，一致度がどれくらいであったかが記述してあることも多い。さらに，このコーディングでは，コーディング結果を量的に処理することも行われている。

　第二の方法は，データを読みながら探索的に自由にコードを付す「生成的コーディング generative coding」あるいは「フリー・コーディング free coding」である。このコーディングでは，複数のコーディング作業者をおくことは希である。それは，このコーディングでは解釈が重要な機能を果たすが，解釈は主体的なものであって，一致させることに意味がないばかりか，一致をめざせば，創造的な解釈ができなくなるからである。このコーディングは，グラウンデッド・セオリーをはじめとして，多くの質的研究で採用されており，後述の SCAT もこれを用いている。

　しかしながら，コーディングに関するこのような区別を認識していないために，コーディングでは一致度を見なければならないという思い込みがいまだに存在しており，生成的コーディングをしているにもかかわらず一致度を見ていたり，生成的コーディングを用いた論文が投稿されると，査読者が「コーディングでは複数のコーディング作業者を置いてその一致度を見なければならない」と指摘したりすることがある。そして筆者は，査読者からのそのような査読によって投稿論文がリジェクトされ，投稿者もそれに適切に反論できなかったために，投稿を諦めたケースについて，投稿者から聞いたこともある。これは，投稿者と査読者の両方の，コーディングについてのこのような包括的な認識の欠如によって生じた，悲しくも非生産的なできごとであると言わざるを得ない。

## 3.3　グラフィカルな質的データ分析

　グラフィカルな質的データ分析 graphical qualitative data analysis とは，主にカテゴリー分析で得られたコードを手がかりとして，データを変換 conversion し，縮約

compressionして表示displayすることで，データに潜在する意味を見いだす方法である。ただしカテゴリー分析を経ず，単独で分析に用いられることもある。グラフィカルな質的データ分析には，要素を表に書き込み，その表を操作して分析する質的マトリクス qualitative matrix と，要素どうしの意味上の関連や因果関係等を矢印や曲線で結んだ意味ネットワーク semantic network，因果ネットワーク causal network などがある。これらは量的手法における統計的手法に相当する。

まず，これらのさまざまな質的データ分析手法を Miles/Huberman（1994）から**表**1にまとめた。

### 質的マトリクス

**表**2は，Eisenhardt（1989）によるものである。これは企業における意志決定の速さを意思決定の際の選択肢の在り方から検討したものである。この質的マトリクスでは，仮名による8つの企業が比較されている。その8つを意思決定の速かった順に並べ，それぞれの企業での意志決定の種類（業務提携，新製品開発，戦略），選択肢数，そして，その意思決定に際して選択肢は同時に検討されたか順番に検討されたかを表にしている。

一般に，意思決定が速かった場合，選択肢が少なかったのだろうと推察される。しかしこの分析の結果では，意志決定の速さには，選択肢の数は影響しておらず，選択肢の検討の方法だけが影響していることが明らかになっている。つまり，たとえ選択肢が多くても，それを**同時**に検討すれば意思決定は速くなり，たとえ選択肢が少なくても，それを**順次**，検討すれば意思決定は遅くなることを示している。

そしてそのような結果が生じる背景は，得られた資料の再調査やフォローアップ・インタビューによって検討される。この研究では，選択肢が多くてもそれを同時に検討することで意思決定が速くなる理由として，①比較によって決定に自信がもてる，②1つの選択肢への固執が減る，③ある選択肢の評価が低ければ，それを捨ててすぐ残りの選択肢の検討ができる，④深い分析よりも幅広い分析ができる，と結論づけている。この研究によって，「選択肢の多さは意志決定を遅らせる」というそれまでの常識を超えることができたとしている。

**表**3-1から**表**3-3は，Miles/Huberman（1994）の質的マトリクスにもとづいて，その作業過程が分かりやすくなるように，筆者が模擬的に作成したものである。このマトリクスでは，左端のカラムが8つの施設を表している。実際にはここに学校名や病院名などが入れられる。そして上端の行が，それらの施設が導入した8つの

## 表1 さまざまな質的データ分析手法の例

(1) 事例内表示：探索と記述（Within-Case Displays: Exploring and Describing）
　①部分的整理表示（Partially Ordered Displays）
　　文脈チャート（Context Chart），チェックリスト・マトリクス（Checklist Matrix），詩としての記述（The Transcript as Poem）
　②時系列整理表示（Time-Ordered Displays）
　　事象リスト（Event Listing），批判的事象チャート（Critical Incident Chart），事象－状況ネットワーク（Event-State Network），活動記録（Activity Record），決定モデリング（Decision Modeling），発展カーブ表示（Growth Gradient）
　③役割による整理表示（Role-Ordered Displays）
　　役割によるマトリクス（Role-Ordered Matrix），時系列による役割マトリクス（Role-by-Time Matrix）
　④概念的整理表示（Conceptually Ordered Displays）
　　概念群マトリクス（Conceptually Clustered Matrix），主題的概念マトリクス（Thematic Conceptual Matrix），系統図的分類（Folk Taxonomy），認知マップ（Cognitive Maps），効果マトリクス（Effects Matrix）

(2) 事例内表示：説明と予測（Within-Case Displays: Explaining and Predicting）
　①説明的効果マトリクス（Explanatory Effects Matrix）
　②事例内ダイナミクス・マトリクス（Case Dynamics Matrix）
　③因果ネットワーク（Causal Network）

(3) 事例間表示：探索と記述（Cross-Case Displays: Exploring and Describing）
　①部分的整理表示（Partially Ordered Displays）
　　部分的に整理されたメタマトリクス（Partially Ordered Meta-Matrix）
　②概念的整理表示（Conceptually Ordered Displays）
　　内容分析要約表（Content-Analytic Summary Table），決定ツリーモデリング（Decision Tree Modeling）
　③事例による整理表示（Case-Ordered Displays）
　　事例整理記述的メタマトリクス（Case-Ordered Descriptive Meta-Matrix），累積指標数による事例序列化（Ordering Cases Through Summed Indices），事例整理2変数マトリクス（Two-Variables Case-Ordered Matrix），対照表（Contrast Table），散布図（Scatterplot）
　④時系列表示（Time-Ordered Displays）
　　時系列表示メタマトリクス（Time-Ordered Meta-Matrix），時系列散布図（Scatterplots Over Time），複合経緯分析（Composite Sequence Analysis）

(4) 事例間表示：整理と説明（Cross-Case Displays: Ordering and Explaining）
　①事例による整理での効果マトリクス（Case-Ordered Effects Matrix）
　②事例による整理での予測―結果マトリクス（Case-Ordered Predictor-Outcome Matrix）
　　予測―結果経緯マトリクス（Predictor-Outcome Consequences Matrix）
　③変数―変数マトリクス（Variable-Variable Matrix）
　④因果モデル（Causal Model）
　　因果連鎖図（Causal Chain）

（Miles/Huberman（1994）から筆者がまとめ，訳したもの）

## 表2 質的マトリクスの例「企業の意思決定の速さの分析」

| 企業名 | 決定事項 | 選択肢数 | 選択肢 | 検討方法 |
|---|---|---|---|---|
| ザップ社 | 業務提携 | 4 | ①業務提携<br>②株式・社債公開<br>③銀行からの借り入れ<br>④ベンチャー・キャピタル | 同時 |
| フォアフロント社 | 新製品 | 3 | ①新製品<br>②現行製品の拡張<br>③現状維持 | 同時 |
| プロミシング社 | 戦略 | 3 | ①現状維持<br>②新市場と新製品への主要な戦略的変更<br>③販売機会の利用面での小さな戦略的変更 | 同時 |
| トライアンフ社 | 戦略 | 4 | ①現状の戦略の洗練化<br>②技術売却<br>③企業売却<br>④主要な戦略的変更 | 同時 |
| | 新製品 | 2 | ①ローエンドの製品<br>②ミドルからハイエンドの製品 | 同時 |
| オミクロン社 | 戦略 | 2 | ①主要な戦略的変更<br>②販売と製造のマネジメント改善 | 順次 |
| | 戦略 | 2 | ①配送面の大きな戦略的変更<br>②製品と市場における大きな戦略的変更 | 順次 |
| ニュートロン社 | 業務提携 | 2 | ①社内開発<br>②業務提携 | 順次 |
| アルファ社 | 新製品 | 2 | ①IBM互換機製品<br>②インターフェース製品 | 順次 |
| プレジデンシャル社 | 新製品 | 2 | ①米国の共同企業との集積回路製品<br>②日本の共同企業との間のライセンス製品 | 順次 |

(Eisenhardt (1989) をもとに作成)

プログラムを表している。

**表3-1**は，まずどの施設がどのプログラムを導入したかを示したものであり，導入していれば〇を記入し，導入していなければ空白のままにしてある。このとき，この表を見て分かるのは，施設6は全プログラムを導入していて，施設7も多くのプログラムを導入していることと，プログラムBは全施設で導入されていて，プ

表 3-1 質的マトリクスの例「施設ごとのプログラム導入状況（最初の入力後）」

|  | プログラムA | プログラムB | プログラムC | プログラムD | プログラムE | プログラムF | プログラムG | プログラムH |
|---|---|---|---|---|---|---|---|---|
| 施設1 |  | ○ |  |  |  |  | ○ |  |
| 施設2 | ○ | ○ |  |  | ○ |  | ○ |  |
| 施設3 | ○ | ○ |  | ○ | ○ | ○ |  |  |
| 施設4 |  | ○ |  |  |  |  |  |  |
| 施設5 |  | ○ |  |  |  |  | ○ |  |
| 施設6 | ○ | ○ | ○ | ○ | ○ | ○ | ○ | ○ |
| 施設7 | ○ | ○ | ○ | ○ | ○ | ○ | ○ |  |
| 施設8 | ○ | ○ |  |  |  |  | ○ |  |

表 3-2 質的マトリクスの例「施設ごとのプログラム導入状況（導入プログラム数と導入施設数を計算したもの）」

|  | プログラムA | プログラムB | プログラムC | プログラムD | プログラムE | プログラムF | プログラムG | プログラムH |  |
|---|---|---|---|---|---|---|---|---|---|
| 施設1 |  | ○ |  |  |  |  | ○ |  | 2 |
| 施設2 | ○ | ○ |  |  | ○ |  | ○ |  | 4 |
| 施設3 | ○ | ○ |  | ○ | ○ | ○ |  |  | 5 |
| 施設4 |  | ○ |  |  |  |  |  |  | 1 |
| 施設5 |  | ○ |  |  |  |  | ○ |  | 2 |
| 施設6 | ○ | ○ | ○ | ○ | ○ | ○ | ○ | ○ | 8 |
| 施設7 | ○ | ○ | ○ | ○ | ○ | ○ | ○ |  | 7 |
| 施設8 | ○ | ○ |  |  |  |  | ○ |  | 3 |
|  | 5 | 8 | 2 | 3 | 4 | 3 | 6 | 1 |  |

表 3-3 質的マトリクスの例「施設ごとのプログラム導入状況（導入プログラム数と導入施設数の多い順に並べ替えたもの）」

|  | プログラムB | プログラムG | プログラムA | プログラムE | プログラムD | プログラムF | プログラムC | プログラムH |  |
|---|---|---|---|---|---|---|---|---|---|
| 施設6 | ○ | ○ | ○ | ○ | ○ | ○ | ○ | ○ | 8 |
| 施設7 | ○ | ○ | ○ | ○ | ○ | ○ | ○ |  | 7 |
| 施設3 | ○ |  | ○ | ○ | ○ | ○ |  |  | 5 |
| 施設2 | ○ | ○ | ○ | ○ |  |  |  |  | 4 |
| 施設8 | ○ | ○ | ○ |  |  |  |  |  | 3 |
| 施設1 | ○ | ○ |  |  |  |  |  |  | 2 |
| 施設5 | ○ | ○ |  |  |  |  |  |  | 2 |
| 施設4 | ○ |  |  |  |  |  |  |  | 1 |
|  | 8 | 6 | 5 | 4 | 3 | 3 | 2 | 1 |  |

ログラムGも多くの施設で導入されていることなどである。

表3-2は，表3-1に，各施設の導入プログラム数と，各プログラムの導入施設数を計算して付記したものである。こうしておいて，導入プログラム数の多さによって施設を上から下に順に並べ替え，導入施設数の多さによって，プログラムを左から右に順に並べ替える。そのようにしてできたのが，表3-3である。

表3-3は，その作成原理から，左上端には○が入り，右下端は空白になる。そして左上端から右下に向かって，徐々に○から空白へと変化して行くはずである。しかしながら，そのように考えると当然○が記入されるべき施設3のプログラムGは，○ではなく空白になっている。つまり施設3はプログラムGを導入するのが自然なのに，実際にはなぜか導入していない。そうだとすれば，施設3とプログラムGとの間に，何か特異な関係性があるのではないかと考えることができる。そしてこのことは，最初の表3-1からは分からず，表3-3を作成して初めて分かる。その結果この点を，他の記録の検討によって，あるいはフォローアップ・インタビューなどによって，解明していくのである。

ここにあげた2つの例のように，質的マトリクスは，データをテクストとして読んでいただけでは分からないような，データに潜んだ意味を視覚化し顕在化して，分析者の目の前に示すような効果を有している。また，エクセルなどのソフトを使うことで，マトリクスのソート（並べ替え）も簡単に行える。ただしその際，1つのセルに複数の項目を書くとソートができなくなり，操作できないただの表になってしまう。マトリクスとして操作して分析するためには，1つのセルには1つの項目だけを記入する必要がある。

なお，筆者は大谷（1997a）で，コンピュータを用いた授業で生じるさまざまなトラブルについて，質的マトリクスを活用した分析を行っており，詳細に解説している。それもぜひ参考にして頂きたい。

**意味・因果ネットワーク**

図1は，CAI（Computer Assisted Instruction）による授業での児童どうしの教え合いについて筆者が分析した例である。CAIでは，ひとりひとりの学習履歴が記録され分析されて，それにもとづいてひとりひとりに適切な教材が提示される。たとえば，異分母分数の足し算を間違える場合，ある子は通分を間違え，ある子は帯分数を仮分数にするときに間違え，ある子は分母どうし分子どうしを足してしまったために間違える。そしてひとりひとりの子には，その子なりの間違え方があるため[4]，

第5章 データ分析 183

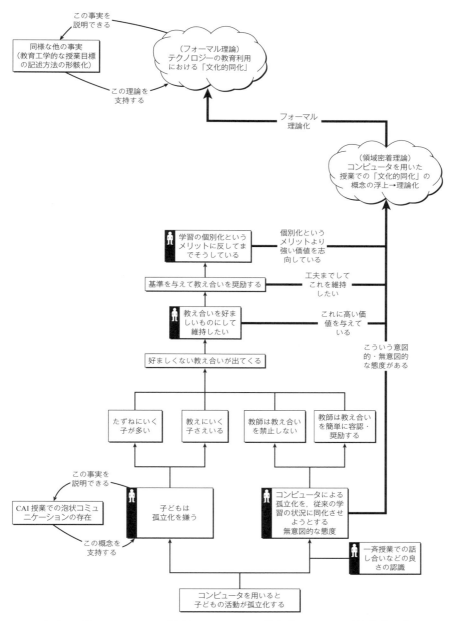

図1 意味・因果ネットワークの例「テクノロジーの教育利用における「文化的同化」の理論化」（大谷 1997a）

それを判定し，その子に合った教材が提示される。したがって，CAI では，その子はまずは間違えて良いのである。そのため，公開授業研究会などの機会には，授業者は，参観に来た他校の教師たちに，子どもが間違えても決して横から教えないようにと依頼する。しかしながら，そのことを理解しているはずの授業者自身が，子どもどうしの教え合いを奨励してしまうことがある。この図は，それがどうして生じるのかを分析したものである。詳細は大谷（1997a）に記されているので，これもぜひそちらを見て頂きたい。

いずれにせよ，このような図は，分析の結果を一度で表示したものではなく，表示しては変更し，変更しては表示して，因果関係や影響関係を検討し直していく。頭の中だけで検討するのではなく，検討の内容を頭から出して視覚的に認識し，その上でさらに頭に入れて練り直すということを繰り返す。これも質的データの処理であり，「質的データ分析」である。このようにして，結論に至る道を明示化explication することで，明晰で了解性の高い論述が可能となる。

### 3.4 インタビューと発話の解釈──発話に含まれる無自覚や自己欺瞞の可能性

筆者は，後述する SCAT の分析について「回答者の意志に沿った客観的なコードを付けるにはどうしたらいいか」と質問されたことがある。また，異なる表現だが，同様な質問を受けることは他にもある。このことを言い換えると，「質的研究で回答者の意志に沿った客観的な分析を行うにはどうしたらいいか」ということになるだろう。このことは重要である。そこで，これを考えるために，インタビューで，ある回答者が次のように言ったとしよう。

> 私は教育（医療）テクノロジーの介在によって教師と子ども（医療者と患者）との距離が遠くなることに，教育者（医療者）として不安を抱いています。不要なテクノロジーを介入させず，教師は子どもと（医療者は患者と）直接の関係を結ぶべきだと思っています。

このとき，事実は次のうちのどれであろうか。

① 本当にそう思っている。

---

[4] 日本のクラスルーム CAI の先駆的研究を主導した筑波大学の中山和彦教授は，このことを「子どもは正しく間違える」と表現している。

② そんなことはまったく思っておらず，どこからか学んだことを，そう言うべきだという考えで言っている。
③ テクノロジーの進歩についていけず，それを理解できず使いこなせないので，そのような自分を正当化するためにこう言っている。

このとき，たしかに①かもしれない。しかし本当は②かもしれないし③かもしれない。オルポート（2017）は質的研究における研究参加者の「欺瞞」と「自己欺瞞」の可能性に触れているが，そのように考えると，②は欺瞞であり③は自己欺瞞であると考えられるかもしれない。もちろん，欺瞞や自己欺瞞ではなく，気づいていないだけかもしれない。しかしこのとき，それだけでなくさらに，①であるとともに②，②であるとともに③，③であるとともに①，あるいは①，②，③のすべてであるかもしれない。人間の思考や感情はむしろつねにそのような両義性，多義性を有しているのが普通である。

だとすると，このとき，「回答者の意思に沿った客観的なコード」というのはいったい何になるだろうか。

## 3.5 氷山の一角としてのインタビュイーの語り

このように考えると，インタビューで得られる内容には，大きく分けて，次の3つの部分があるのだと考えられる。その内容の連続体，つまり意味の連続体を，海に浮かぶ氷山になぞらえて示してみる（図2）。

まず，海面上に出ている部分は，誰からも同じように見える部分である。「研究参加者が言った内容」は，この部分に相当する。しかし氷山には，海面下の部分がある。その比較的浅い部分には，「研究参加者が言いたかったがうまく言えなかった内容」などが含まれる。この部分は，海面下であるためにそのままでは見たり触れたりすることができないが，海に潜りさえすれば，比較的容易にそのあり方を見ることができるかもしれない。しかしさらに下の部分には，「研究参加者が思ってもいないが研究者が語りを分析して得られる内容」があり得る。この部分は海面下深くに存在している。したがってここに接近するのはなかなか困難である。ただしその方法がないわけではない。

では，このうちのどれを扱うのが質的研究だと言えるだろうか。

これに対する答えは，「質的研究はこれらのすべてを扱い得る」である。ただし

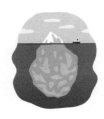
←**a**. 研究参加者が言った内容
←**b**. 研究参加者が言いたかったがうまく言えなかった内容
←**c**. 研究参加者が思ってもいないが研究者が語りを分析して得た内容

**図2　インタビューの氷山モデル**

それは質的研究全体としてである。個々の質的研究には **a** だけを扱うもの，**b** まで扱うもの，**c** まで扱うものがある。では，それらの研究の間では何が違うのだろうか。

　違うのはそれぞれのパラダイムである。いちばん上の **a** を主たる研究対象とするのは，実証主義 positivism パラダイムである。そこでは真実と事実の区別はなく，事実のみを聴き取り，事実のみを扱う。研究参加者が言った内容も，事実と確認できるものしか扱わない。歴史的事実を重視する立場でのライフヒストリー・インタビューなどはこれである。アンケートによる事実に関する調査などもこれに含まれる。このアプローチでは，分析の結果を研究参加者に返して見せて確認することに意味がある。

　**b** まで含めるのはポスト実証主義 post-positivism パラダイムである。このパラダイムでは，真実としての事実に迫ることを目的にしながらも，事実には完全に迫れないが，得られたデータを多様な方法で分析することで，意味を見いだしていくことを志向しており，方法としてはグラウンデッド・セオリーなどが用いられる。

　そして **c** まで扱おうとするのは，社会的構成主義や相互行為論や解釈学のパラダイムである。そこでは，真実は社会的に構成されると考える。また，意味は解釈によって生じ，かつ捉えられると考える。データ採取には「綿密な（掘り下げた）インタビュー in-depth interview」が，分析にはナラティブ分析や解釈学的アプローチなどが用いられる。ただし，パラダイムは歴史的に変化してきており，**a** だけを扱う質的研究は，現在はほとんど無いと言える。

　こう考えると，きわめて実証主義的な立場を除けば「質的研究では回答者の意志に沿った客観的な分析を行うわけではない」と考えるべきだし，したがって，今日の質的研究では，「回答者の意志に沿った客観的なコード」を探す必要はないと考えるべきだということになる。また，ここでは水面下の深さを，簡略化したモデルとして3段階に示したが，実際にはさらに多様なパラダイムがあり，水面下の深さ

第5章　データ分析　187

は多段階に，むしろ連続的になり得る。

　なお，筆者がよく使うこのメタファーについて，一度だけ，氷山は上から下まですべて実証主義的に観測可能ではないかと言われたことがある。これには，なるほどそういう理解もできるのだなと気づかされた。しかしこのメタファーで氷山が意味するものは，物理的実体としての「氷の塊」ではなく，「意味の塊」である。意味は実証主義的に観測することはできない。

## 3.6　メンバー・チェッキングの可能性の問題

　なお，質的研究では，分析結果を研究参加者に見せて確認することをメンバー・チェックあるいはメンバー・チェッキングと呼び，これが必要だとしばしば言われる。そこで，これを上の3つの研究で行うとどうなるかを考えてみよう。

　まず，**a** の実証主義的なパラダイムに依拠する質的研究であれば，上述のように分析の結果を研究参加者に返して見せて確認することに意味がある。これは事実を扱うので，事実として確認をしてもらうことになる。

　次に **b** のポスト実証主義のパラダイムに依拠する質的研究であれば，上述のように，分析結果は研究参加者が直接には言及しなかった社会的事実としての意味を抽出したようなものになるため，分析結果を研究参加者に見せると，「ああ，私の言ったことは，研究の世界ではそういうふうにまとめられるのですね」や，「ああ，私はそういうことが言いたかったということになるのですね」のような反応になるのではないかと思われる。

　しかし **c** の社会的構成主義や解釈主義のパラダイムに依拠する研究であれば，分析結果には，研究参加者が思ってもいないことまで含まれる可能性がある。たとえば，上記の例では，③の「この研究参加者は，テクノロジーの進歩についていけず，それを理解できず使いこなせないので，そのような自分を正当化するためにこう言っているのだ」という結論になり得るが，そのような分析結果を研究参加者に返せば「私はそんなことは言った覚えがない」，「私はそんなつもりで言ったのではない」，「私が本当はそんなことを考えていたなどと解釈されるのは心外だ」などと言われてしまう可能性がある。このとき，多様な先行研究から適切な分析的枠組みを使って妥当な分析が行われていて，それが論文に記述されていれば，論文読者はそれに納得してくれるだろう。しかし研究者でなく，かつ当事者である研究参加者は，それに納得しないことが十分にあり得る。したがって，**c** のパラダイムでは，メン

バー・チェッキングは行えないと考えるべきである。

　フリック（2011）は，多様なパラダイムの質的研究に触れて「コミュニケーションによる妥当化あるいはメンバー・チェックのやり方は，調査対象者個人のものの見方を超えるような解釈を行うとする場合に問題になる。社会的ないし心理的な無意識に踏み込んだデータ解釈をしようとする場合や，さまざまな主観的見方の差異から解釈を導き出そうとする場合がそれで，そのような場合に調査対象者自身が同意したかどうかで，妥当性を評価することは適切ではない」としている。ようするに，メンバー・チェックという分析の妥当性確認の概念と方法は，質的研究における他のほとんどの概念・方法と同じで，特定のパラダイムに依拠しているのであって，質的研究全体に普遍的に有効な手法ではないのである。もちろん実証主義やポスト実証主義のパラダイムは現在も存在しているので，その範囲でなら，それが有効であることに変わりはない。しかしそれ以外のパラダイムの研究に，そのような概念を無検討に適用しようとすれば，大きな問題を生じさせることを深く認識するべきである。

　なお，cのようなパラダイムの質的研究では，メンバー・チェッキングを行うことに意味がないので行わないのだが，その場合，出版された論文の中に引用された発話を見た研究参加者が，その発話が自分のものだと分かって，その分析結果に納得しないことがないとは言えない。それについては，第8章7節で論じたい。

## 4　「分析の妥当性を高めるためのスーパービジョン」の問題

　筆者は，日本の特定のいくつかの領域の論文に固有の問題として，妥当性確認validationについての記述方法をあげたい。それらの論文には，しばしば「質的研究の専門家のスーパーバイズを受けた」「質的研究の経験のある者にスーパーバイズを受けた」という記述がある。筆者の知る限り，このような記述は，その領域と，その領域に影響を受けたと推測される別の領域の論文を除けば，他の領域ではまず存在しない。このことからも分かるように，このような記述は大きな問題を持っている[5]。以下に理由をあげる。

---

[5] 保健師教育に関する2017年のある学会誌論文には，「研究の信用性（credibility）を保証するために（中略）SCAT開発者に8時間のスーパーバイズを受けた」と書かれている。しかし筆者が行ったのはSCATの使用についての指導であって，研究の信用性を保証するため

## 4.1 そのスーパーバイザーの資質，経験，能力と具体的関与が不明である

　そもそもそのスーパーバイザーとはどういう資質，経験，能力を有する人なのか，これまでにどのような研究を発表してきた人なのか，そのような情報が開示されず，多くは単に「質的研究の専門家」のように書かれている。これでは，査読者や読者は，そのスーパーバイザーのスーパービジョンの能力を判断できないのだから，その記述だけで，分析の妥当性が担保されていると評価することはできない。

　また，そのスーパーバイザーが，何をどこまでチェックしたのかも分からない。元のデータも読んだのか，分析のすべての過程を見たのか，そうではなく，分析結果だけを見て，データからではなく，「一般的に妥当なことが言えている」と判断したのか，そういうこともまったく分からない。つまり，査読者も読者も，そのスーパービジョンが適切に行われたかどうか，判断できない。

　戈木（2006）は，「分析の妥当性」に関して「データの内容を正確にとらえて分析するために，研究会の仲間やスーパーバイザーに点検してもらったのであれば，それも書いた方がよいでしょう」と述べている。筆者は，それが自分たちの研究を仲間内で発表する資料に書かれるなら，とくに反対ではない。しかし論文にそれが書かれるのは，やはり問題である。上記のようにそもそも，その「研究会の仲間」や「スーパーバイザー」にその妥当性を担保するだけの資質と経験があるかどうかが，査読者にも読者にも分からないのだから，それは無意味な情報であり，無意味な情報に自分の分析の妥当性を担保させようとしている点で，論文執筆者として不適格だからである。

　ただし，戈木（2006）は「このフレーズがついた論文の中には，いったいどんな人からスーパーバイズを受けたのだろうと思わせてしまう不思議論文も少なくありません。「質的研究の専門家」の定義は一定したものではないようです」と書いて，穏やかながら，批判も行っている。また，グレッグ（2016）は，論文でのこのような記述が無意味であることを指摘した上で，「指導者のスーパービジョンは重要であり，それを受けることには何ら問題はなく，研究過程の中では望ましいことである。しかしそのことと，研究結果の厳密性が確保されることとは別である」としている。

---

のスーパービジョンではない。

## 4.2 それは研究組織の秘匿（ゴースト・オーサーシップ）に相当する

　しかも，共著者でない人が論文の内容に関与しているのは論文執筆・投稿ルールに照らしてもおかしい。その論文に関与したのなら，共著者として堂々と名前を出すべきであり，名前を出せない理由はどこにもないはずである。論文に関与した人が著者以外にいて，その名前が明らかにされていないということは，研究組織の一部を秘匿し，研究組織全体を開示していないということであるから，著者名というその論文の最も基本となる部分が，研究の「透明性 transparency」の観点から大きな問題を抱えていることになる。それは「研究公正」上，「ゴースト・オーサーシップ」に相当する。今日の研究規範の観点からは，そのような研究は研究として認められるものではない。

　したがって，もしそういう人がいるのなら，その人には，スーパービジョンを受けるのではなく，共同研究者として研究に参加してもらうべきである。そして，その人を共著者に入れ，その研究におけるその人の責任分担を明示しなければならない。

## 4.3 質的研究は権威を肯定しない

　そして筆者が，このことの最も重大な問題だと考えるのは，「こういう人がチェックしたから妥当なのだ」という主張は，その人の権威に依存した主張だということである。分析結果の妥当性だけでなく，研究で満たすべきどの条件も，つまり，客観性も信頼性も，権威者が決められるものではない。それは量的研究でも質的研究でも同じである。そもそも「権威」は科学が否定するものであるが，質的研究はとくに，その背景に，権威を肯定しない姿勢が必要である。権威におもねらず，権威に依存せず，権威に挑戦し，その権威の壁を貫き通し，いつかそれを突き崩して，人々のために革新的で創造的な知見を創出していくのが質的研究だからである。

　どのような研究にも，スーパービジョンはあるべきである。しかしスーパービジョンを受けるべきは，分析結果の妥当性についてではなく，妥当性を確保するための研究手法についてである。その点では，量的研究もまったく同じであろう。分析の妥当性は，あくまで，科学性と反証可能性のある分析手続きの明示とその結果によって評価されるべきものだからである。そしてそのためには，誰もが参照することができ批判することができる先行研究（他分野のものを含む）を利用して手続き

を設定し，分析の過程や結果も，そのような先行研究と突き合わせて検討しなければならない。

　質的研究にとってだけでなく，量的研究にとっても，結果の妥当性を担保できるスーパーバイザーなど存在しない。それは，そういう高い能力をもった人などいないという意味ではない。研究とは，権威者に妥当性を担保してもらって成立するようなものでは決してないという意味である。

## 4.4　そう書かなければならない本当の理由は何か

　ところで，セミナーやワークショップでそう説明すると，「そう書かないと論文として採録されない」と主張する参加者がいるが，本当だろうか？　本当はそうではなく，論文著者にとっては，査読者や読者に分析の妥当性を実感させられないような，物足りない論文を書いてしまったからこそ，そう書いておきたいのではないか。そして査読者や読者にとっては，分析の妥当性を実感できず，物足りない論文だからこそ，そう書いてあることを望むのではないか。つまり，そう書きたいのも，そう書くことが許されるのも，分析の妥当性がないからこそではないか。そうだとすれば，そう書くことは，著者自身が，その論文の分析の妥当性を確信していないということを暴露していることに他ならない。

　なお，上記のように，このような習慣をもつ特定の領域の論文から影響を受けたと考えられる別の領域の論文に同様な例が散見された。もしこれらが筆者の推察どおりに元の領域の研究からの影響であるなら，その元の領域の研究は，問題ある習慣を他領域に輸出し，学問領域を超えた「芋ごろごろ」を生じさせてしまっていることになる。その元の領域は，早くから質的研究に取り組んできた点で，他の領域に対して大きな影響力を有しており，優れた書物もたくさん存在していて，本書にも多く引用している。そのことには筆者も深い敬意を有している。しかしだからこそ，このような習慣は，即刻やめるべきだと筆者は述べたい。

　なお，質的研究の専門家に分析の妥当性を見てもらうのではなく，自分の専門領域外に及ぶ研究をするときに，その領域の専門家に分析で使用する概念の妥当性などのチェックを受けることがあり得る。その場合，そのチェックを行った人物が共著者に入っていれば，それはここで問題視していることとは異なっている。たとえば，西／森他（2013）は「緩和ケア医を志す若手医師の教育・研修に関連したニーズ―質的研究の結果から―」と題した研究で，グループディスカッションの逐語記

録とアンケートの自由記述にコードを付し，コードをまとめてカテゴリーを，カテゴリーをまとめてサブカテゴリーを構成している。そして，「サブカテゴリー，カテゴリーが適切であるかについての確認は，緩和ケア研究者からスーパービジョンを受けた」としている。そしてこの論文の著者の中には，そのスーパービジョンを行ったと思われる「緩和ケア研究者」が見いだせる。その点でこれはゴースト・オーサーシップには該当しない。ただしそれでも筆者には，それを「スーパービジョン」と呼ぶのが適切であるとは思えない。なぜならスーパービジョンには，管理，監督，指揮という意味があり，このことばを使う以上，権威と強制のニュアンスが拭えないからである。

# 第6章

# 理論化とモデル化

## 1 質的研究における理論化

　筆者は，質的研究においては理論化 theorization が重要であると認識している。そのため後述の SCAT も，最終的には「理論記述」を行う質的データ分析手法として構成されている。

　筆者が理論化を重視するのは，第一に，質的研究を科学として実施するためである。たとえば高木（2016）は，質的研究の科学性に関する論考において，次のように述べている。「科学的研究は，ある理論に基づき演繹的でなければならず，帰納的方法は理論構築の手段ではあるが，科学的研究には特定の理論が必要である。このため，理論構築に関係しない単なる記述的研究は科学とはいえないし，反証できないような理論は，非科学として意味のない理論である。」つまりここで高木は，質的研究の科学的研究としての文脈から，質的研究が反証可能性のある「理論」を得るべきであると述べている。いっぽう，理論を得ることの必要は，質的研究の社会的な機能や役割の文脈からも論じられている。たとえば平井（2013）は，質的研究の意義を，「社会の急速な変化により生活世界が多様化することで，新しい文脈や視野に対応するには，演繹的方法（既存の理論モデルから設問・仮説を導き，実証的データと比較する）では対応しきれない。よって，実証的データから新たに理論を作る帰納的な研究の戦略が必要となる。この場合，知と行為は地域的（ローカル）なものとみなされる」とまとめて，「新たに理論を作る」ことこそが，今日における質的研究に課せられた課題であるとしている。このように，質的研究の成果

は，まず理論として提示することが求められる。

　そして筆者が理論化を重視する第二の理由は，「はじめに」で述べたように，質的研究を，人間が人間になんらかの働きかけをするような営為を扱う研究，つまり人間科学であると考えるからであり，そこには，その営為の根拠となるような理論が必要だからである。しかしながら，本書で何度も強調しているように，質的研究で求めるべき理論は，処方的なものであるより記述的なものであるべきだと筆者は考えている。その意味で，人間が人間になんらかの働きかけをするような営為を扱う研究であっても，その働きかけを「どうすればいいか」を示すような処方的理論を求めるべきだと論じているのではない。そのような働きかけが，どのような背景や要因からどのような影響を受けながら，どのようになされているのか，つまり「どうなっているか」についての記述的理論を求めるべきだと考えている。

　ところで，オランダの人類学者で，『多としての身体―医療実践における存在論―』の著者であるモル（2011）は，「理論とは何か」という講演で次のように述べる。

> 理論は事実の後に現れるものではありません（事実を後から要約したり，「説明的フレーム」でまとめるものではない）。しかし理論は，事実に先立つものでもありません（特定の事実が論証や反証に役立つかどうかを前もって決定するものとして存在しているのではない）。そうではなく，事実を表しながら，そこで起こっていることを明示しながら，事実と共に現れるのです。研究対象をフレーム化し，関連する事柄を強調しながら。このように理論とは，現実を秩序化する方法なのです。

　この多少難解だが魅力的な引用部分は，少なくとも，理論は事実を規定するものではないが，事実を説明するだけのものでもなく，理論は現実とともに生成と再生を繰り返しながら，現実の理解に資するものだと述べていると理解できるのではないか。

　このように考えると，「理論化」と「記述」とは，決して峻別するべき仕事ではなく，連続的な仕事である。ただし，記述的理論とは，観察されたり語られたりした「できごとの記述」ではなく，あくまで「意味の記述」である。記述的理論が理論であるためには，そこで記述されているのは，諸概念の関連が構造的に示された「意味」である必要がある[1]。

## 2　質的研究におけるモデル化

　このような理論は，通常はことばで記述される。しかしそれは，さまざまなモデルとして表象されることもある。たとえば三浦（2003）は，「理論的モデル」あるいは「理論のモデル」を，「理論を充足する非言語的な存在」とし，「理論的モデルとはある仕方で記述される構造である」としている。

　この点で分かりやすいのは，量的研究におけるモデルであろう。量的研究のモデルは，諸要因間の数量的関係の静的あるいは操作的な表象であると考えられるが，それは，数式で表されるような諸要因の関連構造を，二次元や三次元のイメージや図で表現することで，理解を促進する機能を有しているものと考えられる。

　それに対して，質的研究の知見である理論として示されるモデルは，量的研究のそれとは異なる機能を持っている。たとえば筆者は，インターネットが学校の内側に入って学校文化との間にコンフリクトを起こす可能性について，「トロイの木馬」（大谷 1997b）というモデルを用いて示している。また，第4章7節で紹介したように，学校が，学校に導入されたテクノロジーを文化的に同化してしまう特性を「神神の微笑モデル」（大谷 2008b）として示している。ここでこれらのモデルは，数学的なモデルのように，諸要因の関連構造を示しているのではない。むしろその全体的な仕組みのもつ「意味」を，メタファーを用いて表象している。そしてその際，上記のモル（2011）が述べるように，理論が現実との往還関係をもって相互に生起するような存在であるなら，理論は，ことばで静的に記述されるだけでなく，それが読者の中で再生され，生起するようなものとして，また読者の体験に応じて，それが読者によってあらためて描き出されるような表象として示されるのではないか。むしろ質的研究におけるモデルとは，そのような特性を有した動的な表象であり，その点が，諸要因間の数量的関係の静的あるいは操作的な表象と考えられる量

---

[1] 文化人類学などは，このような諸概念の関連構造を解釈すること，あるいは解明しようとすることを主たる目的とせず，主に記述することに，その学問的意義を見いだし，それを保持しているように思われる。たとえば筆者の所属する研究科には，「教育人類学」という領域があり，その領域の博士論文の審査に加わることがあるが，それは，筆者の研究的立場からは，また，筆者が行っている博士論文指導の立場からは，なぜ，この諸要因の関連を，分析的枠組みを適用して解釈したり推定したりしないのだろう，どうして，できごとを記述することに専念しているのだろう，と歯がゆく思えるような内容である。しかしそれは，その学問固有の目的でありアプローチであるのだと認識し，そのような違いをまた，筆者なりに味わい，享受している。

的研究におけるモデルとは異なっているのだと考えることができよう。

　また，量的研究のモデルが表象する諸要因間の数量的関係は，多くのnから帰納的に抽象されたものであり，それは同様の対象に適用できる。それはちょうど，量的研究では，母集団からサンプルを抽出し，そのサンプルから得た理論が，母集団に適用できるのと同じである。それに対して，質的研究のモデルは，むしろ事例的な研究結果から演繹的に描き出されるものとしての性格を有していると考えることもできる。たとえば上記の「トロイの木馬モデル」や「神神の微笑モデル」は，決して1つだけのケースの研究から表象したものではないが，それでも，小数の事例の集中的な検討によって抽出されたものであって，他の多様な教育的事象を観察し，検討するときに，その事象の特性によって，このモデルが想起され，その事象のある側面あるいは局面にモデルが投影され，その事象全体の理解が可能になるような，演繹的な特性を有していると言える。

　そしてそのようなモデルは，むしろ研究の結果が表象されるだけでなく，研究の過程で描かれ始める場合が多い。たとえば後述のSCATの〈4〉のコードとして，筆者は積極的にメタファーを使うことを勧めている。このように，質的研究におけるモデルは，単に結果の表象なのではなく，研究者にとって，むしろできごとやその意味の把握のための分析的手続きに組み込まれ得るような，有効な分析媒体であると言うことも可能である。

　質的研究では，このような考えに立ち，研究者と研究の読者の中で，新たな意味の把握と構成に資するような，堅実でありながら大胆なモデル化が試みられるべきだと考える。

# 第7章

# 質的研究の結果の表象

　以上のように実施された質的研究の結果は，どのように書き表されるのだろうか。それは量的研究の結果の表し方とは異なるのだろうか。あるいはまた，「書き表す」以外の表象の方法もあるのだろうか。ここではまず，質的研究論文のタイトルの多様な可能性について扱い，その上で質的研究論文の量的研究とは異なる執筆形式について触れ，そして質的研究で必要とされる reflexivity（反射性）の記述の必要について述べる。最後に，研究結果の表象のアートを含む多様なあり方について扱う。

## 1　質的研究論文のタイトル

　質的研究論文のタイトルは，第一に，研究の目的と内容を客観的かつ端的に表したものである必要がある。これは量的研究と同じである。

### 1.1　修辞的でプレイフルなタイトル

　ただし量的研究の場合，その研究の研究デザインが書かれ，仮説があれば仮説が書かれるべきだとされることもある。
　いっぽう質的研究の場合は，量的研究とは異なり，ある程度修辞的で遊び心があって（playful で）インパクトのあるタイトルが効果的であることもある[1]。もちろ

---

[1] 多くの場合，倫理審査委員会に提出する研究のタイトルと執筆する論文のタイトルは変え

ん研究を計画したときにはごく当たり前のタイトルを付けて研究倫理審査の申請をすることになるだろうが，研究を進めるうちに，分析結果として得られた知見から，またインタビュイーの発話から，特徴的なタイトルを付けることができる場合もある。たとえば次の論文のタイトルを見て頂きたい。

Mukohara, K./Ban, N./Sobue, G./Shimada, Y./Otani, T./Yamada, S.（2006）Follow the Patient : Process and Outcome Evaluation of Medical Students' Educational Experiences Accompanying Outpatients. *Medical Education*. 40(2). 158-165

これは，医学部 5 年生が附属病院で行う実習についての論文である。その実習は，説明によって同意の得られた外来患者さんに，医学生が（当時は）2 人 1 組で付いて回り，診察を受けるまでの種々の検査などを一緒に体験するものである。外来患者さんには実施後にアンケートに答えて頂き，医学生にはフォーカス・グループを実施してデータとし，それを分析した研究である（つまりこれは純粋に質的ではなく MMR（Mixed Methods Research）である）。注意すべきことは，ここで研究の内容を端的に表しているのは副題であり，正題はむしろアイ・キャッチャー的な機能を担っていることである。

しかもその正題を大変に短く "Follow the Patient"（その患者に付いて行け）という，自分にとっての命令形にすることで，なにか，そこに登場する医学生の意欲や使命感や責任感のようなものを感じさせ，その論文への関心を高める効果があると言えるのではないだろうか。

### 1.2　名句のもじり（パロディ，本歌取り）によるタイトル

また，次の論文を見てみよう。

Nishigori, H./Otani, T./Plint, S./Uchino, M./Ban, N.（2009）I came, I saw, I reflected : a qualitative study into learning outcomes of international electives for Japanese and British medical students. *Medical Teacher*. 31(5). 196-201

これは，外国の大学の医学部の授業を選択科目として受講するプログラム International Medical Electives Program を利用して英国の大学の医学部で学んだ 15 人の

---

てよい。その場合は，論文にはこのようなタイトルを付けるのが良い。

日本人医学生と，同様のプログラムで日本の医学部で学んだ6人の英国人医学生とに個別インタビューを行い，その学習成果について明らかにした論文である。注意すべきことは，ここでも，研究の内容を端的に表しているのは副題であり，正題はむしろアイ・キャッチャー的な機能を担っていることである。

　正題の "I came, I saw, I reflected" は，日本人にもなじみのあるジュリアス・シーザーの「来た，見た，勝った（ラテン語で "Veni Vidi Vici"）」の英語 "I came, I saw, I conquered" をもじり（本歌取り，あるいはパロディとも表現できよう），その「勝った conquered」を，「振り返った／省察した reflected」に変えたものである。それは，外国の大学の医学部に，その国の医学を学ぼうと勇んで出かけていった医学生たちの学習成果のひとつには，これまで自分が自国で受けてきた医学教育を振り返ることがあったことに着目したものである。このタイトルは，ローマ時代以来の西洋の2000年の文化的文脈に位置づけられながらも，本来の語の最後の「勝った」の持つ勢いを，「振り返った／省察した」に変えることで，軟らかく「はずす」意外性を有している。このタイトルは，投稿時には，査読者に対して，著者が西洋文化に明るく，国際的な視野と文化的背景を有していることを示唆し，採録後は，国際的にインパクトのあるタイトルで読者に印象深く訴えるとともに，この日本人著者の西洋文化への理解の深さをも暗示するものと考えられる。

　さらに，もうひとつ例をあげよう。次の論文は後述のSCATを用いた論文でもある。

Takahashi, N./Aomatsu, M./Saiki, T./Otani, T./Ban, N. (2018) Listen to the outpatient : qualitative explanatory study on medical students' recognition of outpatients' narratives in combined ambulatory clerkship and peer role-play. *BMC Medical Education.* 18(299)

　この論文は，外来患者の診察に同席した医学生が，その外来患者の発話にもとづいて書いたシナリオを使って行われた医療面接のロールプレイの実習について，それに参加した医学生のフォーカス・グループの記録を分析することで，外来患者のことばをシナリオにして行うこの実習でしか得られない学習成果があることを示したものである。正題の "Listen to the outpatient" は，カナダの医師，医学者，医学教育者であり病名にもその名を残すウィリアム・オスラー（1849-1919）の有名なことば "Listen to the patient. He is telling you the diagnosis" の "patient"（患者）を "outpatient"（外来患者）に置き換えたものである[2]。これも有名なことばのもじりであって，「患者の声を聴け」という世界中の医学会で知られているオスラーの有

名なことばを使って，「外来患者の声を聴く」ことを企図したこの医療面接のロールプレイの重要性を示そうとしたタイトルである[3]。

## 1.3　インタビューでの発話の引用によるタイトル

また他に，次のようなタイトルも参考になる。

Lundh, H./Sandberg, J./Nolan, M. (2000) 'I don't have any other choice': spouses' experiences of placing a partner in a care home for older people in Sweden. *Journal of Advanced Nursing*. 32(5). 1178-1186

Forbes, S. (2001) This is Heaven's waiting room: end of life in one nursing home. *Journal of gerontological nursing*. 27(11). 37-45

Vincent, K. A. (2015) 'It's the best thing I've done in a long while': teenage mothers' experiences of educational alternatives. *Critical Studies in Education*. 57(1). 55-69

　これらも上記の3件の論文タイトルと同じで，正題は主にアイ・キャッチャー的な機能を有しており，研究内容を端的に表すのはむしろ副題である。正題はそれぞれ，「'他に選択肢がなかったのよ'」「ここは天国の待合室なの」「'それは長い間で私のした最高のことだった'」であり，研究参加者の発話から取られている。しかもこれらの場合，その正題には，この研究が明らかにしたことの一端が，ほのめかすように示されている。その点で上に紹介した3例とは異なっている。それはこれらがインタビューの発話から取られているからである。

　そしてそのことによってこの3件の正題は，アイ・キャッチャー以上の機能も有している。それは，このタイトルには，副題も含め，どこにも研究のデザインがインタビュー研究であることを示していないにもかかわらず，この正題によって，これがインタビュー研究であることが明確に分かることである。実際，これらはそれぞれ14人，13人，14人にインタビューした研究である。そしてこのタイトルを見

---

[2] オスラーが医学教育で果たした意義については，日野原 (2014) が簡潔で包括的である。
[3] 以上の3本は筆者が共著者になっている論文である。このうち Mukohara et al. (2006) のタイトルは全体を第一著者が付けたが，Nishigori et al. (2009) と Takahashi et al. (2018) の正題部分はそれぞれ第二著者と第四著者である Otani つまり筆者が付けたものである。したがって，後者の2つの論文の主題についての本書における評価は，完全に主観的なものである。

た者には，（とくに最初と最後のものにはシングルクォーテーションが使われて，研究参加者の発話からの引用であることが強調されており）これらの論文が研究参加者による，短いが深い意味をもつこのような生き生きとした発話にもとづいて書かれたものであると推察できるし，他にも同様の興味深い発話が引用されているに違いないという期待を持たせる。

## 1.4 質的研究論文のタイトルと「読む人の心を動かす力」

　サンデロウスキー（2013）は，質的研究の論文中の引用について，研究報告では，真実性こそが引用に最も大切なものだが，「読む人の心を動かす力」も必要であり，それによって，そうでなければ聞こえてこなかったかもしれない人々の声に，より多くの注目を集めることができると述べている。このことは，引用だけでなく質的研究論文のタイトルについても言えるのではないか。つまり，そのタイトルを見た人がその論文を読もうと思うような，「読む人の心を動かす力」が，タイトルには必要であり，それによって初めて，その論文で扱われた人々の声に，より多くの注目を集めることができるのではないか。

　量的研究は，タイトルに，何をどこまで明らかにしようとしたものかがはっきり書かれるし，研究デザイン，地域，仮説なども書かれる。また量的・実証的研究では，研究テーマの選び方が，質的研究よりはるかに積分性（石谷 1977）の高いものであるため，その研究課題こそが次に研究すべき課題であるという研究課題のrelevancyが，多くの人に共有されていることが多い。そのため，その研究を読むか読まないかの判断のほとんどは，そのタイトルの内容で決めることができる。それに対して質的研究では，量的研究と異なって，一般的に共有されたrelevancyにもとづいて研究がなされるとは限らない。つまり，次に研究すべき共有された課題はこれであるという共通認識がなく，個々の研究ごとにきわめてオリジナルなリサーチ・クエスチョンが立てられ，その研究を見て初めて，「ああ，こういう研究テーマがあり得るのか」と思わせられることも多い。そのために，タイトルで，何を明らかにしようとしたかを書いただけでは，その研究の意義は分からない。むしろ，タイトルを見て内容が分かっても，その論文に興味を持ってもらえなければ，その研究は読まれない。したがって，研究に参加してくれたすべての人達の貢献に報いるためにも，論文が読まれるようなタイトル，つまり「ああ，こういう研究テーマがあり得るのか」の前に，「これはいったいどういう研究なのだろう？」と思わせ，

その上で,「そうか,こういう研究があり得るのだな。それは大変興味深い!」と思わせるようなタイトルを付けることは,必要で意義のあることだと思われる。

そのため,正題で読者の注意や疑問を喚起して目を釘付けにし,副題に導いて内容を大まかに把握させる。そのことが,読者に次に論文のアブストラクトを読ませて方法や結論を含む研究の概略を把握させ,最終的には論文本文へと導く。優れたタイトルは,そのはじめの1歩目と2歩目を形成するに足る,十分にアーティスティックなものであって良いのだと,筆者は考えている。

## 2 　質的研究論文の執筆形式（IMRaDと質的研究）

量的・実証的研究論文には,その執筆のための形式がある。そして,それ以外の形式を見たことのない人は,それが唯一絶対の論文執筆形式だと思っていることも多い。そのため,そのような領域の人は,質的研究の論文もそのような形式で書くものだと思っていることがある。

それは本書でもたびたび触れてきたIMRaD（あるいはIMRAD）である。IMRaDは「イムラッド」と読まれ,

| Introduction | 導入（研究の背景・目的） |
|---|---|
| Methods | 方法（測定方法と分析方法） |
| Results and | 結果（測定結果と分析結果） |
| Discussion | 考察（結果の検討と考察） |

の頭文字を取ったものである。学会誌の投稿規定などにも,論文はこの方式で（IMRaDということばは用いていないとしても）記述して投稿するようにと指示があるものは多い。

しかしながら,質的研究の論文はこの形式には本来適合しない。それは,量的研究では,Methodsの通りに測定と分析を実施すれば,Resultsつまり測定結果と分析結果が得られるのに対して,<u>質的研究ではDiscussionを経なければResultsが得られない</u>からである。あるいは,<u>質的研究の分析にはDiscussionが含まれる</u>からである。実際に,質的研究では,Methodsで記述した定式的手続きだけでは分析を終了してResultsを出すことができず,文献の引用などによって分析が進展する。

ではどうしたらいいか？　以下のような方法が考えられる。

　IMRaDで無理に書く方法1：この場合，Resultsには，測定（データ採取）結果の一部までを書く。たとえば，「インタビュイー○人の背景は表○の通りであった。インタビューは平均○時間，延べ○時間分のインタビュー記録を得た。文字化すると総文字数は○文字であった」等である。そして，データの分析と検討はすべてDiscussionに書く。

　IMRaDで無理に書く方法2：Resultsに，おおまかな分析結果を書く。そして，Discussionに，文献を引用しながら，さらに進んだ分析と考察とを書く。

　IMaR＋Dで書く方法：これは，RとDをResults and Discussion「結果と考察」としてまとめて書く方法である。このような論文は，実際に量的研究でも存在している。

　そして最後に，IMRaDで書かない方法がある。ただしこの方法ではIMRaDで書いてある論文にしか触れたことのない量的研究者には，形式的に受け入れられないかもしれないし，受け入れられたとしても了解が困難であるかもしれない。

　しかしいずれにせよ，読者は以上を参考に，それぞれの研究に合った形式を選ぶべきである。（質的研究のためのガイドラインについては，第3章2節も参照されたい。）

## 3　Reflexivityの記述

　質的研究では，reflexivity（反射性，反映性，再帰性）を重視することが求められる。reflexivityとは，研究者自身の持つ特性が，研究に反映することを意味している。多くの本でreflexivityは「反省」と訳されているが，それは間違いである。このような間違いは，そもそも欧米でもreflexivityの意味が正しく理解されず，self-questioningのことだとされてしまうことがあるためである。つまりそれは，reflexivityについての芋ごろごろが欧米にもあり，それが海を渡って日本にも到来しているということである。（このことについてシルヴァーマン（2006）も，「それはself-questioningのことではない」と強調しているので，ぜひ参照されたい。）

　reflexivityとは，著者の特性が，研究の全体を通して，しかも著者の気づかないうちに，その研究に影響を与えることである。したがって研究者は，自分がどのような特性を有していて，その特性がその研究にどのように影響を与えている可能性

があるのかを，研究の全体を通して，深く省察する必要がある。しかしそれは研究者が自身の内で行っておけば良いのではなく，それを外化して，論文に記述しておく必要がある。それによって，査読者や読者にその情報を開示し，査読者や読者がそのような面から，その論文を批判的に検討することができるようにする。そのことで，研究者が自分では気づいていない reflexivity の指摘を受けることもあり得る。しかしそれは，それをきっかけとして，研究者が自分の研究をさらに批判的に省察し検討することで，研究と研究者を発展させる機会となるものである。

　本書でも何度か取り上げている質的研究の最新の報告基準 SRQR でも，Methods に Researcher characteristics and reflexivity を記述するべきだとしており，その内容は次の通りである。

**研究者の特性と反射性**──［前者として］その研究に影響を与え得る研究者の特性，つまり，個人的属性，資格／経験，研究参加者らとの関係性，想定および／あるいは推定など。［後者として］リサーチ・クエスチョンやアプローチ，方法，結果，そして／あるいは転移性の間の，潜在的あるいは実際の相互作用（括弧内は引用者）

　本書に掲載した「本書の著者の研究的背景」は非常に長いが，通常の論文であれば，reflexivity の要点を端的に短く書いておくべきである。そしてもちろん，書けば良いのではなく，書いたことにもとづいて，つねに省察が行われるべきである。

## 4　アートを含む多様な表象

　今日の質的研究の結果は，つねに論文としてだけ表象されるのではない。そのため質的研究の国際学会では，多様なプレゼンテーションに触れることがある。

　たとえば，ある人々が社会の中で受ける差別や周辺化について研究した結果を発表する際に，そのような状況を参加者に模擬的に体験させる目的で，特別にルールを工夫した椅子取りゲームのようなものをデザインし，発表会場で実際にそのゲームを行うものがある。これは聴衆を参加させる点でワークショップ・プレゼンテーション workshop presentation や対話的プレゼンテーション interactive presentation と呼ばれるものである。

　また，演劇のような形式での発表もなされている。たとえば筆者は，高校の体育

科教師が生徒に対して有しているジェンダー・バイアスに関する研究結果を，複数の研究機関に所属する数人の研究者が，高校の体育科教員室での教員らの会話の形で演じた発表（身体的な演技はなく台本を読んで台詞だけで演じる）に触れたことがある。これはパフォーマンス・エスノグラフィ performance ethnography と呼ばれる方法である。パフォーマンス・エスノグラフィと質的研究におけるその背景や意義については，高尾（2010）が大変詳しいので参考にされたい。

　また，第4章9節でアートによるデータ採取について述べたが，今日の質的研究では，同様に，「アートを用いた研究結果の表象」も行われている。たとえば筆者は，発表の最後に発表者が歌を歌った口頭発表を聴いたことがある。しかし，パフォーマンスの行いやすい口頭発表だけでなく，論文でもアートを用いたものはある。それは修士論文や博士論文でも採用されており，楽譜を多用した博士論文やハイパーテキストによって動画を含んだ博士論文も存在していて，アートを用いた研究結果の表象は広がっている。一例としては，カナダのコンコルディア大学の Kathleen Vaughan は，カナダのヨーク大学で *Finding Home : Knowledge, Collage and the Local Environments* という博士論文によって PhD を取得したが，その主要な部分は文字ではなく，研究結果をテキスタイルデザインとして表現したものである。制作されたテキスタイルは，もちろんそのままでは博士論文に含めることができないので，それを適切かつ効果的に撮影することのできる写真家によって撮影された写真が博士論文に収められている。また彼女は，それらの作品を用いて，展示やインスタレーション（多用な手法による芸術的環境空間展示）も行っており，それらはすべて博士論文の研究の一環となっている。

　ちなみに，彼女がこの博士論文について解説している Vaughan（2009）には，通常のような140ワードほどの抄録が含まれているが，この論文を掲載している *International Journal of Education & the Art* のインターネット上のサイトでは，この論文に同時に「視覚的アブストラクト visual abstract」も付されているのを見ることができる[4]。それだけでなく，このサイトでは，2010年2月の Vol. 11(2) 以降のすべての論文に「視覚的アブストラクト」が付されている。さらに，同誌 Vol. 9(1) の Cuero/Bonner/Smith/Schwartz/Touchstone/Vela（2008）は，動画を含む PDF の形で論文が掲載されている。このように，論文にも視覚的なものが組み込まれるようになってきている。

---

[4] http://www.ijea.org/v10n13/index.html（2019年1月13日閲覧）

なお，これも第4章9節で記したが，アートを用いた研究は Art-based Study あるいは Art-informed Study と呼ばれ，Knowles（2007），Pearman（2009），Barone/Eisner（2011），Leavy（2015, 2017）などに詳しい解説がある。

# 第 8 章

# 質的研究の研究倫理

## 1　研究倫理への深い配慮の必要性

　量的研究が主に客観的なデータを採取するのに対して，あるいは，客観化した形で測定されたデータを採取するのに対して，質的研究は研究対象となる個人や集団の営みを詳細に観察したりその話を詳細に聴き取ったりすることで成立する。つまり，質的研究では，量的研究に比して，研究参加者に関するはるかに多くのプライバシーあるいは個人情報を取得することになる。くわえて，参加観察などでの質的研究者の参加は，対象となる個人や集団の営みに影響を与える。

　また，医療系の研究では，以前は「観血性（侵襲性）のない研究の倫理審査は迅速審査で良い」とされていたこともあるが，質的研究は，身体的な侵襲性はほとんどなくても，辛い体験を思い出して語ってもらうなど，心理的・精神的な侵襲性が高い場合があるし，年収や学歴など社会・経済的な背景を詳細に聞き取る必要がある時など，社会・経済的な侵襲性が高いと考えなければならない場合もある。

　さらに，医療研究として問題にならなくても，教育研究として倫理的問題になる場合がある（青松／大谷 2014）。そしてなにより，研究倫理への配慮の質が，採取されるデータの質を左右する。したがって研究倫理への配慮は，研究参加者を尊重し，その権利を守るだけでなく，研究の質と直結している。

## 2 「研究参加しないことは不利益にならない」という説明の問題
——研究倫理は研究デザインで保証する

　研究参加者を募集するとき，「研究に参加するかしないかは自由であり研究に参加しなくても不利益になりません」と説明することがよく行われている。しかし筆者は，これまで読んできた論文や，委員として行った倫理審査の経験から，こう書いてあることにまったく意味がない研究デザインになっていることが非常に多いと感じている。多くの研究では，それは単なるきまり文句であって「研究に参加しなかった人に不利益な扱いをしないつもりだ」という「つもり」の表明でしかなく，それがその研究において，研究デザインによって保証されているわけではない。結論から述べてしまうと，たとえばアンケートの場合，これが通用するのは，①無記名のアンケートであり，②それぞれのアンケートが研究者・回収者に返送あるいは回収されたかどうかが研究者・回収者にはもちろん，他の人にも分からないようになっており，③ある人がアンケートに記入したかしないかも，研究者あるいは回収者はもちろん，他の人にも分からないようになっている場合だけである。
　そもそも「研究参加しないことは不利益にならない」ことが認識できるデザインになっていれば，このことばを書く必要はない。じっさい，上の①〜③が満たされていれば，そもそも研究参加しなかった人を同定することができないため，その人に不利益な扱いをすることができない。そういうデザインになっておらず，研究参加しなかった人を同定できるようになっているにもかかわらず，説明にこう書く研究者は，本当に研究参加しなかった人に不利益な扱いをしないと言えるのだろうか。意図的だけでなく，無意図的にも，そういうことは一切しないのだろうか。その研究者は，そのような聖人君子なのだろうか。そしてそんなことを，誰が信じられるだろうか。だから，そういうデザインになっていないのにこういうことを一方的に説明に書くということは，その点で，被説明者に対する欺瞞であるとともに，研究者自身に対する自己欺瞞でもあるのではないか。そのような欺瞞にもとづいて，それを一方的に宣言して研究参加を求めるということは，その研究者と研究参加者となる人々との間に権威勾配や非対称な権力関係があるなら，それはもうハラスメントにさえなる危険性がある。
　これらをどう解決するかについて，例をあげよう。学校で教師が児童あるいは生徒に「食事の時に家族でどのような話をしたか」を調査するための，自由記述欄を

含むアンケートを配布し，自宅で食事の後に児童・生徒あるいは保護者にそれに回答してもらい，後日，記入した無記名のアンケートを教室で教師が回収するとする。そして，対象が未成年の場合，研究参加には保護者の同意が必要なので，保護者に同意書を書いてもらうというデザインにする。つまりアンケートは無記名だが同意書は取得する。

しかしそうすると，誰が回答したかが教師に分かってしまうため，保護者として「研究参加しない」という決断はしにくくなる。したがってまず，このような方法でのデータ採取を行うべきではない。そのため同意書を取ることはやめ，アンケートの回答を提出したことをもって保護者が同意したとみなすという説明にする。このことで，保護者に実名で意思表示させるのを避けることができる。

しかしこの場合でも，教室で教師が回収すれば，誰が回答し誰が回答しなかったかが教師に分かってしまう。そのため次に，教師の見ていないところで回収できるように，教師が教室を去った後で委員の児童・生徒に回収させるか，回収箱を設けて，児童・生徒にそこに入れてもらうことが考えられる。こうすれば，教師には，誰が回答し誰が回答しなかったかが分からない。

しかしこの場合，教師にはそれが分からなくても，児童・生徒どうしでは分かってしまう可能性が高い。その結果，「あいつのうちはアンケートに協力しなかったぞ」というようなことが児童・生徒間でささやかれる危険性はある。そこで教師だけでなく児童・生徒どうしでも，誰が回答し誰が回答しなかったかが分からないように工夫しなければならない。そのためには，アンケートと一緒に封筒を渡し，記入でも無記入でも，とにかく自宅でそれをその封筒に入れて，それを回収するようにすることが考えられる。こうすれば，回収箱でなく教師が回収しても，誰が回答し誰が回答しなかったかが分からなくなる。

ただしこうすると，研究参加に同意しない児童・生徒・保護者に，アンケートの白紙の回答を封筒に入れさせて学校に持って来させ，研究参加する児童・生徒・保護者と同じようにそれを提出させることになる。それは誰が研究参加しなかったかを誰にも分からなくするためとはいえ，少なくともそのような行為を強制していることになる。研究参加に同意していない人にそのような作業と提出の行為をさせるのは，参加していない人に研究の手続きの一部の行為をさせるのであるから，矛盾しているといえる。それでこの問題を解決するためには，「料金受取人払」にした返送用封筒[1]をアンケートと一緒に渡し，研究参加してくれる人には，アンケートの回答をそれに入れて投函してもらうようにすることが考えられる。そうすれば，

研究参加しない人に何かの行為をさせるという問題を克服することができる。

「研究参加しないことは不利益にならない」ということが言えるためには，少なくともこのような点まで検討し，それが研究デザインで実現されていなければならない。

ところでこの方法で，上の①～③はすべて満たされたであろうか。答えは否であり，まだ問題は残っている。そのひとつは，自由記述欄の筆跡などから児童・生徒・保護者名が分かってしまう可能性があることである。しかしこの問題も解決できないわけではない。たとえば，封筒に入れて回収したアンケートを，教師が開封せず，外注等によって開封し，それを読んでデータとしてファイルに入力してもらい，元のアンケートはそこで破棄し，教師は入力されたデータファイルだけを受け取る方法を採用することであり，それを説明することである。これは金銭的コストがかかるし回収までの時間的コストもかかるが，物理的には不可能ではない[2]。

しかしもうひとつ問題が残る。それは，このようにして，「回答しなかった児童・生徒・保護者名が分からない」ようにしても，「回答した児童・生徒・保護者名が分かってしまう」場合があることである。それは，「自分は教師に協力している」ということを自覚的あるいは無自覚的に教師にアピールしたい児童・生徒・保護者が，あるいはそのような自覚的あるいは無自覚的な意図とはまったく関係なく不注意で，自分が誰であるかが分かるヒントになるような情報（きょうだいの構成，自宅の場所，家業の種別など）を自由記述欄に書いてしまうことである。これは上のように入力を外注してそこでアンケートを破棄しても，筆跡のようにそこで消えてしまう情報ではなく，入力内容として残るので，解決できない。これが試験なら「個人が特定できる情報を書き込んだ場合は不合格にする」などの指示ができるが，アンケートではそれはできない。この問題をどう解決したらいいだろうか。考えるべきことはいくつかあり，たとえば，アンケートの自由記述欄の質問は，回答にそのような情報を混入させにくいように設定することなどである。しかしこの問題の抜本的な克服方法は無いのではないかと思われる。

そしてここで重要なことは，この，自由記述欄の筆跡や記述内容から回答者が分

---

[1] 返信用封筒に切手を貼っておくと，研究参加しない人はその切手を入手してしまうことになる。それは相手に「申し訳ない」という気持ちを抱かせることによって研究参加へのプレッシャーを与えることになる可能性がある。したがって，切手を貼った返信用封筒を渡すのではなく，「料金受取人払」にした返信用封筒を渡すのが適切である。

[2] 筆者は以前から，このような業務を引き受けるNPOがあると良いと考えている。

かってしまうのは，質的研究に固有の問題だということである。多肢選択の設問だけのアンケートを実施してその結果を量的に処理するなら，このような問題は生じにくい。質的研究では，自由記述などで質的な情報を取得するため，このような問題が生じるのであり，このことは，質的研究のデザインと実施において，つねに注意深く検討しなければならないことである。

　また，1学級の児童・生徒などの限られた人数で，しかも研究者がそれらの人たちの背景情報を知っている場合，自由記述欄ではなく，多肢選択項目の回答（きょうだいの数）やその組み合わせ（きょうだいの数の回答ときょうだいの中の何番目かの回答など）で，回答者が同定できてしまうこともあり得る。そのため，多肢選択項目も，そのようなことの無いように，アンケートを慎重に設計しなければならない。

　なお，学校ではなく，大人の集まる成人学習の会や専門的なセミナーなどで研究者が講演を行い，講演終了後に，その会の参加者にアンケートを配布し，その場で書いてもらうようにすることがある。この場合，上記のこと以外の問題が生じ得る。それは，その場で回答を書いてもらえば，誰が書いていないかが分かってしまうため，研究参加しない人にプレッシャーが与えられ，研究参加することへの消極的強制になる危険性があることである。したがってこの場合も，その場で書いてもらわず，各自が自宅等で書いたものを，回答者も無回答者も同定できない方法で回収するべきである。それには，上記のように郵送による回答がいちばん良いだろう。

　ところで，その場で書いてその場で提出してもらわず，自宅に持ち帰って書いてそれを郵送してもらう方法のデメリットは，上記のようにまず，確実に，より多くコスト（時間的・金銭的）がかかることである。しかしもうひとつのデメリットが考えられ，それは応答率 response rate である。後者の場合は応答率が下がると考えられる[3]。しかし応答率を上げる目的で，倫理的に問題のあることを強要してはならないだろう。応答率を上げるために非倫理的な方法を採用しようとするなら，その時点ですでに，その研究は実施されるべきではないし，公表されるべきではない。じっさい応答率の低い研究も国際誌に掲載されている。たとえば *Medical Teacher* 誌に掲載された Rees/Sheard/McPherson（2002）は，コミュニケーションスキル学習への医学生の態度についての質的研究であるが，フォーカス・グループを実施す

---

[3] 倫理面に配慮すればするほど，時間的・金銭的コストがかかり，かつ応答率が下がるというのは，FINER の Ethicality を上げると Feasibility が下がる例である。

るために965人に参加を呼びかけた結果，参加するという反応は32人であり，レスポンスレートは3.3％であったと堂々と記している。これはアンケートではないが，適正な方法で研究参加者募集を行った結果のレスポンスレートが低いのは，今日では問題にならない。したがって，不適切な方法やこれまで無批判に行われていたが今日では倫理的に問題があると考えられる方法で応答率を確保することは望まずに，応答率が低くても倫理的に適正な方法で研究を実施すべきである。

## 3　教育研究に合った研究倫理はあり得るか

ところで筆者は，質的研究の研究倫理について，次のような質問を受けたことがある。

> 研究倫理審査が年々厳しくなっていて，自分の所属大学では，教室での授業を直接の対象とした研究は，ほぼできない。研究倫理は重要だが，教育研究では実験ができないので，授業を直接の対象とする研究が必要だ。質的研究は，今日，医療の分野でも研究が盛んなため，研究倫理も医療の世界の厳しい規準が設定されてしまうが，そのような規準では教育研究はできない。教育研究に適した研究倫理の基準が別に設定されるべきではないか。

たしかに，授業を対象とした研究は行いにくくなっている。それは大学だけでなく，小・中・高等学校でも同様である。しかし筆者の立場からは，上のことは逆ではないかと思われる。つまり，「教育研究に適した研究倫理の基準を設けるべき」なのではなく，「今日の研究倫理の基準に適合した教育研究のデザインを開発するべき」なのではないか。

たとえば，Drissner/Haase/Wittig/Hille（2013）は，ドイツのウルム大学植物園の「緑の教室」での子どもたちの体験が，小動物に対する認識，感情，知識についてどのような長期的な影響をもたらすのかについて研究したものであり，日本の小学校3年生と4年生に相当する児童121人がその研究参加者である。そしてこの研究では，これらの児童の社会経済的背景と文化的背景は一切記録しなかったと記されている。そのかわり，同じ学校に通っているので同質性があるという前提で研究を行っている。しかしながら，多様な民族を含むドイツの社会で，同じ学校に通っていることは，社会・経済・文化的な面で同質であることを担保しないと考えるのが

自然である。そしてこの研究の対象となっている「小動物に対する認識，感情，知識」などは，家庭の文化資本や多様な文化的背景が要因となり得るため，それらは当然，情報取得して評価するべきと考えられる。しかしそれはなされていないのである。それは，そのような情報は，今日のドイツで，児童を対象とした研究では取得できないためであると考えられる。これは，以前なら当然取得すべきと考えられ，取得できていた情報が，今日では取得できなくなっていることを示す例である。

　しかし，研究倫理の面で，これまでできていたことができなくなる場合，その「できていた」ことに，その社会の今日的な倫理の観点から見れば問題とみなされる部分があったのであって，これまでできていた研究が「できなくなる」のは異常なことではなく，むしろ今日的な研究倫理の規準から見た，研究の「正常化 normalization」がなされたのだと考えるべきである。教師はたしかに，児童・生徒・学生とその保護者等から，敬意を示されてきた。しかしそのような社会的敬意の上にあぐらをかいて，教師と児童・生徒・学生との間の非対称な権力関係や権威勾配ゆえの問題が見過ごされてきた。それは今こそ，解決されるべき問題であると考える。

　もちろん，どのような研究にも，harm（害）があり得る。研究参加することで失われる時間も harm の一種である。したがって，少しでも harm のある研究は一切してはいけないと考えると，研究はできない。したがって問題は，そのような harm を研究デザインで最小化した上で，それを主体的に引き受けてくれる研究参加者とともに，どのように有意義な研究ができるかである。その上で，倫理審査が通らないということは，研究者の側に倫理審査委員会を説得できるだけの研究的力量がないからだと言えないだろうか。そこでは「実践を対象にした研究は必要だから，この研究は特別に甘く審査して認めてほしい」というような甘えは通用しない。これまでできていても，これからはできない研究はある。だから，問題を克服する工夫を行って研究を実施するのが研究者の力量である。

　たとえば，①説明と同意が適切に行われ，②研究参加に同意しなければならないという有形・無形の圧力がまったくかからず（消極的強制がなく），③研究参加に同意しない受講者が適切にデータ採取から除外され，④かつそれが本人の不利益にならず（そのためには，誰が参加していないのかが授業者や研究者に同定できないのはもちろん，他の受講者にも分からないようになっていなければならない），くわえて，そのようにしても，⑤その研究の妥当性が保たれる，なら，それは可能である。

　その際，研究倫理的にも問題のないようにするためには，つまり FINER クライ

テリアの Ethicality を高くするためには，上記のような配慮が必要になるため，Feasibility は低くなるだろう。しかし授業を対象とする研究をすることが重要であると言うなら，それは，その研究の Relevancy が高いことを主張していることになる。Relevancy の高い研究は，たとえ Feasibility が低くても，工夫や時間や労力のコストをかけてそれを実施するのであるから，Ethicality を犠牲にせず，Feasibility を犠牲にして，実施するしかないだろう。

なお，上記の Drissner et al. (2013) の研究が，研究参加者の重要な特性となり得る児童の社会・経済・文化的背景に関する情報を取得できていないことの問題を解決する方法は，まったく無いわけではない。この研究で児童の社会・経済・文化的背景に関する情報を取得できないのは，学年全体の児童に研究参加者になってもらうためである。したがって，たとえ少数であっても，そのような情報の匿名での提供に同意する児童と保護者を探し，それらの人たちに研究参加者になってもらって n の小さなインタビュー研究をすることで，この問題を解決することが考えられる。

## 4　研究参加者名の実名表記について ── 実名表記と匿名表記の判断

　論文の中の研究参加者は，誰にも同定されないように匿名化するのが原則である。この原則から除外されるのは，その研究対象者が高名な実践家などであって[4]，個人を同定した形ですでに研究対象となっており，自分の研究が，過去のそれらの研究を基盤とし，それを発展させるなど，そのような研究群に新たな知見を加えることを目的とする場合である。つまり，このような研究は，これまで実名で扱われてきた研究対象者をめぐる研究という文脈の上に成立するものである。

　しかしそのような場合以外は，まず例外なく匿名化しなければならない。そのことはよく理解されていることと思われる。しかし，筆者は，「研究参加者が自分の実名を出していいと言っているが，出していいか？」という相談を受けることがある。また，「実名を出してほしいと言ったので出した」という論文を見たこともある。

　筆者の考えでは，実名を出すことは，次のような可能性があることを慎重に考慮

---

[4] 教育研究なら，斎藤喜博や大村はまなどがそういった研究対象である。認知科学では，棋士の羽生善治氏を研究したもの（伊藤／松原 2013）などもあり，「一人称研究」と呼ばれている。

すべきである。

① 研究参加者が発言などで触れている第三者への影響の可能性
② 研究参加者自身へのその時点では予期しなかった将来の影響の可能性
③ 実名を望む研究参加者に意図的・無意図的な訴えがある可能性

まず「**①第三者への影響の可能性**」であるが，研究参加者が語った内容の中に，研究参加者以外の人のプライバシーが含まれていることがある。あるいはそれが推定できることがある。研究参加者本人は自分のことが人に知られてもいいと思っていても，研究参加者によって語られる人（たとえば，家族や隣人や同じ組織の成員等）は，必ずしもそれを了解しているわけではない。それにもかかわらず，研究参加者が実名で記述されれば，研究参加者が語った人を匿名にしても，それが誰であるかが推測できてしまうことになる。したがって，少しでも第三者に関する内容が含まれ，その第三者の了解が得られていないなら，研究参加者についても実名にしてはならない。また同様に，たとえば校長が校名を実名で書いてもいいと言っても，担任教師が了解していない場合や，担任教師が了解していても，児童・生徒やその保護者が了解していない場合は，校名を実名で記述してはならないと考えるべきである。

次に，「**②研究参加者自身への予期しなかった将来の影響の可能性**」である。そもそも，論文に書かれた内容から論文の読者が何を考えるかを，論文執筆者が完全に推測することはできない。研究者が研究参加者について，きわめて肯定的な意味で記述した内容でも，別の人は，それを否定的に読むかもしれない。たとえば，ある人が語った自分の行動について，論文著者は「個性的な行動」として肯定的に解釈しても，その論文の読者である心理臨床の専門家は，その行動に病理的な背景を読むかもしれない。また，ある教師の教育実践を，研究者は創意工夫に富んだ豊かな実践だと考えて論文に書いても，その教員の所属する教育委員会の幹部は，それを学習指導要領の範囲を逸脱した問題ある実践だとみなし，否定的な評価を与えるかもしれない。このように，研究参加者と研究者が肯定的に考えていることも，つねに，否定的に見られる可能性があると考える必要がある。ようするに，公表された論文というものは，つねに，否定的評価にも開かれているのであって，それはその研究や研究者に対する否定的な評価だけでなく，その研究が取り上げた研究参加者についても，同じである。したがって，論文に研究参加者の実名を記すということは，研究参加者を，実名で否定的評価にさらすことになるのである。

最後に,「③意図的・無意図的な訴えがある可能性」だが,研究参加者は,特定の個人や集団に対して否定的な考えを持っていて,その個人や集団に対する自分の気持ちを意図的・無意図的に訴えるために何かを話すかもしれない。語りの内容を研究者が見たときにはそのことが分からなくても,当事者どうしでは,そういう意味が読み取れる場合があるかもしれない(たとえば,研究参加者を一方の当事者とするある問題が,当事者どうしでは解決されたはずなのだが,研究参加者はそれを不満に思っていて,その内容が論文で取り上げられることを期待していることなどがあり得る)。そしてそのような背景があるからこそ,研究参加者が自分の実名を出してほしいと言っているのに,研究者は,そのことに気づかないかもしれない。そればかりか,そのような欲求は研究参加者の心の中でも潜在化されていて,本人さえ自覚していないかもしれない。社会全体に対する訴えの語りは取り上げられるが,特定の集団や個人に対する「怨みの語り」を研究で無自覚的に取り上げると,その研究は紛争の一方に無自覚的に荷担することになる。

以上のような観点から,どのような場合でも,実名を出すのは適切ではないと考えるべきである。したがって,実名を出してくれるのでなければ研究参加者にならないという人には,研究参加者になってもらうべきではない。

## 5 研究参加者がインフォームド・コンセントを超えるデータ採取を望んだら

岡/Shaw(2000)は,Bartunek/Louis(1996)を引用し,質的研究では,繰り返しインフォームド・コンセントを取ることが重要であるとしている。それは,研究参加者が,研究の中でどういうことが生じるかを十分に知っていないからである。さらに,質的研究は実験的状況で実施するのでないために,そのインフォームド・コンセントの際の説明では,今後何が起きるのかを完全には予告できず,調査の過程のさまざまな時点で同意形成のための交渉が行われるのであって,「インフォームド・コンセントは調査の始めに一度やればそれで終わりというものではない」と述べている。

このBartunek/Louis(1996)は,今から20年以上前の論考であるが,「研究の中でどういうことが生じるか」があらかじめ分からない面があるというのは,今日でも変わらぬ質的研究に本質的な特性であると考えるべきである。そして,「研究の

中でどういうことが生じるか」を十分に知っていないのは，研究参加者だけでなく，研究者も同様なのである。

　もちろん，今日的な倫理審査のプロセスを前提にすれば，「研究の中でどういうことが生じるかを研究者が十分に分かっていない」などと言ったら，「そのような研究はしてはならない」と言われてしまうだろう。しかしそれを「十分に分かっている」と考えるのは，質的研究の場合，研究者の慢心あるいは欺瞞，あるいは質的研究も量的研究のように，あらかじめ計画した通りに進めることができると考える，質的研究の経験の少ない人の考えであると言うべきかもしれない。質的研究は自然主義的な状況で実施するため，その過程は，量的研究のように条件を整えた上で実施できる「完全に計画された手続き」にはなり得ず，つねに研究参加者と研究者との相互行為として柔軟に変化する「動的な過程」になる。そのため，現実には，いったん研究を始めれば，予測しなかったことが起きることは希ではない。

　たとえば，インタビュイーの発話内容によって，インタビュイーに，ぜひ，今聴いたことに関連する資料や物を見せてほしいと研究者が考える場合がある。またそれとは逆に，インタビュイーが，ぜひ見てほしいと言って，文書資料や写真などを持ってきてくれることがありえる。その場合，インタビュイーからそのような情報提供を受けることや，そのような資料の文書研究・分析や映像分析をすることが倫理審査の際に提出した研究計画に含まれておらず，最初のインフォームド・コンセントにも含まれていない場合どうすべきだろうか。

　この場合，これが研究計画の重大な変更であると考えられるなら，それを倫理審査委員会に申請する必要がある。しかし，「資料や写真を見せて頂くのはインタビューの一部と認められる」と考えられるなら，研究計画の変更は必要ではないということになる。いずれにせよ，研究計画の拡大解釈をしなくて済むように，インタビューの際は，必要な資料が生じれば，その提供を受けることを研究計画に書いておくべきである。

　しかし，さらに難しいケースもあり得る。たとえば，ある病気の「患者」にインタビューする計画の研究であるのに，あるインタビュイーが，「それについては自分の家族の話を聴いてほしい」と言って，ファーストコンタクトの時に，いきなり家族を連れてきたらどうだろうか。その場合，「あなたのご家族にお話を聴かせて頂くのは，研究計画にも含めておらず，倫理審査も通っていないので，ご家族からは一切お話をうかがうことはできません」と言って，断るべきだろうか。

　質的研究ではこのようなことが生じる可能性が十分にある。筆者の考えを述べれ

ば，まず，原則として倫理審査申請の研究計画書には，予想されることは具体的にすべて記述しておくか，ある程度包括性のある書き方をして，予期しなかったことが生じることに備えるべきである。その上で，その範囲をどうしても超えてしまう研究をしなければならなくなった場合には，計画の再審査を受けるべきである。

しかし，研究計画を超える範囲のデータ採取になりそうな時でも，最初に規定した範囲のデータ採取で研究を完結させ，それを超える範囲の研究は次の研究にするべきである。それには2つの理由がある。

第一に，当初予定していない研究参加者から情報を得ても，それを分析する用意はできていないはずである。たとえば，そもそも家族から話を聴くことを前提とした研究なら，家族がその問題にどう関わっているのかを十分に調べているはずである。そのため家族にどう聴き取りをすべきかも検討されているはずだし，インタビューガイドもできているはずである。そのようにして採取されたデータはまた，十分に分析できる可能性がある。それに対して，家族から話を聴く予定でなければ，家族に何を聞いて良いのかの準備もなされていないことになるし，家族の語りを分析する用意もできていないことになる。

第二の理由は，情報源が多くなると，データが多くなり，研究の規模が大きくなるために，研究のFeasibilityの点で問題が生じる可能性があることである。第3章1節で述べたように，質的研究はできるだけコンパクトにデザインし，コンパクトにまとめる必要がある。せっかくコンパクトにデザインした研究の規模を，研究参加者の提案によって，無反省に拡大してしまうことは，FINERで検討した研究の各要素のバランスを崩してしまうことになるからである。

## 6 質的研究における研究参加の同意の撤回について

インフォームド・コンセントを取る際，研究参加の同意の撤回はいつでもできると保障しなければならないと倫理規定に規定されていることがある。研究参加の同意の撤回は，ヘルシンキ宣言以来の必要条項であり，医療系では常識であるため，医学部などでは，説明書を渡して説明するときに，研究参加の同意の撤回書の書式も同時に渡して，いつでもそれを研究参加者が使えるようにしなければならないとしているところがほとんどである。そしてこのことは，医療系以外にも広がっていて，筆者の所属する研究科でも，このことは同様である。このように今日では，研

究参加の同意を得るときには，その撤回の自由も保障しなければならないというのが研究倫理の常識になっている。筆者もそのことにはまったく同意する。

　しかしながら筆者は，研究参加の同意の撤回が認められるべきだということに賛成した上でなお，このような同意の撤回という考え方を機械的に質的研究に適用できる，あるいは適用しなければならないと考えるのは，量的研究と質的研究の違いをまったくあるいは真剣には検討していないからではないかと考えている。この問題はこのように，量的・実証的研究と質的研究との違いにもとづくと考えられるので，まず量的・実証的研究における研究参加の同意の撤回について見てみよう。

## 6.1　量的研究と質的研究における同意の撤回の意味の違い

### 研究参加の同意の撤回が量的研究にもたらすもの

　たとえば，医療系の場合，研究参加とは，RCT（Randomized Controlled Trial ランダム化比較試験）などの介入研究なら，研究のための「介入」による「曝露 exposure」を受けることと，その結果の「測定」を受けることとを意味する。

　「介入による曝露」とは，ある薬を服用する，ある治療を行う，ある習慣（運動あるいは喫煙など）を始める，あるいはやめるといったことである（臨床研究では，やめるのも「曝露」と考える）。

　ここで「測定」とは，血圧や体温や脈拍の測定や尿検査などの侵襲性のない医学的な検査を受けることや，血液検査などの侵襲性のある検査を受けることである。

　いっぽう，量的研究でも，非介入研究（臨床・疫学研究の概念としての「観察研究」）ならば，研究による介入は受けない。この場合に研究参加者が提供するのは，すでに受けている曝露に関する情報と，「測定値」あるいは「測定の対象となること」である。

　したがって，この場合の研究参加者にとってのスケジュールは次のようになる。

1. 説明と同意
2. 介入または曝露（無い場合もある）
3. データ採取または測定

　しかし研究をして論文を発表するための研究者の作業は，研究参加者からデータを採取した後も続く。その過程は次のように表せる。

4．データ分析
　　5．論文執筆
　　6．論文投稿（この後，採録決定まで査読者とのやりとりがあり得る）
　　7．論文採録決定
　　8．論文刊行

　ところでこの場合，研究参加の同意の撤回は･い･つ･で･も･できると説明された研究参加者にとって，同意の撤回があり得るタイミングは，論理的には，次のリストの通りである．

　　1．説明と同意　　　　　　　　→　同意の撤回
　　2．介入または曝露（無い場合もある）　→　同意の撤回
　　3．データ採取または測定　　　　→　同意の撤回
　　4．データ分析　　　　　　　　→　同意の撤回
　　5．論文執筆　　　　　　　　　→　同意の撤回
　　6．論文投稿（査読中）　　　　　→　同意の撤回
　　7．論文採録決定　　　　　　　→　同意の撤回
　　8．論文刊行　　　　　　　　　→　同意の撤回

　そして量的研究の場合，**1．説明と同意，2．介入または曝露，3．データ採取または測定**の直後のどの時点で同意を撤回されても，サンプルサイズ＝ n が小さくなるだけで，研究全体に大きな影響はないと言える．そもそも，実際には，同意の撤回がなくても，介入（曝露）や測定を急に受けられなくなった研究参加者がいたり，研究者が介入（曝露）や測定に失敗したりすることによって，その研究参加者のデータが使えなくなってしまうこともありえる．したがって，量的研究では，サンプルサイズは，そこから抜けるデータ（脱落する参加者）があっても研究が成立するように，必要なマージンを取ったサイズに設定されるため，少数の同意の撤回があっても研究は成立する．

　それでは，**3．データ採取または測定**より後の **4．データ分析**以降の同意の撤回についてはどうだろうか．

　じつは，量的研究では，この時点以降で同意を撤回することは，研究参加者にとっても研究者にとっても，ほとんど意味がない．

　まず，研究参加者にとって，介入も測定も終わっているこの時点では，研究参加

者がしなくてはいけないこと，あるいはされる予定のことはもうないのだから，この時点で同意の撤回をしても，研究参加者にとって何かをしないで済むことはない。したがって，この時点での同意の撤回には，ほとんど現実的な意味がない。そのため，この時点で同意の撤回の意思表示をする研究参加者がいることは考えにくい。つまり量的研究の場合，この時点以降での研究参加者の同意の撤回は，現実的には想定しなくて良いことになる。

ただし希に，この時点で，研究参加者が，その研究の趣旨が自分の信条に合致しないことが分かったというような理由で，自分のデータは使ってほしくないと言ってくることがあるかもしれない。そういうことが生じるとすれば，それは説明と同意が不十分だったためだと考えられるので，そのような同意の撤回は，説明と同意を適切にすることで避けることができるはずだが，それでも，そのようなことが起きないとは限らない。その場合，この研究参加者にとっては，この時点で同意の撤回をすることに意味がある。こう考えると，この時点での研究参加の同意の撤回を想定する必要があることになる。では，その場合，研究にとっては何が起きるのだろうか。

量的研究の場合，この時点では，通常は研究倫理上，データ採取後に「対応表を作製しない匿名化」（研究参加者の個人名とデータとの関連を付けられないような匿名化）などを行ってあるので，どのデータを除外すればよいのかが，研究者にさえ分からない場合も多い。したがってこの時点では，そもそも撤回に応じることができない。つまり同意の撤回に応じるという説明は，じつは，ある時点までを意味していて，多くの場合，分析開始以降は同意の撤回は無いということを想定しているし，現実には，それに応じることが物理的にできない場合も多いのである。

量的研究の研究参加者の同意の撤回の意思表示は，じつは詳細にみれば，このように，それがどの時点で行われても，そのことによって研究に問題を生じる可能性は，ほとんど無いと言うことができる。同意の撤回とは，量的研究，とくに医療系の量的研究におけるこのような「仕組み」を前提とした習慣，規範あるいは文化であると考えることができる。

### 研究参加の同意の撤回が質的研究にもたらすもの

ではこのことは，質的研究においてはどうであろうか。この場合，観察あるいはインタビューでデータ採取を行うとすれば，質的研究では，介入や曝露を行わないので[5]，**2．介入または曝露**は存在しないと考えるが，同意の撤回の機会は上と同

様に **1** から **8** までありえる。したがって，同様に考えてみよう。

　まず質的研究では，研究参加者の人数が少ない。したがって，n が多少小さくなっても研究に問題を生じないようにデザインされる量的研究では問題にならなかった **1．説明と同意**，**3．データ採取または測定**（**2．介入または曝露**は存在しない）の時点での同意の撤回は，質的研究には非常に大きなダメージを与えることになる。しかも質的研究では，前述の安藤（2014）や山元（2017）のように，たった1人の研究参加者からライフストーリーを聴いて論文にするということがあるし，大橋（2017）のように，たった1組の親子から体験を聴いて論文にするということがあるが，そのような研究であれば，この時点での同意の撤回は，研究の停止を意味することになる。そうなれば，それが修士論文の研究なら修士の学位が受けられなくなるし，博士論文の研究なら博士学位が受けられなくなるかもしれない。まずこの点が，量的研究とは大きく異なっている。

　ではさらに **4．データ分析**以降の同意の撤回はどうだろうか。

　上記のように，量的研究では，**4．データ分析**以降の研究参加の同意の撤回は，研究参加者にとって意味がない上に，対応表を作製しない匿名化がなされていれば，その研究参加者のデータの除外が事実上不可能であるため，研究に影響を及ぼさない。

　しかし，質的研究では，量的研究のようなデータの匿名化ができない[6]。たとえばある発話が誰のものであるかを研究者が同定できないようにして分析するということは不可能だし意味がない（それは，量的研究が，非名義尺度による測定を行うか，名義尺度による測定でも，匿名化した測定を行えるのに対して，質的研究では，研究

---

[5] 第3章1節で述べたように，ある映像を見せてからインタビューやフォーカス・グループを実施するなど，刺激提示を行う場合はある。しかしその場合，その直後にインタビューやフォーカス・グループなどの測定をするので，これは一緒に行われると考えられる。

[6] じつは，グラウンデッド・セオリーでは，量的研究が数量というコードを用いるのと同じく，1次記録からコードを生成するのであるから，そのコードを生成してしまえば，その時点で1次データを破棄することができる。その時点でのコードは，匿名化をした量的データと同じである。とくに，選択的コード化 selective coding の結果のコードは，データの持つさまざまな特性や次元が反映されたものとなっているので，本来，1次データをいちいち参照しなくても，それだけで分析を発展させ，理論を生成することが可能になる。このような手続きで研究を実施すれば，同意の撤回についての事情は，量的研究とまったく同じになる。グラウンデッド・セオリーは，この点で医療系の研究に対する好適性を有しており，それは，グラウンデッド・セオリーがもともと医療社会学の研究から生まれた研究方法であるためであろうし，それがグラウンデッド・セオリーが医療系で受け入れられた重要な理由なのだと考えられるが，今日では，グラウンデッド・セオリーを使っていても，現実

参加者の所属や経験を含めた，名義尺度の測定を行うためだと説明することができるだろう。つまり，質的研究では研究参加者が誰であるかが，名義尺度による1つの，しかも非常に重要なデータなのである）。

このことによって，研究参加者の同意の撤回に応じて研究者がその研究参加者のデータを除外することは，物理的に **5. 論文執筆** の後でも可能になってしまう。そしてさらに，投稿した論文は査読中でも載録決定後でも，印刷・刊行前なら取り下げることができるとすれば，**6. 論文投稿** の後と **7. 論文採録決定** の後の段階でも，可能になってしまう（もちろんそうなれば編集委員会や査読者には大変な迷惑をかけることになるが，少なくとも物理的にはそれが可能である）。つまりこの場合，同意の撤回が意味をなさないのは，**8. 論文刊行** の後だけである。

同意の撤回を認めながらこの問題を解決するためには，同意の撤回ができる段階を明示して同意してもらうしかない。たとえば「いったんデータを採取したら（つまり **4. データ分析** 以降は）同意の撤回はできません」と説明し，それに同意してもらうのである。しかし，同意の撤回というのは，「説明を受けて同意した内容についての撤回」なのであるから，「同意の撤回はできない」ということに対する同意も撤回できることになり，「「同意の撤回はできるが，ある段階以降は同意の撤回はできない」ことに同意させる」というのは，一種の論理的パラドックス[7]を生じさせる。これが量的研究なら，上記のように，**4. データ分析** 以降の同意の撤回は，その時点でその研究参加者のデータを除外することが物理的にできないがゆえに問題にならず，パラドックスも生じない。それに対して，最後までデータの除外が可能な質的研究では，やはりパラドックスが生じると考えざるを得ない。

つまり結論として，量的研究では，データの除外ができる **3. データ採取または測定** までは同意の撤回の影響は小さく，**4. データ分析** 以降はデータの除外ができないため，「いつでも同意の撤回は可能です」と説明することは可能だが，質的研究では，データの除外ができる **3. データ採取または測定** までは研究に大きなある

---

的には，コードの生成後に1次データを破棄してしまってコードだけで分析を継続する研究者はほとんどおらず，多くの研究では，元の発話データや観察データに戻りながら分析を行っていると考えられる。それは，グラウンデッド・セオリーが他の多様な質的研究の影響を受けて，その本来の機能と意義を薄めているということでもあると筆者は考えている。なお，研究上の不正が起こらないようにするために，今日では，採取したデータは，できるだけすぐに破棄するよりも，むしろ一定期間保管しておくことが求められる傾向にある。

7 「自己言及のパラドックス」に相当するものと考えられる。

いは致命的な影響が出るうえ，**4．データ分析**以降もデータの除外ができてしまうため，同意の撤回があればその研究を停止するという覚悟がなければ，研究を開始することは不可能なのである[8]。

### 質的研究での同意の撤回の可能性を前提とした研究参加の依頼の問題

　質的研究での同意の撤回を認めることには，じつはもう1つ重大な問題があると筆者は考えている。そしてそれも，量的研究と質的研究の本質的な違いにもとづくものである。

　量的研究でのサンプルとは，同じ測定を施す対象である。したがって，研究参加への同意を求めるということは，「nという多のうちの1になってほしい」と依頼することである。そしてその1は欠損してしまってもかまわないということが，研究者と研究参加者との間で，少なくとも暗黙的には了解されている。また，そこで採取されるデータは，たとえば医療系などの場合，その研究参加者の人格とは関係がないことが多い[9]。そのような状況では，「nという多のうちの1であるあなたは，いつでも同意を撤回できますよ」と説明することは，「あなたに研究参加者になってほしい」と依頼することと矛盾してはいない。

　それに対して，質的研究で，たとえば半構造化面接をするということは，ひとりひとりに違った質問をすることを意味している。質的研究で研究参加への同意を求めるということは，「nという多のうちの1になってほしい」つまり「n分の1になってほしい」ということよりもはるかに重い意味を持つ。それはむしろ，「あなただからこそ，そのかけがえのない体験についての話を聴かせてほしい」「あなただからこそ，その貴重な活動を見せてほしい」という依頼である。質的研究の場合，その意味で，研究参加者のリクルートメントは，たとえ研究参加者が何人であろうと，そのひとりひとりについてはつねに，研究上の必要性から研究者が高度な判断によって「この人」と選択するジャッジメンタル・サンプリング judgemental sampling なのだと考えるべきである。

---

[8] 筆者が考えることのできる唯一の方法は，「同意」を得つつ「その撤回を保証する」のではなく，同意にともなう条件を設定することである。つまり「**4．データ分析**以降は物理的にはデータの除外ができるが，研究者はそれに応じない」という条件で研究参加者になるという「契約」にサインをもらうことである。「同意とその撤回」ではなく「契約と契約違反」にしてしまえば，パラドックスは起きないからである。しかしそれは，「説明と同意」という原則からはずれることになる。

[9] 心理学などではさまざまな尺度を用いて人格に関わる量的データが採取される場合もある。

そうだとすれば，そのような「あなた」に話を聴きたい，そのような「あなた」の活動を見せてほしいと依頼した研究者が，その同じ「あなた」に，「いつでも同意の撤回をしてかまわないですよ」と説明するのは，矛盾していることになる。このことを研究参加者の立場になって考えてみよう。あなたが研究者に「いつでも同意の撤回ができますよ」と言われたら，つまり「聴かせていただいたお話はいつでも研究に使わないことにできますよ」と言われたら，本当に深い体験を，しかも場合によっては，通常は人に言わないような深い苦悩を含むような体験を，しかも困難な言語化の過程を経ながら，その研究者に話そうと思うだろうか。むしろ，いつでも使わないことにできるなら，研究に使っても使わなくてもいい程度の浅い話をすればいいのだと思うのではないか。あるいは，いつでも使わないことにできるなら，最初から自分の話など聴く必要はないではないかと思うのではないだろうか。そしてこれは，観察対象となる場合も同じではないだろうか。

質的研究でも，同意の撤回を認めなければならないという研究倫理規定がほとんどだと思うが，そこではこのような，量的研究と質的研究の本質的な違いに対する十分な検討がなされておらず，量的研究での同意の撤回という考え方が，質的研究にも，きわめて機械的に適用されていると考えざるを得ないのである。

## 6.2　この問題の解決方法はあるか

ではどうしたらよいか。ひとつの考え方は，同意の撤回というのは，上記のような量的研究の手続きを背景に生まれてきたやり方であるとみなし，それは質的研究では採用しないと考えることである。こうすれば，上記の問題はすべて解決する。しかしながらこのやり方は，今日の研究の世界では実施できないであろう。筆者自身もこうすべきだと考えているわけではない。

そうであれば，残された方法は，同意の撤回を認めるが，それでも，「あなた」からのデータ採取の意義が非常に深いということを説明することである。

具体的には，第一に，「あなた」に研究参加者になって頂くことは非常に有意義で必要なのだということを，誠意をもって説明する。その上で，その「あなた」は同意を撤回する権利を有するが，それは，「あなた」の話に意味がないからではなく，研究参加の自発性ゆえに研究参加者がアプリオリ（先験的）に有する権利なのだということを，これも誠意をもって説明する。

こうすることで，研究参加者は自分が研究参加することの意義が評価されていな

いのではないかという不安を持つ必要がなくなるだろうし，同意の撤回をする可能性もかなり低くなるだろうと考えられる。

　もちろんそれでも，実際には，研究参加者が「自分の言ったことはどうしても研究に使ってほしくない」と後で言う場合もあるかもしれない。しかしその場合でも，上記のようにすることで，完全な撤回ではなく，「あの部分の発話記録は使わないでほしい」「あの場面の観察記録は使わないでほしい」というような，部分的な撤回に限定される可能性がある。

　したがってつねに，その研究参加者から採取したデータが，研究として十分に意義がある貴重なデータになり，研究で使わせてもらうことに感謝しているし，そのことは，同じ経験をした／する人やそういう人を含む社会にとって，非常に有益なことになるということを，研究参加者に分かってもらうことが重要である。そしてそのためには，その研究者が，研究参加者から見て，自分から採取したデータを生かしてくれるような信頼に値する存在になる必要がある。

　これは単に研究者の利益のためではなく，研究参加者が後悔を感じるようなインタビューは，研究参加者にとって，肯定的な経験とは言えないからである。研究者が研究参加者に否定的な経験をさせることこそ，「研究倫理的」に問題だからである[10]。

## 7　解釈的な研究と研究倫理

　第5章3節で，解釈的な分析を行う研究では，分析結果を研究参加者に見せて確認を依頼するメンバー・チェッキングに意味がないことを述べた。しかし，研究参加者が同意していない結果を論文に書けば，研究参加者が論文を読んだとき，自分について納得のいかないことが書かれていると感じ，研究者に対して，この研究結

---

[10] なお，そのようにしても，物理的には，同意の撤回の可能性はゼロにできないのだから，きわめて少数の研究参加者を対象とする研究をデザインするときは，万一の場合を考えて，研究参加者の補欠的候補を考えておけば良いという考えもあるだろう。ただしこの場合，その補欠的候補を研究参加者としてデータ採取を行っておくとしたら，これも倫理的に問題である。そもそもそのようなデータ採取の際に，「あなたは補欠的候補であって，データ採取はするけれども，それを研究に使うのは，第一の研究参加者が同意の撤回をした場合だけです」などと説明することは，研究参加者から研究者への信頼を損ねることだと言えよう。

果は不本意である，あるいは正しくないと，抗議するかもしれない。ずっと以前なら，研究参加者が自分が研究参加した研究の論文を読むことはほとんどなかっただろう。そもそも，研究の開始にあたって，研究結果をどのような機会にどのような形で発表するという説明を含む「説明と同意」が行われていたわけではなかった。またたとえ，自分についての論文をなんらかの機会に読むことがあったとしても，研究者と研究参加者との間の権威勾配などによって，研究参加者がそれを問題にするようなことは起こりにくかった。しかし今日の状況は異なっている。そのため，多少なりとも解釈的な研究を行う以上，そのようなことも考えておかなくてはならない。

　この問題を克服する方法は，次のようにいくつか考えられる。

　第一に，「研究参加者の選択」が重要である。この場合，なによりもまず，研究者を深く信頼し，その研究的な解釈を受け入れてくれると考えられる人に，研究参加者の候補になってもらう必要がある。

　第二に「説明と同意」が重要である。つまり上記のような信頼関係の上で，その研究が解釈を含む研究であって，研究参加者の認識とは異なる分析結果を論文に書くことがあり得ることを，「説明と同意」の際に詳しく説明する。そして，それを十分理解した上で，それに同意してくれる人にだけ，研究参加者になってもらう。このようなことは，一般的な「説明と同意」ではなされないと思うが，解釈的な研究を行う場合には，きわめて重要なことである。

　しかしそれでもなお，研究参加者の認識や思いにあまりにも反する分析結果を書けば，研究参加者を傷付けることになる危険性がある。たとえ，完全な匿名化に成功していて本人以外は研究参加者が誰であるかがまったく分からないとしても，またたとえ，研究参加者が，どのような解釈も受け入れると同意していても，本人にとって納得のいかないことが書かれれば，研究参加したことが不快な経験となってしまう可能性がある。それでは，研究者にとっても，成功した優れた研究とは言えないだろう。つまりこの問題は，研究開始前の「研究参加者の選択」や「説明と同意」のような「手続き」だけでは解決できない可能性がある。ではどうしたらいいだろうか。

　筆者は，この問題の第三の解決は，「分析の過程」にあると考えている。たとえば観察やインタビューを一方向的に行い，その結果を研究者だけが分析するなら，そこに研究参加者の認識がまったく含まれないがゆえに，研究参加者にとって受け入れるのが困難な解釈が予告なく論文に書かれる可能性がある。それに対して，デ

ータ採取だけでなく，解釈の過程にも研究参加者が参加することで，研究参加者にとって意外な解釈結果が前触れもなく論文に書かれるということがなくなる。たとえばインタビューなら，具体的には，「そのことは，ひょっとしたら，今あなたが説明して下さったこととは逆で，本当はあなたにとってこういう意味を持っていたのだと考えることはできませんか？」「今お話し下さったあなたの経験に関連して，○○学に○○理論というものがあります。それをあなたのこの経験に当てはめてみると，こういうことが言えるのではないかと思います。それはあなた自身は考えたことは無かったのではないかと思うのですが，それについて，どう思いますか？」などの問いかけによって，研究参加者自身にも自己省察をしてもらい，解釈に参加してもらうのである。そもそも，質的研究のインタビューは，テクストの共同構築的な過程であり，テクストの構築は解釈を伴うので，そこでは解釈も共同構築的になされることになる。このようにして，解釈に研究参加者が参加し得る状況で研究が進められるなら，研究参加者にとっても研究者にとっても，不快で不幸な結果になるのを避けることができる可能性があるし，これ以外に，解釈学的な研究における研究倫理の問題を解決する方法はないのではないかと考える。ただしこの時に，誘導的なインタビューを行えば，研究参加者はその時は同意するかもしれないが，後になって，やはりそうではなかったと考える可能性がある。したがって，このような作業は，決して誘導的にならないように行わなければならない。

なお，研究参加者とのこのような関係は，研究参加者を単にデータを採取する対象だとみなしていては，決して成立し得ない。この問題の克服は，研究参加者と研究者との平等で互恵的な関係，そして相互の信頼と敬意の上にこそ達成できるのだという認識が，なにより必要である[11]。

---

[11] このような関係性と手法の典型的な例は，フェミニスト理論，批判的人種理論，クイア理論などのパラダイムによる質的研究に見られる。これらの研究では，むしろあえて，分析結果を研究参加者に見せ，研究者の解釈を「再解釈」させることで，研究参加者の「声」を，データ採取時だけでなく，研究に繰り返し反映させていくことも行われている。ファイン／ワイス他（2006）は，そのような立場から，質的研究者のすべき自己省察について10の観点をあげているが，そのうちの4は次の通りである。「インフォーマント（主権者，参加者）たちの中に私たちと一緒に資料を見直し，私の解釈を解釈したり，それに異を唱えたり，抗議したりした者があっただろうか。あったとしたら，パースペクティブのこの乖離や一致について，私はどう報告することになるだろうか。」

# 8 データの改ざんとねつ造は何をもたらすのか

## 8.1 質的研究におけるデータの改ざんとねつ造の容易さ

　データの改ざんとねつ造は決してしてはならない。これは当然である。しかし質的研究では，量的研究におけるデータのねつ造とは異なり，あるインタビュイーが，たった一言，あることを言ったことにしてしまうだけで，論文がずっと書きやすくなることがある。また，異なる背景を持つインタビュイーであるAとBの2人がそれぞれの背景にもとづいて異なることを言ったのだったら，あることが明確に主張できるが，実際には2人は異なる背景を持つにもかかわらず同じことを言ったので，それが書けないというような場合があり，その場合にも，AとBが異なることを言ったことにしてしまえば，あるいは同じ背景を持っていたことにしてしまえば，論文が書きやすくなる。

　今日の若い研究者にとって，筆者が若かった頃の多くの研究者のように悠然と研究をすることは，難しくなっていると感じることが多い。それは，博士学位に加えて多くの論文の業績がなければ研究職への就職は困難だし，そうして得られた職のほぼすべてが今日では最初は任期付きであって，その職を得た後，最終的には任期無しの職に就くために，任期の間にさらに業績を上げる必要があるなど，若手研究者をめぐる環境が大変に厳しくなっているからである。人間がどれだけ倫理的に行動できるかは，与えられるプレッシャーとのバランスで決まることが多く，悠然と研究できるのなら十分に倫理的でいられても，たくさんのプレッシャーが与えられているなら非倫理的なことを考えてしまう場合もあるかもしれない。しかも上記のように，改ざんやねつ造はたった一言だけで済む場合もあるので，そういう誘惑があり得る。そのためあえて，ここで少しだけ，このことについて書いておきたい。

　まず，こういうことがあっても，決してデータのねつ造はしてはならない。それは当然だが，その理由があげられることはほとんどない。そこであえて，それをしてはならない理由を，ここに3つあげたい。

## 8.2 質的研究を非科学にする

　第一に，それでは科学でなくなってしまうからである。質的研究は科学であって

フィクションではなく，質的研究者は科学者であってフィクション作家ではない。科学者が，科学の名のもとにフィクションを書くことは許されない。データのねつ造は，科学を「科学の皮をかぶったフィクション」に変えてしまい，科学者である質的研究者を「研究者の皮をかぶったフィクション作家」に変えてしまう。こう考えれば，データのねつ造はできないと心に染みないだろうか。

しかしそれでもなお，そういう誘惑は，研究者を襲ってくるかもしれない。そこでさらに，次の2つを伝えたい。

### 8.3 研究参加者が読者となったときに気がつく可能性がある

たぶんそのようなねつ造や改変をしても，査読者や読者にはまず分からないだろう。また，研究参加者名は匿名化されるのだから，査読者や読者は，研究参加者に確認することはできないだろう。そのことが，このような誘惑を後押しする可能性がある。しかしこの世にたった1人だけだが，そのことが分かる可能性のある読者がいる。それは研究参加者自身である。研究参加者がたとえばインタビューイーである場合，その人がいつかその論文を読んで，「自分はこんなことは言っていない」と抗議するかもしれない。

じつは，このことを大学院ゼミで話したら，「あ！」と声を上げて驚いた授業参加者がいた。もちろんその授業参加者がデータのねつ造をしようとしていたわけではない。どうして「あ！」と言ったのかと聞くと，その授業参加者は，その時点まで，「研究参加者が読者になる可能性」について考えたことがまったくなかったし，自分がそのことを考えたことがなかったことに驚いたからだと答えた。

筆者らが翻訳した『質的研究ハンドブック』のアングロシーノ／キンバリー／デ・ペレス（2006）には，Wolf（1992）を引用して，「「我々はもはや，ある孤立した村が驚くほど短期間で，すばやい社会変化と経済変化へと入ってしまわないと想定することはできない。村であなたのあとをついて回っていた裸足の子は，ある日，オックスフォード大学を卒業して，あなたの書いた本を手に，あなたの玄関に現れ得る」（p. 137）と皮肉たっぷりに述べている」と書かれている。以前は，研究対象となる人々と，研究を読む研究者の共同体（学会など）の人々とは，距離的あるいは文化的にかなり隔てられていたため，研究参加者が研究の読者になることはまず想定する必要がなかった。しかし社会変動が大きくかつインターネットを備えた現代には，そういうことはいくらでも生じ得る。

ただしひょっとすると，それでもなお，「研究参加者名は匿名化されているので，自分でも分からないはずだ」と考える人がいるかもしれない。しかしここで絶対に忘れてはならないことがある。それは，「研究参加者名は匿名化できるが研究者名は匿名化できない」ということである。研究参加者が，以前にインタビューや観察を受けたときの研究者名を覚えていて，あるいはその時の「説明と同意」の書類を保管していて，その研究者の名前をインターネットで検索したら，自分が参加した研究の成果としての論文が見つかり，それを読んでみたら，明らかに自分と思われる人物が，自分が決して言わなかったことを言ったことになっていて驚く……そういうことは無いとは言えない。このことは，つねに意識しなければならない。つまり，データのねつ造をすれば，研究参加者には分かってしまう。これがデータのねつ造をしてはならない第2の理由である。

ところで，研究参加者名を完全に匿名化するだけでなく，なんらかの理由で匿名化の度合いを上げる必要があり，そのために研究参加者の語りを再構成して論文を執筆することがあり得る。岡／show（2000）は，研究者がある組織や施設に関わって研究していたことが容易に分かる場合について，「このような場合は，対象者個人の秘密保持にできるだけ心がけ，研究結果の本質を変えない程度に，必要なら報告する事実を変えるべきである」と述べている。また，山川（2007）は，3泊4日で実施された小学生のための演劇・音楽活動ワークショップの参加児童を事例とする研究であるが，研究参加者の子どもが絶対に特定できないようにするために，観察したできごとを再構成して記述しているし，論文にそのことを明記している。このような場合には，研究参加者自身にも，それが自分のことだと分からなくなることがある。その場合，いくら研究者名が分かっていても，引用されているのが，どの研究参加者の行動や発話であるかは分からなくなるのだから，上記のことは意識しなくて良いということになるだろうか。じっさい，そういうケースは生じ得るだろう。そこで，データのねつ造をしても研究参加者にさえ分からなくなる方法があることに気がついて，そのことがデータのねつ造の誘惑につながる人には，最後にもう1つ，筆者が強調したいことがある。

## 8.4 さらに深い分析とそれによる発見の機会を失わせる

それは上記のように，たとえば「異なる背景を持つインタビュイーAとインタビュイーBが異なることを言ってくれていたら良かったのに」と強く思ったとき

に，研究者が何をするべきかである。このとき，「AとBの発話が異なっていたら良かったのに。残念だ」と思って分析を停止してしまってはならない。むしろ「異なっていたら良かったのに異なっていなかったとき」とは，「2人の発話が異なっていないという「事実」の背景に，一体何があるのか？」「異なっていたら良かったと思っている自分は，そのような重要な事実を見落としているのではないか？」「その事実があるからこそ，異なっていないことに意味があるのではないか？」「だったら，AとBの発話を別の観点から考え直さなければならないのではないか？」と，そのことをさらに深く検討する重要な機会である。そしてそのような検討を経ることで，当初はまったく見えていなかったものが見えてくることがある。それを通して，自分の描こうとしていた世界が大きく変容する……。

　質的な分析をしていれば，こういうことを経験することが時々ある。そしてその時は，自分の研究に非常に大きな喜びを得る時でもある。研究での一番の喜びは，自分の考えが自分によって覆されることだからである。一度これを経験すれば，以前だったら「異なっていたら良かったのに残念だ」と思ったであろうことに出会っても，それからは，「異なっているべきではなく，これで良いはずなのだ。だったらさらに，データの奥へと向かって分析を進めなければならないし，そこに何か貴重なものがあるはずだ」という気持ちが湧き，さらに深い分析への意欲とエネルギーが湧いてくるようになるものである。

　データのねつ造は，研究上このようにきわめて貴重な，データのさらに深い再検討の機会を放棄して，分析を停止してしまうことに他ならない。これこそが，データの改ざんやねつ造をしてはならない第三の理由である。しかしむしろこのことこそが，データの改ざんやねつ造をしてはならない最大の理由であるのだと，筆者は確信している。

# 第9章

# 質的研究に関するその他の問題と課題

## 1 さまざまな質的研究手法の使い分けは可能か

　質的研究のセミナーやワークショップのときの事前アンケートの中で，非常にしばしば受ける質問のひとつが，「さまざまな質的研究手法を目的に応じてどう使い分ければ良いのか」というものである。それは，インタビューか観察かというようなことではなく，グラウンデッド・セオリーかエスノグラフィかエスノメソドロジーが……というようなものである。

　たしかに，現在，たくさんの質的研究の書物が出版されている。それらのほとんどは，個別の手法についてであり，しかもその中では，筆者の知る限り，他の質的研究方法とどう異なるかが書かれていないのが普通である。また，質的研究一般についての書物も多く，それらの中では複数の手法を紹介しているが，やはり筆者の知る限り，それらをどう使い分けるかは書かれていないのが普通である。そのため，こういう疑問を持つ人が多いのは理解できる。

　また筆者は医療系の専門職を対象とした質的研究のセミナー・ワークショップを依頼されることが多いが，このような質問はとくに医療系の参加者から出ることが多いと感じている。医療系の量的研究では，多様な研究方法を把握した上で，研究目的に適したものをその都度選択して適用することになる。たとえば臨床研究には代表的なものとして，症例対象研究，後ろ向きコホート研究，前向きコホート研究，ランダム化比較試験，などがあるが，臨床研究は，記述的研究と分析的研究に分かれ，分析的研究はさらに介入研究と非介入（観察）研究とに分かれ，非介入（観

察）研究はさらに症例対象研究と要因対象研究（コホート研究）とに分かれ，要因対照研究（コホート研究）はさらに前向きと後ろ向きとに分かれるという具合に，全体に階層化された構造を有している。1人の臨床研究者が，それらを研究の目的に応じて使い分けるのが普通であるし，使い分けることが期待されている。したがって，上記のような疑問を持つのが医療系の専門職であるなら，その疑問の背景には，医療系の量的研究に関するこのような認識があるのかもしれない。あるいはそもそも，医療系専門職というのは一種の技術職的側面を有しており，治療方法も何種類かのうちの1つ，手術の術式も何種類かの1つを適切に選択して適用するのが仕事である。そのようなことも，こういった「目的に応じてどれを選べばいいか」いう質問が出ることの背景の1つであるかもしれない。このように考えると，このような質問者にとっては，この問いは，必ず答えのあるごく当然の問いとして発せられているものと推測できる。

　そこで，そういう質問が出るのはもっともなことだからと，このような疑問に答えて，この目的にはこの手法が適しており，あの目的にはあの手法が適していると，整理して答えることができれば，質問者の期待に応えることになるし，質問者は当然そのような答えが返ってくるものと考えているだろう。しかし質的研究に関しては，必ずしもそのように答えることができない。そもそも，目的に応じて質的研究手法を使い分けている質的研究者に，筆者は一度も会ったことがない。だから，「複数の質的研究手法をどう使い分けるのか」ではなく，そもそもまず「複数の質的研究手法は，量的研究手法のように使い分けることができるのか」を問わなければばならない[1]。

## 1.1　唯一のパラダイムに依拠する量的研究

　量的研究では，すべての研究手法は唯一のパラダイムにもとづいている。それは，存在論としては客観主義的実在論 objectivist realism（ごく簡単にいえば，真実は人の見方や立場を超えて客観的に実在しており，実在している真実は観測し測定し，それを実証できるという考え方）であり，認識論としては実証主義である。量的研究が1つのパラダイムにもとづいているために，多様な量的研究手法を採用する際に，

---

[1] つまり，「正しい答え」を探そうとする前に，「その問いを問うことは適切なのか」を検討しなければならないのである。このことは研究の問い，つまりリサーチ・クエスチョンを考える時にもつねに，最も重要なことである。

研究者は，その都度，自分のパラダイムを変更する必要はない。量的研究の範囲であれば，どのような研究手法も，そのパラダイムを前提としている。喩えれば，それらはすべて，客観主義的実在論という1つのパレットの上に置かれたいくつもの色の絵の具のようでもある。その絵の具は単独でも使うし混ぜても使う。また，それらの絵の具は，誰のパレットに乗せても良い。量的研究の世界では，客観主義的実在論という認識論のパレットしか存在せず，量的研究者は，基本的に皆，同じパレットに置かれた絵の具を使って研究しているからである。

## 1.2　多様なパラダイムに依拠する多様な質的研究

　それに対して，前述のように，質的研究の各手法は，それぞれのパラダイムにもとづいている。繰り返しになるが，たとえば，初期のグラウンデッド・セオリーなら，ポスト実証主義（ごく簡単に言えば，存在論としては実在主義であるが，客観主義的実在論のような機械的認識論ではなく，人間による認識によって，実在が完全には捉えられないことを認め，そのために，データ採取やデータ分析を厳密化することで，実在に接近できるとする考えであり，量的な手法ではそれらを完全に解明することはできないが，質的に厳密な手法を用いて依然として実証できるとする考え方）のパラダイムにもとづいているが，より今日的な質的研究なら，解釈主義的なパラダイム（ごく簡単に言えば，客観的な真実は存在せず，それは人の解釈によって生まれるという考え方）や，社会的構成主義のパラダイム（ごく簡単に言えば，真実は実在するのではなく人の営みによって社会的に構成され，それがまた社会的に認識されると考える）や，相互行為論のパラダイム（ごく簡単に言えば，意味は個人がその仲間と参加する相互行為によって生じ，また理解されると考える）にもとづいている。それらは，それぞれまったく異なるパレット（パラダイム）に置かれたまったく別の絵の具である。そしてその絵の具は，そのパラダイムのパレットにしか乗せることができない。また，その絵の具を別のパレットに移して混ぜて使うこともできない。それができないのは，油彩のパレットに乗せた油彩絵の具を，水彩のパレットに乗せた水彩絵の具と混ぜて使うことができないのと同じである。あるいはさらに言えば，洋画のパレットに乗せた洋画の絵の具を，日本画用の磁器製の絵皿に乗せた日本画の絵の具と混ぜて使うことができないのと同じである。

## 1.3　1人の研究者の認識論と研究パラダイム

　このように，多様な質的研究の方法は，それぞれが依拠する多様なパラダイムの上に成立していることを理解しなければならない。そしてそのようなパラダイムのうち，自身が研究的なパラダイムとしてどれを選ぶのかは，その研究者の立場によって，ある程度決まってくるものである。それは，その研究者が人間や社会を見るときやそれらを対象に研究するとき，そしてそれらに働きかけるときの基本的な姿勢に他ならない。1人の研究者は，それぞれの人間観，職業観，社会観，世界観などを有しているが，それらのさらに背景にあって，その研究者を社会と関わらせている根本的な認識があるはずであり，それは，簡単には変えられない。それを変えろというのは，改宗を迫るようなことである。

　舟島（1999）は，このことについて次のように述べる（ただし舟島の「方法論」は，本書の文脈では「認識論」や「パラダイム」と読み替えるのが適当であるので，以下の引用中では，それを付記する。下線は引用者による）。

　　たとえ現象学的方法による質的研究を行っている教員のもとで，大学院生がグラウンデッド・セオリーによる質的研究を行いたいと考えても，それは承認されないか，承認を受けたとしてもそこで現象学的方法[2]による質的研究を行うほど十分な指導は受けられないことが予測できる。この状況は決して理不尽なことではない。研究方法論［本書における「パラダイム」］は研究への価値観，態度を含み，それはそのままその方法を採用している研究者の学問・研究への価値観や態度を反映する。価値観や態度を確立した研究者にとって，異なる価値観や態度が存在することを承認できても，<u>自由自在にそれらを使い分けることは，いかに頭脳明晰な研究者であってもなしがたいことである</u>。

　ここにまた，本書に何度か登場する音楽の喩えを出すことをお許し頂きたい。筆者は若い時に，「演奏家として，ある楽器を演奏するために最初にしなければならないことは，自分がどのような音色でその楽器を演奏するかを決めることである」という主張を読んで，なるほどそうなのか，と唸ったことがある。同じメーカーの同じ金属製のフルートを使って，大きなホールでも遠鳴りのするような鋭角的で明るく強い音色で演奏することもできるし，あたかも木製のフルートで演奏している

---

[2] 原文は「現象学方法」となっているが，誤記と考えられるので「的」を補った。

ような，軟らかくて室内楽向けの，上品で渋い音色で演奏することもできる。そしてそのような音色には，演奏中に変化させられる範囲があるが，演奏中には変化させられず，その演奏家の音色として確立し，それに依拠してさまざまな表現の可能性を追究しなければならないような，その演奏家に固有の基本的な音色というものがある。だからこそ，クラシック音楽に精通している愛好家は，音色を聴いただけで演奏家名を言い当てることができるだけでなく，管楽器の各首席奏者の音色を聴いただけで，どのオーケストラのどの時代の演奏であるかを言い当てることさえできることがある。

　筆者は，1人の質的研究者におけるパラダイムとは，この，1人の演奏家にとっての基本的な音色と同じであるというイメージを持っている。研究者の認識論というのは，他のものと互換可能性の無いパレットであって，その上にその絵の具を置いて，その絵の具で絵を描いていくしかないし，またそれは，変えることのできない基本的な音色であって，その音色の中で，さらに豊かな表現を磨いていくべきものである。

## 1.4　研究者の研究的習熟──サイエンスでありアートでもある質的研究

　質的研究の多様な手法を目的に応じて選択して実施することが本来的でないことの第二の理由は，質的研究の研究手法についての習熟と熟達の必要である。

　質的研究では，自己のパラダイムにもとづいていったんある手法を選択したら，それがきちんと使えるようになるために，その手法に習熟し熟達する必要がある。

　世の中に，熟達のための必要十分な訓練を受けないでその道のプロだと言えるものはない。あることのやり方を知ることと，それができるようになることとはまったく違う。寿司をどう作ればいいかを教わったら寿司職人になれるのではなく，寿司を上手に握れるようにならなければ寿司職人にはなれない。そしてそのためには，魚を選び，それを捌けるようになることもその前提として必要である。同様に，ある研究手法の使い方を学んでも，それに熟達しなくては，それを専門職として研究に使うことはできない。そしてその熟達には，それに専心する必要がある。日本画家は西洋画を描かないし西洋画家は日本画を描かない。フランス料理のシェフは和食を作って客に出したりしないし和食の料理人はフランス料理を作って客に出したりしない。それは，店のまかない用や家庭用にはするかもしれない。しかし，プロとして自分の店で客に供する料理としては，決してそんなことはしない。

またこのことで筆者がいつも想うのは，柔道である。柔道には投げ技だけで67あるとされるが，1人の選手が使う「決め技」としての投げ技は大抵1つだと言われている。講道館を設立した嘉納治五郎でさえ「払い腰（後に浮腰）」という1つの決め技を使っていたとされる。柔道家は，自分の体格，体力，運動能力などに合った1つの技を選び，その1つの技に柔道家としての人生をかけて熟達し，その熟達に立脚して柔道家となる。

　こう書けば，「質的研究は，絵画や料理や，ましてや武道とは違うではないか」と考える読者がいるだろう。しかし質的研究はそれらに近い面を有している。たとえば，Patton（1990）は「質的評価研究は，批判的思考と創造的思考の両方に，つまり分析のサイエンスとアートの両方に依拠する」と述べている。またサンデロウスキー（2013）はさらにはっきりと「質的研究はサイエンスであるとともにアートである」と述べる。そうだとすれば，そこには，科学者としての習熟もアーティストとしての習熟も必要である。この意味で，英語で武道を martial arts，武道家を martial artist と言うのはきわめて示唆的である。

　したがって，目的に応じて方法を使い分けるということは，やはり質的研究にとって本来的なことではない。むしろ必要なことは，自分がこの方法でやりたいと思う手法を決め，その手法についてどこまでも深く知り，その手法についてどこまでも習熟することである。どのパラダイムに立つべきかは，多様な論文や書物を読むことで決まってくる。1人の研究者の研究パラダイムは，明確に自覚されていなくても，上記のように簡単に変えられるものではないため，すでに研究者の中に存在していると考えることもできる。その，自分の持っている潜在的な研究パラダイムを顕在化させながら，それに一番しっくりと適合するもの，それは，ある論文を読んだときに一番深く共鳴するものであるかもしれないが，それを選べば良い。

　ただしそこでは，自己を見つめることも，同時に必要である。それは，上記の舟島（1999）が，このことについて「研究方法論［本書における「パラダイム」］とは何かという問いは，独自で研究を進めるか，大学院という教育の場で研究を進めるかにかかわらず，研究方法論［パラダイム］を決定するためには，十分自己の価値観や研究に対する態度を吟味する必要があることを示唆している」と述べているとおりである。

　ただし，このことが，自分の方法以外の方法に対して，排他的になるとともに，それゆえ時にそれを恐れる「メソドセントリズム methodocentrism」（Weaver/Snaza 2017）になってはならない。1つの方法に習熟する研究者は，つねにそれ以外の方

法に関心と敬意をもち，それらからも学び続けるべきである。

## 2 教育実践研究と質的研究

　教育実践研究という領域がある。上記のようにそれは，日常の教育実践を対象として，研究者あるいは実践者が実施する研究である。

　これは主に，日常の教育実践に，ある新たなねらいを持って取り組み，それを記述するものである。そのような研究の多くは，当然，純粋な理論的な研究や文献研究ではなく，研究のためのデータとして観察記録やインタビュー記録を含むことになる。また，それらの中には，量的なアプローチによるものもあるが，その多くは，質的なアプローチで実施されている。

　そもそも，教育関係の多くの実践家たちは，自分たちが日常的に従事している仕事を対象に研究するためには，量的なアプローチはなじまないと考えることが多く，質的研究に魅力を感じ，質的研究を歓迎する傾向があると筆者は認識している。

　なぜならそもそも，教育で扱わなければならないものには，児童・生徒とその保護者や教員，そして学校をとりまく地域社会などの共同体の意識，希望，信念，価値観などの主観的あるいは間主観的で，言語的で，動的かつ相互作用的なものが含まれ，それらは量的・客観的に測定し処理することが困難なものである。それに対して，観察やインタビューを通して採取した言語的なデータを分析する質的なアプローチは，それを研究として扱うことを可能にしてくれると考えられる。これは医療などと同じで，人が人を対象に行う実践的ヒューマンサービスの研究に共通している。これが，教育実践研究における質的研究の主要な有用性のひとつであり主要な魅力のひとつであって，その普及の重要な要因であると考えられる。

　ところで筆者は，教育実践者が質的研究を実施することは可能であり，上記のような背景から，それは望ましいことであるとともに，必要なことでもあると考えている。しかし現時点では，実践研究と呼ばれるものの多くでは，その研究手法やパラダイムがあいまいである。また，それが「研究」であるなら，今後とくに問題になると思われるのは，研究倫理に対する現在のアウェアネスの低さである。そのため，今日の実践研究を質的研究だとするなら，今日の質的研究の水準からは，それは，きわめて多くの問題を有していると考えざるを得ない面がある。しかしながら，上記のような背景から，それらが質的研究として報告されることも多く，それが残

念ながら，質的研究に対する評価に問題を生じさせていると考えている。

そこでここでは，教育実践研究における質的研究について触れておきたい。

## 2.1 実践者にとって質的研究が着手しやすく見えることについて

たとえば，質的研究は量的研究と異なり，上記のように，データ採取は観察や面接という誰でもできる方法で実施できるように見える[3]。また，採取したデータの処理には難しい統計学などを使う必要がないため，量的研究より簡単な研究であるように見える。くわえて，質的研究では，量的研究のように，日常の実践とは異なる研究という作業を新たに設定して取り組む必要がないように見える。したがって，日常の実践との連続性が感じられ，日常の実践の延長で研究が実施できるように見える。そしてこれらも，質的研究の普及を後押ししている要因であると考えられる。しかしながら，筆者がここにあえて，「ように見える」と書いているとおり，上の「たとえば」以降は実際には正しくない。

そのことを楽器の演奏に喩えてみよう。ここに職業的演奏家になろうとする人がいるとする。そしてその人は，バイオリンやフルートは音を出すだけで大変だが，ピアノなら鍵盤をたたくだけで自分にも音が出せるのでピアノの方が簡単だと考えて，ピアノの演奏家になろうとしているとする。たしかに，短期間にそれなりの曲が弾けるようになるためには，ピアノの方が簡単かもしれない。しかしどの楽器にせよ，演奏家として音楽的な演奏をするためには，音楽の基礎から着実に学ばなければならない。ピアノは音を出すのが簡単に見えるからと安易な気持ちでピアノを弾き始めれば，きちんとバイオリンやフルートを習った人のような演奏ができるようにはならない。このように，簡単そうに見えるからといって，それが簡単であるとは限らない。そして研究は，趣味ではなく仕事としてするのだから，この喩えで

---

[3] このような誤解は研究論文においてさえも示されることがある。たとえば川口／小西／山口（2000）は，「看護研究の分類項目」として，量的研究を，「あらかじめ計画されたデザインに基づいて精密な測定，数量化により行われる研究」としているのに対して，質的研究は「対象から日常的な場面でデータ収集，分析する方法」としている。つまりこの論文は，質的研究は「あらかじめ計画されたデザインに基づく」必要はないという認識を示している。しかしこれは間違いである。（なおここでは，量的研究が「……行う研究」と定義されているのに対して，質的研究はなぜか「……する方法」と定義されており，量的研究が「研究」とされているのに質的研究は「研究」ではなく「方法」とされていることも筆者には理解ができない。つまりこの論文では，大変残念ながら，量的研究と質的研究とが，そもそも正しく相対化されていないと言わざるを得ない。）

の職業的演奏家の楽器の演奏と同じと考えるべきである。

　くわえて，たとえきちんと基礎から演奏を習った人でも，音楽家だからといって音楽理論の研究ができるわけではない。それは，優れた画家だからといって美学の研究ができるわけではなく，資格を持った教師だからといって教育学の研究ができるわけではないのと同じである。しかし自分の実践と研究とを考えるとき，そういう基本的なことが忘れられてしまい，実践と研究との連続性の方が強く感じられ，実践ができれば実践研究ができると思ってしまうことがある。

## 2.2　実践者にできる簡単な質的研究の方法はあるか

　このことに関連して，1つのエピソードを記すことをお許し頂きたい。筆者は，ある学会での何十人かの方が参加した質的研究のセッションで，参加者の1人の小学校の先生から，「小学校の教員でもできる簡単な質的研究の方法はありますか？」と質問された。筆者はそれに対して，「そんなものはありません」と答えた。ただしすぐ続けて，次のように説明した。それは，「小学校の教員にできる質的研究の方法」がないという意味ではない。たとえ大学の先生から，「大学の教員にできる簡単な質的研究の方法はありますか？」と質問されても，答えは同じである。なぜなら「研究」である以上，簡単に実施できる方法などあり得ないと考えているからである。それは量的研究でも同じで，「簡単な量的研究の方法はありますか？」という質問に対して「はい，これとこれがそうですよ」と答える量的研究者がいたとしたら，筆者には，そのような量的研究者は信用することができない。

　しかしながら大変残念なことに，質的研究については，上記のような誤解を背景に，研究方法論をきちんと学ばずに，簡単な方法としてそれを実施しようとする人がいるように思える。したがって現在，質的研究という「ことば」の普及ほど，その本質的かつ包括的な理解が普及しているわけではない。まずこの点を認識することが，質的研究に取り組むために必要なことであることを強調したい。

## 2.3　実践報告と実践研究の違いの認識の必要性

　ところで，筆者の考えによれば，実践者が実践を通して行うものには，「実践**報告**」と「実践**研究**」とがある。そしてさまざまな点から，この両者を峻別する必要があると考えている。したがって，筆者が強調したいもうひとつの点として，実践

報告と実践研究との違いについて述べておきたい。

　まず,「実践報告」は,**日常の教育対象**としての児童・生徒を研究対象とし,「こうしたい」「こうあるべきだ」「こう考える」というような**実践者の信念**(ビリーフ)を出発点として,「こう実践してこう成果があった」という**事実**を到達点とする。その結果の特性として,個別の知見をたくさん並べて置いていくような**単発性・並置性**を有しており,その知見は,「こんな例がありますよ」という**例示**として活用される。なお,教育で報告される実践は,ほとんどが成功事例であるため,学校名が**明記**されることが多い(ただし,問題をもつ児童・生徒を対象とした報告では,学校名も匿名化されることがあり得る)。

　それに対して「実践**研究**」は,「研究の趣旨や方法の説明を受け,それを理解して主体的に研究に参加するボランティアとしての**研究参加者**」を対象として,「これまでこういうことが分かっている」という**従来の研究的知見**を出発点とし,「これはこうだと分かった」という**知見・理論**を到達点とする。その結果の特性として,従来の知見の上に積み重ねて発展する**積分性**を有しており,その知見は,「この考え方にもとづけますよ」と,提案や否定の基盤・根拠となる**エビデンス**として活用される。なお,研究的知見は一般性を有する理論的知見であって,対象から分離して論じることが可能であることに加えて,研究とそこで対象となった実践は,つねに否定的評価や批判にも開かれているため,実践対象は必ず**匿名化**される(以上を**表1**にまとめた)。

　言い換えれば,教育実践者が,実践者として目の前の子どもを理解するということと,同じ教育実践者が,研究者として目の前の子どもや自分の教育実践を対象として研究し,一般性や普遍性のある知見を出すということとは違う。教育実践**報告**とは,前者を記録したものであり,教育実践**研究**とは,後者を発表したものである。そして,前者ではやってよくても,後者ではやってはいけないことがある。

　実践者の行う研究が抱えるもうひとつの問題とは,この実践**報告**と実践**研究**とが混同されていることである。教育実践を報告すれば教育実践**報告**になる。しかしそれは教育実践**研究**にはならない。実践**研究**は上記のような特性を有するため,その研究テーマの設定の段階から研究としてデザインされて開始されなければならないし,その際,研究参加者には,研究の趣旨を説明して同意を取らなければ研究を開始してはならない。なお,今日の研究倫理の常識では,児童・生徒が研究参加の不同意を示すことのできない必修の授業や必修の活動を対象とする研究は基本的に認められるべきではない。必修の授業を研究対象とすることができるのは,少なくと

表1　実践報告と実践研究

|  | 実践報告 | 実践研究 |
|---|---|---|
| 研究対象 | 実践者の**日常の教育対象** | 研究の趣旨や方法の説明を受け，それを理解して主体的に研究するボランティアとしての**研究参加者** |
| 出発点 | **信念**：こうしたい，こうあるべきだ，私はこう考える | **従来の研究的知見**：これまでこういうことが分かっている |
| 到達点 | **事実**：こう実践してこう成果があった | **知見・理論**：これはこうだと分かった |
| 結果の性質 | **単発性・並置性**：ひとつひとつをたくさん並べて置いていく | **積分性**：積み重ねて発展する |
| 知見の活用の範囲 | **例示する**：こんな例がありますよ | 提案や否定の基盤・根拠となる**エビデンスを示す**：この考え方にもとづけますよ |
| 実践対象の明記 | **明記される**：成功事例だから | **匿名化される**：理論的知見だから，つねに否定的評価にも開かれているから |

も，それを望まない児童・生徒がその授業の中で研究参加者とならないことが保証され，かつそれが，他の児童生徒に分からないようになっている場合だけである。

## 2.4　教育研究における「説明と同意」はどのような場合に必要か

　研究参加者（研究対象者）に「説明にもとづく同意」すなわちインフォームド・コンセントを得る必要があるかどうかは，実践報告であるか実践研究であるかによらず，「結果の**公表性**」と「研究のもたらす**受益性**」によって決まる。

　今日の研究倫理の考え方では，授業改善や教育改善などの業務改善のための研究，検討，分析にデータを用いてそれを公表しない場合には，データ採取に際して同意を必要としない。それに対して，その結果を学会で口頭やポスターで発表したり論文として発表したりする場合，つまり公表する場合には，インフォームド・コンセントが必要になる。

　その理由は多様に考えられるが，たとえば，公表されない業務改善のためのデータ採取とその利用は，児童・生徒・学生に害（harm）を及ぼす危険性が低く，かつその受益者は主にかれらだからである。それに対して結果が公表される場合は，かれらに害が及ぶ可能性が皆無とは言えないため，かれらには，自分のデータが何の目的でどう使用されどう公表されるかについて知っておき，利用を規制する権利

（情報コントロール権）があるからである。それに加えて，この場合の受益者は，主に研究業績を上げる研究者とその所属機関であるため，データ提供者の同意なくそれを自分たちの受益行動に使えば「搾取 exploitation」になってしまうからである。（教育研究での「搾取」については青松／大谷（2014）を参照。）

こう考えれば，学会では公表しないが研究会内で公表するようなときにどうすべきかについても判断ができる。たとえば，それが学会でなくても，研究者や研究機関の業績になり，研究者にとって受益性があるなら，インフォームド・コンセントが必要だと考えるべきである。

ところで，同意をとらないで発表した論文にも，優れた研究，優れた論文があると言ってそれを擁護する人がいる。実際に筆者も，教育実践系の学会長の先生から招待論文の執筆を依頼されたとき，そう言われたことがある。しかしそれらがいくら「優れた研究」や「優れた論文」に見えたとしても，その創出の過程に大きな問題があるのだから，それを「優れている」と言うことはできないと考えるべきである。ごく簡単に言えば，それは，盗んだ画材で優れた絵を描くのと同じである。絵としては優れているように見えても，その素材は「盗品」であることを忘れてはならない。

研究倫理の考え方を広めることで，たとえ一時的に，これまで行っていたスタイルの研究ができなくなっても，それは，次の発展のための契機と位置づけるべきである。教育実践をめぐって，これまでできていても今はできなくなった例は学校にはたくさんある。たとえば個人情報保護や著作権保護など，以前はほとんど無視されていたが，その後重視されるようになったため，従来学校で行われていたことのいくつかは行えなくなった。そのことで，教育実践上，また教育実践研究上，どの学校も一時的には混乱し，それゆえに苦しんできたが，今はその問題を克服してなんとかやっている。このようにして，この問題も実践家と研究者とが智恵を出し合い，新たな試みを行うことで，協働して克服していくべきだと考える[4]。

---

[4] 学校で児童・生徒を観察したり児童・生徒にインタビューしたりする研究で，学校長から許可を得ているが児童・生徒からは研究参加の同意を得ていないものが，今日でもしばしばある。このような研究は，今日の研究倫理の水準からみれば，その条件を満たしていないと言わざるを得ない。今でも，校長が許可すれば良いではないかと言う人がいるが，校長は，児童・生徒を観察したりかれらにインタビューしたりすることを許可する権限を持たない。その権限はあくまで，児童・生徒とその保護者にある。校長が有するのは，その前提としての，学校での調査を許可する権限だけである。なお，つねに研究がなされている大学附属学校などで，児童・生徒の募集要項に，「入学後は研究参加者となり，その研究は公表される」ということが明示的に説明され，入学時に，研究参加の包括同意がなされ

## 3 量的研究手法と質的研究手法の併用

　ミックスト・メソッド・リサーチ MMR（Mixed Methods Research）（「混合研究法」と訳されることもある）[5] についてどう考えるかという質問を受けることがある。現在，「混合研究法」ということばを正題に持つ書籍は数冊出版されているし，それを副題に持つ書籍もある。

　量的なアプローチと質的なアプローチを併用することは，古くから行われてきた。それは，mixed methods, between methods, cross paradigm, multiple method approach, integrative approach などと呼ばれてきた。たとえば筆者が参加した研究で第 7 章で紹介した Mukohara et al.（2006）も，病院での「患者付き添い実習」に参加した医学生にはフォーカス・グループを実施し，外来患者さんにはアンケートを実施して，前者を質的に，後者を量的に分析した MMR である。ただし筆者には，この程度の経験しかない。しかしここで，あくまで質的研究の立場から，ミックスト・メソッドに関する上記のような質問について考えてみたい。

### 3.1　mix は研究の量的部分と質的部分のそれぞれに何をもたらすか

　筆者は，ミックスト・メソッドは，第一義的には，量的研究者が質的研究方法を併用するために存在するのだと考えている。いっぽう質的研究者にとっては，量的研究手法を併用することは，それと同じほどには意味がないのではないかと考えている。

　しかも質的研究と量的研究を一緒に実施すれば，質的研究は実証的な方向へ引っ張られる。とくに「収斂 convergent デザイン」のミックスト・メソッドの研究を実

---

　　て，個々の判断は校長に付託する旨の書類を保護者が提出している場合などはこの限りではない。
[5] mixed methods は，日本では，最初に「混合研究法」と訳されたために，この訳語が使われることが多いが，筆者はこの訳は適切でないと考えている。「混合」とは，混ぜてしまうことであるが，mixed methods では，1 つの研究の中で，質的研究手法と量的研究手法は「混合」されるのではなく「併用」される。mix にはそもそも，「混合」以外に，「結びつける」「組み合わせる」「仲間にする」「一緒にする」「交際する」「仲良くやる」「両立させる」などの意味があり，mixed methods の意味するところはむしろそちらである。その点で「混合研究法」ということばは誤解を生じさせる恐れがある。したがって，本書では，「混合研究法」ということばは使用せず，ミックスト・メソッドを使用する。

施すれば，社会的構成主義や相互行為論などのパラダイムによる質的なアプローチは適合せず，ポスト実証主義など，実証主義に近いパラダイムの質的研究でないと両立させるのは無理なのではないかと考えられる。なぜなら，何度も述べてきたように，量的研究は実証主義に立脚しているためである。

## 3.2 潜在的だが重要な概念「規模」

したがって，ミックスト・メソッドが含意するのは，本来は，相当大規模な研究だと考えられる。実際，ミックスト・メソッドによる研究は，多様な専門の複数の研究者で実施すべきだと強調されることが多いが，それは相当大規模な研究になる。また，NIH（National Institutes of Health）や WHO がミックスト・メソッドを推奨しているのも，そこから大きな研究予算を得て実施する非常に大規模なプロジェクトで，そのコストに見合ったできるだけ包括的な知見を得ようとするためだと推察できる。

いっぽう，北米では質的研究でミックスト・メソッドが用いられているが，北米でのそのような研究も，伝統的に非常に大規模であった。筆者はトロント大学に延べ2年滞在したが，北米の社会科学研究の日本との規模の違いを痛感した。研究参加者募集には研究補助をする企業を使い，その企業が電話帳などからランダムに選ぶ。そのような大規模な質的研究は量的研究と親和性が高い。質的研究は，大規模になればなるほど，より実証的な研究になるからである。

それに対して，本書の読者が自分で実施する研究は，もっとずっと小規模なものではないだろうか。実際，さまざまな学会で発表されるミックスト・メソッドの研究の多くは，1人または単一施設内の単一職種のみでなされた研究である。

もちろん小規模の研究でも，ミックスト・メソッドを採用することはできなくはない。しかしそれは，あえて考えれば，「規模」を無視して形を真似た，ミックスト・メソッドのミニチュアモデルあるいはミニチュアアクセサリーのようなものであって，決してミックスト・メソッドの実態を反映したものではないのではないかと筆者には思われる。それは，ミニチュアとしては愛らしいし面白いが，あくまで「1つの小さな規模の研究で両方のデータを採取して分析した」ということではないか。

そもそも規模とは，単に量的な違いではない。規模が変われば質が変わる。工学基礎論では，規模が変われば方式が変わるとされる。たとえば輸送では，輸送量だ

けでなく速さも規模であるが，高速の飛行機と低速の飛行機とでは異なる推進方式（たとえば低速機はレシプロエンジンとプロペラ，高速機はジェットエンジン）を採用する。また，顕微鏡なら倍率も規模であるが，高倍率の顕微鏡は，光学顕微鏡ではなく電子顕微鏡になる。筆者は，ミックスト・メソッドを用いた小規模の研究は，ジェットエンジンで小型自家用機を作ったり，電子顕微鏡の原理で虫眼鏡を作ったりすることと同じになるのではないかと危惧する。

### 3.3　質的研究は何人でするべきものか

　またさらに言えば，今日の水準から見れば重厚長大とも言えるグラウンデッド・セオリーの開発者であるグレイザーでさえ，分析は最終的には1人でできなくてはならないと言っているように，質的な分析は，本来1人で行うべきものである。それは，「解釈」は個性的なものであり，共同研究者とさえ必ずしも解釈を共有できない場合があるためである。そしてそれは，グラウンデッド・セオリーのようにポスト実証主義的な質的研究でさえそうなのだから，より解釈主義的なパラダイムになれば，絶対に1人でなければできないということさえあり得る。

　質的研究には，「コンゾナンス consonance（協和）」という概念がある。これは，質的データ分析をしているとき，一時的に，他の研究者や同僚に，「ここを自分はこう分析したが，あなたならどう分析するだろうか？」と相談することであり，「緩やかな突き合わせ」を試みることである。このような概念が存在していること自体，質的データ分析は基本的に1人で行うという理解が共有されていることを示している。しかもこれは consonance（協和）であって concordance（一致）でないことに注意すべきである。質的データ分析では，複数の分析者によって結果を突き合わせ，それを一致させるような必要はないのである。

　このような意味でも，質的研究は規模を大きくしたら不可能になるのであって，その点でも，ミックスト・メソッド・リサーチとの親和性は，低くなるのではないかと筆者には考えられる。

## 4　「定性的・定量的」という表現について

　qualitative – quantitative を表すための訳語として，「質的―量的」の他に「定性的

―定量的」という表現がある。しかも，こちらの方が単に質的―量的と言うより学術的な響きがあると感じられるためか，こちらが用いられることも多い。じっさいこの語は，「定性的研究―定量的研究」「定性的分析―定量的分析」「定性的に研究する―定量的に研究する」「定性的に分析する―定量的に分析する」「定性的データ―定量的データ」などと多様に用いられている。

しかし筆者は，質的研究，質的データなどの意味で，定性的研究，定性的データなどと呼ぶことは適切でないと考えている。以下，それについて述べる。

定性―定量というのは，「定ル性―定ル量」であって，つまり「質を定むる（質を同定する）・量を定むる（量を同定する）」という意味で，本来，分析化学などで早い時代から用いられた訳語である。その際，「定性分析」とは，調査する物質の中に「何が含まれているか」を調べるものであって，用いるのは，蛍光X線分析，原子発光分析法などによる元素分析，赤外分光法，核磁気共鳴分光法，質量分析法などのスペクトルを測定するものとされる。いっぽう「定量分析」とは，調査する物質に特定の成分が「どれだけ含まれているか」を調べるものである。

つまり qualitative にも quantitative にも，「定める（同定する）」という意味が含まれていないのに，分析化学の文脈上，訳語に「定（める）」を補ってしまったわけである。しかし，このような分析化学の定性分析と，一般的な質的研究とは，次のような点で異なっている。

定性分析―定量分析というのは，いずれも目的的な概念であって，手段を表しておらず，手段としては，定性分析でも量的な手法を使うことがある。また，データも量的なものを用いている。その点で，質的なデータを質的に分析する質的研究とは，意味するものが異なっている。またそもそも，定性的研究（質を定めることを目的とする研究）は存在し得るが，定性的データ（質を定めることを目的とするデータ）というのは存在し得ない。研究や分析や「データ採取」には目的があっても，「データそのもの」には目的がないからである[6]。

以上のことから筆者は，質的研究を定性的研究と呼んだり，質的データを定性的データと呼んだりするのは質的研究の姿に合わないと考えている。

---

[6] データ採取の際には目的があるが，採取されたデータには目的はないと考えられる。

## 5 質的研究とエビデンスレベル

　筆者は，主に医師から，「質的研究は「エビデンスレベル」が低いとされているがどう考えたらよいか」という質問をされることがある。

　エビデンスレベル，より正確には「レベルズ・オブ・エビデンス」というのは，EBM（Evidence Based Medicine）の考え方である。EBM すなわち「根拠にもとづく医療」とはごく簡単に言えば，臨床研究の結果をその根拠 evidence として，それにもとづく治療を選択して行うことである。その際に，どのような研究の結果がどの程度まで治療選択の根拠になるか（「因果関係を推論する妥当性」（中山 2010））がレベルズ・オブ・エビデンスであり，それは序列化されている。

　それによると，最もレベルの高いものから順に，I．システマティックレビュー／メタアナリシス（データ統合型研究），II．1 つ以上のランダム化比較試験によるもの，III．非ランダム化比較試験によるもの，IV．分析疫学的研究（コホート研究・症例対照研究）によるもの，V．記述研究（症例報告やケース・シリーズ）によるもの，VI．患者データにもとづかない，専門委員会や専門家個人の意見（中山 2009, 2010），の順とされている。

　質的研究は，臨床・疫学研究の諸手法に位置づければ「記述研究」であると考えられる。そうだとすれば，ここでのレベルでは下から 2 番目の V である。それゆえ，「質的研究はこのようにエビデンスレベルが低いにもかかわらずそれを実施する意義は何か？」あるいは「そもそもそのような質的研究を実施することに意義はあるのか？」というのが，上記の質問の意図であると考えられる。

　しかし EBM は，実証的な臨床研究の「再現性」を有する「処方的知見」を治療に用いるものである。つまり，EBM の根拠になるのは，実証的で処方的な知見である。それに対して，質的研究は，第一に実証的なものではない。そして第二に，本書で何度も強調してきたように，処方的知見を求めるものではない。それは患者への「処方」ではなく，むしろ，患者や患者家族，あるいは患者の含まれるコミュニティや患者の背景としての社会についての「理解」に資する研究である。

　したがって，実証的で処方的な知見の導出の手続きとその結果の有用性を評価する物差しである「レベルズ・オブ・エビデンス」という考え方を，非実証主義的で記述的（非処方的）な本質を有する質的研究に適用しようとすること自体に無理がある。それはいうなれば，ある生徒の国語の能力を数学のテストで測って，下から

2番目だ，などと位置づけるようなものである。

　ところで，上記のような「エビデンスにもとづく医療」ではなく，患者や患者家族の「ナラティブにもとづく医療」が提唱されている。それが「ナラティブ・ベイスト・メディスン」（グリーンハル／ハーウィッツ 2001, 斎藤／岸本 2003, 斎藤 2014），「ナラティブメディスン」（シャロン 2011）等と呼ばれるものである。また「ナラティブエビデンス」（斎藤 2011）という概念も提唱されている。質的研究は，医療においては，このような領域やアプローチとも深い関わりを持っていると言えるが，本書ではこれ以上それらに触れることはしない。それらに関心のある読者はぜひ専門の書籍で学んで頂きたい。

## 6　質的研究に関する諸概念・言説をその歴史的文脈において理解する必要性

　質的研究では，じつにたくさんの術語・概念が創られてきた。そして今日，質的研究を行う者の多くは，それらを大切に使い続けている。

　しかし質的研究は，時代ごとに異なる状況にあって，自らをつねに変化させながら発展してきている。そしてその際，その都度の変化と発展の必要から，いくつもの術語が造られ，語られ，記述されてきた。つまりそれらは，あくまでそれぞれの歴史的文脈において語られてきたのである。したがって，我々は，それらをそのような歴史的文脈に照らして理解しなければならない。それにもかかわらず，そのような歴史的文脈は一切考慮されず，過去の高名な研究者によっていったん使用された術語は，あたかも，質的研究の古典となり，未来永劫，それを使うのが正しい質的研究だという認識が存在するようである。

　たとえば質的研究には，トライアンギュレーション triangulation という概念がある。トライアンギュレーションとはそもそも三角測量のことであり，三角測量では，1辺の両端の既知の2点から，目的とする3点目への角度を測定する。それにならって，複数の観点から研究対象を検討することをこう呼んだ。言い換えれば，これはいわば「研究視点の輻輳化」（大谷 1997a）である。このトライアンギュレーションにはいくつかの種類があり，Janesick（1994）は，Denzin（1978）による，「データ（多様なデータを検討する）」，「研究者（異なる複数の研究者が担当する，あるいは評価者を用意する）」，「理論（1つのデータを解釈する際に，複数の異なる理論を

用いる)」,「研究手法(1つの問題を解くために,複数の手法を用いる)」の4つのトライアンギュレーションを紹介した上で,それに「学際的」トライアンギュレーション(教育学と心理学,あるいは美術,建築学,人類学などの複数の学問を動員すること)を加えて5つのトライアンギュレーションをあげている。つまりこれは,量的研究がその手続きで実現する客観性を,質的研究でも実現するための手続きである。それで,今日でも,この概念と方法を使っている研究がしばしばある。

　しかし当時の文脈を,多少比喩的な表現を用いて説明するなら,質的研究が出てきたとき,質的研究者は自分たちの土俵も自分たちの行司も持たなかったため,量的研究の土俵を借り,量的研究の行司に軍配を振ってもらって,量的研究者たちを相手に相撲を取った。その頃は,同じ土俵に上げてもらうために,量的研究の規範に合わせ,質的研究もその規範を満たすものであることを示そうとした。その規範の1つが研究の一貫した客観性である。そのため,量的研究とはまったく異なって,nが小さく,確率的サンプリングを行わず,しかも統計的検定のような手続きを持たない質的研究にも,一貫して客観性を担保できる手法があり,それがトライアンギュレーションなのだと主張した。つまりこれは,質的研究が量的研究との拮抗の中で,自分たちの地位を確立しようとして,量的研究者にその客観性を認めさせるために必要とした,「戦略的な構成概念」であると考えられる。量的研究の土俵は,昔も今も実証主義という土を固めて造られているが,その頃の質的研究は,実証主義あるいはポスト実証主義であったため,その土俵にのることに,それほど問題は無かった。むしろ多少無理をしてでも,質的研究が量的研究と同じように一貫して客観性を持つ研究であることを,量的研究者に認めさせる必要があった。

　しかしながらその後,質的研究の人口も増え,自分たち自身の土俵を持つようになったし,自分たちが育てた行司がいる。そのうえ,質的研究は多様なパラダイムにもとづいて多様に行われるようになった。そのため一部のポスト実証主義的研究を除けば,もはや,量的研究の規範である客観性を,それがデータ採取の段階から分析の段階まで一貫して確保し得るというような主張をしながら,無理に前面に押し出してまで,量的研究の土俵にのる必要はなくなってしまった。むしろ,質的研究においては主観性が全面に出てきて,客観性は(とくに研究デザインやデータ分析の際には依然として必要ではあるが)背景へと後退していく。そして研究デザインやデータ分析の際の客観性は,先行研究からの観点の導入や先行研究との突き合わせによって担保しえる。そうなると,トライアンギュレーションという戦略的構成概念は不要になり,むしろ自分たちの土俵に合った自分たちのための概念が必要

になる。そのようにして，トライアンギュレーションに替わって出てきたのが，「クリスタライゼーション crystallization」（Ellingson 2008, Stewart/Gapp/Harwood 2017）である。そもそもトライアンギュレーションが，解明すべき1つの事実を多様な手段で客観的に解明するための実証主義的な手段であり，2次元平面上の三角形をメタファーにしているのに対して，クリスタライゼーションは，多元的な意味を持つ対象を多元的な手法と多元的な解釈によって理解するための，多様なパラダイムを前提とした手段であって（Rule/John 2011），そのためにクリスタルという3次元の立体的なメタファーを用いている。それにもかかわらず，質的研究ではトライアンギュレーションによって実証主義的な客観性を高める必要があるという思い込みは，今日でも拭い去ることはできないようである。

同様な例は枚挙にいとまがないが，上述の「自然主義的一般化」も，このような観点に立てば，同じように考えることができる。それは，一般化という実証主義的な規範に拘束された状態で，「質的研究にも一般化可能性がある」という戦略的主張をする必要にもとづいて作られた構成概念であると考えるべきである。それはその時代にはその必要に十分に応えたのであろうが，今日のように多様なパラダイムに立つ質的研究が認められる時代には，必要でないばかりか，そのような過去の遺物にとらわれていては，今日の質的研究をさらに前へと進め，いっそう発展させることはできないと考えるべきではないだろうか。

## 7 プログラムやシステムの開発と評価における質的研究の有効な活用の可能性

本書では一貫して，質的研究は記述的知見を求めるべきであることを強調してきた。そのため，質的研究はプログラムやシステムの開発のための研究に活用できないというイメージを持たれたかもしれない。しかしそうではない。

以下では質的研究が，従来の量的・実証的研究がなし得なかったどのような問題解決や課題達成に用いられて，そのような開発・評価研究に資する可能性があるかを述べる。その際，筆者が専門としてきた教育工学と教育テクノロジー研究を題材に論述することを許して頂きたい。読者は以下での教育テクノロジーをそれぞれの読者の領域でのプログラムやシステムに読み替え，以下での学習者，教師，保護者などのステークホルダーをそれぞれの領域でのステークホルダーに読み替えて理解

して頂きたい。

## 7.1 シーズ・プッシュからニーズ・プルへ

　プログラムやシステムの開発には大きく分けて 2 つのアプローチがあり，ひとつはあらかじめ存在するネタつまり種 seeds/technology を適用して新たな開発を行うことであり，もうひとつは，現場の必要 needs/requirement にもとづいて開発することである。前者を seeds/technology push と呼び，後者を needs/requirement pull と呼ぶ。そして，日本の教育工学における開発研究の多くは，前者によってなされてきた。

　しかし，Glennan/Melmed（1996）が述べるように，テクノロジーによる教育の革新は，requirement pull でなければ成功しにくい。したがって，まず，開発の方向をシーズ・プッシュからニーズ・プルに転換した上で，開発の際にニーズの分析と評価を行い，システムの評価の段階では，システムがその requirement を満たしているかどうかを検証しなければならない。そのような課題は，質的研究によって実現され得ると考えられる。

## 7.2 実験的妥当性の重視から生態学的妥当性の重視へ

　また，開発した教育テクノロジーについての評価は，これまでしばしば，「教育システムそのものの実質的で有効な評価」ではなく，「その研究・開発・評価を述べた研究論文の評価」になりがちであった。

　そもそも論文の評価は「研究的な文脈」で行われる「実験的評価」であって，その「実証性」（客観性，信頼性等を含む）こそが問われる。それに対して，教育システムの評価は，それを学校等の教育の現場で機能させたときにどれほど有効であるかという「実効性」の観点から行わなければならない。それはつまり「実験的妥当性 experimental validity」ではなく「生態学的妥当性 ecological validity」を追究することである。前者を，開発した自動車をテストコースで評価することに喩えれば，後者は，公道上で評価することに喩えられる。そして，学校で実験的状況を設定して評価すれば，それは学校の中にテストコースを作って評価しているようなものである。

　しかしながら公道上，つまり実際の現場での評価は，多様な要因が重層的に影響

するため，従来は研究として成立しにくかった。それに対して質的研究は，実験的研究状況を設定しない自然主義的なアプローチであるため，そのような実際の状況での評価に適している。

## 7.3　成果 product に焦点化した評価から経過 process に焦点化した評価へ

またその際に考慮すべきことは，従来の評価が主に「そのシステムを使用してどのような成果があったか」という「成果に焦点化した評価 product-focused assessment」であったことである。しかし教育におけるシステム評価では，学習の成果とは別に，学習の過程がどのようであり（たとえばそれを使った学習は楽しいか，充実感や達成感があるか，集中できるか等），また，その過程が何をもたらすのか（たとえば学級の人間関係や学習集団としての機能の変化，学習者と指導者の関係などの教室の社会的構造 social structure（Schofield 1995）の変容）などの，そのシステムの用いられる「経過（過程）に焦点化した評価 process-focused evaluation」（Chompuinwai/Doolen 2006）が必要である。質的研究は，文脈を重視した詳細な記述により，そのような評価研究を可能にする。

## 7.4　「目標にとらわれない評価」の必要性

また個々のテクノロジーは，なんらかの一定の目的のために開発され普及する。しかし自動車の普及が排気ガスによる公害や大量の交通事故を生み出してきたように，それは必ず当初の目的の達成とは別の「副作用 side-effect」を生じさせる。それらは，「予測／予期／意図しなかった副作用 unpredicted/unexpected/unintended side-effect」と呼ばれる（Ragsdale 1988）。またこれらの副作用は，必ずしも否定的なものばかりではなく，意図しなかった肯定的な作用も存在しえる。したがってこれらを適切に評価に組み込むことが求められる。

しかしながら従来の量的・実証的な工学的アプローチは，あくまで「目標に準拠した評価 goal-referenced evaluation」に焦点化しているため，これらを見逃してしまう。そこで従来の評価に加えて「目標にとらわれない評価 goal-free evaluation」を行うことが課題となる。

J. M. Atkin は，目標にとらわれない評価を行うために，従来の「工学的アプローチ technological approach」にかえて，「羅生門アプローチ Rashomon approach」を提

唱した（文部省 1975）。羅生門アプローチとは，ひとつの出来事がそれに関わる人々の視点の違いによって多様に見えるという黒沢映画の『羅生門』にもとづくものである（実際には，映画『羅生門』は芥川龍之介の小説『羅生門』ではなく『藪の中』にもとづく）。そのためには，評価に際して，システムの開発者や研究者だけでなく，教師，学習者自身，保護者，また教育に関する専門的知識がなくとも，常識をうまく働かせて広範で多様な観点から評価できる「教育のしろうと」の参加を求めることも有効だとしている。

　質的研究は，プログラムやシステムの評価に多様な観点を持ち込むが，仮説（この場合には，評価のための目標）を持ち込まない。そして，現象に内在・潜在する意味を見いだす。その意味で，質的研究こそ，その本質において「目標にとらわれない評価」を実現する研究手法である。

## 7.5　プログラムやシステムに関わる「人間」研究の必要性と可能性

　ところで Cuban（1986）によれば，テクノロジーが教室に入るときに「門番 gate keeper」の役割をするのは教師つまり人である。この考え方に立てば，あるプログラムやシステムがいかに優れていても，人がそれを使おうと思わなければ，実践の現場に入らない。また，ある人がそれを取り入れたとしても，そのテクノロジーに対するその人の観念や態度によって，その使われ方と効果は変わる。そうであれば，プログラムやシステムの評価だけを単独に行うことには意味がない。必要なことは，同時に，そのプログラムやシステムを使う「人間」を研究することである。筆者は教育テクノロジーに関する質的研究を開始した頃から，テクノロジーを使う教師に着目して，教師が教育テクノロジーをどう受け止め，それにどんな期待を抱くか，またどんな困難や不安を感じるかを詳細に検討する研究を進めてきた（大谷 2004, Otani 2005）。またとくに，自身のそれまでの研究の，縦断的でメタ的な分析から，教育テクノロジーに関する「教師という寡黙なステークホルダー」が，それに対して抱いている「集合的な意識」としての「間主観的な違和感」の存在を示し，それを詳述した（大谷 2008b）。このように，質的研究は，プログラムやシステムに関してこれまでほとんど研究されてこなかった人間の側の要因を解明することにも有効である。

## 8 質的研究のために研究者が備えておくべき知識，理解，能力とは何か

　筆者はしばしば，質的研究のために研究者が備えておくべき能力，あるいは鍛えておくべき能力は何かという質問を受ける。また，より具体的には，SCAT のワークショップなどで，「コードがどうしても浮かんでこないが，どういう訓練をしたらいいか」という質問を受けることもある。筆者はその度にこれに答えようとするが，じつは，これに対する回答は非常に難しい。しかしながら，この質問がじつにしばしばなされるものである以上，本書の執筆に際して，これまでの優れた質的研究者らとの出会いなどの経験を通して筆者が考えてきたことを，あくまで私見として，以下に記すことにする。

### 8.1　研究対象についての深い研究的理解

　そもそも質的データの分析には，対象となる事象への研究的な理解が必要である。どのような概念的・理論的枠組に依拠して分析するかにもよるが，対象とする事象や問題の背景を見通したり把握したりでき，それと採取したデータを関連させて新たな知見を得なければならない。そのためには，対象とする事象や問題について，幅広く奥行きのある，研究的・実践的なパースペクティブを持たなければならない。そしてそのためには，関連する文献をよく読まなければならない。質的研究は一般に文献研究ではないが，現実のできごとに対して妥当性のある解釈を行って有意味な理論を導き出すには，十分な文献の研究とそこからの引用とが必要である。

### 8.2　研究テーマの近接領域，関連領域，まったくの他領域の文献等の把握

　そして，質的研究の場合，研究には多様な要因が複雑に絡み合う。量的研究では，既知の交絡因子は「除外基準 excluding criteria」の適用によって排除し，その他のバイアスは「マスキング」[7] などで排除し，また統計解析で調整するなどし，未知の交絡は，ランダム化などによって均一化されていると仮定するが，質的研究では

---

[7] 盲検化 blinding とも呼ばれてきた。

それはできず，つねに，既知・未知両方の多様な交絡に曝されながら研究をする。そのような状況で研究を行うには，研究者が専門とする領域の文献だけでなく，研究対象に対する他領域の文献もおさえておく必要がある場合が多い。

## 8.3 人間に対する理解と共感

その上で，人間に対する理解と共感の力が必要であると思われる。質的研究は，たとえそれが文書分析や人工物分析によるものであって直接に人間を対象とするものでないとしても，究極的には，「人間に関する研究」である。そしてそこで分析される人間の感情や思想や行動には，決して模範的・規範的なものばかりでなく，顕在的・潜在的な多くの否定的な感情，思想，行動も含まれる。その時に，たとえそれらを研究的に理解していたとしても，それらに対して拒否感を持っていれば，そのデータ採取にも分析にも，なんらかの少なからぬ障害が出てくる恐れがある。たとえばある経験やある嗜好を有する人々に研究参加者になってもらってインタビューするとき，その経験や嗜好を持つ人々を本当は避けたいと思う気持ちがあったり，ましてや軽蔑する気持ちを持っていたりしたら，それはほぼ，研究参加者に伝わるし，研究参加者は，そのような姿勢の研究者に，自分の本当の体験や本当の気持ちを語ろうとはしないだろう。また，たとえ何かが聴き出せたとしても，それに対して批判的・否定的な自分の視点に分析が拘束されてしまう恐れがある。もしそうだとしたら，そのような研究は有意義な研究として成立する可能性は低い[8]。

このように，質的研究の実施においては，人間を肯定的な面と否定的な面の両面において，共感的に理解するような受容的な態度が必要であると筆者は考えている。

## 8.4 自己省察と自己受容

そしてその際には，他者の理解と受容だけでなく，同時に自己の理解と受容も必要になる。なぜなら，質的研究の最大の研究の道具 instrument, equipment は研究者自身だからである。

量的研究では，測定と分析に使う測定器具・装置や統計的手法の特性をよく理解

---

[8] これについては，新三種混合ワクチンの接種に関するインタビュー調査をデザインした医師についてのエピソード（本書の「結語にかえて」2 節）も参考にされたい。

して使いこなせなければならないし，必要なら前者には較正（キャリブレーション）をしておかなくてはならない。同様に考えれば，質的研究では，測定や分析に使う道具である研究者自身についてよく理解して使いこなせなければならないし，必要なら較正（思い込みや偏見等の緩和や修正）をしておかなくてはならない。そのためには，その研究に対する自分の動機の背景には何があるのか，自分はその研究と関係のあるどのような経験をしてきているか，などの自己省察が必要になる。

　たとえば，不登校児童・生徒の在宅での学習について，学習の観察と学習者・保護者へのインタビューによる質的研究を実施すると仮定する。その場合，研究者が不登校の児童・生徒や不登校という問題そのものについてどのような観念や価値観を持っているのかを，自分の内で明らかにしておかなければならない。たとえば，自分は，不登校の問題は当該児童・生徒自身にあり，その子らは自分の問題を解決してできるだけ早くに学校に戻るべきであり，戻れないのならば，少なくとも学習指導要領相当の内容を在宅で勉強する義務があると考えているのか？　あるいは，不登校の問題は学校にこそあり，学校は，学校が問題を解決できない間は学校に来ない自由を保障し，在宅で楽しく勉強する権利があると考えているのか？　それを自らに問い続けて十分に明らかにしなくてはならない。その際には，研究者の知人や家族，もしくは研究者自身が不登校の経験者であったかどうかなどを振り返り，その時の体験や感情を省察しておかなければならない。

　しかしこの自己省察は簡単ではないし，その結果の受容も簡単ではない場合がある。たとえば，家族について研究したい研究者がいるとする。その研究者は，自分はなぜ家族について研究したいのか省察してみた結果，自分の家族が幸せだったからで，自分はずっとそう思ってきたのだと確認するかもしれないし，逆に自分の家族が不幸だったからだと確認するかもしれない。これは，どちらでもかまわない。どちらでも研究のエネルギーになり得るだろうからである。ただ，どちらであるかは認識しておく必要がある。そうでないとやはり，研究にバイアスがかかり，そのことに自分で気づかないということがあるからである。このように，研究のための自己省察では，自身の否定的な経験にも目を向け，その結果を受容しなければならないことがあり得るため，自己省察は必ずしも簡単とは言えないのである。

　ところで，自分の家族が幸せだったと省察した研究者が，この研究を通してたくさんの研究参加者にインタビューし，多様な家族のあり方に触れ，それをさまざまな文献と突き合わせながら分析して何年か経った時点で，じつは自分の家族は不幸だったのだと気づくことがあるかもしれない。それだけでなく，自分の家族が不幸

だったことに，自分自身は心のどこかで気づいていたが，その気持ちに蓋をして，その上に，自分の家族は幸せだったという思い込みを「重し」として乗せて，その蓋があかないようにしながら生きてきたことや，そのようにして研究をしてきたことに気づくかもしれない。

　このようなことは，さらに受容が困難であろう。たとえば，「これまで自分で自分を騙してきたのではないか！　だとしたら，自分がこれまで行ってきた研究には，いったいどういう意味があったのだ！」と思うことになるかもしれない。しかもこのような，自分が気づかなかった自己の側面に対する再省察が，研究を通して初めてなされることは，筆者の知る限りしばしばある。それは，質的研究では，そのテーマについての研究を通して，つねにそのテーマについての自己を再省察することになるからである[9]。たとえば，ある研究で，自分のかかっていた心臓病の医師に糖尿病の薬をもらいに行くという患者の一見不合理な語りを分析したところ，この患者は，糖尿病という新たな病気を自分が抱えていることを明確に自覚することを忌避し，自分の糖尿病を自分の心臓病の文脈の延長上に位置づけようとしているのだと分析者が気づいた[10]。質的研究者は，この時，こういうことは，多かれ少なかれ，他の多くの人にもあるのではないかと考察する。そして同時に，自分についても振り返り，自分にもそういう面が少しはあるのではないかと気がつくと思う。逆に言えば，多くの人間の中にそういう面があるからこそ，さらに言えば自分の中にそういう面が見いだされるからこそ，その人のそういう行動の潜在的な意味に気がついたのかもしれない。つまり分析を通して，インタビューと自分の中に共有されている潜在的な傾向が，分析の深層に降りていったときに響き合い，それを顕在化させたのだと言えるかもしれない。そうだとすると質的研究とは，完全に対象化された研究ではなく，むしろつねに，自己の内面との照らし合わせ，突き合わせを通して進めるものであると考えなければならない。

　質的研究ではこのように，研究参加者のことを考えながら，同時に自分のことを考え続けなければならない面がある。したがって，質的研究は，すればするほど自分にも向き合うことになる。今日の質的研究では，「研究対象者」ということばを

---

[9] このように，質的研究では，他者だけについて研究しているように見えても，じつは自己を省察しながら他者を研究することになる。このことも，「他者を対象とした研究は許されるが自己を対象とした研究は許されない」というような量的・実証的研究の世界でよく語られる規範が，質的研究では意味がないことの背景のひとつである。
[10] 後藤（2009）。

使わないが，もし使うとしたら，このような意味から，その研究対象者には，つねに「自分」も含まれるのだと考えるべきかもしれない。

　また，質的研究のこのような特性から，分析の結果，上記のように，思わぬことに気づくことがあり得る。その中には，研究対象となる人たちとの関係性に関するものが含まれることさえあり得る。たとえば，ある社会的マイノリティの人たちに対して，自分は共感を持っていたからこそ，そのような人たちについて研究してきたはずだったのに，自分の心の中には，それらの人たちに対する共感よりも，むしろ好奇の気持ちがあり，さらには偏見や，場合によっては蔑みさえあったことに気づくことがありえる。また，差別を憎み，差別を無くしたいと考えて差別について研究していたのに，その研究を通して，自分自身がたくさんの差別をしてきたことに気づくかもしれない。そのような場合，それを受容するのはさらに難しいことだと思われる。しかしそこでそれを否定すれば，研究者としての成長はない。そもそも質的研究とは，「研究者が研究参加者との関係において実施する自己変革のための社会実践」でもある。そうだとすれば，それを受容した上で，その受容の上に立って，次の段階へと研究の歩みを進める以外にない。それがその研究とその研究者にとっての，質的研究を通した発展に他ならないからである[11]。

## 8.5　言語的な能力——とくに母語の能力

　ところで質的データは言語データであり，さらに言語的なコードを駆使して分析するのであるから，分析プロセスは，徹底して言語的な手続きである。

　量的研究は数で行うので，統計に使う数学の能力がなければ実施できないことは誰にも分かる。それと同様に，質的研究は言語で行うので，言語的な能力がなければ実施できない。その上，量的データの分析は，たとえば有意差があるかないか，ある種の指標の値がいくらになるかなどの，いわば収束的な結果を，他の研究者が実施しても同じ結果になるような再現性のある手続きで導くものであるのに対して，質的データの分析は，意味を見いだすという点では収束的であるとしても，その過程と結果は研究者ごとに異なるし，同じ研究者が時を経て実施しても結果が異なるような，いわば多元的で再現性の無い結果を導くような本質を有するものである。

---

[11] なお，研究者の価値観，意識，考えなどは，自覚されたものでも自覚されていないものでも，研究参加者に投影されることがある。そのような場合，「投影の引き戻し」と呼ばれる困難な作業が必要になるとされる。そのためにも，自己省察と自己受容が重要である。

したがって，質的研究は，研究者の言語能力を背景に行われるのであって，その言語能力を総動員し，ことばを縦横無尽に操るくらいのことができなければ，卓越した研究は行えない。筆者の見てきた限りにでも，やはり，優れた質的研究者はすべからく優れた言語使用者である。それゆえ，質的研究では依然として，この言語的な能力が，分析と研究の質を左右する最大の要因のひとつであることを認識し，それを受け入れなければならないであろう。しかも言語は，量的研究における統計学などとは異なって，日常的に使用しているし，研究者はほとんどの場合，自分の言語使用にさしたる困難や問題を感じていない[12]。さらに，言語的能力は外見的に判断しにくいうえ，外国語能力試験はあるが，母語の能力試験を受けることはないので，客観的な評価ができない。このような背景により，自分の言語的能力がどれくらいなのか，ほとんどの人は気づいていない。そこに難しさがある。

しかも筆者の経験では，この言語的な能力には大きな差がある。同じ教科担当の同じ経験年数の教師どうしでも，同じ経験年数の同じ科の医師どうしでも，同じ大学の同じ研究科の同じ学年の院生どうしでも，言語能力は実に多様で異なっている。

## 8.6　ことばに対する尊重，謙虚さ，深い関心

ただし，今日の質的研究では，以前よりも利用しやすいいくつかの手法によって，生産的に知見を導く傾向が出てきており，本書第II部で紹介するSCATも，そのような質的データ分析手法である。SCATについてはそこで詳述するが，それは喩えれば，高い塀を乗り越えるように見える質的データの難しい分析プロセスを多段階に分解して，ひとつひとつの小さなステップからなる梯子(はしご)をかけることで，分析を円滑に進めさせる手続きである。したがって，今日の質的研究は，達人的な言語的能力が無ければできないわけではない。しかしながらそれでも，質的データの分析である以上，言語的スキルがまったく必要ないわけではなく，それはあればあるほど良い。

ただし筆者がここで強調したいのは，高い言語能力を獲得し保持すべきだという

---

[12] 大変興味深いことに，逆に非常に優れた言語能力を持っていても，自分の言語能力が優れていると認識している人は，筆者の経験では，まずいない。たとえば，そういう学生や研究者にそのことを指摘すると，そんなことを言われたのは初めてだと言うし，そのことに納得してもらえないことばかりである。このように，自分の言語的な能力は，その問題点だけでなく優秀さについても，自覚されないもののようである。

ことではない。むしろ，その能力が高くても低くても，言語で分析をする以上，質的研究者が絶対に守らなければならない言語に対する姿勢，態度というものがあるという点である。そのことを考えるために，まずは量的研究を考えてみよう。

　数量の操作に飛び抜けて優れていなくても，たとえば数学者や統計学者でなくても，今日広く利用が可能になった統計パッケージなどを使えば，量的研究ができる可能性はある。しかし，測定の際に，3.2 という目盛りの値を，3.2 と読んでも 3.1 と読んでも 3.3 と読んでもあまり変わりはないじゃないかと思っている人や，データの処理の際に 1.1 + 2.1 は，3.2 でも 3.1 でも 3.3 でもかまわないじゃないかと思っている人には，量的研究はできない。また，表に数値をまとめるのに，有効数字の桁数を揃えなかったり，小数と分数と整数とを無分別に混ぜて書いたりするような人は，量的研究をすべきでない。なぜなら，量的研究をする以上，できるだけ誤差やバイアスのないように測定を行って，その測定結果の量を丁寧かつ厳密に扱わなければならないからである。つまり量的研究をする研究者には，つねに量を尊重する姿勢と，量に対する謙虚な姿勢がなければならない。

　同様に考えれば，ことばに飛び抜けて優れていなくても，今日のより生産的な分析手法を用いれば，質的研究はできる。しかしできごとを可能な限り適切にことばで表現しようとしない人，並置できない概念を並置する人，概念を記述する順序を考えずに概念を羅列する人，1 つの表や分類の中にさまざまな概念を名詞で書いたり動詞で書いたり形容詞で書いたり文で書いたりしてしまう人は，質的研究をすべきでない。なぜなら，質的研究をする以上，つねにことばを丁寧かつ厳密に扱わなければならないし，質的研究者には，つねにことばを尊重する姿勢と，ことばに対する謙虚な姿勢がなければならないと考えるからである。

　栗原（2016）はビジネスのための文章論の中で Trimble（2011）を引用し，「「良い文章を書くことは，言葉に対する深い尊敬から始まる。」（Trimble 2011）言葉を大切にするという姿勢は，よい書き手の条件の 1 つである」と述べているが，筆者はこれを言い換えて，「良い質的研究をすることは，言葉に対する深い尊敬から始まる。言葉を大切にするという姿勢は，よい質的研究者の条件の 1 つである」と言うことができると考えている。栗原（2016）はまた，オーウェル（Orwell 1946）を引用し，「ジョージ・オーウェルは，抽象的なことがらについて書こうとする場合に注意すべきこととして，「何よりも必要なのは，意味が言葉を選択するようにすることであり，その逆ではない」と述べる」としているが，質的データ分析も，「意味を言葉にする」作業であるのに，どこからか，必然性の無いできあいの言葉

をとってきて，それを埋め込んでしまって分析したような気持ちになっている研究がたくさんある。それはつまり，「意味が言葉を選択」しているのではなく，「言葉が意味を選択」していると言える。その点では，オーウェルの「何よりも必要なのは，意味が言葉を選択するようにすることであり，その逆ではない」は，まさに質的データ分析においてこそ銘記すべき重要な指摘となる[13]。

したがって，質的研究をしようとするなら，日常的に，少しでも多様な概念を獲得して語彙を豊かにする気持ち，つまり言葉に対する深い関心をもち，それらを既存の定義の範囲内で使うとともに，既存の定義を超えて柔軟かつ構造的に使って，新たな概念を自由に構成できるような言語能力（母語能力）を養うべきである。これらのことは，人文科学や社会科学の研究者にとっては言われるまでもないことであるが，それ以外の人々，たとえば量的研究を背景とする医療系の実践者や研究者には，このような習慣や訓練の蓄積が少ないため，このことは困難だと感じるかもしれない。しかし人文・社会科学の研究者が量的研究をするためには，量に対して上記のような姿勢を持たなければならないのであるから，量的背景をもつ研究者が質的研究をするときには，言語に対してそういう姿勢を持つことが必要である。これは文系の研究者と理系の研究者が相互に必要とすること，つまり「お互いさま」なのであり，どちらの研究者もこのことから逃れることはできないと考えるべきである。

## 8.7 日常的な言語化の習慣

そしてそのためにいちばん大切なのは，普段からつねに，自分の経験したこと，

---

[13] じっさい，SCATのワークショップでも，概念化するとき，テクストの意味がコードを選ぶのではなく，テクストに書いていない内容を持つ概念をコードとして持ってきて，テクストをそれに押し込めようとするケースが時々ある。たとえばそれは，テクストが，授業論についてのものであるとき，そのどこにも，「双方向性」や「対話性」を意味する部分はないのに，望ましい授業の特徴であるそれらの概念を持ってきて付してしまうようなケースである。あるいはまた，授業におけるメディアについての語りの分析に，語りにはそのような概念はまったく含まれていないのに，「メディアミックス」や「ブレンディッドラーニング」などを持ってきて付してしまうようなケースである。場合によっては，SCATの〈3〉の「データ外の概念」という説明が誤解され，そのような間違いを促すこともある。しかしデータ外の概念というのは，データの意味を表すがデータに無い概念のことであり，データの意味を表さない概念をどこからか取ってくるということではない。そのような場合，筆者はつねに「データに書いてないことを分析しないで下さい」と注意しなければならない。

自分の周囲で起きていることの言語化に努めることであると筆者は考えている。

　量的研究者は，日常的にも，量的な研究的観点を持っているかもしれないが，それでも量的研究で用いる研究手法は，日常生活では使わない。たとえば，あるサークルの主催者が，その参加者に対して，ある提案に賛成か反対かを挙手させる場合，それを2群としてカイ二乗検定をするなどということは，まずあり得ない。したがって，量的研究者が日常生活の中で数量化する習慣を身に付ける必要は，あまり無いと言えるだろう。

　それに対して，質的研究で用いるのは言語的な方法である。それはたとえば，ものごとの状態や人の気持ちをことばで言い表すこと，つまり「言語化」であり，そこにはさらに「名前を付ける」という「名辞化」が含まれる。具体的には，「このことは○○と言える」「この状態はあたかも○○のようだ」「この気持ちは○○と名付けられるかもしれない」ということである。そしてそれは，日常的に頻繁にあり得ることである。

　しかしながらそのことは，日常的にまったく行わなくても暮らすことができる。たとえば，日々出会ったできごとや自分の気持ちを言語化せず，それに名前など付けなくても暮らしていける。しかしその「しないでも暮らせる言語活動をするかしないか」が，その人の質的研究のスキルを変えるのだと，筆者は考えている。つまり，質的研究をしようとするなら，日頃からできごとや感じたことを概念化し，それにできるだけ適切な名前を付ける習慣を身につけることが必要である。その際，最初は1つの概念，1つのことばを思い付くのさえ難しいかもしれない。しかしそれができるようになったら，次の段階として，1つの言葉を思い付いてもそれに満足せず，関連することばを数個，そしてさらに進めば10個くらいは探して，その中のどれが一番適切かを慎重に検討して判断するようにすべきである。それを続けていれば，いつか，最初から一番適切な言葉を中心に，関連するが微妙に意味の異なるいくつもの言葉を，「ことばの群れ」のように（筆者のイメージでは，ぶどうの粒が房になっているように）思い付くようになる。またそのためには，できごとや気持ちに優れた命名をしている論文や研究書，あるいは詩や小説にたくさん触れ，それに学ぶことも必要だと考えられる。

　いずれにせよ，普段から日常的に言語化する努力をしていないのに，研究のときだけ言語化できるとは考えられない。したがって日常的な言語化の習慣は重要である。ただしこのことは，苦しんで行うべきではない。これはまさに，言語的な柔軟性を育むことであるので，この日常的な作業は，言葉に対する関心をもとに，むし

ろ楽しんでするべきである。そもそも楽しんでするのでなければ，良い概念は出てこないはずだからである。

## 8.8 造語メカニズムを意識した言語使用の日常的習慣

　これまで，質的研究のための言語化能力を高めるために必要なことをたずねられると，以上のようなことを答えてきた。しかし最近，それに加えて，非常に重要なことがあるのではないかと考えるようになった。それは「造語力・創語力」を発展させることである。それを説明するため，少し脱線するかもしれないし，多少，愚痴や苦言のように聞こえるかもしれないが，記しておきたいことがある。
　最近，大学で教育や研究を行う上で，造語力の育成の観点から問題だと感じることばの使い方が多いように思われるのだが，ひとつだけ代表的な例をあげると，それは，多くの人が「インターンシップ」を「インターン」と略すことである。学生も教員も，企業もマスコミも，みなこのように使っている。
　しかし「インターン intern」は「実習生」という意味である。そのインターンに「シップ ship（〜性，〜制，〜制度）」がついたのがインターンシップである。つまりインターンは「実習生」を意味しインターンシップは「実習生制度」を意味する。したがって，インターンシップをインターンと略せば，「実習生制度」を「実習生」と略すことになる。このようなことは通常は行われない。たとえば，「特待生制度」を「特待生」と略すことは無いし，「奨学生制度」を「奨学生」と略すことも無い。
　これに対して，「もちろん日本語ならそれは分かるが，外来語なのでそれが分からないのだ」と言う人がいるかもしれない。では同じ外来語のリーダーシップ，フレンドシップ，パートナーシップ，チャンピオンシップのシップを取って，それぞれをリーダー，フレンド，パートナー，チャンピオンと略す人がいるだろうか。そんなことをする人はいない。このことからもやはり，「インターンシップ」を「インターン」と略すことがどれほどおかしいことかが分かるはずである。
　しかしこれに対してはさらに，「リーダー，フレンド，パートナー，チャンピオンなら単独でも使うが，「インターン」は単独ではあまり使わないので，シップを取ってしまっても別の意味になるという感覚がないのだ」と言う人がいるかもしれない。たしかに，「インターン」は，日本の以前の研修医（北米では現在では1年目の研修医）のことではあっても，今日の一般の人はそれを使わないので知らない人が多いのは事実であろう。だからこの反論はある意味で妥当だと言える。しかし

この一見妥当な理解にこそ，言語使用の陥穽があるのだと筆者は強調したい。

　リーダーシップやフレンドシップやパートナーシップやチャンピオンシップのシップを取ったら別の意味になって不都合だと認識しているなら，「一般に○○シップのシップを取ったらおかしなことが起きるから絶対に取ってはならない」という「語感」を持つべきである。そういう語感があれば，たとえその人が「インターン」ということばを知らなくても，「インターンシップのシップも，同様に絶対に取ってはならない」と感じるはずである。

　つまり，そのようなことを決してしないためには，言葉の成り立ちに対する感受性が機能する必要があると思われる。重要なことは，「インターンシップ」という言葉を使うときに，「「インターンシップ」ということばは，「シップ」がついた他のことばと同様に，そのことで，○○性，○○精神，○○制度のような意味になっているのだな」と感じながら，またそれを味わいながら使っているのか，「インターン」と「シップ」の関係をまったく考えずに使っているのかの違いである。この場合当然，前者が望ましく，後者はことばに対する尊重や敬意がないと言わざるを得ない[14]。

　SCATのワークショップで「なかなかことばが浮かばない」という悩みをよく打ち明けられ，その場合には，上記のように「日頃から体験したことや感じたことを言語化する習慣を付けるように」とアドバイスしてきた。しかしひょっとしたら，むしろそれ以前に，普段から，「ことばをどのように認識しているか」が問題なのかもしれない。ことばを要素に分解してその機能を味わって使っていないから，自分でことばが創れないのかもしれない。つまり造語力あるいは創語力のようなもの

---

[14] 同様のことは，ことばを尊重することを第一義としないコミュニティや職場ではしばしば起きている。たとえば，「ステンレス」は，ステン（染み，さび）が無いという意味だが，金物店などではこれを「ステン」と呼ぶことがある。「グレープフルーツ」はぶどうのように鈴なりになることからこのように名付けられているが，青果店などではこれを「グレープ」と呼ぶことがある。「ビニールレザー」は，ビニールで作った皮革の模造品だからこう呼ぶが，洋品店などではこれを「レザー」と呼ぶことがあり，ある店で，「これは革ですか？」とたずねたら，「それは革じゃなくてレザーです」と言われたこともある。それぞれ，「さび」「ぶどう」「皮革」となってしまって，意味が変わってしまう。これらはまさに，造語構造を意識した言語使用とは言えない。しかしこれらの店の店主や従業員は，ことばを使って分析的な仕事をしているわけではなく，むしろ商品やその材料についての専門知識の方が求められるだろう。だからこそ現実にその商売が成立している。それに対して，質的研究はことばをその最大の道具として行うのだから，同様な姿勢でいてはならない。なお，造語メカニズムというものは，聴覚よりも視覚的に認識されるのかもしれず，ことばを書く仕事をしていないと，それが自覚されないのかもしれない。

は，普段使っている言葉をどれくらい構造的に味わっているかによるのかもしれない。

　そうだとすれば，質的研究での概念化の能力を高めるためには，日頃から言語化する習慣を付けるだけでは不十分である。むしろ，普段から，<u>造語メカニズムを意識した言語使用をしていること</u>が，造語力を高めるために必要なことであると言えるかもしれない。

## 8.9　量的研究手法を学び経験しておくことの重要性

　そして最後に，質的研究者は，量的研究の手法を十分に学んでおくべきである。それは，量的研究論文を読めるようにするためだけではない。量的研究における実験計画，母集団とサンプル，尺度水準，測定の誤差，測定の信頼性と妥当性，推測統計と記述統計，検定，交絡，仮説の棄却と採択，直接効果，間接効果，因果モデル，RCT，プラシーボ効果，観察者バイアス，マスキング（盲検法）などについて理解しておくことは，いわば，データからできるだけ客観的にものを言うために，どれほどたくさんの概念と手法があり，どのような工夫と努力がなされているのかを学ぶことである。質的研究を行う者は，「データから意味を取り出すことの深さと厳しさ」を，量的研究に学んでつねに意識し，それを参考にしながら研究を進めるべきである。

# 第 II 部

# SCAT による質的データ分析

# 第 10 章

# SCAT とは何か
――その機能と意義――

## 1 SCAT とは何か

　質的研究では，これまで述べてきたように，主に観察や面接（インタビュー）によって，質的データ（言語記録）を作成し，それを分析する。あるいはまた，すでに文書の形になっているデータを入手して分析することもある（文書研究・文書分析）。いずれにせよ，最も多いのは，言語の形で記録されたデータを分析することである。しかしその際，言語的な記録を分析して理論を書くということは，慣れない人にとっては困難な作業でもある。たとえば観察やインタビューをして記録を作成することはできても，その記録をどうやって分析することができるのかが分からず，手を着けることさえできない場合がある。それは，質的研究には，量的研究における統計学的手法のような包括的で体系的で定式的な分析手続きが存在しないためである。

　そこで，多くのやり方ではデータを読みながらそれにコード code を付し（コーディング，コード化 coding），それをもとに理論化を行う。ここでコードとは，たとえば Chin（1997）が，「コードはデータに埋め込まれた意味のネットワークを研究者が理解するための発見的（ヒューリスティック）な装置である」としているように，質的研究で重要な意義を担うものである。しかし，その際，量的研究で主に行われているコーディングのように，あらかじめ決められたコード群から選択して付すテンプレート・コーディング template coding ではなく，テクストを読みながら適切で創造的なコードを案出して付していく生成的コーディング generative coding が

採用される。そのため,そのコードがうまく案出できないという人もいるし,コードは案出してもそれが妥当であるかどうかが自分で判断できないという人もいる。また,コードはなんとか付けられたのだけれど,そこから理論化(理論記述)に発展させることができないという人もいる。質的研究に魅力を感じながらもそれに着手できないことがあるのは,多くはこのような,質的データの分析とそこからの理論化の難しさのためだと考えることができる。

SCAT(Steps for Coding and Theorization)はそのような,質的データの分析の困難さという問題を克服するために開発された手法である。SCATでは,マトリクスの中にセグメント化したデータを記述し,そのそれぞれに,

〈1〉データの中の注目すべき語句
〈2〉それを言いかえるためのテクスト外の語句
〈3〉それを説明するようなテクスト外の概念
〈4〉そこから浮かび上がるテーマ・構成概念

の順にコードを考えて付していく4段階のコーディングと,そのテーマ・構成概念を紡いでストーリー・ラインを記述し,そこから理論を記述する手続きとからなる分析手法である。この手法は,1つだけのケースのデータなどの比較的小さな質的データの分析にも有効である。また,明示的で定式的な手続きを有するため,初学者が着手しやすい分析方法である[1]。まとめると次のような特長を有している。

・明示的で段階的な分析手続きを有する
・比較的小規模のデータに適用可能である
・初学者にもきわめて着手しやすい

なお,本書でもすでに述べたが,SCATは質的データ分析手法であって質的研究(手)法ではない。なぜならSCATはサンプリングやデータの採取について何も規定していないからである。しかしながら,SCATは質的研究法だと書いてある論文が実にたくさんある。そのような記述を行う人には,質的研究法と質的データ分析法との違いが構造的に把握されていないものと思われる。逆に言えば,SCATだけで質的研究はできない。ただ,SCATは質的研究の中核を占める部分である質的デ

---

[1] この手法は,現在のところ,日本人の開発した唯一の完全にオリジナルな「テクスト形式の質的データ」の分析手法でもあると考えられる。

ータ分析を担当する。その点で，それぞれの質的研究で非常に重要な役割を果たすものであると言うことができる。

　この手法について解説した 2 本の論文（大谷 2008a, 2011）は，発表以来，名古屋大学学術機関リポジトリからきわめて多数ダウンロードされている。2017 年 11 月 22 日から 2018 年 11 月 22 日までの同機関リポジトリ全体の中での 1 年間の閲覧数ランキングでは，大谷（2008a）は 3,351 件で 1 位に，大谷（2011）は 1,425 件で 5 位にランクされている。SCAT を用いた研究は現在までに数百以上あり，それらは第 1 章 1 節に記したように，じつに多様な領域に広がっている。その形態も，学部卒業論文，修士論文（本書執筆時点で（以下同じ）36 件），博士論文（26 件），学会等での口頭発表，ポスター発表，紀要論文，学会誌論文，そして国際学術誌の英文論文（11 件）まである。またこれらの中には国際学会での外国の研究者による発表も含まれている[2]。

　Kaneko/Aoki/Ohta/Inoue/Modi（2018）は，日本のプライマリ・ケア（かかりつけのクリニックなどの地域の医療機関による初期医療）研究における質的研究とミックスト・メソッド・リサーチとを調べて英国，米国と比較しているが，日本で一番多く使われているのは SCAT であることを明らかにしている。SCAT が，医学系のような，量的な手法が圧倒的に主であった領域でも，このように数多く用いられていることは，注目すべきであろう。その理由はまず，前述のように，SCAT の分析手続きが明晰で明示的であることと，それが小規模のデータにも適用できることであろうと考えられる。また，SCAT は，解説した論文や分析のフォームをダウンロードできる他，WEB サイトで Tips & Pitfalls を公開するなどして，使用しやすい環境を整えてきた[3]。これらによって，これまで質的研究に着手したくても躊躇していた量的研究者も，これを用いて質的研究に挑戦しはじめているものと考えられる。

---

[2] SCAT の WEB サイト http://www.educa.nagoya-u.ac.jp/~otani/scat/ で紹介しているので確認することができる。

[3] このことについて，たとえば黒田（2017）は，「初学者に対するサポートが手厚い」としているが，SCAT が初学者に向いている理由の 1 つとして，「着手しやすくなるような環境整備が進んでいる」ことをあげている。すぐに分析に使える Microsoft Excel のフォーマットが公開されていてダウンロードして利用できること，またどのように分析を進めるかを解説した「マニュアル的な役割を果たす論文」も無料でダウンロードして読むことができるし，「この内容はかなり詳しく」，この論文を使えば，「特に他の参考資料を必要とせず，分析を行うことができ」たとしている。また，Kaneko et al.（2018）も，日本のプライマリ・ケア研究における質的研究で SCAT が一番多く使われていることについて，同様な環境要因をあげている。

## 2 SCATの機能と特徴

　ところで，手続きが明示的であるとは何を意味しているのだろうか。そもそも，質的研究で用いられるコーディングとは，言語記録を深く読み込んで潜在的な意味を見いだし，それを表すような新たな概念を案出して，「新しいことば」としての構成概念 construct を作っていく作業である。また，それに続く理論化も，やはりことばによる作業である。つまり質的分析には，ことばを縦横無尽に使っていけるような高度な言語能力が必要だと考えられ，このことも，ことばを重視する人文・社会科学系ではあっても経験の少ない研究者や大学院生，研究をする必要のある教育系あるいは医療系専門職，また，量的処理は得意だがことばで考えるのは苦手だと考えている量的研究者らにとって，質的研究の壁を高くしてきた大きな要因である。しかし SCAT は，そのような壁の高さを数段階のスモールステップに分けるような一種の「梯子」を用意して，容易かつ着実にその壁を越えさせるような，言語的分析活動の支援の仕組みを，その手続きに内包している。そのため，SCAT の手続きに従って作業を進めることで，それに導かれて，無理なく分析と理論化を完結することができる。この点こそ，経験の少ない研究者や量的研究者が質的研究に取り組む際に SCAT を活用している大きなポイントであると考えられる。

　ただし SCAT のこのような明示的で定式的な手続きは，分析を完結するためだけにあるのではない。質的研究は，主観あるいは主体的解釈を積極的に用いるために，場合によってはきわめて恣意的なもの，たとえば伊藤（2010）による表現を借りると「公共性のある「主観」」ではなく「単なる独りよがりの「主観」」による分析になってしまう危険性も大いに有している。しかし SCAT では，分析の過程が可視化されて明示的に残る。そのため，分析の妥当性確認（妥当化 validation）のための省察を分析者に迫る機能も有している。この，分析過程の可視化による明示性はまた，SCAT を共同で行う分析にも適したものにしている。

## 3 諸刃の剣としての SCAT

　ただし，本書の SCAT の解説の冒頭近くにこのようなことを書かないですめばそれが良いのだが，最初の部分だからこそ書いておくべきことがある。上に

「SCATの手続きに従って作業を進めることで，それに導かれて，無理なく分析と理論化を完結することができる」と書いた。しかしこれは，質的研究とは何かをきちんと理解している場合である。そうでない状態でSCATを使うと，SCATはその分析と理論化を「無理なくおかしな方向に導く」恐れがある。大変残念なことに，実際にそのような論文が数多く発表されている。

　このことは，コンピュータで使える統計パッケージが出回ってきた頃の問題と似ているように思われる。統計をきちんと使うためには，その意味を理解していなければならない。たとえば2群の平均の差を検定するT検定は，比例尺度による測定値（＋－×÷の可能な測定値，たとえば身長，体重，テストの得点など）を用いるものである。以前はそういうことを理解した上で，統計的検定を使っていた。しかし統計パッケージの出現によって，そういうきちんとした理解を持たずに，統計的手法を誤用する例が増えてきた。たとえば，名義尺度[4]で測定した事象（「国語が好きか算数が好きか理科が好きか……」など）の測定結果に1，2，3……と番号を振り，T検定でその平均の差を検定して2群の差を明らかにしようとするような研究が実際にあった。これは，統計的検定についてきちんと学んでおらず，尺度水準とそれぞれの検定手法についての理解を欠いた状態で統計を使おうとするために生じる問題である。また，対応の無いT検定と対応のあるT検定の違いを理解せず，間違った利用をしてしまう例は，現在でもある。

　このように，ある研究ツールを使うためには，従来であれば，その研究の意味からしっかり学んでいたのに，従来より使いやすい研究ツールが出現することで，その研究の意味を学ぶことをスキップして，いきなりそのツールを使ってしまうことがある。そのような場合，そのツールは，その研究に否定的な影響をもたらしていると言わざるを得ない。筆者がSCATのワークショップを依頼されても，必ず，質的研究についてのセミナーと一緒でないと引き受けない理由のひとつはこれである[5]。また，本書が，SCATだけの解説書として書かれていない理由のひとつもこれである。SCATが質的研究の間口を広げ，敷居を低くすることで，その入りやすくなった入り口から，入る前に学習すべきことを学習しないで入ろうとする人を増

---

[4] 石居（1975）による「類別尺度」という呼び方があるが，この呼び方は分かりやすい。
[5] もうひとつの理由は，質的研究とは何をどうすることなのかが分からなければ，SCATを使っても，データのある箇所をある仕方で分析して良いかどうかが分からないからである。ある箇所をある仕方で分析して良いかどうかは，その分析者の質的研究に対する認識によって自分で判断するしかないからである。

やしてしまっているのも事実なのである。あるいは，SCATは，学習してから入ろうと思っていた人たちに，学習する必要はなさそうだと思わせてしまうかもしれない。このようなことが起き続ければ，SCATは質的研究を豊かにするのではなく，逆に貧しくしてしまう。まずそのことを理解してこの先を読み進めて頂きたい。SCATは，本書第Ⅰ部で述べたような，質的研究の方法論に対する包括的な認識の基盤の上に構成されている。したがって，質的研究について学べば学ぶほど，SCATを有効に使うことができる。

## 4　質的データ分析手法としてのSCATの意義

　筆者がSCATを開発したのは，当初は自分の大学院ゼミに参加する大学院生たちが，質的データの分析に，より困難なく取り組めるようにするためであった。しかし上記のように，SCATはその後，筆者が予想しなかったほどの多様な領域のさまざまな研究で用いられるようになる。なかでも筆者にとって意外だったのは，上記のように量的研究者がこれを頻繁に使用していることである[6]。筆者には当初，その理由がよく分からなかった。たしかにSCATは上述のような特長（明示的で段階的な分析手続きを有すること，比較的小規模のデータに適用可能なこと，初学者にもきわめて着手しやすいこと）を有している。しかしそれだけで，これまで量的研究をしてきた量的研究者がSCATを用いて質的研究を始めるとは考えにくかった。しかしその後，そのような量的研究者らと話し，またSCATをよく使う社会科学系の研究者と話す中で，SCATが量的研究者に受け入れられる理由の一端が明らかになってきた。それは量的研究者が行っている量的データの分析とSCATによる質的データの分析には，ある種の親和性があるということである。

　このことを考えるために，あえて，量的研究者が質的研究のデータ分析に対して持つ疑問，疑いをもとにしてみると，次の2つがあげられる。

　1つめは，SCATの分析手続きの定式性と明示性である。このことは量的研究者にとってとくに重要な意味を持つ。量的研究では，採取したデータに対して，論文のMethods（方法）のところに書いてある方法を適用して分析する。そのほとんど

---

[6] なかには，妻が大学の日本語教育の教授で，夫が大学の工学部教授であり，妻が自分の論文にSCATを使ったところ，夫がSCATに関心を持って夫もそれを自分の研究に使ったケースさえある。

は，既知の統計的手法やその組み合わせであるが，希に独自の分析手法を開発し，それを適用する場合もある。しかしいずれにせよ，その分析方法は誰にも分かるような明示的なものである。また，同じデータに適用すれば，誰が分析しても同じ結果になるような定式化された客観的手続きである。そのため，データの分析とはこのようなものだと思っている量的研究者が質的研究の論文を読むと，得られたデータに対してどのような手続きを適用してその結果が出てきたのかが分からない。論文によっては「分析した」と書いてあるだけで，分析の手続きがまったく書かれていない。また，分析の手続きが書いてあるものは，それが客観的な手続きであるように思えない。その分析は，自分でもできるのか，また，できたとして，それはこの論文と同じ結果になるのか，そういうことが分からない。そのような量的研究者にとって，質的データの分析は，あたかも，種も仕掛けも明らかにしないマジックのように見えているかもしれない。

これに対してSCATは，ある程度定式的で明示的な分析手続きを持っている。だからそれは決してマジックのようには見えない。その分析にはもちろん，経験やスキル，あるいは何らかの資質が必要かもしれないし，分析者の力量によって結果の善し悪しも出るかもしれないが，何をやっているかがまったく分からないものではない。そして自分も試みることが可能であって，やってみれば，自分でもある程度意味のある結果が得られそうに思える。言い換えれば，量的研究者が質的なデータ分析の手続きに対してもつ「不可解」という思いをSCATは解消するのではないか。これが第一である。

もうひとつは，SCATでは採取したデータ全部を使うこと，いわば「全データ使用性」である。量的研究では，測定ミスや記入ミスによる「異常値」や，「外れ値検定」によって検出された「外れ値」を除外する場合を除けば，採取したデータは基本的に全部使う[7]。採取したデータの中に一部，仮説の検証に邪魔になるようなデータがあったとしても，そのデータを無かったことにして分析をすることは許されない。そんなことをすれば，それは一種のデータの改ざんになる。しかし，データ採取とデータの分析についてそのような考えを持っている量的研究者にとっては，質的研究は，どうもそのようにしていないように見える。たとえばインタビューによってデータ採取をした論文を読むと，すべての発話を均等に処理するのではなく，

---

[7]「欠損値」も，そのサンプルを除外することが行われるが，欠損値の場合は，それを補完する方法（平均代入法，回帰代入法など）がある。

必要な発話を引用し，そうでない部分は引用していないように見える。それなら，必要なデータと不必要なデータを見分けなければならないが，明らかな外れ値でない発話のような場合に，そのような判断は自分にもできるのだろうか。もしできたとして，研究者が，行ったインタビューの中から，自分が言いたいことに適合する発話を使い，そうでない部分は使わないのであれば，データの恣意的な選別（いわば「いいとこどり」）をしていることにならないのか。それはやはり，データの改ざんに相当するのではないのか。質的研究では，なぜそれが許されるのか……。つまり，量的研究者が質的なデータ分析に対して感じるのは，手続きに対する不可解さだけでなく，その意義や意味の不可解さでもあると考えられる。

それに対してSCATでは，データの全体を見ながら分析を開始し，最後までそのデータ全体を見ていることになる。つまり全データを使っていることになる。したがって，この点は，取ったデータはすべて使う量的研究者の姿勢と親和性があるのではないかと思われる[8]。

以下では，そのSCATによる分析について，順を追って見ていくことにしよう。

---

[8] この点はSCATのワークショップの副講師もつとめる一宮研伸大学看護学部助教の肥田武氏から，氏が大学院生だった2014年に指摘されたことである。

# 第 11 章

# SCAT による分析

コードとは，データに埋め込まれた意味のネットワークを，研究者が理解する助けとなる「発見的な装置」である。

—— Chin, A.（1997）

## 1 SCAT のフォームを準備する

まず，**表**1 に示すような表を用意する。これは，パーソナルコンピュータ上で，スプレッドシート（表計算ソフト。たとえば Microsoft Excel や，Apple iWork 中の Numbers 等）を用いて作成する。現在では，これは SCAT を紹介する WEB サイト http://www.educa.nagoya-u.ac.jp/~otani/scat/ から日本語版と英語版のそれぞれをダウンロードして利用できるようになっているため，以下の，フォームをつくる作業を分析者が自分で行う必要はない。

なお，SCAT はパソコンを使わないと分析できない手法ではなく，紙と鉛筆と消しゴムでもできるし，黒板とチョークと黒板消しでもできる。しかしその場合，消しゴムや黒板消しを頻繁に使うことになる。また，ある部分にはたくさんのコードが思い浮かんだため，枡目（セル）をより大きくしなければならなくなるかもしれない。そのためパソコンと表計算ソフトを使うのが便利である。そこで本書では，それを前提に説明する。

SCAT のフォームを自作する場合は，表の一番上の行を見出し行として，そこに 8 カラム取り，その各カラムに左から順に「番号」「発話者」「テクスト」「〈1〉テクスト中の注目すべき語句」「〈2〉テクスト中の語句の言いかえ」「〈3〉左を説明す

表1　SCATの分析フォーム

| 発話者 | テクスト | ⟨1⟩ テクスト中の注目すべき語句 | ⟨2⟩ テクスト中の語句の言いかえ | ⟨3⟩ 左を説明するようなテクスト外の概念 | ⟨4⟩ テーマ・構成概念（前後や全体の文脈を考慮して） | ⟨5⟩ 疑問・課題 |
|---|---|---|---|---|---|---|
| 番号 | | | | | | |
| 1 | | | | | | |
| 2 | | | | | | |
| 3 | | | | | | |
| 4 | | | | | | |
| 5 | | | | | | |
| 6 | | | | | | |
| 7 | | | | | | |
| 8 | | | | | | |
| 9 | | | | | | |
| 10 | | | | | | |
| 発話者 番号 | テクスト | ⟨1⟩ テクスト中の注目すべき語句 | ⟨2⟩ テクスト中の語句の言いかえ | ⟨3⟩ 左を説明するようなテクスト外の概念 | ⟨4⟩ テーマ・構成概念（前後や全体の文脈を考慮して） | ⟨5⟩ 疑問・課題 |

| ストーリーライン | |
|---|---|
| 理論記述 | |
| さらに追究すべき点・課題 | |

るようなテクスト外の概念」「〈4〉テーマ・構成概念（前後や全体の文脈を考慮して）」「〈5〉疑問・課題」と記入する[1]。最下行にも同じ見出し行を設定するのが良い。そして，この表の下には，上から順に，「ストーリー・ライン[2]」「理論記述」「さらに追究すべき点・課題」の3つの欄を設定する。

また，分析のために下の方へスクロールしたときに見出し行が画面上方へ移動して見えなくなってしまうことのないように，見出し行を固定すると良い（Microsoft Excelの場合，見出し行の一行下の左端の行番号をクリックしてその行を指定し「ウィンドウ枠の固定」を行う）。なお，本書では，SCATの各ステップを表すときは，本文中，表中ともにつねに〈1〉，〈2〉，〈3〉，〈4〉，〈5〉のように表記する。また，記入したコードは，［コード］のように，［　］で囲んで表記する。

## 2　テクストをセグメント化してテクスト欄に記入する

上記の設定が済んだら各行のデータを入力するのだが，その前にしておくべき作業がある。それはテクストを適切にセグメント化（切片化）segmentationすることである。ここでのセグメントとは，テクスト欄でスプレッドシートの1行に入力される分のデータの切片である。

インタビューやフォーカス・グループの発話の場合，その発話者の発話が続く限り，それを1つのセグメントとして1つのセルに入力しても良い。しかし1つの発話が長ければ，ある程度の大きさの複数のセグメントに分割するのが良い。長すぎると，1つのセグメントの中に複数の重要な分析主題が含まれる場合があり，〈2〉から〈4〉までのコーディングがしにくくなる。そのため，発話を見てすぐに1回

---

[1] 大谷（2008a）の執筆以前のSCATの見出しと大谷（2008a）でのSCATの見出しは多少異なる。とくに，大谷（2008a）以前は〈4〉を「構成概念」としており，訓練のためにも，この時点でも事象の意味を的確に表すような構成概念を案出することを期待し，求めていた。しかし構成概念は，最終的に大きな研究全体から1つ案出されればよいし，じっさいに筆者が分析を行うときも，必ずしもここに構成概念を記入していなかったこともあり，ここを「テーマ・構成概念」とした。なお，大谷（2008a）以前は理論記述はSCATのフォームの外で行うことを想定していたため，理論記述欄も設けていなかった。
[2] この欄は，本書執筆時点までは，「ストーリー・ライン（現時点で言えること）」としていた。しかしそう書いてあると，現時点で分析者が考えたことを書いてしまい，本来の質的研究でのストーリー・ラインではなくなってしまうことがあるので，「（現時点で言えること）」は削除した。

分の発話に複数の内容が含まれていることが分かるときは，それをセグメント化して，セグメントごとにスプレッドシートの各行に入力するのが良い。またセグメント化は，分析しながら必要に応じて行っても良い。実際には，分析をしてみないと，テクストの中の重要な分析主題は見えてこないこともあるので，分析中に，そこに複数の重要な分析主題が含まれていることが分かったら，その段階で，そのセグメントを複数のセグメントに分割する方が良い。このセグメント化の適切性は，分析のやりやすさのために重要である。それは，サンデロウスキー（2013）が「質的手法では，データの準備と分析との間を明確に区別できず，データ準備のプロセスそのものが分析に結び付くことがある」と述べている通りである。なお，インタビュー記録のような発話の単位の無い観察記録などのデータも，同様にセグメント化する。

　テクストを入力するときは，まず「番号」欄に順に番号を付し，「発話者」欄に発話者等を記入する。インタビュー記録でなく観察記録であれば，「発話者」は不要であるが，その時の観察対象などを記入しても良い。その上で，「テクスト」欄にインタビュー記録なら発話内容を，観察記録なら観察内容を入力する。テクストのセグメントの番号は，共同で分析したり分析の過程を説明したりするときに，特性のセルを同定するのに，「5 の〈3〉」「12 の〈4〉」などと示すために付す。そのため，上記のように分析中にセグメントを増やしたときは，番号を振り直す必要がある。Microsoft Excel などを使っていれば，これは簡単にできる。（ただし 1 人で分析しているときには，この番号は大きな意味を持たないので，すぐに番号を振り直す必要はない。）


## 3　コーディングの前にテクスト（データ）をよく読む

　テクスト（データ）をよく読まないでいきなりコーディングを始めてはならない。テクストを十分に読まないで〈1〉を開始すると，どれが重要かが判断できないため，接続詞以外のすべての語を切り出すことになってしまい，羅列的なコーディングになってしまう。したがって，テクストを何度も何度も十分に読み込んでから〈1〉を開始する必要がある。

　ただし，テクストはまず，「どの部分を〈1〉に書き出そうか」などと考えずに，研究的関心から熱心に読めば良い。その際，テクストに潜む内的現実，内的過程，

内的構造を読み解くつもりで読み，テクストの背景の現実や，テクストの奥の隠れた意味を読み出すように読むと良い。しかし同時に，研究的関心を離れて無心に，あるいはぼんやりと読むことも必要である。それは，新たな視点から読むことを可能にする場合がある。そのようにして，近くから見入ったり遠くから眺めたりしながら，テクスト全体から染み出してくるような意味をつかむことをねらうべきである。しかしいずれにせよ，それは，テクストを十分に読むことによってのみ可能になる。役者が台詞をすべて覚えるのと同様に，分析者はテクストをすべて覚えることができるはずである。それだけでなく，テクストのどこでどのようなきっかけや背景で何が始まり，それがどこで，どのようなきっかけや背景で終了したのかという，テクストの流れも説明できるくらいに十分に把握する。役者が部分的にだけ台詞を覚えて演技を始めることはなく，他の役者の台詞も含め，台本をすべて覚えて演技を始めるように，分析者は，テクストの全体を理解し，その流れを覚えてから分析を開始するのでなければならない。「よく読むように」と言っても，そのような流れを把握しないまま分析を始めてしまうケースがあるが，それではいけない。テクストは，それを語った人の何倍も，それを分析する人の方がよく理解していなければならない。SCATでは，後述するように，テクストにおける表層の文脈は〈1〉から〈4〉に向かって脱文脈化され，それがストーリー・ラインで再文脈化されるのであるが，その前提として，その表層の文脈が十分に把握されている必要がある。〈1〉はあくまでそのうえで開始する。

ところで，慣れてくるとテクストを読みながら〈1〉に書き出す部分が自然に分かってくる。また，さらに慣れてくると，〈1〉に書き出す部分だけでなく，〈2〉や〈3〉や〈4〉のコードが頭に浮かんでくるようになるし，ストーリー・ラインさえ頭に浮かんでくることがある。しかしその場合も，頭に浮かんだものをすぐにつかんでしまわず，頭の中で泳がせておき，〈1〉〈2〉〈3〉〈4〉をしっかり書いていき，そこからストーリー・ラインを書く。そうすることで，当初に頭に浮かんだものとはまったく異なるものを書くことになるはずである。これについては，本章10節10.10で後述する。

以降，**表2**「SCATでの**分析例A**「A教師の語り」」を使って解説を進める（なお，この分析例に加えて，読者の理解を広げるために，本章の最後に筆者以外による別のテクストの**分析例B**と**分析例C**も掲載する）。

**分析例A**のテクストは，教員時代に視聴覚教育・教育工学を専門としてきたある退職校長（A教師）へのインタビューの一部である。読者には，分析者になった

つもりで，まずこれをよく読んで頂きたい。番号はSCATの分析表での番号に対応している（この分析例は，大谷（2008a）に掲載している2つの分析例のうちの1つ「1. 退職校長へのライフストーリー・インタビューの分析例」のデータをあらためて分析し直したものである）。

1 聴き手：先生が，視聴覚教育や教育工学を専門となさるようになったことにはきっとさまざまな背景がおありだと思うのですが，その中で，いちばん最初のきっかけと思われるようなことがありましたら教えて頂けませんか。

2 A教師：私のルーツはですね，結局，中学校時代にひとつの感化を受けているのが，終戦直後で教員が足りなくって，生活が苦しいということで中学校教員になって生計を立てた先生方が何人かおるわけです。

3 A教師：そうやって実は出身地の愛知に戻ってきた方ですが，後に千葉大の教授になられた先生ですが，中学校の教員をやってましてね。

4 聴き手：その後千葉大の教授になられたんですか？

5 A教師：ええ，出て行ったんです。千葉の方へ行った，最終的には九州の産業大で名誉教授になられました。写真系なんですけど，大日本セロファンの系列でね，その先生の実家が私の生家の地元にあって，そこへ終戦後戻って来て，遊んでおるわけにはいかないからといって，学校へ出てこられて理科を指導しながらやって。

6 A教師：あの，そこで私の育ちは田舎ですので，科学的なものにものすごく興味を持ったんですね。それが私のそもそものスタートで，その先生が写真技術の方だったものですから，で，中学生の時に，蛇腹式の「ベスト」っていうカメラがあるんですが，写して現像してということをして遊んだり，その先生も研究所とつながっているもんですから，富士フイルムがカラーを売り出す前にサンプルを送ってきたりしていたものですから。

7 聴き手：カラー現像は大変ですよね？

8 A教師：23年，24年頃の話ですよ，先生。まだ市販する前の話ですから。

9 聴き手：そうですね。

10 A教師：はい。そういう関わりの中でね，科学の成果に対してすごく興味を持ったんです，私が。それがこの教育の中でも，自分の感動を子どもた

表2 SCATでの分析例A「A教師の語り」

| 発話番号 | 発話者 | テクスト | (1) テクスト中の注目すべき語句 | (2) テクスト中の語句の言いかえ | (3) 左を説明するようなテクスト外の概念 | (4) テーマ・構成概念（前後や全体の文脈を考慮して） | (5) 疑問・課題 |
|---|---|---|---|---|---|---|---|
| 1 | 聴き手 | 先生が、視聴覚教育や教育工学を専門となされるようになったことにはきっとさまざまな背景があるだろうと思うのですが。その中で、いちばん最初と思われるきっかけをお教えしたいただけますか。 | 専門／背景／いちばん最初のきっかけ | 専門としての視聴覚教育や教育工学／最初のきっかけ | 教師としての生涯の専門性ときっかけについての省察の促し | 生涯としての専門性のやりとりや教育工学についての省察の促し | ・この問いかけはその後のやりとりをどう規定しているか |
| 2 | A教師 | 私のルーツはですが、結局、中学校時代にたった一つの感化を受けている訳で、終戦直後で教員が足りなくて、中学校教員という形で生計を立てて教えた方が何人かあるわけです。 | ルーツ／感化／終戦直後 | 非日常的学校経営環境／知識人にとっての非日常的労働環境 | 子ども時代に受けた感化／特殊な時代状況が生み出した教師魂における感動の源としての非日常的教員 | ・質問は、教師としての背景やきっかけだったが、A教師の回答は教師に感化を感じたきっかけについてであった。しかしそれは分かちがたいものであり必然性のあるものかもしれない。 |
| 3 | A教師 | そうやって実は出身地の愛知に戻ってきた方ですが、千葉大の教授になられた先生ですが、中学校の先生をやっておられて理科を指導しておられたのですが。 | 出身地の愛知／千葉大の教員／中学校の教員 | 同郷の将来の第一線研究員（現在千葉大）／非標準性／非正規性 out of ordinary | 同郷性、教員としての一時性的英雄との出会い／組織内学術内の知識人が示した科学的な非正規性 non-standard／非正規 abnormal (deviant) 教員／外れ値的 positive deviant 積極的逸脱 (Miller 2009)／in-house expert 組織内専門家 (Miller 2009) | ・この教師がその後に千葉大の教授になったとは、A教師の体験にどのような意味づけられたか？ |
| 4 | 聴き手 | その後千葉大の教授になられたんですか？ | その後／千葉大／教授 | 高度な専門性／転職 | 高度な専門性を要する職へのアカデミックキャリアへの転職／研究職、希少なキャリアシフト | ・現在、複数の都道府県教育委員会で企図されている「博士教員」にも、このような大学への転職の可能性があり得るだろうか？ |
| 5 | A教師 | ええ、出て行ったらかな、千葉の方へ行った。にほんち州の産業はいのかなって？著名なんですよ。写真家でも、大日本セロファンの系列子会社での実家が私の生家の地元にあって、そこで終戦後教員から、小さい戦後のどこかに、大日本セロファンは当時としてはない、と遊んだってで、富士写真フィルムを売り出す前だからのフィルムをやっていた。 | 出て行った／千葉大／実家が私の生家／地元 | 感動的な同郷の非日常の別れの意義や科学的英雄との別れ | 教師がいなくなったことによる影響、日常的に教えてもらっていた教員が去ってしまった科学的な影響と少年にとっての科学的英雄／同郷の教育の状況、日常教員の採用のための「裂け目」としての割れ目との別れ | ・この教師の同郷出身であることはA教師の影響はどうかかっているか？・日常的な教員の採用の非日常的採用される教員採用制度の柔軟性の中でどのように作り出されるのか？ |
| 6 | A教師 | あの、そこで遊んだからですから、科学的なものにもともと興味を持ったのですよ。それが私のものの、そもそもスタートで、その先生がやる気持ちになって、「ベスト」っていうのにすごく興味を持って、中学生の時に、蛇腹式のカメラなどは大好きなんですが、写真現象にファンになっていって、と流行って遊んだり、富士フィルムがカラーを売り出す前だかに、シンプルなフィルムを送ってきたりしていたものですから。 | 私の育ちは田舎／その先生 | 専門性／文化的な落ちぶれ／Tabula rasa、何も書かれていない／科学的な前進性 | 専門的先進性と科学的後進性の文化的な土壌性／先進的科学文化を持つ教師とのキャップを持つ少年の落差と感動、科学的な後進性感動・感性のある日のある白紙、地方科学先進性の接触・感動を高める | ・専門な専門、先進な専門性／専門的の先達・接触、感動の土壌性・現在、複数の都道府県教育委員会で企図されている国立文学大学院によって育成される教員は、このような役割を担うことになるか？ |
| 7 | 聴き手 | カラー現象は大変ですよね？ | カラー現象は大変 | 高度な技術 | 高度な技術 | 写真技術の発展と普及の時代のスタンスを認識し共感している聴き手・聴き手はカラー現象の希少な体験についての理解と共感的情報提供 |

| 発話番号 | 発話者 | テクスト | (1) テクスト中の注目すべき語句 | (2) テクスト中の語句の言いかえ | (3) 左を説明するようなテクスト外の概念 | (4) テーマ・構成概念(前後や全体の文脈を考慮して) | (5) 疑問、課題 |
|---|---|---|---|---|---|---|---|
| 8 | A教師 | 23年、24年頃の話ですよ、先生。まだ市販する前。まだ市販する前から話すから。 | まだ市販する前 | 市販前/一般にとっての田舎にだけ未知の技術だった都会では既知の技術であったとしたら、少年時代のA教師の影響はどう異なっていただろうか。また、共が障害になることもあるのだろうか。 | 未知の技術への驚嘆と憧憬/未知の技術を掌握し操作する人間への憧憬 | | |
| 9 | 聴き手 | そうですね。 | | まだ市販する前の認知技術という普及技術への認識を有しているということの理解と共感の表示 | 聴き手がカラー現象の教師の業しさを普及する前の教師であっていることへのインタビュー認識を有していることの確認的情報提供 | | |
| 10 | A教師 | はい、そういう関わりの中では、すごく興味を持ったものですから、自分の中で科学の成果にすごく興味があるものですから、そうすると子どもたちにそういうのを伝えていきたいなというような気持ちが根底に入ってきますから、あまり違和感なく導入してきているような部分が多分にあります。 | 科学の感動/関心の付け/感動送り/感動送りの担い手火/感動送り再生産/感動送りの機能としての継承/科学的志望動機/感動送りの担い手/科学機器への遭和感と心理的障壁、教育機器導入への消極的需要、教育機器の抵抗感の無い受容 | 科学の成果「科学の成果をどういう意味で使っているのか。この教師が単に科学者でも無ったことは[科学の成果]後藤(1991)の教師が単に科学者や技術者の視点からでなく、自らの創造的な活動に伴う感動を伝える工夫の観点からの教師の諸活動における教師の保持者の観点から位置付けられるか。[この[積極的逸脱者]後藤(1991)の教師が単に科学者や技術者の視点ではなく、創造的な活動に伴う感動を伝える工夫の観点の教師の諸活動における教師の保持者の観点から位置付けられるか/ジェンダーはどう規定していたかを考えられるか。 | | |
| ストーリーライン | | 初めに聴き手から[生涯の専門性を教えるための[割り目]としての戦後の状況]を受けつけA教師は[希少な存在の教師との出会い][非日常的教員が始めるための省察の促し]を受けた。[感化や科学的感動送りの教師]である。その後も聴き手による[希少な存在の教師との出会い]についての理解と共感の提示を受けながら、中学生時代の土壌となった。[感動的教師]・[校内研修者教師]、[科学の非先進性との接触][高度な専門家との接触]を背景に持ちつつ[A教師との出会い]([組織内(校内)]同僚にして学科の非先進性と専門家としての同僚教師内の実質的学校教員]についての[高度な専門性][感動]・[非日常的][未知の技術への驚嘆と憧憬][A教師の[積極的逸脱者]の理解の文化化境界、[高度な専門家との接触]は[感動送りの教師]/[未知の技術の専門性操作する人間への憧憬]を持ちつつ、[少年時代のA教師の感動送りへのメディア][子ども時代に受けた感動の教師との別れ]を経験するの継承]、その後教師としてのアカデミックキャリアへのシフト([同僚の科学的英雄さへの教師][子ども時代に受けた感動の教師との別れ]を経験するの別れ]を有する教師。 [科学的感動送りへの意欲]を出現させることがある[積極的逸脱者教師]は同時に[教師による[自らの感動][学校教育内容を超越する専門性]][自らの感動][学校教育内容を超越する専門性]を持ちつつ、[現代でも[科学的感動][学校教育内容を超越する専門性][高度な専門性][感動][高度な専門性]・先進性][高度な専門性]・先進性]の[非日常的教員][科学的英雄さへの教師][子ども時代に受けた感動の教師との別れ]を有する教師。科学的感動送りの積極的視点 | | | | |
| 理論記述 | | 最初のテクノロジーに囲まれた現代の子どもたちは、日常的なものに[自らの感動]自らの感動を子どもたちに伝えたいと思うような[自らの感動]自らの感動を子どもたちに伝えられるか?A教師「戦後の混乱期]がもたらしたような[非日常的教員][感動送りの教師]として出会い、[感動送りの教師]教員資格制度・教員採用制度が先進性を育てるような制度に変容することに応答できるか?Miller(2009)は[高校の理科・数学教員][科・積極的逸脱者]は何が必要か?Miller, F.A.(2009) Empower Teachers Who Break the Mold. Principal. 89(1),10-14)・高校の理科・数学教員・[積極的逸脱者]を導き出す導入的な[感動][自らの感動]自らの感動を子どもたちに伝えられるか?この[積極的教員の諸活動からの報告[物理教育学会会誌 39(4), 296-298]/少年時代のA教師の関係性のジェンダーによる影響を調査する。教師と生徒同士の関係性だからこそ、[科学的感動]が伝えられたのだろうか。教師から生徒への科学学習への[科学的感動]が伝えられたか。教師と生徒同士の関係性によってジェンダーによる研究を調査する。 | | | | |
| さらに追究点すべき課題 | | | | | | | |

ちに与えていきたいなという気持ちが根底にずっとあるものですから，そうすると機器が教育に入ってくることになるんですが，で，あまり違和感を感じなくて導入をしてきている部分が多分にあります。

## 4 〈1〉の「テクスト中の注目すべき語句」を書く

　テクストを読み込んでから，それぞれのセグメントで重要だと思う部分，たとえば研究主題に関わる語，気になる語，疑問に思う語，理解できない語，あるいは語句，あるいは文字列を書き出す。〈1〉に書き出しておかなければ〈2〉以降に使えないのではないかと思うと，多めに書き出してしまうが，〈1〉はいくらでも後で書き足してよいので，初めはできるだけ少なく書き出す。複数の人間で分析するときは，分析の観点を合意しておかないと，すべて書き出すことになってしまうので注意が必要である。（この分析の観点は，分析の進展に応じて発展していくものである。）

　なお，上述のように〈1〉以外はどのような順で書いても良いが，〈1〉だけはいったんすべて書いてしまうべきである（〈1〉は上から順に書かなくてはならないわけではないが，通常は上から順に書く）。この時，〈1〉に書き出すためにテクストを読むことで，分析者には，テクストの中の着目すべき点を明確にすることが要求されることになる。

　ところで，SCAT を使って発表された論文に掲載されている分析を見ると，〈1〉に文を書き出していることが多い。しかし〈1〉にも本来，「テクスト中の注目すべき**語句**」を書くのである。また，この後も〈4〉まで語句を書くのであるから，〈1〉でも文ではなく語句を書き出しておくのが都合がよい。もし〈1〉で文を書き出してしまうと，〈2〉で語句を書くことが難しくなる。語句よりは長くなる場合でも，できるだけ短い文字列にしておく方が良い。

　なお，経験上，〈1〉を書き出すかわりにテクストに下線を引いたり，パソコン上のマーカーで色を付けたりするべきではないと考えている。そうするとテクストの読み方が固定してしまうからである。テクストはあくまで手つかずの状態に保存しておくべきである。また，〈1〉にテクストをすべてコピーアンドペーストして，いらない部分を消すのもよくない。同じことではないかと思われるかもしれないが，〈1〉はあくまで，テクストから「抽出する」という姿勢で書くのがよいと考えてい

る。

　また，テクストから〈1〉に書き出すときは，テクストの通りに書き，改変すべきでない。たとえばテクストに「ひどい状態ではなさそうだ」とあったとき，これを〈1〉に［ひどい状態ではない］と書くべきではない。なぜなら，「なさそうだ」に意味があり，それは重要であり得るからである。

　なお，後述するが，この後の〈2〉〈3〉〈4〉を書く順序には大きく2通りある。ひとつは，〈1〉と同様に，縦に書き進める方法で，〈2〉を全部書いてから〈3〉を全部書き，その後で〈4〉を書くという方法である。

　もうひとつは，〈1〉をすべて書いてしまった後，〈2〉以降は1行ずつ，〈2〉→〈3〉→〈4〉，〈2〉→〈3〉→〈4〉と書いていく方法である。実際には両方を混ぜ，クロスワードパズルのように，書きやすいところから書いていけばよい。そしてこれもまたクロスワードパズルのように，最後にはすべてを埋めるように書く。すべてを埋めるのは，それが分析の「妥当性確認」につながるからであり，その結果，〈2〉や〈3〉を書く前に書いた〈4〉は，〈2〉や〈3〉を書いたことによって修正される可能性もある。ただし，後述するが，〈3〉や〈4〉は，縦方向に見て検討しなければ付すことができないことが多いし，そうすべきである。したがって，〈2〉以降を1行ずつ，〈2〉→〈3〉→〈4〉，〈2〉→〈3〉→〈4〉と機械的に書いていこうとすることは，勧められない。

　**分析例A**では，テクストの1から［専門］，［背景］，［いちばん最初のきっかけ］を，2から［ルーツ］，［感化］，［終戦直後］を，3から［出身地の愛知］，［千葉大の教授］，［中学校の教員］を，4から［その後］，［千葉大］，［教授］を，5から［出て行った］，［実家が私の生家の地元を］を，6から［私の育ちは田舎］，［科学的なものにものすごく興味を持った］，［研究所とつながっている］を，7から［カラー現像は大変］を，8から［まだ市販する前］を，9から［そうですね］を，10から［科学の成果］，［すごく興味を］，［自分の感動を子ども達に与えていきたい］，［違和感を感じなくて］を書き出している。

## 5　〈2〉の「テクスト中の語句の言いかえ」を書く

　次は，上の〈1〉欄を読んで，「〈2〉テクスト中の語句の言いかえ」欄に，〈1〉に書き出したことを言いかえるような，テクストに無い語句を記入する。その際，

〈1〉の1つに対して〈2〉を1つ書いてもかまわないし，2つ以上書いてもかまわない。

たとえば，〈1〉に「すれ違い」があったら，〈2〉には［相違］［不整合］［不一致］などだけでなく，［行き違い］［食いちがい］［ミスマッチ］［ズレ］［ちぐはぐ］等を検討してよい。〈1〉に「抱きかかえ」があったら［抱擁］［包摂］［抱合］［包含］［インクルージョン］［含み込み］［溶かし込み］等を検討してよい。ただし，たくさん思い付いたからといって，それをすべて書くのは適切ではない。思い付いたものの中には，そのテクストの内容をよく表していないものがある。それは〈2〉に書くべきではない。〈2〉に書くのは，〈1〉の可能な限り多くの言いかえではなく，〈1〉をよく言い表している言いかえである。

しかし同時に，だからといって〈2〉では，熟慮しすぎることなく，テクストと〈1〉だけを見て，ある意味で「ことば遊び」のようなつもりでテンポよく書いていくのが良い。SCAT全体で，スピードやテンポはつねに大事だが[3]，〈2〉ではそれがとくに大切である。これまで知らなかった専門的概念などを探すのは，〈3〉からで良い。

ではなぜ〈2〉が必要なのだろうか。じっさいにワークショップで，「ことば遊びなら〈2〉は必要ないのではないか？」という質問を受けたことがある。しかしこの「ことば遊び」が重要な意味をもっている。テクスト（語りを含む）というものは，そこで語られる内容を何種類もの異なることばで表現できるのに，インタビューであればインタビュイーが，たまたまその特定のことばを思い付いて語ったものである。その，たまたま選ばれたことばに拘束されていては，分析が発展しない。分析者は，偶然によって選ばれたそのようなことばによる制約から解放されなければならない。そのため，テクストと〈1〉のことばを，分析者の持っている多様な語，あるいは関連する学問領域や社会に存在する多様な語で，言いかえてみることが必要なのである。それを，その特定のことばの印象を，多様なことばを出すこと

---

[3] なお，SCATは，定式的な手続きに促進されて自然に分析が進むような側面を有する方法である。したがって，SCATで分析をしているのに熟考しすぎるのは，あまり良いこととは言えない。SCATの手続きに乗って，進行性をもって「さくさく」と書いていくことで分析を進めるのが自然である。質的な分析は，どうせ全体を終えてから，何度も再考して修正することになるのだから，そこから一歩も進めないほど分析を停滞させてしまうのは，経験上，あまり良い結果にならないと認識している。それはあたかも，スケート靴をはいて氷上にいるのに，氷上を滑走せず，そこで立ち止まっているか，氷上をスケート靴で歩くようなものである。

で洗い流すのだと言っても良い。〈2〉はそのための「ことばのシャワー」であると考えると良い。このように，〈2〉は，テクストで使われていることばから解放されて分析を進めるために必要なのである。

　ところでこのときに類義語辞典を使おうとする人がしばしばいるが，それは良い方法ではない。言語を使った分析は，あくまで，自分の持っている語彙の中で行う作業である。自分の語彙に無いことばをどこからか探してきて〈2〉を埋めても，自分の使えないことばで埋めてしまったことになる。そもそもSCATでは，〈1〉〜〈4〉のすべての場所で，「なんとか埋める」ことが求められているのではなく，「適切な語を書く」ことが求められているのであるから，無理に埋めようとするのは良くない。ただし，「このようなことを表現する良いことばが何かあったはずだが，それが何だったか，今どうしても思い出せない」というような場合に，それを思い出すために類義語辞典を使うのならかまわない。それは，類義語辞典の中にことばを探すのではなく，類義語辞典を使って自分の語彙にあることばを探すことだからである。

　なお，ワークショップなどでグループで分析をすると，〈3〉に書くべきものが〈2〉に，〈4〉に書くべきものが〈3〉に出てきてしまうことがあるし，場合によっては〈4〉に書くべきものが〈2〉に出てきてしまうこともある。ワークショップでSCATを初めて体験する参加者にそのようなことが起きる背景は，熟慮しすぎることだと思われる。その背景には，初めて行うために慎重になっていることもあるのだろうが，簡単なことばを提案して，グループ内で（場合によってはまったく初めて会う人々の間で）低い評価を受けたくないというプレッシャーもあるのかもしれない。しかし繰り返すが，〈2〉は既存のことばで良いので，考え込まず書くべきである。

　その過程で，もし単なる言いかえではなく，学術的な概念を思い付き，それが〈3〉に書けると思ったり，新しいことばを思い付いて，それが〈4〉に書けると思ったりした場合，方法は3つある。1つめは，それを〈3〉または〈4〉に書いてしまうことである。2つめは，それをとりあえず〈2〉に書いておき，〈3〉や〈4〉の検討のときにそれらが〈3〉や〈4〉に書けると判断したら，それらを〈2〉から〈3〉や〈4〉に移動することである。3つめは，とりあえず〈5〉に書いておき，〈3〉や〈4〉を書くときにそれを再度検討することである。

　**分析例A**では，1〈2〉に［専門としての視聴覚教育や教育工学］，［最初のきっかけ］を，2〈2〉に［非日常的学校経営環境］，［知識人にとっての非日常的労働環

境]を，3〈2〉に［同郷の将来の第一線研究者］，［「博士教員」（現在で言えば）］，［非標準性］，［非正規性］，［out of ordinary］を，4〈2〉に［高度な専門性］，［研究職］，［転職］を，5〈2〉に［別れ］［同郷］を，6〈2〉に［専門性］，［文化的落差］［Tabula rasa, 何も書かれていない白紙］，［科学的後進性］を，7〈2〉に［高度な技術］を，8〈2〉に［市販前］，［一般にとっての未知の技術］を，9〈2〉に［まだ市販する前という認識を有していることの提示］を，10〈2〉に［科学的感動］，［関心の付け火］，［恩送り］，［感動送り］，［子どもの中への感動再生産］，［科学的感動の子どもたちへの継承］，［感動送りによって解消される違和感］，［教育機器の積極的需要］，［教育機器の抵抗感の無い受容］を書いている。

## 6 〈3〉の「左を説明するようなテクスト外の概念」を書く

　そしてさらに，〈2〉に記入した語をそのデータの文脈で説明することのできる概念，語句，文字列を「〈3〉左を説明するようなテクスト外の概念」に記入する。このことは，分析者に，〈2〉に記入した語の背景，条件，原因，結果，影響，比較，特製，次元（縦横高さ時間の広がり），変化等を検討させることになる。なお，1つの〈2〉に対して複数の〈3〉を書いても良いし，複数の〈2〉に対して1つの〈3〉を書いても良い。
　その際，知っている概念，研究的な概念など，多様なものを用いてよい。また，たとえば〈2〉に［疑問］があって［疑義］がなければ，それも検討してみる。〈2〉に［最良］があって［最適］がなければ，それも検討してみる。それらを検討しているうちに，［疑義照会］や［最適化］を検討する必要が出てくるかもしれない。その上で，インターネットなどを使って，それらがどのような研究で使われているかも必ず調べる。また，テクストを読みながら「こういうことについてはきっとこのあたりの領域に何か専門的な概念や理論があるはずだ」と推測をして（研究的な当たりをつけて）検索する。それがうまく見つかれば，当たりをつける力も発展する。
　〈2〉までと違い〈3〉からは，分析者自身がそれまで知らなかった専門的概念なども，インターネットや文献で積極的に探す。しかし探すためには，テクストを主体的・積極的に解釈し，それを概念化する姿勢が必要である。なお，〈4〉は絶対に名詞あるいは名詞句で書く必要があることを後述するが，〈3〉も概念化の度合いが

高くなるべきなので，可能な限り名詞あるいは名詞句で書くべきである（SCAT では，〈1〉〈2〉〈3〉〈4〉のすべてを名詞あるいは名詞句で書くことが望ましい。しかし，概念でものを考えることに慣れておらず，〈2〉や〈3〉には短い文を書いた方が分析を進めやすければ，それでもかまわない）。

　分析例 A では，1〈3〉に［教師としての生涯の専門性のきっかけの省察の促し］を，2〈3〉に［特殊な時代状況が生み出した非日常的教員］を，3〈3〉に［同郷性］，［教員としての一時性］，［少年にとっての同郷の科学的英雄との出会い］，［高度な科学技術の知識を有した非標準的 non-standard・非正規的 abnormal 教員］，［外れ値的（deviant）教員］，［positive deviant 積極的逸脱者（Miller 2009）］，［in-house expert 組織内（校内）専門家（Miller 2009）］，4〈3〉に［高度な専門性を要する職への転職］，［研究職への転職］，［希少なキャリアシフト］を，5〈3〉に［教師が去ったことによる自立的科学探究姿勢］，［少年にとっての同郷の科学的英雄との別れ］を，6〈3〉に［科学的先進性と科学的後進性とのギャップが生んだ感動と感化］を，7〈3〉に［写真技術の発展と普及の時代性を聴き手が認識していることの確認的情報提供］を，8〈3〉に［田舎にだけ未知ではなく都会でも未知の普及前技術］を，9〈3〉に［写真技術の発展と普及の時代性を聴き手が認識していることの確認的情報提供］を，10〈3〉に［感動送り］，［感動送りの担い手としての教師］，［教職の志望動機としての感動送り］，［科学的感動送り］，［科学的感動送りが融解する教育機器導入の違和感と心理的障壁］，［科学的感動送りメディアとしての教育機器］を書いている。

　なお，以下に，〈3〉を書く時の検討のヒントとなることをあげておく。ただし同様な検討は〈3〉だけでなく〈4〉でも必要であり，これらを検討することはつねに有益である。

## 6.1　付したコードが別の部分にも付せないか検討する

　テクストのある部分にあるコードを付したら，必ず，それをテクストの別の部分にも付すことができないか検討する。そのことで，テクストを通じて存在する意味や問題を見いだすことができる。またそれは，テクスト全体に通底する意味と部分毎に際立つ意味とを対比的に明らかにすることになる。

　分析例 A では，7〈3〉の［写真技術の発展と普及の時代性を聴き手が認識していることの確認的情報提供］を 9〈3〉にも付している。

## 6.2 付したコードの関連語や類義語を検討する

　思い付いたコードの関連語や類義語を探す。たとえば，ある状況やできごとが2つの領域に関わる「境界的」なできごとであると見て［境界］というコードを付したら，すぐにそれを採用してしまわずに，［境界］ではなく，［臨界］や［限界］は当てはまらないだろうかと検討する。そのことで，より適切なコードを付すことが可能になる。また，［境界］に関連する語，たとえば［越境］なども考え，それに当たる内容がテクストに含まれていないかを検討する。これについての具体的な方法は後述するが，そのように検討することによって，そのテクストの分析に関連した手持ちの概念が増えるので，たとえそれをそこに付すことができなくても，同じテクストの別の場所に付すことが可能になる場合がある。

　**分析例 A** では，8〈3〉に，「最新技術」を検討したが，「最新」→「普及前」という類義語の検討によって，これは最新の技術であるだけでなく普及前の技術であると再認識し，［田舎にだけ未知ではなく都会でも未知の普及前技術］とした。また，10〈2〉の［恩送り］から 10〈3〉に［感動送り］を書いた。

## 6.3 付したコードの対立概念を別の部分に探して変化や対照を把握する

　ある概念が出てきたら，上記のようにその概念を別の部分に探すだけでなく，その対概念（対義語），対立概念（反対語）などを考え，それが当てはまる部分はないかを調べる。たとえば「不合理」な状況があったら，同じデータの中に「合理的」な状況を探す。これはたとえば，そのデータの中で「合理的な状況がどのように不合理な状況になったか」あるいは「不合理な状況がどのように解消あるいは克服されて合理的な状況になったか」を分析することになる。同様に，「悲しみ」があったら「喜び」はあるか，「開始」があったら「終了」はあるか，「基礎」があったら「応用」や「発展」はあるか，「抽象」があったら「具象」あるいは「捨象」はあるか，「利己性」があったら「利他性」はあるか，「最大（化）」があったら「最小（化）」はあるか，「潜在（化）」があったら「顕在（化）」はあるか，「器質的要因」があったら「機能的要因」はあるか，「局所的」があったら「大域的」はあるか，「暗号（化）」があったら「平文（化）（復号[4]）」はあるか，「トップダウン」

---

[4] 暗号化の反対は「復号化」ではなく「復号」である。つまり「暗号化・復号」が対になる。

があったら「ボトムアップ」はあるか，「あっさり」があったら「こってり」はあるか，「前進」があったら「後退」（あるいは「停滞」）はあるか，などを必ず検討するべきだし，以上の逆の場合（たとえば「終了」があったら「開始」はあるか，「こってり」があったら「あっさり」はあるか等）も検討するべきである。このようにして，データの中に潜む変化や対照を浮き上がらせるのである。

　**分析例 A** では，3〈3〉に［少年にとっての同郷の科学的英雄との出会い］があり，3〈5〉に［少年にとっての同郷の科学的英雄との別れ］が対比的に書かれている。なお，別のコードではないが，6〈3〉の［**科学的先進性と科学的後進性とのギャップが生んだ感動と感化**］は，1つのコードの中に「先進性」と「後進性」という対概念を使った例である。

## 6.4　付したコードに関連する既存の専門的概念の構造を参考にする

　ある概念を思い付いたら，その概念やそれと似た概念が専門的に使われている例を調べる。たとえば［境界的］を思い付いたら，精神医学や臨床心理学の［境界例］や［境界性人格障害］を考えると良いかもしれない。そしてこれらにおける［境界］とは，それぞれ，1）何と何との境界なのか，2）境界であることはどうやって判定されるのか，3）その状態からどちらかへ移動する場合があるのか……などを調べ，それが自分の分析している［境界的］の場合はどうなのかを検討する。こうすることで，自分のコードをより立体的・構造的に検討することができるようになる。またこの時点で，必要に応じて［境界的］を［境界性］などに変更することもあるかもしれない。さらに，これをきっかけに，〈4〉で［境界性〇〇］という概念を構成することができる可能性もある。

　**分析例 A** では，少年時代の A 教師の出会ったこの教師を適切に形容するとともに分析的枠組みとして用いることのできる既存の概念を探索した結果，Miller（2009）の［**positive deviant 積極的逸脱者**］と［**in-house expert 組織内（校内）専門家**］という概念を適用している。

---

　このように対になる語の語尾が異なることもあるが，その際には，コードとしては語尾のそろった，「暗号化・平文化」を使う方が，対であることが明白になって良い。

## 7 〈4〉の「テーマ・構成概念」を書く

　上の〈1〉から〈3〉までにもとづいて，それらを表すような「テーマ」が次第に浮上する。「テーマ」というのは「テーマ分析とシークエンス分析」のように質的研究でよく用いられることばである。ただし外来語としての「テーマ」はふつう「主題」と訳され，1つの小説に1つ，1つの講演に1つ，1つの曲や絵画に1つという語感があるため，1つのインタビューや1つの観察記録にもテーマは1つとのイメージが存在し，質的研究での「テーマ」という概念の理解を妨げることがある。しかし英語でも「「主」題」は，「「メイン」テーマ」であって，それ以外の多様なテーマ，あえて言えば「題」が，1つの小説にも1つの講演にもたくさん存在すると考えるべきである。実際，インタビュイーは，一貫して1つのテーマについて語るわけではない。また個人や集団の営みを観察していても，さまざまな意味をもつできごとが起きている。したがって，1つのインタビュー記録，1つの観察記録からたくさんのテーマが抽出され，構成されると考えるのである。

　その際，1つのことばを思い付いたらすぐにそれを書いてしまうのはよくない。最初に思い付いたものが最適とは限らないからである。むしろそのことばを含めて，それに類似する概念などを10種類くらい思い浮かべて，その中から最適なものを選んで書く。そのためには，日常の発話の時にも，「さらに適したことばがあるのではないか？」と考え，候補は10種類くらい頭の中に出して，その中から最適なものを選んで使うようにするべきである。そのような習慣を身につけ，それを続けているうちに，10種類も出すことなく最初から最適なことばを思い付くようになるはずである。これはSCATの〈2〉から〈4〉だけではなく，質的研究ではつねにこうするべきである。

　そして〈4〉では，新たな「構成概念 construct」を創り出して記入することに努める。つまり〈4〉は新しいことば，新しい概念を創るつもりで書く。そしてその際，〈4〉の概念は，深い内容に対して精製に精製を重ねた（磨き上げた）シャープでインパクトのある印象的な概念であるべきだし，それは十分に研ぎ上げた切れ味のある表現であるべきである。そのようにして構成された概念は，有益な分析概念として普及し得るとともに，今後，実践的にもそのまま普及・流通させていけるような可能性を持っている。

　分析例Aでは，1〈4〉に［生涯の専門性の背景ときっかけについての省察の促

し］を，2〈4〉に［子ども時代に受けた感化の教師魂における保持］，［感化や科学的感動の源としての非日常的教員］を，3〈4〉に［積極的逸脱者教師］，［組織内（校内）専門家としての教師］，［同郷の科学的英雄との出会い］を，4〈4〉に［アカデミックキャリアへのシフト］を，5〈4〉に［感動の源としての非日常的教員］，［非日常的教員が学校で教えるための「裂け目」や「割れ目」としての戦後の状況］，［同郷の科学的英雄との別れ］を，6〈4〉に［高度な専門性・先進性との接触］，［感動の土壌としての非先進的文化環境］，［高度な先進性との落差による感動］，［学校教育内容を超越する専門性の高さ］を，7〈4〉に［希少な存在の教師との希少な体験についての理解と共感の提示］を，8〈4〉に［未知の技術への驚愕と憧憬］，［未知の技術を掌握し操作する人間への憧憬］を，9〈4〉にあえて7〈4〉と同じ［希少な存在の教師との希少な体験についての理解と共感の提示］を，10〈4〉に［科学的感動送りへの意欲］，［科学的感動送りメディアとしての教育機器への積極的視点］を書いている。

## 7.1 〈4〉は必ず名詞あるいは名詞句で書く

　ところで，従来の質的研究の論文では「概念」として文が書いてあるものが非常に多い。しかし，今田（2009）が「名詞句は事物や概念を表し，名詞述語文は概念間の関係を表す」と述べるように，概念は名詞あるいは名詞句で書き表されるものであり，文は概念ではないと筆者は考えている。もちろんこのことは，「概念」がその意味内容に対する名辞（名前）を指すのか意味内容そのものを指すのかで異なる可能性はある。つまり文でも概念の意味内容は表せると考える立場はあり得るだろう。しかしそのような文は，ラベルのついていない意味内容そのものであって，「概念化」される手前の状態でしかなく，概念として精製されていないと筆者は考えている。そのため，SCATでは，〈4〉は必ず名詞あるいは名詞句で書き，文で書いてはならない。だからこそ，大谷（2008a, 2011）でも〈4〉に文は書かれておらず，SCATのWEBサイトでも，〈4〉に文を書いてはならないと注意を促している。しかしSCATを使って書かれた論文でSCATの分析表を掲載しているものを見ると，大変残念ながら，〈4〉に文が書かれていることがある。これではSCATの性能を発揮できないので，〈4〉は（そしてできるだけ〈3〉も）名詞あるいは名詞句で書くべきである（なお，このように，〈4〉はコードとして概念を書くので名詞あるいは名詞句でなければならないとしているが，あくまで文でも概念であるという理解に

立つ読者は、〈4〉には「名詞あるいは名詞句で表した概念」を書くのだと理解して頂きたい)。

このように、SCATでは、〈4〉を名詞または名詞句で書かなければならないとしているが、上記のように、他の手法を使った論文には、「概念」として文が書かれている場合がある。たとえば、ある論文(看護師6人に半構造化面接を行ってデータ採取をし、それにもとづいて退院支援上の困難と退院支援上の対処について分析している)[5]では、「困難」に関して67の、「対処」に関して38の「概念」[6]があげられているので、そこからいくつか抜粋する。最初の例は「困難」に関する「病棟内のヒエラルキー」というサブカテゴリーに属する3つの「概念」である(番号は引用者による)。

① 「医師主導の医療」
② 「医師と対等に話ができない」
③ 「患者は蚊帳の外」

このうち、①は名詞句、②は通常の文、③は述語部分の一部または全部を欠いた文(体言止めの文)、である。ではこのように文で書いた例があるのに、SCATではなぜ名詞あるいは名詞句で書く必要があるのか。

## 1. その概念を最大限明確に規定し示すため

第一の理由は、その概念を最大限明確に規定し示すためである。たとえば、上の②の「医師と対等に話ができない」は、事実を記述しているが、概念として精製・構造化されていない。このままでは、そもそもそれは看護師の「どのような条件におけるどのような特性なのか」が明らかでない。

## 2. 概念の構造的な検討による操作的検討(「概念の演算」)を行うため

上の「医師と対等に話ができない」を「対医師対話の非対等性」と概念化すれば、まず、「対医師対話の対等性」はどこかにあり得るか? それはどういう場合か? などを検討することができる。さらに「医師」の部分を「患者」「同僚」「上位の看護師」「下位の看護師」「病棟薬剤師」「理学療法士」「作業療法士」などの他の医療

---

[5] 石川/葛谷(2013)。
[6] この論文ではしかも、これらを「概念名」と「概念」の2種類の名前で呼んでいて、残念ながらそもそもその点に一貫性がない。

専門職,「医療事務職」などに置き換えて,「対〇〇対話の非対等性」や「対〇〇対話の対等性」はあるかを広範に検討することができる。このように,名詞あるいは名詞句,とくに熟語で書かれた概念は構造化されているので,その構造を使って「概念の演算」を行い,検討を深化・発展させていくことができる。概念を検討するときには,そのような検討をこそ行う必要がある[7]。

### 3. 他の領域における既存の知見の活用を行うため

「医師と対等に話ができない」を,上記のように「対医師対話の非対等性」とすれば,「非対等性」で他の領域を含むさまざまな文献を検索することができる。そうすれば,「非対等性」はどういう背景で生じるのか？ それを克服するにはどういう手立てがあるのかという研究的知見を参考にできる(実際,学術文献の検索を行える Google Scholar で検索すると,"nurse-physician relationship""inequality"で 216 件,"nurse-physician communication""inequality"で 174 件,"physician-nurse relationship"inequality で 97 件,"physician-nurse communication""inequality"で 35 件の文献がヒットする。2018 年 11 月 29 日検索)。

### 4. ストーリー・ラインを構成する語を〈4〉のコードとして書くため

SCAT の場合,〈4〉のコードを使って次にストーリー・ラインを書く。このとき,いくつもの文をつないで文を作ることには無理がある。したがって,〈4〉が文で書いてあると,それをうまくつないでストーリー・ラインにすることは困難である。〈4〉はストーリー・ラインという文を構成する要素となるのであるから,名詞あるいは名詞句で表された「概念」を必要とする。

### 5. そもそも文や句が混在した状態では整理したと言えないため

ところで,上記の論文の 2 つの分析のうち,退院支援上の対処についての分析では,最上位に位置する「カテゴリー」は 5 つあってすべて名詞句で書かれているが,その下位の「サブカテゴリー」は 13 あり,文が 5,句が 7(句のうち,名詞句が 6,副詞句が 1),最下位の「概念」は 38 あり,文が 19,名詞句が 19 である。質的な分析をしたとされているものの多くに,このように,同じ水準に含まれる項目の中

---

[7] この論文では,それに類する検討を,「概念」ごとに「分析ワークシート」を用いて試みているようだが,このように名詞句で書けば,より広範に検討することができると考えられる。

にさえ，文と句とが混在しており，さらにその句の中でも異なる種類の句が混在していることがよくある。

これを量的研究で考えてみると，それは，1つの表の中に整数と分数と小数とを混在させ，さらにその小数の中でもさまざまな有効数字の小数を混在させるようなものである。しかしそのようなことは，量的研究では絶対に許されない。したがって，紀要論文であろうと学会誌論文であろうと，そのような量的研究の論文はあり得ない。そうであれば，質的研究でなら，最低限，記述の形式を揃える必要がある。それは単に美しく見せるためではない。量的研究で小数と分数とが混在していれば，それぞれの値の関係を一目で判断できないし，すぐに相互に演算することもできない。同様に，質的研究で文と句とが混在していれば，それぞれの間の意味や機能の関係を一目で判断できないし，相互に概念の演算をすることができない[8]。

また看護学におけるグラウンデッド・セオリーに関する別の論文では，「中心となるカテゴリー」が1，「カテゴリー」が6，「ラベル名」が52の計59の概念（コード）が抽出されており，そのほとんどすべてが名詞句であるが，52あるラベル名の中に，なぜか4つだけ，名詞句ではなく，文のままのものがある[9]。それらは「①かゆみにより眠れない」「②すぐにもとのひどさへ（「へ」という助詞で終わっているが，副詞句ではなく，「戻る」の省略された文と考えることができる）」「③病院を探さずにはいられない」「④もらった薬を試す」である。まず，これらのうち①と③は特別に名詞句にしにくいわけではなく，①は他に「かゆみによる神経質さ」があるのだから，同様に「かゆみによる不眠」にすれば良いと考えられるし，③は他に「早く直したい思い」「焦らずに治療を続けようという思い」などがあるのだから，「病院を探さずにはいられない思い」にすれば良いと考えられる。②は「すぐに」という副詞を最初に書いてしまったため，最後が「戻る」という動詞になってしまうので，それを省略して「ひどさへ」で止めてしまったのかもしれないが，それなら最初を副詞でなく形容詞にすればよい。ただし，「すぐのもとのひどさへ

---

[8] なお，この論文で，「家族をほぐす」というサブカテゴリーに分類されている「概念」は3つあり，それは「①家族と対面できる機会の設定」「②家族の不安や心配の傾聴」「③患者と家族の妥協点を探索」となっていて，そこでも，①と②は名詞句であるのに③だけ体言止めの文である。しかも，「③患者と家族の妥協点を探索」という体言止めの文は，「患者と家族の妥協点の探索」とすれば，簡単に名詞句にすることができ，3つを揃えることができる。それにもかかわらず，このように平仄の合わない状態で放置されている。そして全く同様の例として「無理しなくて良いことを伝達」なども存在するので，これらは「の」を間違って「を」と書いたものではないと判断できる。

[9] 戈木（2014）。

の戻り」ではラベル名として適切でないと考えるなら,「短期間でのもとのひどさへの回帰」などとすることができると考えられる。また,④は「試す」を「試し」にしにくく,かつ「試用」は切迫感が感じられないので採用しなかったのかもしれないが,かといってこれだけ文で残しておくことにも弊害があるので,「もらった薬の試し」にするか,あるいは「もらった薬の験し」などとすることができるのではないかと考えられる。

　なお以上のことは,それぞれの論文にそれらを抽出した元のデータが記載されていないため,厳密にはここで筆者が提案した名詞句が最適かどうかは分からない。しかし元のデータがどうであろうと,同様に名詞句にすることは可能だと考えられる。したがって筆者には,このような状態で放置しておくことは,項目の間の関係を未整理のまま残すことになり,それは,概念の十分な検討の障害となるように考えられてならない。言語（ことば）で分析をする質的研究でこのようなことをしてしまうのは,数値で分析をする量的研究で,有効数字を揃えないまま分析をしてしまうのと同じだと考えるべきである[10]。そのようなことが決して無いためにも,SCATでは〈4〉を必ず名詞あるいは名詞句で書かなければならない[11]。ちなみに,看護学でも,すべての品詞を揃え,かつすべてを名詞あるいは名詞句で書いた論文は存在している。たとえばMasunaga/Takahashi/Mori（2017）は,ロールプレイ演習を通した看護学生の看護実践能力の獲得過程を分析したもので,SCATを使用したものではない点で上記論文と同様であり,realization（気づき）について,メインテーマ1,サブテーマ3,カテゴリー12,サブカテゴリー47に構造化して概念化し,proposal（提案）について,メインテーマ1,サブテーマ2,カテゴリー8,サブカテゴリー33に構造化して概念化しているが,そのすべてが一貫して名詞と名詞句で書かれている。

---

[10] ここでは看護学から例を取ったが,同様の問題はあらゆる領域の論文に存在し,筆者の研究的背景である教育学や教育工学の論文にも散見される。
[11] 仮にすべてを文で書いてあるなら,平仄は合っているので理解できる。それは,その著者がそれらを揃える必要があると認識していることが分かるからである。しかし多くでは,そのようにもなっておらず,揃えなければならないという認識がなく,場合によっては揃っていないという認識もないのではないかと推測せざるを得ない。

## 7.2 〈1〉〜〈4〉を一言で言えば

以上の〈1〉から〈4〉までの分析過程を一言で言えば，語を，または概念を，

〈1〉ぬきだす
〈2〉いいかえる
〈3〉さがしてくる
〈4〉つくりだす

と表すことができる[12]。

なお，〈3〉と〈4〉の違いが分からないと質問されることがあるが，〈3〉は専門的な概念をはじめとして種々の概念を探してくることに努力するのに対して〈4〉は端的で説得性のあるオリジナルな概念を創ることを試みるのである。

## 8 分析的枠組み（概念的・理論的枠組み）の利用とその際の注意点

質的研究における分析的枠組みの利用については，すでに第5章2節でも述べた。データの分析の際のこれまでの蓄積の利用とは，既存の概念的枠組み conceptual framework，理論的枠組み theoretical framework を利用することである。そういう枠組みを用いない分析は，いくら懸命に行っても，恣意性が高く，説得性が低く，学術的意義が低いものとみなされるのが普通である。したがって質的な分析とは，「単にデータを懸命に分析して何かを見いだし，それを論述すること」ではなく，「データを見て，その検討のための概念的枠組み，理論的枠組みを探し，それをそ

---

[12] なお，グラウンデッド・セオリーでは，ラベル，概念（カテゴリー（コアカテゴリー，サブカテゴリー）），テーマなどの多様で階層化された分析概念を用いる。つまり，徐々に縮約して高次の分析概念を得るような階層的な手続きを有している。それは，グラウンデッド・セオリーが，一定に大きなサンプルサイズのサンプルから得られたコードを，研究参加者を超えてすべて混ぜ合わせてしまう「カテゴリー分析（テーマ分析・非シークエンス分析）」だからであると考えられる（たとえば1人のインタビューから20のコードが抽出されるとして，それを10人に行えば，200のコードを得ることになる）。それに対して，SCATは，「シークエンス分析」でもあるためインタビュー1つずつ，観察1つずつを分析し，それらを1つに合わせた分析を行うわけではないために，それを階層的に分析して縮約していく必要はない。ただし，後述のように小さな分析結果から大きな分析結果を導くような用い方をするなら，その際には分析者が，各自の必要に応じて，分析概念の階層を定義して呼び方を変え，それらを区別する工夫をしても良いと考えている。

のデータの分析に適用して，新たな知見を提出すること」だと考えるべきである。

　そもそも研究とは，何もない地面に新たな煉瓦を1個置くことではなく，これまでたくさん積まれてきた煉瓦の上に煉瓦をもうひとつだけ置くことである。言い換えれば研究とは，「全く新しいことを言うこと」ではなく，「これまで言われ，共有されていることを土台として，その上に，それを延長するような，あるいはその方向性を少し変えるような，新しいことを言うこと」である。その意味で，研究とは強い「積分性」を有するものである。積分性のないものは，研究ではない。そしてこの積分性とは，単に過去の知見の追認ではなく，進歩や前進や創造や変革を含むものである。

　このような分析的枠組みにもとづいて分析した結果は，論文の形にもなりやすい。論文にするとき，その理論的枠組みを分析の根拠として，文献として引用しながら論述することができるからである。そうでないものは，自分では面白い分析ができたと思っても，分析の根拠が示せず，論文にはなりにくい。したがって，研究として成立させるなら，分析中に「このことについての既存の研究的な概念や理論はどこかにないだろうか？」とつねに探すべきである。筆者の大学院の質的研究ゼミでは，SCATの分析結果と同時に，その分析に用いた理論的・概念的枠組みを書類で提出することになっている。

　この分析的枠組みは，研究デザインのときにすでにあることもある。しかし多くの場合は，採取したデータを分析することを通して，それが選定され，分析に適用されることが多い。その際，ある枠組みが適用できそうに見えても，それを適用することが創造的で有意義な分析につながらないなら，その枠組みは捨て，別の，より適切な枠組みを探すべきである。しかしながら，初学者に多いのは，データをざっと読んで，全体の文脈を見ずに部分に反応してしまってあることばに注目し，それをある概念で置き換えて，その概念にまつわる枠組みを持ってきて，それを使ってそのデータ全体を分析してしまうことである。

　具体例をあげよう。次に引用するのは，教育テクノロジーに関するベテラン教師（分析例AでのA教師とは別の教師であり「B教師」とする）へのインタビューの一部である。少し長くなるが後の説明でも参照するので，ここに記す。

　　聴き手：OHPのシートなどは，先生方がご自分で作っていらっしゃいましたか？
　　B教師：それがね，一番抵抗があるんですよ，作るのが。私自身は作るのが実際

苦手だし嫌だった。「生活の知恵」で，要は透明シートを載せて書いたら，外せばまた透明じゃないのっていうような発想なんですよね。だから基本的な表とか，社会科でいうなら年表にあたる横線と縦の時代の区切りぐらいの線の入った，全く文字の書いてない無地のシートを置いて，その上に別の透明シートを重ねて，何年にこれだねっていうことを簡単に言って，そういうことを授業をやりながら書き込んでいきます。

B 教師：例えば世界と日本みたいな中学生ぐらいのレベルの歴史でいきますとね，いちばん子どもたちが困るのは，教科書が，世界史がある程度ザーッとあって，忘れた頃にパーっと日本史が出てきてでしょ？　もうこんがらがりますから。世界史をやっている時にちょっと日本は何だ，これだなっていうのを書き込みすることによって，日本と世界を絶えず対比させながら授業をやることが多かったですよ。そういう場合なんかは非常にそれがね役立つんです。

B 教師：それから地理でも，いわゆる白地図のシートを一枚載せておいて，あとから透明シートを一枚載せてそこに書き込みをすると，町でも山脈でも何でも書き込みをしながらやる。で，隣のクラスを教えるときには上のシートを外せばまた白紙でいける。

B 教師：で，OHP で提供した映像というか，情報と，子どもにきちんと定着させたい情報は区別をする。その際，子どもに定着させたいものは板書する。これは今でも若い先生に同じことを言ってるんですが，消したらただのスクリーン。電気がなければただの箱って言う，昔の冷蔵庫のキャッチコピーがあったですが，まあそんなことで，消してしまえばそれまでよっていう。これは今のコンピューターも一緒なんですよ。いくら提示してても。

聴き手：今お話を伺いながら，コンピュータのことも思っていたんですけど，例えばパワーポイントのようなものを使って授業をするということが流行ってきていますね。パワーポイントだけで全部できてしまいますし。

B 教師：そんなものじゃ私は定着すると思っていないから，非常に批判的なんです。

聴き手：黒板だとなぜ定着するんですか？

B 教師：書いたものが残りますもん。

聴き手：でも黒板だって，授業が終わったら消しますよね。

B教師：ああ，授業が終われば消すけど，少なくとも授業の初めから授業の終わるまでの経過はいつでも残っている。それに子どものテンポによって書ける。ところがOHPによる提示っていうもの，スクリーンによる提示っていうものは，電気を切っちゃえば，教師が勝手に自分の思い込みで，子どもが分かったと思った時点でポンと切っちゃえば，それで終わりなんですよ。

聴き手：黒板っていうのは，1時間の授業は全て書かれるわけですよね。終わったときにみんな見えていると。消しながら書く先生も時々いますけど，基本的には授業の最初から最後までが残る。そういうことなんですね？

B教師：そうです。それに，最後に5分でも余れば，もう1度書いてあることをたどってポイントだけをおさえることができますね。上からまた違う色で丸を書いてもいいし，そういう使い方ができるでしょ？　だから板書は非常に重要なんです。

聴き手：つまり，その1時間の学習の経過がそこに全て焼きつけられているということですね。OHPっていうのは，またパワーポイントみたいなものっていうのは，次々と情報をくるくると提示するものではあるけれども，黒板と同じではなく，それらはむしろ紙芝居なのですね。

（視聴覚教育を専門とするある退職中学校校長へのインタビューから）

このテクストを分析する分析者は，「それがね，一番抵抗があるんですよ，作るのが。私自身は作るのが実際苦手だし嫌だった」という発話の部分の〈3〉に［テクノフォビア］（テクノロジーに対する恐怖や懐疑からその利用を促進できないこと）というコードを付し，テクノフォビアという分析的枠組みを使って全体を分析しようとするかもしれない。しかしこの教師は，じつは新しいテクノロジーをうまく使えないわけではないかもしれない。むしろ，授業方法の発展とともに発達してきた伝統的な教育メディアの有益な利用法（たとえば日本の教授・学習文化における「板書」の伝統）をよく理解し，それを使いこなせるし，それを若い教師たちにも伝えたいと考えて，あえて新たな教育メディアに飛びつかないだけであって，「苦手だし嫌だった」と言っているのは，この教師の謙虚さの表れであるのに加えて，伝統的な教育メディアの蓄積を学ばずに新しいメディアに飛びついてしまう若い教師に対する戒めを含めた皮肉であるのかもしれない。そうだとすると，この［テクノフォビア］という分析的枠組みの採用は，そのような多様な解釈の可能性を早期

に閉ざしてしまう。この［テクノフォビア］というコード化と概念的枠組みの適用は，第5章3節の氷山のメタファーで言えば，氷山の海面下の部分をまったく検討せず，海面上の部分に合う「発話の表面上の意味」にだけぴったりと合うように見えるコードを付けてしまったものだと説明できる。

　また，何人かでそれぞれ個別にこのテキストを題材として分析していたとき，参加者の内の2人の日本語教育学専攻の大学院生が2人とも，この発話に出てくる「定着」という語を重要な概念とみて，それを［記憶］とコード化して，記憶に関する理論を分析的枠組みとして分析を試みたことがあった（2人が使った理論は異なっていた）。たしかにこの発話において，この教師が使った「定着」ということばは重要であるように思う。そのため聴き手もこれについて質問している。この概念は，この教師の価値観や教材観，教具観，授業観，教授学習観などを背景にしており，ここでのこの教師の語りにとって中核的な概念である。したがって，この発話全体の分析を，このことばを手がかりに行おうとするのは，それなりに適切な方向性だと言える。しかしながら，この「定着」を［記憶］という概念に置き換えてコード化してしまうのは，問題である。なぜなら上記のように，このテキストの中核的な概念である［定着］ということばは，日本の学校における教室文化，教授・学習文化，教師文化の文脈を背景として，複雑で深い意味を構成していると考えられ，そのような観点からの検討の余地があるからである。つまり，社会・文化的に深い意味を持つことばを，［記憶］という心理学的あるいは生理学的メカニズムの概念に置き換えてしまえば，それを構成する多くの部分をそぎ落としてしまうことになる。

　ところで筆者は，日本語教育専攻のその2人が，お互いに相談したわけでもなく2人とも「定着」を［記憶］としたことにはなんらかの共通の背景があるのではないかと考え，それをさらにたずねた。するとその2人から，日本語教育では「記憶を定着させる」という言葉が頻繁に用いられるため，日本語教育を専攻する者にとって，「定着」といえば［記憶］を想起しやすいとのことだった。調べてみると，実際，日本語教育の文献には，「記憶を定着させる」という表現がしばしば使われている[13]。もちろん筆者はここで，日本語教育の領域で記憶と定着をセットで使うことを問題にしているのではない。そうではなく，日本語教師でもなく日本語教

---

[13] たとえば，今村（2005）などにも見られるし，『日本語教育能力検定試験 分野別用語集』（ヒューマンアカデミー 2018）にもしばしばこの表現が使われている。

育について語っているのでもないこのA教師の発話を分析する際に，分析者が自分の専門領域の「定着＝記憶」あるいは「定着≒記憶」という図式にもとづいて，この教師の「定着」ということばを［記憶］と置き換えてしまうとしたら，それはやはり，この教師の発話の文脈を無視して，自分の専門の文脈にこの教師の発話を無理矢理持って行ったのだと言わざるを得ない。分析的枠組みを，自分の専門領域から適切に選択することは，第5章2節で述べたように必要なことだが，それはあくまで，発話者の文脈に立って発話を理解した上で，自分の専門的領域からその文脈に沿った分析的枠組みを適用するということである。あるいは，このテクストの文脈に十分に浸り，それをその文脈から解釈した上で，あえて別の可能性を探るために，異なる文脈で解釈し直すなら意味がある。しかしテクストの文脈での解釈を一切行わず，すぐに発話の文脈とは関係ない自分の専門領域の枠組みを機械的に適用して「定着」を［記憶］と置き換えてしまうなら，それはテクストを，自分の持っている概念に「鋳型はめ moulding」したものだと言わざるを得ない。

　また**分析例A**のデータに戻ると，少年時代のA教師に影響を与えた教師を，A教師のロールモデルであるとして，［ロールモデル］というコードを付ける人がいるかもしれない。しかし筆者は分析例Aで［ロールモデル］というコードを付けていない。それはA教師が，「自分の感動を子どもたちに与えていきたいなという気持ちが根底にずっとある」とは言っているが，自分にその感動を与えた教師のような仕事を自分もしたいとは一言も言っていないからである。もちろん，心のどこかにそういう思いもあるのかもしれない。しかし少なくともこのテクストの範囲では，そういうことは言っていない。したがって，そういうコードを付けるためには，フォローアップ・インタビューをして，それを確かめなければならない。しかしこのデータの範囲から，それを確かめる意味はあまり無いように思える。そもそも少年時代のA教師に影響を与えたこの教師は，本来教師だったわけではない。また，その後大学教授になっているが，A教師がそういう希望を持ったとは文脈上，解釈しにくい。少年時代のA教師にとって，この教師が与えたものがきわめて貴重だったことは確かでも，そのことで，自分もこの教師のようになりたいと思ったというふうには言っていないし，そう解釈する根拠が見当たらない。それにもかかわらず，そういう検討を経ず，たとえば，教師のキャリアなどの研究をしている人が，ここに［ロールモデル］というコードを付けるとすれば，それは，「定着」に［記憶］というコードを付けるのと同じ問題を有することになる。

　これらのことに氷山のメタファーを拡大して適用すれば，これはあたかも，氷山

```
        ┌─────────────────────────────────┐
        │  分析のための概念的・理論的枠組み  │
        └─────────────────────────────────┘
              ↑↑ 探索      ↓↓ 適用
        ┌─────────────────────────────────┐
        │           データ分析            │
        └─────────────────────────────────┘
```

**図 1-1　分析をしながら分析的枠組みを探索し適用して分析する場合**

```
        ┌─────────────────────────────────┐
        │  分析のための概念的・理論的枠組み  │
        └─────────────────────────────────┘
                      ↓ 適用
    研究デザイン → データ採取 → データ分析 → 知見と理論
```

**図 1-2　既存の概念的・理論的枠組みを得ていてそれを適用して研究全体をデザインし実施する場合**

の海面上に出ているこの教師のことばの意味を，その氷山の海面下に深く探究しに行くかわりに，自分のなじみの海域から別の氷山を引っ張ってきて隣に浮かばせ，2つの氷山の海面上の部分に水平方向に梯子か綱（三重県伊勢市の夫婦岩のような）をかけ，最初の氷山の海面上の部分から別の氷山の海面上の部分に，ひょいと乗り移ってしまったように，筆者には思える。

　このように，「質的データの分析には分析的枠組みを適用することが必要だ」と認識しても，だからと言って，何かをどうしても使わなくてはならないという気持ちに急かされ，苛まれて，自分の知っている枠組みを安易に採用してはならない。それは，分析しようとするテクストに対する分析者の視野を狭め，分析を浅くしてしまう。とくに，分析者が勉強家であるほど，自分の領域で蓄積されてきた重要な概念がすぐに頭に浮かぶため，そのようなものに短絡的に結び付けてしまうし，そうすれば，自分の専門領域で論文が書けると思ってしまう場合がある。しかしそのように，テクストを既存の概念にだけ当てはめて解釈するなら，それは過去の研究の追認にはなっても，創造的な質的研究にはならない。そもそも Glaser/Strauss (1967) は，既存の理論は無視して研究に集中するべきことと，既存の論文の無い領域で研究をすることを勧めているほどである。初学者がすぐにこの通りに研究を開始することは簡単ではないとしても，質的研究のこのような志向性は理解するべきである。分析的枠組みは，データを十分に読み，あくまでそのデータの文脈に分析者が身をおいて，多様な枠組みの適用を試みながら多面的な分析を試みた上で，妥当で了解性が高いだけでなく，創造的で革新的な分析が可能になるように選択するのでなければならない。

なお，分析的枠組みの適用の時点はひとつではない。最も多いのは，分析をしながら分析的枠組みを探索し，それを適用して分析することである。この場合，見つかった枠組みを適用してみて，良い分析にならなければさらに探索するということを繰り返すことになる（**図** 1-1）。分析例 A・B・C はすべてそのように分析されている。

　それに対して，既存の概念的・理論的枠組みを得ていて，それを適用して研究全体をデザインし実施することもある（**図** 1-2）。たとえば，前述の Aomatsu et al. (2013) は，患者に対する医師の共感の発達と変化を分析するために，Morse et al. (1992) の「共感の 4 要素」という理論的枠組みを適用することを前提に，医学生と研修医による 2 つのフォーカス・グループを行ってそれを SCAT で分析するという研究デザインを行い，それを実施して報告したものであった[14]。

## 9 〈5〉の「疑問・課題」を書く

　以上を行いながら，同じデータの他の部分や他のデータなどとの比較などを通して検討することが必要だと考える点，フォローアップ・インタビューで確認したいと考える点，文献に当たって調べる必要があると考える点などを書く（その点では〈5〉はコーディングではない。そのため，5-step coding ではなく 4-step coding と呼んでいる）。

　分析例 A からここには引用しないが，分析例 A および後掲の分析例 B・C の〈5〉を読んで参考にして頂きたい。

---

[14] ただし，これらの著者の青松棟吉医師は，この論文の研究を開始する前から長期にわたって医師の共感の研究を行っており，Morse et al. (1992) における「共感の 4 要素」という理論的枠組みは，その過程で見いだしたものである。したがって，この論文だけを見れば，図 1-2 の過程をたどっているが，青松医師の研究全体を見れば，図 1-1 の過程をたどったものと考えることもできる。

# 10 「ストーリー・ライン」を書く

> 答えはつねにストーリー全体の中にあり，その断片の中には無い。
> ——ジム・ハリソン

## 10.1 ストーリー・ラインとは何か

ストーリー・ライン[15]は，SCATにおいて非常に重要なものである。しかしストーリー・ラインとはどういうものか？，という質問を受けることがある。このことばは，グラウンデッド・セオリーなどの質的研究で広く使われていることばだが，たしかに一般にはなじみがないかもしれない。これについては，大谷（2008a）に書いた通り，SCATではこれを，「データに記述されているできごとに潜在する意味や意義を，主に〈4〉に記述したテーマを紡ぎ合わせて書き表したもの」と定義している（ここで「テーマ」とは，〈4〉に書いたコード，構成概念を指す）。

ところで，ストーリー・ラインについての説明でよく使われるものがある。それは，「王様が死にました。その後，お后様が死にました」はストーリーであってストーリー・ラインではなく，「王様が死にました。そして悲しみのあまり，お后様が死にました」がストーリー・ラインだというものである。つまり，ストーリーが，できごとを，起きた順序で記述したものであるのに対して，ストーリー・ラインとは，できごとを，その関係性を含めて記述したものだと言える（その意味で，ストーリー・ラインは「プロット」と同義である）。

なお，ストーリー・ラインの本質は，できごとをその関係性を含めて記述することであるから，起きた順序で記述する必要はない。したがって，「お后様が死にました。それは王様が死んだ悲しみのためでした」も，ストーリー・ラインである。

## 10.2 SCATのストーリー・ラインは〈4〉のコードをすべて使って書く

SCATのストーリー・ラインは，〈4〉に書いたコード（テーマ，構成概念）をす

---

[15] やまだ（2000）は「物語」を「2つ以上のできごとを結び付けて筋立てる行為」と呼んでいて，SCATでのストーリー・ラインの定義と似ている。しかし，やまだ（2000）における「物語」は，語り手の語るものであって分析結果としてのストーリー・ラインではない。

べて使って，一筆書きで書くようにして書く。もちろん，これはストーリー・ラインが必ず一文として書かれなければならないという意味ではない。ストーリー・ラインは，句点「。」で区切られた複数の文になるのが普通である。ただしそれらは，意味の上で1つにつながっているべきである。

そして，ストーリー・ラインを書いたら，〈4〉に書いたコードがすべて使われているか，もう一度確認するべきである。この確認のためには，ストーリー・ライン中の〈4〉のコードに下線を引くと良い[16]（分析例A・B・Cではすべてそうしている）。

もし〈4〉のコードを使わずにストーリー・ラインを書くと，それは，分析結果から妥当に導かれた知見ではなく，テクストから直接に言えるような単純すぎる知見，あるいはテクストから飛躍した恣意的な知見になってしまう。KJ法開発者の川喜田二郎氏は，KJ法で「叙述化[17]」（文章化，理論化）を行うときは，カードの一枚一枚をひとりひとりの人間だと思い，うまく叙述に取り込めないからといって決して1枚のカードも無視してはならない，どこまでもそれを取り込む叙述を行うべきだ，と言っていたと聞く[18]。KJ法の叙述化では，「この1枚のカードが無ければもっと簡単に叙述化できるのに」と思うこともあるのだろうが，その1枚をなんとしてでも叙述に取り込もうとすることで，叙述全体が変わってくる場合があるのだと考えられる。SCATの〈4〉とストーリー・ラインの関係においても，まったく同じことが言える。すべてを使って書くことで，そのデータの分析の結果として書かなければならないストーリー・ラインが書き表されるのである。ただしSCATの〈4〉は，KJ法のカードのようにまったく無関係に見えるものが存在するのではなく，みな，元は1つのテクストからコーディングされたものである。そのため，KJ法での叙述化より容易にまとめられると考えられる。このようにSCATでは〈4〉がきちんと書かれていれば，〈4〉のコードをつないでストーリー・ラインを書くことはそんなに難しいことではない。

---

[16] 大谷（2011）では，〈4〉のうち2〈4〉の［「包丁で切る感」の転換］だけは，使っていないが，これは筆者による誤りである。
[17] 後述するように，KJ法における「叙述化」は，多くの質的研究法，質的データ分析手法が備えていない再文脈化の手続きであり，その点でも優れている。
[18] 日本質的心理学会大会第1回大会　シンポジウム「質的研究の方法論―KJ法とグラウンデッド・セオリー―」（2004年9月1日，京都大学）での，川喜田二郎氏夫人で川喜田研究所所長の川喜田喜美子氏の談（川喜田二朗氏はこのシンポジウムに登壇予定だったが夫人が代わって登壇された）。

その際，ストーリー・ラインには，〈4〉のコード以外には，後述のように主語と接続詞くらいしか補われていないのが理想的である。それ以外の重要な概念があるなら，それはその時点ですでに〈4〉のコードとして書かれているべき概念である。〈4〉に書かれるべき重要な概念が書かれていないと，ストーリー・ラインがつながらなくなる。もしストーリー・ラインを書いているときに，何か重要な概念が〈4〉に欠如していると気づいたら，その段階でそれを考えて〈4〉に書き足すべきである。したがって，ストーリー・ラインは，〈4〉に書かれているべきコードが〈4〉にきちんと書かれているかどうかをチェックする機能をも有している。SCATを，コードを得るだけのためにも使えると述べている論文（寺下 2011）や，そのように使用したとみられる論文（浅川他 2014）があるが，その背景には，SCATのストーリー・ラインの持つ，このような機能に関する不十分な理解があると思われる。ストーリー・ラインを書くことで〈4〉は変わることが多い。そのため，〈4〉を十分に書くためにもストーリー・ラインを書くことは重要なのである。したがって，たとえ〈4〉のコードだけを得るためにSCATを利用する場合でも，ストーリー・ラインは必ず書くべきである[19]。

　ところでSCATでは，テクストが「表層のできごとの記述」であるのに対して，ストーリー・ラインは，「深層の意味の記述」である。したがって，SCATのストーリー・ラインでは，テクストに記述されているできごとの深層の意味が分かればよいのであって，誰がどこで何をしたというような具体的な事実は分からなくて良い。ストーリー・ラインを書く時に，それが分かるようにするための語を補う必要はない。また，人物が主語になるのではなく，10.3の2番目のストーリー・ラインのように，概念が主語になって良い[20]。

---

[19] 筆者は，このような意味で，どのような方法でも，本来の研究方法や分析手法を恣意的に改変して研究に使用するべきではないと考えている。実際，「グラウンデッド・セオリーに準じて分析した」という論文がしばしばあるが，そのような論文には，なぜオリジナルな方法で行わずに「準じて」行ったのかの必要性・必然性と，そのことの妥当性が書かれていることは無い。そもそも，「分散分析に準じて分析した」とか「因子分析に準じて分析した」などという量的研究の論文はあり得ない。コービン／ストラウス（2012）は「方法論は，ある一定の物事を成し遂げるためにデザインされており，当初のデザインどおりの方法で使用されてはじめて，一定の「信憑性」を得ることができるようになっている。何種類かの方法論を組み合わせる場合，あるいは方法論の中からある手順だけ取り出して使う場合，信憑性は脅かされる」と述べているが，いやしくも研究を行う者は，このことばをどこまでも深く受け止めるべきである。（なお，この引用での「方法論」は，本書における「方法」のことであると考えられる。）

[20] 本書313頁に後述の，分析例Aのストーリー・ラインのように，概念を主語にして書くの

そのため，仮にSCATのストーリー・ラインだけを読む人がいたとしたら，それだけでは，事実として何が起きたのかは分からないかもしれない。しかし，分析者はテクストを読んでいるし，テクストはSCATの表に書かれているのだから，それでかまわない。SCATのストーリー・ラインは，事実として何が起きたのかを書くものではないからである。

　ストーリー・ラインは，この意味でも，それをそのまま論文本文にするために書くものではない。しかし論文を書くことに困難を感じている人にとっては，ストーリー・ラインで文章が得られるので，それをそのまま論文本文に書けば論文が書けると思ってしまうことがあるようで，そのように書かれた論文がときどきある。もちろん，ストーリー・ラインが得られた結果，それを分析の過程として論文本文で示すことはかまわないが，論文の本文をストーリー・ラインで得ようとすると，それはテクストの深層の意味の端的な記述ではなくなり，説明的な概念の付随した長い文章になってしまう。それはSCATの本来の分析機能を損ねているので，そのような目的でストーリー・ラインを書こうとするべきではない。

　また，ストーリー・ラインだけを書いて理論を書いていない分析が論文に掲載されているのをときどき見るが，SCATによる分析の目的はストーリー・ラインを得ることではない。SCATによる分析の目的はあくまで理論を得ることであり，ストーリー・ラインは，そのための中間的産物 intermediate product であることを認識すべきである。

　**分析例A**では，ストーリー・ラインは次のように書かれた（ここでは，〈4〉のコードには，下線だけでなく[　]も付す）。

　初めに聴き手から［生涯の専門性の背景ときっかけについての省察の促し］を受けたA教師は，その後も聴き手による［希少な存在の教師との希少な体験についての理解と共感の提示］を受けながら，中学生時代の［非日常的教員が学校で教えるための「裂け目」や「割れ目」としての戦後の状況］で生じた［感化や科学的感動の源としての非日常的教員］である［同郷の科学的英雄との出会い］について語った。［感動の土壌としての非先進的文化環境］を背景に持つ少年時代のA教師が出会ったのは［学校教育内容を超越する専門性の高さ］を有する［積極的逸脱者教師］であると同時に［組織内（校内）専門家としての教師］であり，その教師の提供する［高度な専門性・先進性との接触］によって，少年時

---

なら，主語は〈4〉のコードになるので，人物としての主語を補う必要はない。

代のA教師は［高度な先進性との落差による感動］と［未知の技術への驚愕と憧憬］にくわえ，［未知の技術を掌握し操作する人間への憧憬］を持った。その教師はその後［アカデミックキャリアへのシフト］を行い，少年時代のA教師は［同郷の科学的英雄との別れ］を経験する。しかし教師となっても［子ども時代に受けた感化の教師魂における保持］によって，子どもへの［科学的感動送りへの意欲］を持ち続ける。それゆえ［科学的感動送りメディアとしての教育機器への積極的視点］も有している。

## 10.3　必要な場合だけ主語等を最小限に補う

〈4〉には，「教師」とか「医師」のように，そのできごとに登場する人物がコードになって記されていることは少ない。それで，ストーリー・ラインを文として記述するためには，このような主語を補う必要がある場合もある。**分析例A**のストーリー・ラインでは，上述のように，「少年時代のA教師は」や「A教師は」を主語として補っている。しかしこのテクストの登場人物としては，話者であるA教師だけでなく，もう1人，A教師に影響を与えた（その後，千葉大学教授になった）教師がいる。そこで，後者の教師を主語にして，次のようにストーリー・ラインを書くこともできる。

この教師は，［非日常的教員が学校で教えるための「裂け目」や「割れ目」としての戦後の状況］で生じた［感化や科学的感動の源としての非日常的教員］であり，少年時代のA教師に，［同郷の科学的英雄との出会い］をもたらした。その教師は，［感動の土壌としての非先進的文化環境］を背景に持つ少年時代のA教師にとって，［学校教育内容を超越する専門性の高さ］を有する［積極的逸脱者教師］であると同時に［校内専門家としての教師］であり，その教師の提供する［高度な専門性・先進性との接触］は，少年時代のA教師に［高度な先進性との落差による感動］と［未知の技術への驚愕と憧憬］にくわえ，［未知の技術を掌握し操作する人間への憧憬］を与えた。その教師はその後［アカデミックキャリアへのシフト］を行い，それは少年時代のA教師にとって［同郷の科学的英雄との別れ］の経験となるが，教師となったA教師に［子ども時代に受けた感化の教師魂における保持］をさせ，子どもへの［科学的感動送りへの意欲］を持ち続けさせる。それは，A教師に［科学的感動送りメディアとしての教育機器への

積極的視点］も与えている。

　ただし，ストーリー・ラインは，上記のように，誰が何をしたという表層のできごと，つまり事実を書く場所ではないので，ストーリー・ラインで必ず人物としての主語を補わなければならないものではない。また，同様に，よく言われる 5W1H（誰が，なぜ，何を，いつ，どこで，どのようにしたか）は，ストーリー・ラインで明記されている必要はまったくない。

　むしろ，ストーリー・ラインは意味の記述なので，主語は人ではなく，概念，つまり〈4〉のコードになってよい。たとえば，「生徒の保護者らは［非受験学力形成型教育］を望まず……」は，「［非受験学力形成型教育］は生徒の保護者らに望まれず……」と書けるし，「この患者は［医師—患者間の権威勾配］の下で……」は，「［医師—患者間の権威勾配］はこの患者に……」と書ける。

　このような方法で**分析例 A** のストーリー・ラインを，概念を主語にして，次のように書くことができる。

［非日常的教員が学校で教えるための「裂け目」や「割れ目」としての戦後の状況］は，［感化や科学的感動の源としての非日常的教員］を生じさせ，少年時代の A 教師に，［同郷の科学的英雄との出会い］をもたらした。その教師の［学校教育内容を超越する専門性の高さ］は，その教師を［積極的逸脱者教師］と同時に［校内専門家としての教師］としていたが，その教師の提供する［高度な専門性・先進性との接触］は，［感動の土壌としての非先進的文化環境］を背景に持つ少年時代の A 教師に［高度な先進性との落差による感動］と［未知の技術への驚愕と憧憬］にくわえ，［未知の技術を掌握し操作する人間への憧憬］を与えた。その教師のその後の［アカデミックキャリアへのシフト］は，少年時代の A 教師に［同郷の科学的英雄との別れ］を経験させるが，以上のことは教師となった A 教師に［子ども時代に受けた感化の教師魂における保持］をさせ，子どもへの［科学的感動送りへの意欲］を持ち続けさせるとともに［科学的感動送りメディアとしての教育機器への積極的視点］も与えている。

　なお，SCAT での分析に限らず，ストーリー・ラインとは，「分析の結果何が明らかになったのか」や「分析の結果何を明らかにしたのか」という「分析の経緯」ではなく，「分析の結果明らかになった意味のプロットそのもの」なのであるから，「〜が分かった」「〜が明らかになった」などと書くものではない。上の例を用いれ

ば、「王様が死んだ。その悲しみのあまりお后様が死んだ」はストーリー・ラインだが、「王様が死んだ悲しみのあまりお后様が死んだことが分かった（明らかになった）」はストーリー・ラインではなく、分析の経緯である。

## 10.4　接続詞等を積極的に補う──概念間の関係性を同定する

〈4〉には、そこまでの分析の結果として個々の多様な概念がコードとして書かれているが、その概念間の関係は〈4〉には記されていない。したがって、〈4〉のコードをストーリー・ラインに書くとき、あらためて、その概念間の関係を書くことになる。それを記すのが接続詞等である。

たとえば、〈4〉に［A］と［B］という概念があったとする。これをストーリー・ラインに書くときは、［A］と［B］がどういう関係であるかによって、「［A］と［B］が生じ……」と書くべきか「［A］または［B］が生じ……」と書くべきかを検討する。また、「［A］の後で［B］が生じ……」と書くべきか「［B］の後で［A］が生じ……」と書くべきか、「［A］の結果［B］が生じ……」と書くべきか「［B］の結果［A］が生じ……」と書くべきか、そしてさらに、「［A］であるにもかかわらず［B］であり……」と書くべきか「［B］であるにもかかわらず［A］であり……」と書くべきかを検討する。このように、時間関係や因果関係を表す接続詞を書くことで概念間の関係性を同定して明示化するのも、ストーリー・ラインの機能である。**分析例A**のストーリー・ラインでは、「であると同時に」「しかし」「によって」「それゆえ」などが補われている。

## 10.5　コードの間の明確な関係性は新たなコードとして〈4〉に書く

ただし、AとBの間には、つねに明確な関係性があり、それに意味があるような場合がありえる。たとえば、ストーリー・ラインに、「［A］は必ず［B］を伴い……」と書かなければならないような時がそうである。しかし、そうだとしたら、本来はそれ以前に、［AとBの随伴性］［AとBの共起性］などのコードが〈4〉に書かれているべきである。また、ストーリー・ラインに「［A］は［B］の要因として……」と書くのなら、それ以前に「Bの要因としてのA」「Bに対するAの要因性」などが〈4〉に書かれているべきだし、ストーリー・ラインに「［A］は［B］の遠因となって……」と書くのなら、やはりそれ以前に「Bの遠因としてのA」や

「Bに対するAの遠因性」が〈4〉に書かれているべきである。それで，もし〈4〉にそう書いていなかったのなら，その時点でこのコードを〈4〉に追加する。そしてその新たなコードを使ってストーリー・ラインを書き直すだけでなく，その新たなコードを使ってデータ全体を見直して，必要なら分析の修正を行った後，そのコードを使って新たなストーリー・ラインを書くのである。このように，個々のコードをストーリー・ラインに書こうとしたとき，検討の不十分だった〈4〉のコードの関係性を再検討することになり，ストーリー・ラインを書く段階でも，新たに〈4〉に書くべきコードが見いだされることが十分にあり得る。（ただし**分析例A**では，これに該当する例はない。）

## 10.6　ストーリー・ラインには〈4〉のコードを一字一句変えないで書く

　ストーリー・ラインは〈4〉のコードを使って書くが，その時に，前後関係によっては〈4〉のコードを少し変えた方が文が書きやすくなることがある。たとえば，〈4〉に［研究的知見の意識下保持］や［従来の原則へのしがみつき］という語を書いていたとして，これを使ってストーリー・ラインを書く時には「専門職としての教師は，研究的知見を意識下に保持して……」や「経験の長い実践家は，従来の原則にしがみついて……」のようにして書くと文が書きやすくなる。そのため，SCATを使った論文でこのようにしているものを見ることがあるが，これはSCATでは絶対にすべきではない。

　まず，そもそも，〈4〉のコードを変えなければストーリー・ラインが書けないわけではなく，どのような場合も，ストーリー・ラインの文の書き方のほうを工夫すれば，〈4〉のコードは変えなくても書ける。たとえば上記の例なら，「専門職としての教師は，［研究的知見の意識下保持］の状態で」や「経験の長い実践家は，［従来の原則へのしがみつき］によって」のようにすれば良い。

　ストーリー・ラインを書くときに，このように文を工夫せず，〈4〉のコードを変えても良いではないかと思うかもしれないが，決してそうではない。その理由は3つある。

　第一に，そのようなことをすると，2次言語コードとして1つにまとまった概念を，解体してしまうからである。たとえば上記の［論文の知見の意識下保持］や［従来の原則へのしがみつき］というのは，1つの概念である。それを「研究的知見を意識下に保持して」や「従来の原則にしがみついて」と書いてしまえば，それ

によって，せっかく創出した大切な2次言語コードがばらばらに解体されてしまう[21]。

　また第二に，そのようなことをすると，ストーリー・ラインにもとづいて次に書く理論記述にも，〈4〉のコードが出てこなくなってしまうからである。SCATでは，ストーリー・ラインを書いたら，それにもとづいて理論記述を書くが，その理論記述にも，〈4〉のコードは使われるべきである。しかしこのように，〈4〉のコードをストーリー・ラインで解体してしまうと，〈4〉のコードは理論記述にも出てこないことになる。〈4〉のコードは分析で創出した有益な構成概念であり，その分析の結果として記述する理論にも用いられなければならないのに，それを不可能にしてしまう。

　そして第三に，そのようなことをすると，精選・精製の結果としての〈4〉のコードのもつシャープさを潰してしまうからである。前述のように，〈4〉の概念は深い内容に対して精製に精製を重ねたシャープでインパクトのある印象的な概念であるべきだし，それは十分に研ぎ上げた切れ味のある表現であるべきである。〈4〉のコードは，有益な分析概念として普及させ得るものであるとともに，今後，実践的にもそのまま普及・流通させて使っていけるような概念であるべきである。それをストーリー・ラインで変形させてしまうなら，その研ぎ上げた概念の刃を，考案者自身が「潰して」使ってしまうようなものである。つまりこのことを逆に言えば，〈4〉には，ストーリー・ラインで潰してしまってもかまわないような曖昧なコードを書いてはならないということである。〈4〉のコードはあくまで，シャープでインパクトがあり，研究的にも実践的にも使っていけるような概念であり，その研究の世界と実践の世界に提案できるような概念にまで精製すべきである。別の言い方をすれば，〈4〉のコードは，研ぎに研ぎ，磨きに磨いた概念を書く。したがって，ストーリー・ラインを書いているときに，〈4〉のコードがストーリー・ラインに上手に収められないからではなく，〈4〉のコードをさらに精製できると気づいたのなら，その時には〈4〉のコードを積極的に修正するべきである。**分析例Aの上述の3種類のストーリー・ラインでも，すべて〈4〉のコードを一字一句変えないで使っている。**

---

[21] 〈4〉のコードとしての2次言語コードは，さらに検討を継続して発展させ得る可能性を持つ。しかしそれを概念として解体してしまうと，「概念の演算」ができなくなり，それ以降の発展の可能性を閉ざしてしまうことにもなる。

## 10.7 SCATにおける脱文脈化と再文脈化

　SCATでは，まずテキストをセグメント化している。このことで，テクスト全体の文脈はある程度切断される。そしてその個々のセグメントについて〈1〉から〈4〉で，「ことば」を単位として分析を進める過程で，テクストの表層的な意味から離れていく。その際，〈3〉や〈4〉では縦に見ていかないとコードが付せない側面があるとはいえ，できごとの文脈性の一部は徐々に解体されていく。したがってSCATでは，テクストから〈1〉→〈2〉→〈3〉→〈4〉と書いていくにしたがって，「脱文脈化 de-contextualization」することになる。しかしストーリー・ラインでは，その〈4〉のコード間の関係性を検討しながらそれを再構造化する。つまり，ストーリー・ラインにおいて，〈4〉までの分析結果が「再文脈化 re-contextualization」されるのである。

　ストーリー・ラインを書く分析手法を除けば，質的データの分析手法の多くには，再文脈化の手続きがない[22]。このことの数少ない貴重な例外のひとつはKJ法であり，上述したKJ法の「叙述化」は，再文脈化の手続きだと考えることができる。

　それに対して，SCATでは，テクストのセグメント化とそれにもとづく〈1〉から〈4〉までのコーディングによって脱文脈化を行うことで，テクストの文脈の制約から解放されつつ分析を深めながら，最後にストーリー・ラインで再文脈化を行い，意味を再生・再創造するのである。そのイメージを3つの表を使って表すことができる。**表**3-1は通常のSCATの分析表である。これを時計方向に90度回転させると**表**3-2が得られる。その状態でテクストから〈1〉を経て〈4〉へ向かうコーディングは，**表**3-3にあるように，表層のできごとの文脈から，深層へと脱文脈化していくことであり，それをストーリー・ラインでつなぐことで深層の意味の文脈へと再文脈化される。そしてさらに，そのストーリー・ラインから理論記述が行われる。

　このように，まず脱文脈化してそれを再文脈化する特徴的な手続きと，その再文脈化の結果から理論記述を行う手続きとを有していることは，SCATが，きわめてコンパクトな質的データ分析手法でありながら，高度な分析を支援し得る主要な理由のひとつであると考えられる。

---

[22] たとえば，研究でも使われるマインドマップは，もっぱら脱文脈化に優れた手法であり，再文脈化の十分な手続きを内包しない手法であるように筆者には思える。

318  第II部 SCATによる質的データ分析

表3-1 SCATの分析表のモデル

| テクスト | 〈1〉 | 〈2〉 | 〈3〉 | 〈4〉 | 〈5〉 |
|---|---|---|---|---|---|
| ○×○×○×○× | ○×, ○×, ○× | ○×, ○×, ○× | ○×, ○×, ○× | ○×, ○×, ○× | ○×, ○× |
| ○×○×○×○× | ○×, ○×, ○× | ○×, ○×, ○× | ○×, ○×, ○× | ○×, ○×, ○× | |
| ○×○×○×○× | ○×, ○×, ○× | ○×, ○×, ○× | ○×, ○×, ○× | ○×, ○×, ○× | |
| ○×○×○×○× | ○×, ○×, ○× | ○×, ○×, ○× | ○×, ○×, ○× | ○×, ○×, ○× | ○×, ○× |
| ○×○×○×○× | ○×, ○×, ○× | ○×, ○×, ○× | ○×, ○×, ○× | ○×, ○×, ○× | |
| ストーリー・ライン | ○×○×○×○×○×○×○×○×○×○×○×○×○×○×○×○×○×○×○×○×○×○×○×○×○×○×○×○×○×○×○×○×○×○× | | | | |
| 理論記述 | ○×○×○×○×○×○×○×○×○×○×○×○×○×○×○×○× | | | | |

表3-2 SCATの分析表を時計方向に90度回転させると

| 理論記述 | ストーリー・ライン | ○×○×○× | ○×○×○× | ○×○×○× | ○×○×○× | ○×○×○× | テクスト |
|---|---|---|---|---|---|---|---|
| ○×○×○×○×○×○× | ○×○×○×○×○×○× | ○×, ○×, ○× | ○×, ○×, ○× | ○×, ○×, ○× | ○×, ○×, ○× | ○×, ○×, ○× | 〈1〉 |
| ○×○×○×○×○×○× | ○×○×○×○×○×○× | ○×, ○×, ○× | ○×, ○×, ○× | ○×, ○×, ○× | ○×, ○×, ○× | ○×, ○×, ○× | 〈2〉 |
| ○×○×○×○×○× | ○×○×○×○×○×○× | ○×, ○×, ○× | ○×, ○×, ○× | ○×, ○×, ○× | ○×, ○×, ○× | ○×, ○×, ○× | 〈3〉 |
| ○×○×○×○× | ○×○×○×○×○×○× | ○×, ○×, ○× | ○×, ○×, ○× | ○×, ○×, ○× | ○×, ○×, ○× | ○×, ○×, ○× | 〈4〉 |
| | ○×○×○× | | | ○×, ○× | | ○×, ○× | 〈5〉 |

表3-3　SCATにおける脱文脈化，再文脈化，理論化

[表: 理論記述／ストーリー・ライン／表層のできごとの文脈（脱文脈化の列）／テクスト〈1〉〜〈5〉を示す概念図。左方向への「理論化」の矢印，下方向への「脱文脈化」の矢印，および「深層の意味の再文脈化による『深層の文脈』」と記された右向きの矢印が描かれている。]

## 10.8　ストーリー・ラインにはテクストのできごとの深層の意味を書く

　このように，ストーリー・ラインは，「何が起きているか」がその深層の意味において綴られる場所である。したがってストーリー・ラインには，得られた知見を書くのではない。また，論文のように論述するのでもない。したがって，分析者が考えることを「〜と言える」「〜だと考えられる」「〜ではないか」「〜であるにちがいない」などと書くのではない。それでは，ストーリー・ラインの記述ではなく，分析者による論述になってしまう。論述は論文で行うのであって，SCATに限らず，質的研究のストーリー・ラインで行うものではない。（なお，SCATの開発当時にはこのような認識が筆者自身のうちで徹底していなかったため，大谷（2008）に掲載している2つの分析例のうちの1つ「1. 退職校長へのライフストーリー・インタビューの分析例」では，ストーリー・ラインを構成する4つの文のうち3つの文末に，「……であると考えることもできる」「……ではないか」「……と考えるべきである」と書いてしまっている。しかしこれは，上記のような理由で今日では行っていない。大谷（2008）を参考にするなら，この分析例ではなく，もうひとつの「2. 医学教育のデータの分析例」を参考にして頂きたいが，本書で，この「退職校長へのライフストーリー・インタビュー」のデータをあえてあらためて分析しているのは，そのことをはっ

きりさせるためでもある。）

## 10.9 ストーリー・ラインの記述で初めて構成され明らかになる意味

　SCATに慣れると，分析を進めているうち，全体あるいは部分のストーリー・ラインが見えてくることがある。それは，〈4〉を書き終わる頃であるのが普通である。なぜなら，〈4〉を使ってストーリー・ラインを書くのだから，〈4〉が出そろえば，ある程度ストーリー・ラインの姿が見えるからである。

　しかしそれでも，ストーリー・ラインを書いて初めて，テクスト全体のそれまで見えなかった姿や，インタビューに答えたり観察の対象になったりした研究参加者の見えなかった姿が目の前に立ち現れてくるということがある。ここにその最も典型的な例として，筆者に忘れることのできないある印象的なエピソードを記したい。

　何年か前に，関東のある大学の医学部の総合診療科で実施したSCATのワークショップで，ある医師の登場する医療コミュニケーションのデータを3つのグループに分かれて分析した。その中のひとつのグループでは，コンピュータに入力する役をその総合診療科教授が引き受けていた。そしてそのグループが，〈4〉からストーリー・ラインを書き終わったとき，入力役のその教授が大きな声で「この医師はこういう人物だったのか！」と言ったのである。

　つまり，いくらテクストを読んでも，そして〈1〉から〈4〉までを使っていくらそれを分析しても，その時点では，何が起きていたのかの深い意味は分からず，そこに登場する人物の深い姿はまだ見えて来ていない。なぜなら〈4〉のコードは，その医師の姿を構成するいくつもの要素ではあっても，その要素はその医師の姿として再構成されていないからである。そしてその〈4〉のコードを紡いでストーリー・ラインを書くことで要素が再構成され，そこで初めて，その医師の姿が描き出され，分析者の目の前に立ち現れてきたのである[23]。

## 10.10 分析の途中でストーリー・ラインがうっすらと見えてきても

　ところで，ストーリー・ラインは，これよりもっと前に，たとえば〈4〉を書いているときに，うっすらと遠くに見えてくることもある。しかしその場合でも，遠

---

[23] このためにも，〈4〉を書いて分析をやめてしまってはならないのである。

くに見えてきたストーリー・ラインに沿って，あるいは「寄せて」〈4〉を書いてはならない。そのようなことをすると，その分析の多様な発展の可能性の芽を摘んでしまうことになる。〈4〉まではあくまで〈4〉までとして書き，ストーリー・ラインはあくまで〈4〉から書くべきである。言い換えれば，「ストーリー・ラインが〈4〉から書かれる」のであって，決して「頭に浮かんだストーリー・ラインに支配されて〈4〉を書く」のではない。

　このことは〈4〉より前についても同様である。SCATでの分析に慣れてくれば，ストーリー・ラインは，〈4〉を書いているときだけでなく，〈3〉を書いているときや，〈2〉を書いているときや，〈1〉を書いているときに，あるいは，テクストを読んでいるときにさえ，すでにうっすらと浮かんでくることもありえる。テクストを読んでいるときにストーリー・ラインが浮かぶというのは，テクストに書いてある表層の文脈とは別に，その深層の文脈が見えてくるということである。しかしどの段階でも，それに向かって駆け出してしまってはならない。ストーリー・ラインが頭に浮かんでくることは，悪いことではなく，慣れれば必ずそうなる。その際，浮かんできたストーリー・ラインを頭から消し去る必要はないが，分析の最終的な着地点，到達点は，その浮かんできたストーリー・ラインと〈4〉までのコーディングとの間の，それ以降の対話（相互作用あるいは弁証法）によって決まってくるものである。「あそこがゴールだ」と決めてしまえば，それ以上遠くには行けないし，それ以外のさらに豊かな場所には行けない。うっすらと見えてきたストーリー・ラインを視野の隅に置きながら，最終的なストーリー・ラインが今見えているものとどれほど違うものになるのかを楽しみにするようなゆとりを持って，分析を進めるべきである。

　このようにして分析が進展するにつれて，頭の中に浮かんでいたストーリー・ラインが変化していくことはよくある。そのような証言のひとつとして，ある大学院生が修士論文のために自分の行ったインタビューをSCATで分析しているときに筆者に送ったメールから，引用して紹介したい（ここでこの大学院生はSCATで分析することを「SCATにかける」と言っているが，これは「分析にかける」のアナロジーによるこの大学院生固有の表現であって一般的なものではない。しかしそのまま引用する。本書への引用には本人の同意を得ている）。

　　SCATにかける前にインタビューデータを何度も聞いたり読んだりして，ストーリー・ラインのイメージがふわっと思い浮かんでいたのですが，SCATにかける

とどんどん新しいコードが付いていって，ストーリー・ラインも変わるので驚いています。　　　　　　　　　　　（2018年の博士課程前期課程大学院生のメールから）

　この引用は，頭の中に浮かんできたストーリー・ラインが，分析が進むにつれていくらでも変わっていくことをよく表している。筆者は，ワークショップの参加者から「ストーリー・ラインは〈4〉をつないで書くことになっているが，ストーリー・ラインを書く前にそれが見えているからこそ〈4〉をつなぐことができるのか？　それとも本当に〈4〉をつないでいくことで思ってもみなかったストーリー・ラインが書けるのか？」という，ストーリー・ラインの本質を突いた大変鋭い質問を受けたことがある。上記のようなことを背景にこれに答えれば，「ストーリー・ラインには，つねにその両面がある」と言うべきであろう[24]。

　ところで，SCATによるあくまで多段階的な分析と，それを経ないでストーリー・ラインが頭に浮かんでくることとの関係を考えるたびに筆者にイメージされるのは，長崎の平和公園に設置されている平和記念像を制作した大彫刻家の北村西望によって創始された「石膏直付け」法である。

　塑像の制作過程を簡単に書くと[25]，それはふつう，粘土で時間をかけて像を作り，それが完成したら，それに雌型が分解できるようするための「切り金」をさして石膏をかけ，必要な補強をし，それが固まったらそれを取り外し，内部の粘土の「掻き出し」を行って雌型とする。そして雌型の内側に「離型材」を塗布して石膏を流し入れながら雌型を組み合わせ，さらに石膏を流し入れて，それが固まったら雌型の「割り出し」をして内部の石膏を露わにすると，最初に粘土で造形したものと同じ形が石膏で出来ている。それに必要な「修正」の作業を行って，これを雄型とする。この一連の作業を「石膏取り」と言う。その後，銅像などを造るときは，専門の業者に依頼し，業者はこの雄型から雌型を作って金属で像を制作する。塑像の制作過程は，このように段階的で複雑である。しかしながら北村西望は，粘土で

---

[24] ストーリー・ラインは，その点で小説を書くことに似ているかもしれない。小説を書くとき，登場人物の台詞や行動があらかじめすべて決まっているわけではないだろう。それはもちろん，ある程度は分かっている。しかし，書いているうちに，各登場人物が作家の頭の中で，自分からことばを発し自分から行動するようになり，作家はそれを制御しながら書き留めていくという面もある。このことについて，サーメリアン（1989）は次のように述べている。「作家は人物が生きた人間になる時が分かる。生きた人物は驚くほどの奔放さを示し，作家は彼が手元から離れようとする力を絶えず感じる。」このことは一般に，「登場人物が勝手に動く」とも呼ばれる。

[25] YouTube等で具体的な様子を見ることができる。

の塑像の制作をせず，石膏取りの過程も省いて，石膏で直接に雄型を作ってしまうことを思い付いた。これが石膏直付け法である。

　粘土は時間をかけて自由自在に造形することができ，出来具合を見ながらいくらでも修正し，最終的な形を得ることができる。そのために，基本的に粘土で塑像を制作するし，彫刻家はそれに最も時間をかける。しかし石膏直付けによって，粘土での整形というそのような重要なプロセスが無くなってしまう。したがって，このような制作方法が採用できるのは，北村西望が類い希な彫刻家だからである[26]。このとき，粘土での制作過程が〈1〉から〈4〉のコーディングの過程，ストーリー・ラインが（最終的に得られる）雄型であるとすれば，〈1〉から〈4〉をじっくり検討せず，見えてきたストーリー・ラインの姿に合わせてしまうのは，石膏直付けをするのと同じだと見なせる。そうであるなら，SCATでの分析に十分に熟達すれば，石膏直付け法のように，いきなりストーリー・ラインを書いて良いと言えるのだろうか。

　答えは否である。それは，彫塑がアートであるのに対して，質的データ分析は，先に述べたように，アートの側面を有するとはいえ，あくまでサイエンスだからである。アートは，作家の芸術的直観によって到達点を見いだし，そこに向けて一気に制作していくことがあり得るだろうし，そうしなければならない場合もあるだろう。それに対して，サイエンスとしての質的データ分析は，定式的な手続きに従った反証可能で省察可能な過程でなければならない。このことをつねに頭に置き，あくまでサイエンスとしての分析を心がけるべきである。

## 11　「理論記述」を行う

### 11.1　「理論記述」とは何か

　ストーリー・ラインを記述したら，理論記述を行う。理論を書くということは大変に困難なことであるように感じられるかもしれない。しかしここでの理論は，「これまでの分析で言えること」である。このように考えれば，理論記述も著しい困難なく試みることができる。

---

[26] 石膏直付けで制作する彫刻家は，今日では他にも存在している。

その際，ストーリー・ラインは上記のように，データの深層の意味を再文脈化した，複合的で構造的な記述になっているはずなので，ストーリー・ラインを断片化することで，理論記述が行える。言い換えれば，ストーリー・ラインの中に含まれていることばで理論を書く。繰り返すが，あらためて新しい理論をそこで創出するわけではない。理論はすでにストーリー・ラインの中に埋め込まれているはずである。

したがって「理論」とは，普遍的かつ一般的に通用する原理のようなものではなく，「このテキストの分析によって言えること」である。しかし質的研究そのものが，一般性や普遍性より，個別性や具体性の深い追究にもとづいて，また多様性を前提として行う研究であるため（大谷 2008b）それは質的研究としてはかえって意味のあることである。しかし理論であるから，ストーリー・ラインのように「何がどうなった」というできごとの記述ではなく，「AはBである」「AならばBである」のような「端的で宣言的な表現」で記述されるものである。

なお，理論記述は theory writing であり，「理論記述を書く」というのは，theory writing を write するということになって，重言になってしまう。したがって本来は，「理論記述を行う」あるいは「理論を書く」と言うべきである。しかし SCAT では，本来は，「〈1〉のコードを書く」「〈2〉のコードを書く」「〈3〉のコードを書く」「〈4〉のコードを書く」を，「〈1〉を書く」「〈2〉を書く」「〈3〉を書く」「〈4〉を書く」と慣習的に言い表してきた。同様に，「理論記述を書く」も「理論記述欄に書くべき内容を書く」を省略した形で使われてきているので，本書では，「理論記述を行う」「理論を書く」とともに，「理論記述を書く」も排除せずに使っている。

## 11.2 「理論記述」を行うには

理論記述は前述のように，ごく端的に言えば，できたストーリー・ラインを区切って短文にすればよいだけである。したがって，元となるストーリー・ラインの長さにもよるが，記述に多くの時間を必要とするものではない。もしストーリー・ラインから理論記述がなめらかに行えないとしたら，ストーリー・ラインに問題がある可能性がある。

理論記述は，その事例についての事実としての説明を要約したものではない。ストーリー・ラインからどのような知見が得られるかを考え，その知見を一般性，統一性，予測性などを有する記述形式で表記したものである。そのため，次のような

点に注意すべきである。

　まず，分析したデータについての説明として書くのではなく，そこから得られた理論的知見として書くので，「<u>この</u>教師は」「<u>この</u>データ<u>では</u>」「<u>この</u>インタビュー<u>では</u>」「<u>この</u>分析<u>では</u>」のような<u>限定的な形では書かない</u>。

　もちろん「このインタビュー（観察）ではこう言えるが，他のインタビュー（観察）からもそう言えるだろうか？」という疑問は当然あり得る。しかしそれは〈5〉に書いておき，理論記述では，あくまで一般性を有する記述にする（本書出版に伴って改訂する前のSCATの表の理論記述の欄に書かれていた「このデータから言えること」というのは，「このデータについての説明」ではなく，「このデータの分析による理論的知見」の意味である）。

　以下に例を示す。○は適切な例，×は不適切な例である

　○　教師は〜である。
　×　<u>この</u>教師は〜である。

　×　<u>この</u>データ<u>では</u>〜である。
　×　<u>この</u>分析<u>では</u>〜になる。
　×　<u>この</u>インタビュー（観察）<u>では</u>〜である。

　○　初任教師は〜を実現しようとする際に〜の問題を抱える。
　×　<u>この</u>教師は（<u>この</u>初任教師は）〜を実現しようとするため〜の問題を抱える。

　○　〜を実現しようとする初任教師は〜の問題を抱える。
　×　<u>この</u>教師は（<u>この</u>初任教師は）〜を実現しようとするため〜の問題を抱え<u>た</u>。

　また，観察した事実やインタビューで聴いた事実を書くのではなく理論を書くのであるから，<u>基本的に現在形か未来形で書き，過去形にしない</u>。

　○　〜である。
　○　〜になる。
　×　〜<u>だった</u>。

　○　初任教師は〜を実現しようとする際に〜の問題を抱える。
　×　初任教師は〜を実現しようとする際に〜の問題を抱え<u>た</u>。

　○　〜を実現しようとする初任教師は〜の問題を抱える。

- × 〜を実現しようとする初任教師は〜の問題を抱えた。
- ○ 〜を実現しようとする初任教師は〜の問題を抱えることになる。
- × 〜を実現しようとする初任教師は〜の問題を抱えることになった。

同様の意味で，進行形も，それがそこで起きていることを限定的に記述するものであるなら使わない。ただしそれが，一般的にそうであるという意味でなら使うのはかまわない。

- × この初任教師は［武器としての教授方略の選択肢］を与えられずに［前線としての教室に投入された丸腰の兵士］として苦しんでいる。
- ○ 初任教師は［武器としての教授方略の選択肢］を与えられずに［前線としての教室に投入された丸腰の兵士］として苦しんでいる。

そして，分析者の考えではなく，知見・理論として書くので「〜と思う」「〜と考える」「〜が考えられる」「〜が分かる」「〜が分かった」「〜が明らかになった」と書かない（「分析をした結果こういうことが明らかになった」というのは，「分析によって得られた理論」ではなく，「分析者の分析行為の経緯」である）。

- × 〜と思われる。
- × 〜と考える。
- × 〜と考えられる。
- × 〜が分かる。
- × 〜が分かった。
- × 〜が明らかになった。

**分析例 A** の理論記述をここに書き出す。

- ［非日常的教員が学校で教えるための「裂け目」や「割れ目」としての戦後の状況］は，［学校教育内容を超越する専門性の高さ］を有する［積極的逸脱者教師］を出現させることがある。
- ［積極的逸脱者教師］は同時に［校内専門家としての教師］であり，［感化や科学的感動の源としての非日常的教員］となり得る。
- ［学校教育内容を超越する専門性の高さ］を有する［積極的逸脱者教師］は，［高度な専門性・先進性との接触］を通して，子どもにとっての感化や科学的

- 感動の源となる。
- 科学的感動は，[未知の技術への驚愕と憧憬]や[未知の技術を掌握し操作する人間への憧憬]を持たせる。
- [高度な専門性・先進性との接触]は[感動の土壌としての非先進的文化環境]を背景にもつ子どもに[高度な先進性との落差による感動]を与える可能性がある。
- [同郷の科学的英雄]としての教師との出会いは，その教師の[アカデミックキャリアへのシフト]によって[同郷の科学的英雄との別れ]を生じさせるが，それは，自律的な科学探究を促す可能性がある。
- [子ども時代に受けた感化の教師魂における保持]は，その教師に[科学的感動送りへの意欲]を与える。
- [科学的感動送りへの意欲]を持つ教師は，[科学的感動送りメディアとしての教育機器への積極的視点]も有する。

これは，上述のA教師が主語，A教師に影響を与えた教師が主語，概念が主語の3種類のストーリー・ラインのうち，最初のものから書いたものだが，この3つのストーリー・ラインが，同じ〈4〉のコードから書かれている以上，理論記述は，どのストーリー・ラインから書いても，内容的にはほぼ同じものになるはずである。なお，このように一例だけから記述を行った理論の文末に，「〜である」「〜になる」のように一般性があるように書くのは抵抗があるかもしれないが，あくまで一例だけから理論記述を行っているということを前提に，そのように書いてもよい。ただし，文脈や予想される一般性の強さから，書き手のスタイルに応じて「〜になる」だけでなく「〜になる可能性がある」「〜になることもある」などと書いてもかまわないし，それらを適切に混ぜて書いてもかまわない。上の例では，順に「〜ことがある」「〜なり得る」「〜となる」「〜持たせる」「〜可能性がある」「〜可能性がある」「〜を与える」「〜有する」としている。

## 12 「さらに追究すべき点・課題」を書く

これには，〈5〉に書いてきたことをまとめた形で記入することができる。しかしストーリー・ラインを書いたり理論記述をしたりしていて感じた疑問や課題など，

新たに記入すべきものもある。また，分析を行うと，資料を調べたり，文献を調べたり，フォローアップ・インタビューを行ったりして確認したい点が出てくるのが普通であるが，それもここに記入しておくとよい。

なお，本書で何度も強調してきたように，分析には，その根拠となるような，「分析的枠組み」があるべきだが，その概念やその出典をこの欄に書いておくことも有益である。

**分析例A**の「さらに追究すべき点・課題」をここに書き出す。

- 最新のテクノロジーに囲まれる現代の子ども達は，教師になったときに自分が子どもたちに伝えたいと思うような「自分の感動」を，どこから得ることができるのだろうか？
- A教師に「戦後の混乱期」が与えたこの教師のような，子どもにとっての「感化」や［科学的感動］の源となる「非日常的教員」は，現代では何が生み出し与えられるのだろうか？
- 教員養成制度，教員資格制度，教員採用制度の整備はこのような［積極的逸脱者］としての教師にとっての裂け目や割れ目をどう作り出せるのか？
- 非逸脱者としての通常の教員たちがこのような［積極的逸脱者］を受容するには何が必要か？ Miller（2009）は校長などの学校管理職の役割を強調しているが，日本でも同じか？ 他にどのような条件整備，環境設定が必要か？（Miller, F. A. (2009) Empower Teachers Who Break the Mold. *Principal*. 89(1). 10-14）
- 高校の理科・数学科教員としての「博士教員」制度の導入が始まっている。それは博士学位取得後すぐの教員を前提としており，企業等での現場経験があると思われるこの教員とは背景が異なると考えられるが，この「博士教員」はこの［積極的逸脱者教員］の果たした役割を担うことができるか？ また「博士教員」は，この［積極的逸脱者教員］の果たせなかったどのような役割が期待されているか？ これについて調査する。
- この［積極的逸脱者教員］が同郷出身であったことは，A少年にどのような影響を与えたのか？
- 多くの教師にとって，その教科やその専門を選ぶきっかけは，教職を志望するきっかけと同じなのか？
- A教師の「（この［積極的逸脱者］教師から受けた）自分の感動を子どもたちに与えていきたい」は，後藤（1991）の「科学者や技術者の創造的な活動に伴う

感動を伝える工夫」の観点からどのように位置付けられるか？（後藤道夫（1991）「科学者や技術者の創造的な活動に伴う感動を伝える工夫 第1回「中学・高校生のための科学実験講座」からの報告」『物理教育学会誌』39(4). 296-298)
・少年時代のA教師とこの教師との関係性をジェンダーはどう規定していたと考えられるか？ 男性同士の関係性だからこそ，科学の感動が伝えられたのか？ 教師と生徒の関係性や教科外学習へのジェンダーによる影響についての研究を調査する。

## 13　その他の分析例

　なお，いくつか多様な分析例を見ることで，SCATによる分析をより幅広く理解することができるはずである。そのためにまず，PDFの公開されている大谷（2011）の分析例をよく読んで頂きたい。大谷（2011）の分析は，SCATの利用者が手元に置いて参考にしながら分析することを前提に書かれているチュートリアルの機能を有する論文だからである。しかしそれに加えて，ここにさらに分析例を示す。分析には，分析者の個性あるいは癖が出るので，多様な分析者の分析例を示すため，以下に筆者以外による2つの分析例をあげる。（この2つの分析例（表4，表5）では分析例Aとは異なり，ストーリー・ラインと理論記述における〈4〉のコードを［　］で囲まず下線のみ引いてある。）

### 13.1　SCATでの分析例B「ある女性の転職キャリアに関するインタビュー」

　SCATでの**分析例B**「ある女性の転職キャリアに関するインタビュー」（表4）は，安藤（2019）に掲載された分析例である[27]。ここでは，転職キャリアに関するインタビューのテクスト全体を貫通する要素として，「男性は正面玄関」，「女性は勝手口」という区別や，男性社員に「おい，お茶」と言われれば，女性社員が「はい」といってお茶を持っていくような男性社員と女性社員の関係性に，現代の企業内のできごとであるにもかかわらず，むしろ日本の伝統的な家庭内のできごとであるかのような印象を持った分析者が，その印象を客観的・理論的に説明し得る知見として，渡辺（2015）による経営社会学の知見を見いだし，それを分析的枠組みとして適用している。また，分析者は臨床心理学を背景とするキャリア研究者であるため，

表4 SCATでの分析例B「ある女性の転職キャリアに関するインタビュー」

| 番号 | 発話者 | テクスト | (1) テクスト中の注目すべき語句 | (2) テクスト中の語句の言いかえ | (3) 左を説明するようなテクスト外の概念 | (4) テーマ・構成概念（前後や全体の文脈を考慮して） | (5) 疑問・課題 |
|---|---|---|---|---|---|---|---|
| 1 | Nさん | その部屋があったフロア、入口が2つあって、1つは自動の、大きいガラスのドアで、もう1つが、7、8メートルぐらいかなぁ、奥にある、小さい勝手口みたいなとこ。私、ある明るい日に、自動ドアから「おはようございます」って入って、10歳くらいかなぁ、女の先輩が、ちょっと、小さい声で、「ねえ、女の子はあっち」って指さしたんですよ、その勝手口のほうを。 | 入口が2つ／自動の、大きいガラスのドア／奥にある、小さい勝手口／女性の先輩／女性専用玄関 | 表玄関／裏玄関／先輩からの命令／女性による女性役割の伝授 | 家／女性による女性役割の伝授 | 社屋の"家"性／女性成員による女性役割を埋め込んでいる例があるのか。男性成員による男性役割の強要伝授もあるのか。他の企業の社屋にも、このようなジェンダー・バイアスが埋め込まれている例があるのか。男性成員による男性役割の強要伝授もあるのか。 |
| 2 | 聞き手 | 勝手口のほうを？ それ、どういうことですか？ | | | | | |
| 3 | Nさん | そうでしょう、私も意味がわからなくて、「女の子はあっち」ってどういうこと？ って。でも、これって、もしかしたら、女子社員は勝手口から入れってことで。で、女子社員は勝手口からだったのに？ 私、まだ入社して1週間くらいだったから、その部署をよく観察してみたんです。そしたらね、出社のときはみんな自動ドアを使ってたんです。で、男子はみんな自動ドアから出入りしていて。もちろん、女子は勝手口からで。男子が勝手口の時もあるんです。ずっと、その自動ドアと勝手口の違うな、それって、実際はそういうふうですよ。でも、就業規則にはどこにも書いてない。 | 意味がわからなくて／「女子社員は勝手口から入れってこと？」／入社して1週間／観察／男子は勝手口を使っていたから／男女ではそういう違いはあるけど、就業規則にはどこにも書いていない | 理解不能／新入社員／女子専用玄関／男子専用玄関と言子等了解／明文化／暗黙の了解 | 疑似イエの暗黙的継承／新入女子成員のリアリティショック／明文化／暗黙 | リアリティショック（男性）／家父長（女性）／明文化／女性差別 | リアリティショック（キャリア理論）、カルチュラ文化適応理論）のどちらが適切な概念なのか。 |
| 4 | 聞き手 | えー…… | | | | | |
| 5 | Nさん | 1960年代のアメリカの南部では、バスには黒人の座席が強制的に分けられていた。白人とは座席的に分けられていた。って聞いたことがあるけど、それとおんなじような人種差別的、差別の不変性。これ、本当に現代？ 今、日本って何時代？ と、心底思いました。 | 1960年代バスには黒人席／座席が強制的に分けられていた／人種差別／時代錯誤／差別の不変性／これ、本当に現代？ 今、日本って何時代？ | 昔／交通機関における人種差別／時代錯誤／差別行為の不変性 | イエの外における差別／明示的差別／制度的共通性 | 差別の「制度的共通性」の例としての他にはどのようなものがあるのか。 |
| 6 | 聞き手 | それっていつ頃のことですか？ | | | | | |
| 7 | Nさん | えーと、今から三十何年か前、男女雇用機会均等法ができて、2、3年目かな。 | 男女雇用機会均等法ができて2、3年目 | 法律施行以後の状態 | 法律の無視 | 法律を無視した規範の継承 | 当時の男女雇用機会均等法の内容を確認する。 |
| 8 | 聞き手 | あー、雇用均等法ができてもそんなふうだったんですね、どこの会社もそんなふうだったんですか。 | | | | | |
| 9 | Nさん | うーん。まあ、さすがに玄関までで分けてた会社はあまりないと思うけど。かといって、そのてのことをしてなかった会社は、E社は超人気企業だったのに、世間的には時代の最先端をいってるってバリバリのキャリアウーマンがバリバリ働いていてるんだろうってイメージだったですよね。 | さすがに玄関までで分けてた会社はあまりない／会社のてのことをしてなかった会社は／E社は超人気企業／世間的には時代の最先端人気企業イメージ／キャリアウーマンがバリバリ | 象徴例／先端例／女性差別の浸透／企業イメージ／E社は超人気企業／男女平等イメージの企業 | 企業における女性差別の標準化／先端的イメージ／疑似イエのウチとソトのキャリアギャップ | 「ミドリのいい男性」とは言うが、「ミドリのいい女性」とはあまり言わないことにも何か関係するのではないか。 |

| 発話者 | テクスト | リビノイメージ |  |  |  |
|---|---|---|---|---|---|
| | | (1) テクスト中の注目すべき語句 | (2) テクスト中の語りの言いかえ | (3) 左を説明するようなテクスト外の概念 | (4) テーマ・構成概念（前後や全体の文脈を考慮して） | (5) 疑問・課題 |
| Nさん 10 | でも、実際は女子の主な仕事といえば、男子社員から「おい、お茶！」って言われると、「はい」「はい」って言っていくことで、あとは「ピー」電話、電話、電話、営業の人がとってきた契約の内容を書類に記帳したり…。そういうので、少しでも綺麗どころって呼ばれる人といいますか、あ、いろいろ営業さんかたへお茶汲みOLって職場の花でもありましたし、女子はニコニコ職場にいてくれればいい、"職場の花"ってはニコニコ男子の潤いとしてあればいい。 | 男性への従属的な仕事/家事、簡単な雑務/内助の功、男性の癒やし | 疑似イエにおける夫婦役/女性役割/内助/女性役割の表出的役割 | 疑似イエにおける夫婦役割・男性員の道具的役割の固定化も生じているが、ここでは「疑似父・娘」という要素も考えられないか。 |
| 聞き手 11 | みなさん、それで満足してたんですか？ | | | | |
| Nさん 12 | うーん…。どうだろう…。女子同士、大学出てまでそんなやってられないって「こんなのさぁ」「大学出て何でやるわけじゃないよね」とか言ってる人もいたけど、でも「うちの会社は男尊女卑」だって言うか、どうかなぁ…。女子はみんな仕事の途中で、女性は結婚したら社会退社で…結婚したら寿退社していく…お給料ちゃんともらえるから、1，2年で辞めてもいいかなっていう人もいましたね。 | 女性の本音／大学出／男尊女卑／給料／仕事の割り切り／寿退社／多様な仕事の受け止め方 | 葛藤解決方略における自己志向性 | 葛藤解決というよりは、もともと「仕事が楽」「社内結婚」を求めて入社した女性もいるのではないか。 |
| Nさん 13 | そういえば、いつだったか、さっきの「女子の子はみんな一緒」かどうか…、その後、何年も経ってしてきた男子社員に先輩よりも女のはい、お給料を越されてきたという、「女の子はあっち！」て、お給料をもらっているのに、悔しかったら仕事にバリバリやっていけばいいってに、先輩に「悔しかった私、今も仕事してるのかな」と、キャリアじゃんけ！」って言われたことにあって、結局、不満はあるけど、不満って口にしてたのかな…私、今は思います。 | 先輩を軽視／頭越しの関係／上下関係／役割伝達者の昇進／一斉入社の逆転／マンハマン／屈辱感／不満の転化 | 役割伝達者の嘆き／葛藤解決方略における他者志向性／伝達役、伝達者の世代間関連、伝達者自身の被投者経験 | 「他者志向的解決の失敗」と、「女性劣位の世代間関連鎖」との関係性は必要。 | 「他者志向的解決の失敗」と、「女性劣位の世代間関連鎖」の関係を結論づけるにはさらなる裏付けが必要。 |
| 番号 | テクスト | ⟨1⟩ テクスト中の注目すべき語句 | (2) テクスト中の語りの言いかえ | (3) 左を説明するようなテクスト外の概念 | (4) テーマ・構成概念（前後や全体の文脈を考慮して） | (5) 疑問・課題 |

ストーリーライン
・企業には社屋の"妻"である女性がいる。そこでは、このようなジェンダーバイアスが埋め込まれた概念なのか。女性成員による女性役割の強要的伝承がある。／女性成員による女性役割の強要的伝承として疑似イエにおける女性劣位の暗黙的伝承がある。そこでは、新入女性成員のリアリティショックを引き起こしている。また、法律を無視し、規範の継承を、イエの外における差別の明示的関係との制度的共通性を有している。疑似イエのフチとの女性劣位の自明性も、疑似イエにおける女性劣位の自明性も引き起こしている。疑似イエにおける差別的関係による女性役割の表出的役割の固定化に対しては、もともと「仕事が楽」「社内結婚」を求めて入社した女性もいるのではないか。他方、女性成員による他者志向的解決の失敗は、女性劣位の世代間関連鎖の継承を引き起こす。

理論記述
・他の企業にも、このようなジェンダーバイアスが埋め込まれた女性役割による強要的伝承の例があるのか。／男性成員による男性役割の強要的伝承（キャリア理論）と、カルチャーショック（男性文化理論）のどちらが適切な概念なのか。／差別の「制度的共通性」の内容を確認する。当時の男女雇用機会均等法の例としては、「トントン関係」とは言わないのではないか。／リアリティショックのギャップとして、疑似イエの内と外における男女差別化の実態がわかる。／女性成員による女性劣位の暗黙的伝承があり、当時の男女雇用均等法の内容を確認する。／リアリティショックによる変化もしているのか。

さらに追究すべき要点・課題
・疑似イエにおける男女差別化の関係による女性役割の表出的役割の固定化に対しては、もともと「仕事が楽」「社内結婚」を求めて入社した女性もいるのではないか。／葛藤解決というよりは、もともと「仕事が楽」「社内結婚」を求めて入社した女性もいるのではないか。／葛藤解決と結論づけるためにはさらなる裏付けが必要。／「他者志向的解決の失敗」と、「女性劣位の世代間関連鎖」の継承を引き起こす。

キャリア心理学から「リアリティショック」（シャイン 2003 など），社会学から「道具的役割・表出的役割」（パーソンズ／ベールズ 2001），社会心理学から「葛藤解決戦略における自己志向性・他者志向性」（Thomas/Kilmann 1975：大渕 2005 からの引用）などの概念的枠組みを部分的に用いている。個性的だが適切な概念的枠組みを用いているとともに，端的で明快な分析であり，SCAT を使用する際の参考のための検討に値する。

## 13.2　SCAT での分析例 C「水彩絵の具についての語り」

　SCAT での**分析例 C**「水彩絵の具についての語り」（**表 5**）は，筆者の所属する研究科の博士課程前期課程の学生が初めて SCAT を使った時の分析である[28]。ここで分析されているのは，語り手が小学校の時に初めて水彩絵の具を使った授業で，担任教師から，いろいろな色に白を混ぜ，その結果どうなるかを答えさせられたが，誰の答えも正解ではなく，授業の最後に教師から，「どの色の絵の具にも，白色の絵の具を少し混ぜて塗ると，画用紙の地（紙の表面のざらざら）が見えなくなる。だから水彩絵の具を使うときは，どの色にも必ず少し白を混ぜなくてはならない」と教えられ，それを信じたことと，中学校のとき，絵を習いに行った専門の絵画教師にそのことを話すと，「それでは水彩絵の具の透明性が無くなってしまう！　学校はとんでもないことを教える！」と言われたことの語りである。ここで分析者は，ミシェル・フーコーの『監獄の誕生―監視と処罰―』などを参考に，フーコーの「権力」概念から，学校が近代社会に適合的な人間様式を作り出す「規律・訓練装置」として作用しているという概念的枠組みを，分析に用いている。

　この分析で着目すべきことは，このストーリー・ラインと理論記述には，「絵の具」も「水彩」も「小学校」さえも，一切登場しないことである。そもそもそれらは〈4〉でコーディングされていないし，ストーリー・ラインを書くときにも補われていない。それは，この分析者がこのテキストを分析する際に，このできごとが「どの学校段階で」「どのような教科の授業で」「どのような教材を巡って」生じた

---

[27] ただし，読者にとって理解しやすいように，原著者の了解を得て，本書の他の分析例と〈5〉，「理論記述」，「さらに追究すべき点・課題」の 3 箇所の表記を合わせた上，誤記と認められる点を修正し，理論記述中の〈4〉のコードに下線を加えた。

[28] 分析者は名古屋大学大学院教育発達科学研究科博士課程前期課程学生の鈴木繁聡氏であり，本書への提供に際して，当初の分析を分析者自身が少し修正したものである。

ことなのかに視点を置かず，それらを完全に捨象して分析しているからである。
　ストーリー・ラインは「深層の文脈の記述」であるから，「表層のできごとの記述」としてのテクストに語られている事物や事象が出てこないこともあり得る。ストーリー・ラインに事物・事象が出てくるか出てこないかは，分析の視角や分析の目的による。つまりその分析が「表層のできごとに近い視角でなされているのか，より深層の文脈に近い視角でなされているのか」，また「実践の理解や改善等の目的でなされているのか，理論的解明の目的でなされているのか」によって異なり，どちらの場合も，後者であればあるほど，具体的な事物・事象の記述が出てこないことがあり得ると考えて良い。

表5 SCATでの分析例C「水彩絵の具についての語り」

| 番号 | 発話者 | テクスト | (1) テクスト中の注目すべき語句 | (2) テクスト中の語句の言いかえ | (3) 左を説明するようなテクスト外の概念 | (4) テーマ・構成概念（前後や全体の文脈を考慮して） | (5) 疑問・課題 |
|---|---|---|---|---|---|---|---|
| 1 | A | 私が小学校のときに、水彩絵の具を使うその最初の授業が始まって、先生が、「どんな色でも描くときも、白絵具を必ず少しは入れなさい」と言うんですよ。白絵具を入れなさいって、入れなかったら、画用紙に塗って比べさせて、どう違うかをみんなに発表させるんです。 | 小学校/3年生/先生/白絵具/必ず少し入れなければいけない | 学校/子ども/成長していない人間/学ぶこと義務づけられた人間/教師/成長し教えることを義務づけられた人間/明確な指示/教師の命令/教師の威嚇 | 学校化/画一的な時間と空間/受動者/能動者/被拘留者/学習・規律訓練装置としての教授/規律化の現前化/秩序化の技術/権力の行使 | 画一的な時間と空間としての学校/学校化を基盤とした受動的な学習・規律訓練装置としての教育機関における権力の現前化/規律化の技術の使用 | ・画一的な時間空間という特徴がある教育機関は学校以外でも非対称的な時間空間になっているのか？例えば学習塾も画一的な時間空間になっているのか？ |
| 2 | A | みんなが手を上げて、いわゆるクローズドクエスチョンになりますよね。でも先生は、「赤に白を入れたら」とか言いますよね。そうじゃないと言うんです。 | 先生/そうじゃないと言う | 教師/成熟した人間/大人/正解を知っている人間/明確な指示/教師の命令/教師の威嚇 | 教える者・学ぶ者の役割分化/教育関係の非対称性/教師権力の監視・評価 | 教育関係の非対称性の顕在化/教師権力による行動の監視・評価 | ・「教育者ー被教育者」間以外でも非対称性が起きることはあるのか？「医師ー患者」間はどうか？それらに比べて「教育者ー被教育者」間における非対称性の顕在化に特徴的なことは何か？ |
| 3 | A | 要するに、いわゆるクローズドクエスチョンで、答えは決まっているんですよ。子どもは決まっていないといけないんですよね、先生が後ろ手に何を持っているかということを探すわけですけれど、結局、誰も分からなかったわけ。 | クローズドクエスチョン/答えは決まっている/子どもは決まっていないといけない/先生が後ろ手に何を持っているかを探す/誰も分からなかった | 正解を知らない唯一の正解/正解/不正解/応答できない | 教師権力に対する被拘留者の非対称性/教師権力の持つ「正解」の探索の強制/権力による抑圧 | 教育関係の非対称性の顕在化/教師権力による抑圧構造 | ・A は学校内での「教師ー被教育者」の構造に従っていなかったのか？教師権力の答えを探さないといけないという状況について、A はどのように感じていたのか？ |
| 4 | A | そしたら、白を少し入れたら、画用紙の紙の地が見えなくなるんですよ。だから、白絵具を必ず入れないといけないんだと教えたかったんですね。そのために白絵具の具が大きいんです。みんな、信じましたよね。 | 必ず入れなければいけない/みんな信じました | 明確な指示/教師のいうことを聞く/社会化/信頼/信用/信任 | 価値の一元化/私有財としての学校知/教師の指示による価値の一元的パノプティコン/一望監視装置/権力の自動的行使/経済効率的な権力の主体的上昇/教師権力の自動的作用/自己の内面化の向上をなす内面性の生産性/自己の主体化 | 私有財としての学校知の交換に基づく価値の一元化/効率的な生権力行使による自発的な生産性の上昇/教師権力の自動的作用/自己の内面化を通した自己の主体化 | ・学校の中で教師権力の自動的作用を回避する方法はないのか？ |
| 5 | A | ところが、私、東京のM小学校って、目黒の学習院って言われた学校なんですけれど、そこがすっごい自由だったんですけど、学校に通っていた子がいっぱいいたんですよね。そんなに要するに目黒区の、当時定期を持って来られる子たちが有名な学校、東京のM小学院、有名な学校、先生も栄転するに越す、先生が来るんじゃなくて、自分のやり方を持ってくる。 | 私/東京のM小学校/目黒の学習院/自由/当時定期/有名な学校/名門校/先生が栄転してくる/自分のやり方を持ってくる | 子ども/成長しつつある人間/成長している人間/義務づけられた人間/教師/進学校/成熟した大人/教える者/成長を教えることを義務づけられた人間/有名講師/教師のプライド/エリート/自信/誇り/サラブレッド/指導法のオリジナリティ | 被拘留者の権力者による地位の上昇/異価の上昇/権力の没個人化 | 権力の没個人化 | ・「権力の空間化」には、学校以外の社会での違いはあるのか？学校に特有の「権力の没個人化」はあるのか？ |
| | A | それからそのあとで、神奈川に引っ越して、東京芸大の油絵、当時27倍という倍率を出ていた絵だったんですけど、そこで先生に絵を習うんですが、中学の時の、芸大卒の油絵/27倍という倍率を絵を習う | 芸術家/達人/プロの絵/権力者/非権力者 | 受動的学習から能動的学習への転換/非権力者による薫陶/社会化 | 教育空間の転換/芸大卒の先生を「権力者」として捉え | ・芸大の先生も「権力者」なのか？ |

| 番号 | 発話者 | テクスト | (1) テクスト中の注目すべき語句 | (2) テクスト中の語句の言いかえ | (3) 左を説明するようなテクスト外の概念 | (4) テーマ・構成概念（前後や全体の文脈を考慮して） | (5) 疑問・課題 |
|---|---|---|---|---|---|---|---|
| 6 | A | いに行った時、白を入れたら「なぜ入れたのか？」と言って、白入れるとここで絵を習いに行ったらそこを絵の具を出したことでもないっていうのを先生がおっしゃって。「水彩絵の具だから、あの、白はおっしゃっしゃって。「水彩絵の具だから、あの、白はとてもなくなっちゃうじゃない？」とかいうんですよ。学校ではほとんど教えるそういうのが透明感というのでもないっていうのを教える先生の過ち」 | 倍率／教授メディア／薫陶者／学校と空間の多様化／時間と空間の多様化／脱構築／脱価値観／教師権力の失墜／美的価値観の変容／学びの拡大 | 学校の効用の生産性の下落／教師権力による脱学校化／時間と空間の多様化／脱構築／脱価値観／美的価値観の多様化バラダイムシフト／教師権力の失墜／多様化された能動的学習への転換／受動的学習から能動的学習への転換は関係ないのか？／能動的学習においても権力関係は続いているのか？／受動的学習から能動的学習への発達段階（年齢）は関係ないのか？ | |
| 7 | A | 私が小学校3年生で習ってこの中学校ぐらいまでかなって書いてあるんですけど、信じていたことは、まったく嘘だったという（笑）。そんなに美術の専門家から言わせるとそんなことないなって学校ではよくありますよね。 | 小学校3年／中学校／数年間／信じていたこと／嘘だったこと | 数年間の信憑／日常的に応える学校への不信感、教師の不信感 | 教師権力の失墜／学校不信／教師不信 | |
| 8 | A | 別にそこでどうやって教科書や学習指導要領に書いてあることを仕上げるかっていう先生の教え方だからなんじゃないかって思う。そう、だとしたらそういう指導じゃないけれども評価されるオリジナリティをのばさせるような指導じゃなくて、そんなふうに学校とから言わせるとそんなことないなって美術の専門家から言わせるとそんなことないなって話は広がりますよね。 | 教科書／学習指導要領／評価／教師のオリジナリティ／標準化される指導／専門家からへの不信感／学校の不信／共感できる風景／学術的真理性の疑問 | 時間と空間の画一化／没個性化された権力／薫陶関係／贈与関係／学校の信頼の崩壊／教師不信／学術的真理性の疑問 | 画一化／没個性化／校神話の解体／学校・教師の信頼の崩壊／権力関係の変容 | 学術的真理性の失敗 |
| | ストーリーライン | | 画一的な時空間としての学校において、Aは教育関係の非対称性の顕在化に直面し、教育者としての教師権力による抑圧構造の下に置かれていた。規律訓練装置、効率的な権力行使を基盤とした評価などにより、学校と空間の画一化が起こり、このような権力行使の非効率性から画一的な時空間としての学校を脱しつつあった。この画一的な時空間としての学校において、Aは教授メディアによる薫陶の拡大、知の交換関係における贈与関係の変容をもたらす。結果、Aは教育者の画一的時空間からの脱却により社会の生産性の下落を引き起こす。 | | | | |
| | 理論的記述 | | ・画一的な時空間としての学校において、Aは教育関係の非対称性に基づいた教師権力による抑圧構造の下に置かれている。／教師権力が存在することで教師権力による動の監視・評価により、規律訓練装置、効率的な権力行使により、非権力行使の権力行使者による薫陶メディアにより、被教育者としての薫陶メディアの拡大、知の交換関係の変容を経験する。被教育者は教師権力に基づく価値観の交換を通じて受動的学習を経験し、学術的真理性の上昇に至る。このように画一的な時空間としての学校経験が、教授メディアによる薫陶の拡大、知の交換関係における贈与関係の変容をもたらす。そして被教育者は受動的学習から能動的学習への転換を経験する結果、画一的な時空間としての学校・教師関係からの脱却による社会の生産性の下落を引き起こす。 | | | | |
| | さらに追究すべき点・課題 | | ・「画一的な時空間としての学校」という特性が他の教育機関は学習塾など「教育者─被教育者」間における非対称性の顕在化にもなっているのか？子供時代が過ぎた他の教育機関では「医師─患者」間は？／「教師中の教師権力」の自動作用は何か？他教育者自身が「教育者─被教育者」同じ学校内だけで起こるのか？／「権力の没個人化」に芸大の先生も該当するのか？能動的な学習においても権力関係の変容はどのように変化したのか？／受動的学習から能動的学習への転換において「権力」の転換の関係はどのように変化したのか？／Aは中学校以降の学校経験についてはどのように感じているのか？ | | | | |

# 第12章

# SCATでの分析の参考のために
――SCATのTips & Pitfalls――

　以下には，これまでSCATのワークショップで触れた分析過程や，そこで受けた質問から，SCATを使うときのTips（コツ）とPitfalls（落とし穴）について記す。

## 1　SCATのTips（コツ）

　SCATでは，〈2〉以降には，自分で考えてことば（コード）を書く。その際のことばの書き方（コーディングの方法）について，最も多く質問を受ける。以下にそれを示すが，以下の内容には，SCATだけでなく，多くの質的研究に通用する内容が含まれていると考えている。

### 1.1　コードが思い浮かばなくても苦し紛れに適切でないコードを付けない

　良いコードが思い浮かばないとき，苦し紛れに適当と思えないコードを付けるくらいなら，付けないほうが良い。無理に不適切なコードを付けると，分析自体がそこから不適切な方向へ発展してしまう。したがって，あくまで適切なことばを探すべきである。そしてそれが見つからなければ，積極的に新しいことばを創るべきである。しかしどうしても，「何か既存のことばがあるはずだがそれが見つからない」「何か新しいことばで言えそうなのだがそれを思い付かない」という状態になって分析が先に進まなくなったときは，それをメモとして〈5〉に書いておき，その先の部分を分析するようにすれば良い。そうしているうちに，見つからなかったコー

第 12 章　SCAT での分析の参考のために　337

ドが見つかるかもしれない。

## 1.2　考えた複数のコードの間の微妙な違いを検討する

　あるコードを思い付いても，それに似た，さらに適切なコードを 10 種類くらい探すべきだと書いた。それはたとえば，［同意］を思い付いたら［合意］も検討するべきだし，［確認］を思い付いたら［容認］も検討することである。こう書くと読者は，辞書や類義語辞典を使わないで同じような意味の語が 10 種類も見つかるのか，と思うかもしれない。しかしこれはそれほど難しいことではない。ことばの優れた使い手は，日常的にそのようなことを行っているし，会話で次に言うべきことばさえも，一瞬の内にそのようにして選んでいると考えられる。ではいったい，そのように突き合わせるべき類似の語をどうやって探したら良いだろうか。

　その 1 つの方法は本書で何度も述べてきた「概念の演算」である。思い付いた語が熟語なら，そうすることで，既存の語彙の中から類似の語を次々に検討することができる。

　たとえば（**図 1 参照**）コードとして，最初に［**確認**］を思い付くとする。その際，

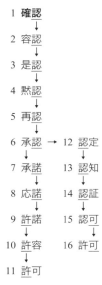

**図 1　意味の微妙に異なる多くの概念をコードとして順に検討していく例**

そこから［確認］の「認」を同様に2文字目に共有する類似の意味を持つ熟語，［容認］［是認］［黙認］［再認］［承認］を思い付くことができる。次に，最後の［承認］の「承」を1文字目に共有する［承諾］を思い付いて検討する。そしてその［承諾］の「諾」を2文字目に共有する［応諾］［許諾］を検討し，［許諾］の1文字目の「許」を共有する［許容］［許可］を検討する。次に［承認］に戻って，2文字目の「認」を1文字目に共有する［認定］［認知］［認証］［認可］を検討する。そしてさらに最後の［認可］の「可」を2文字目に共有する［許可］を検討する。そうして，すでに出た［許可］にこちらでも行き着く。このようにして，最初に思い付いた［確認］から，類似しているが微妙に意味の異なる15の概念がまたたく間に出てきて，それらをコードとして検討することができる（［許可］は2回出てきているので，「確認」を含めた概念の数は16ではなく15である。この時，どちらに分岐しても［許可］が出てくることは面白い）。

### 1.3　複合的な語を用いて可能な限りコードを特徴化する

　コーディングでは，複合的な熟語を構成することも有益である。たとえば［強制］を思い付いたら［半強制］［非強制］なども検討する。［合意］を思い付いたら［合意形成］［合意要求］などを，そして［積極的合意］［消極的合意］［表面的合意］［一時的合意］［合意の要求］［合意の要請］［合意の強要］［合意の強制］なども検討する。また［質問］を思い付いたら［解明的質問］［指示的質問］［暗示的質問］［自発的質問］［促しによる質問］［質問的指示］［質問を装った指導／示唆］なども検討することができる（図2）。このようにして，［○○］ではなく，［どういう○○か］［どんな○○か］［どのような特徴を持った○○か］［何によって引き起こされる○○か］「何に影響を与える○○か」など，そこに出てくる○○の具体性や特徴をできるだけ表せるような特徴的なコードを付すようにするべきである。

　質的研究ではしばしば，より抽象化した概念をコードとして付していくべきだと言われることがあるが，それは，より上位の概念にするという意味ではない。たとえば，上記とは逆に，［積極的合意］［消極的合意］［表面的合意］［一時的合意］をすべて上位の概念である［合意］にしてしまったり，［解明的質問］［指示的質問］［暗示的質問］［自発的質問］［促しによる質問］をすべて上位の概念である［質問］にしてしまったり，［質問的指示］を上位の概念である［指示］にしてしまったりすれば，テクストの持っている具体的な意味や特徴的な状況が分からなくなってし

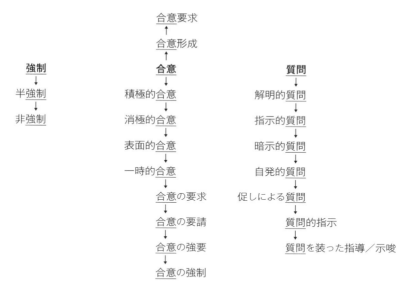

図2　複合的な語を用いてコードを特徴化する例

まう。質的なデータ分析では，あらかじめ決められたカテゴリーのどれに当てはまるかを体系的に把握するために行う内容分析 content analysis など[1]を除いて，そのようなことを目的にすることはまずない。SCATの場合も，とくに，〈4〉に向かって上位概念に置き換えていってはならない。もしそのようなことをすれば，〈4〉から書かれるストーリー・ラインは，登場人物の単なる行動記録，あるいは「あらすじ」のようなものになってしまう。SCATのこのような誤用は多いので，とくに注意が必要である。

## 1.4　概念を組み合わせた新たな概念を作ってコードにする

　コーディングの際には，上記のような複合的な熟語を探したり創ったりすることに加えて，概念を組み合わせて新たな概念を作ることも必要になる。その際，次のようなものが参考になる。（　）内は例である。

---

[1] それが目的なら，コードのリストを設定して，それにもとづいて標準化コーディング（テンプレート・コーディング）をすれば良い。

- ○○感，○○□□感（現実感，達成感，多幸感，罪悪感，喪失感，無力感，仮想現実感，学習性無力感）
- ○○行為（統治行為，自傷行為，強迫行為），○○的行為（詐欺的行為），□□○○行為（不当労働行為，共同危険行為）
- ○○力，○○□□力（適応力，受験学力，環境収容力）
- ○○性，○○□□性（反射性，生物多様性，CP対称性），非○○性（非対称性，非権力性），脱○○性（脱中心的意志性）
- ○○論，反○○論（実在論／反実在論）
- ○○化（易化，劇化，神化，神格化，視覚化，正規化，正当化，蛸壺化，聖化／俗化，同化／異化），□□○○化（資産流動化，高校無償化），○○の□□化（性の商品化，金融の証券化）
- ○○効果（温室効果，天井効果，吊り橋効果，ハロー効果，ホーソン効果，バーナム効果，カクテルパーティ効果，コンコルド効果，偽薬効果／反偽薬効果），○○の効果（規模の効果（スケールメリット））
- ○○主義，非○○主義，○○□□主義（経験主義，点数主義，形式主義，教条主義，ワンセット主義，ご都合主義，理想主義／現実主義，加点主義／減点主義，合理主義／非合理主義，児童中心主義，判例至上主義）
- ○○原理（市場原理，不確定性原理），○○の原理（サイフォンの原理，光速度不変の原理）
- ○○現象（ドーナツ現象，スパゲッティボウル現象，ロングテール現象）
- ○○スキル（コミュニケーションスキル，ネゴシエーションスキル，コンセプチュアルスキル，社会的スキル）
- ○○構造（上部構造／下部構造，深層構造，柔構造／剛構造）
- ○○冥利（教師冥利，教育者冥利，医師冥利）
- ○○アプローチ（羅生門アプローチ，ナラティブ・アプローチ，工学的アプローチ，質的アプローチ，ポジティブ・アプローチ）
- ○○モデル（神神の微笑モデル），○○□□モデル（動学的確率的一般均衡モデル）
- 「○○＝（イコール）□□」論（「ヘルパー＝ヘルピー」論，「外来思想＝高級」論，「難関校＝質の高い学校」論，「発達障害児＝授業の邪魔者」論，「金銭＝汚い物」論，「障害＝個性」論，「権力＝悪者」論／「民衆＝正義」論）
- ○○なき○○（声なき声）

- ○○なき□□(認識なき過失,合意なき離脱,失業なき労働移動,飽くなき追求,終わりなき旅)
- ○○性の追求(効率性の追求,利便性の追求,専門性の追求,卓越性の追求)
- ○○可能性/不可能性(予見可能性/不可能性,反証可能性/不可能性,期待可能性/不可能性,代替可能性/不可能性,交換可能性/不可能性)
- 脱○○(脱構築,脱炭素社会),脱○○化(脱工業化,脱呪術化)
- 超○○(超自我,超自然,超党派),超○○的(超法規的,超歴史的),超○○主義(超自然主義,超合理主義)
- 高○○/低○○(高倍率/低倍率,高濃度/低濃度,高血圧/低血圧,高効率/低効率,高侵襲/低侵襲)
- 自己○○(自己犠牲,自己放任,自己誘導,自己疎外,自己消化,自己瀉血),自己○○化(自己イオン化,自己組織化)
- □□的○○(内発的動機付け)
- □□的○○化(計画的陳腐化)
- □□における○○の進化(文化史におけるジャンルの進化)

## 1.5 コードとしてメタファーやモデルを用いる

　ある部分を分析しているとき,「このことは何かとよく似ているが,何に似ているのだろうか?」「これはちょうど,あれの反対だ!」などと感じることがあるが,そのようなメタファーをコードにすることができる。これは構成概念を作るときに大いに役に立つ。実際に学術的な概念でメタファーを使っているものは非常にたくさんあり,以下のものの多くは学術的な概念である。また,前述した「羅生門アプローチ」や大谷(2008b)の「神神の微笑モデル」は,どちらも芥川龍之介の小説からのメタファーである(なお,「メタファー」とは,厳密には,直喩,隠喩(暗喩),換喩,提喩の4つの比喩のうち,隠喩(暗喩)を指す。しかしここでは,より一般的な「比喩的表現」という意味で「メタファー」を用いている)。

　代表的なメタファーの例をあげる。

- ギリシャ神話から(エディプスコンプレックス,エレクトラコンプレックス,プロティアンキャリア)
- キリスト教とその他の宗教から(マタイ効果,三位一体的改革,ハロー(光背)

効果）
- 昔話やイソップ寓話などから（浦島効果，酸っぱい葡萄，神神の微笑モデル，ミュンヒハウゼン症候群，代理ミュンヒハウゼン症候群，ピーターパン症候群，不思議の国のアリス症候群）
- 映画から（羅生門アプローチ，グランドホテル形式）
- 家屋・建造物から（敷居値，フロア効果／天井効果，温室効果，ガラスの天井，吊り橋効果，人種のモザイク，文化的モザイク）
- 食物，食事，調理から（ドーナツ現象，スパゲッティボウル現象，サンドイッチ状態，人種のサラダボウル）
- 道具，ゲームから（蛸壺化，人種のるつぼ，ブーメラン効果，諸刃の剣，ドミノ現象，母子カプセル化，○○の切り札，ミッシングリンク，玉突き現象，達磨落とし現象）
- 自然から（雪崩現象，ガラパゴス化，萌芽的・萌芽期，燃え尽き症候群，ハニカム構造，波及効果，白鳥の歌（Schwanengesang））
- 社会，組織，施設，できごとから（学校化社会，マクドナルド化，ディズニーランド化，ストックホルム症候群）
- スポーツから（ことばのキャッチボール，ピンチヒッター的登場，プレイングマネージャー的存在，オールラウンドプレーヤー，ファインプレー）

## 1.6　熟語や外来語でないことばも積極的にコードとして使用する

　上記のように，コードは，熟語あるいは専門用語やメタファーとしての外来語で考えることが多いが，必ずしもそうする必要はなく，日本語の非熟語を使っても良い。たとえば「放り出される感じ」「放り出されて捨てられる感じ」のことを，［被放逐感］［被放棄感］というコードにすると，聴いたときに分からないばかりか，目で見てさえも分かりにくい。それなら［放り出され感］［見捨てられ感］の方がコードとしてすっきりしている。とくに「期待されていない感じ」のことを［非被期待感］などとすると，聴いて分からないし，読んでもすぐには意味が分からない。そのためこれは，［期待されてない感］とするほうが良い。そしてこのコードは［まだ期待されてない感］［もう期待されてない感］［最初から期待されてない感］［全く期待されてない感］のように，多様に特徴化して使うこともできる。これら

は，熟語で書いたものより，具体的で分かりやすく，実感を伴っていてインパクトがある。またこのようなコードは，実践上の通りが良く，「学生は（研修医は），自分の提出したレポートについて，それ以上コメントが与えられなくなったとき，解放感より「見捨てられ感」や「もう期待されてない感」を感じるものだよ」などと使っていける。このような点で，これらは分析上のコードとしてだけでなく，実践上も有効なことばになりえる。

ただし実際には，ひとつのコードを決める際には，ありとあらゆる語を検討するのだから，熟語も非熟語も検討すべきである。そして，論文に書くときに多少硬い表現も必要だと思ったら，［見捨てられ感（被放逐感）］［期待されてない感（非被期待感）］のように熟語を補っておけば良い。「本書の著者の研究的背景」で述べた［教育工学における捕らぬ狸の皮算用理論（工学主義的誤謬 engineering-ist fallacy）］もこのように命名された構成概念である。

逆に，コードは熟語にしたいがそれだけでは分かりにくいし実践につながらないと考えるなら［被放逐感（見捨てられ感）］［非被期待感（期待されてない感）］のように，分かりやすくインパクトのある表現を，後に補っておけば良い。

## 1.7　コードの出現頻度は問題ではない

データにコーディングすると，何カ所かに同じコードが付く場合がある。このときに出現頻度の多いコードが重要であると考えるのは，量的な発想から脱却していないことを示している。出現頻度の多いコードがなくても何も問題はない。コードの出現頻度を数えたいなら量的な内容分析をすべきで，質的研究では，コードの出現頻度はまったく重要ではないからである。出現頻度よりも，その概念の「他の概念との関連の強度」「意味の深度」「意味の包括度」が重要であると考えるべきである。つまり，たった一度しか出てこないコードでも，それが他の概念との間で強い関連を持ち，そのコードが他のコードやできごとを説明できるようなものであれば，それは重要なコードだとみなすべきである。そして，そういう重要なコードは，だいたい，何度も出てくるものではなく，たった一度しか出てこない。

しかしよく考えてみれば，そういうコードは，多数の発話の中のある発話にだけ付けることができるとか，長い観察記録のある1カ所にだけ付けることができるというより，むしろデータ全体を検討することを通して，その部分にそのコードとして付くものである。したがって，そういうコードは多くの場合，データ全体を反映

していると考えられる。
　いずれにしても、質的研究は、頻度に拘束されずに重要な知見を見いだすアプローチであることを銘記すべきである。

## 1.8　コードとして複合的な概念を使うべきかそれを分解すべきか

　たとえば大学生がインタビューで、「自分は日本史が得意だったし、大学受験のために年号はすべて覚えた。しかし大学2年のとき、高校生の妹に日本史の年号をきかれて、まったく答えられなかった。あれほど苦労して覚えた日本史の年号は、大学2年になった時には、すべて忘れてしまっていた」と語っているとき、それに対して［剝落する受験学力］というコードを付すとする。これは複合語であるから、［剝落］と［受験学力］に分けることができる。しかしこれを分けてしまうと、コードとしての意味がなくなる。このような場合、これを分けるべきではない。
　それに対して、教師のインタビューで、教職に就いて以来ずっと思ってきたにもかかわらずこれまで口にしなかったことが、何かのきっかけで堰を切ったように語られたとき、これに［長年ためた教師の思いの流れ出し］というコードを付すとする。これは［長年ためた教師の思い］と［教師の思いの流れ出し］の2つの概念を含むダブル・バレル（胴体が2つあること）になっている。したがってこれは、この2つのコードに分けることができる。では、分けるべきだろうか、分けるべきでないだろうか。これは、「どんな場合もこうすべきだ」と決めることはできない。
　まず、この2つはそれぞれ独立しても意味があり、「［長年ためた教師の思い］というものがある」や「長い教職の間には、［教師の思いの流れ出し］の瞬間がある」など、個別に使っていける。そのため、今行っている分析ではそのように切り離して使う必要は無いとしても、自分の研究の将来の発展を見据えて、そう使っていきたいと考えるなら、分けた方が良い。これを分ければ、［教師の思いの流れ出し］は［長年ためた思い］だけでなく、「教職に就いて最初に卒業させた生徒への［教師の思いの流れ出し］」や「卒業させられなかった生徒への［教師の思いの流れ出し］」など、別の場合にも使っていける。つまり、分けても有益な概念で、分けた方が柔軟かつ広範に利用できるなら（使い回しが良いなら）、分けて独立させておいた方が良い。
　いっぽう、もし、ここでの［教師の思いの流れ出し］というのは、「長年ためた教師の思い」だからこそ生じることであって、他に転用できるものではない、と考

えるなら，これを分ける必要はない。むしろ分けない方が，インパクトのあるコードになる。

このように，複合的なコードを分解して複数のコードにするかしないかは，それぞれのコードの特性，分析の目的，将来の展望などによって判断すべきである。

なお，最初の例に戻ると，［剥落する受験学力］を［剥落］と［受験学力］に分けるのではなく，［剥落する学力］あるいは「目的達成後に剥落する学力」と［受験学力］に分けることも考えられる。この場合，［受験学力］は一般的すぎてコードとしては使えないが，［剥落する学力］や「目的達成後に剥落する学力」は，受験学力以外にもあると考えられるなら，これをコードとして独立させられる可能性がある。その場合，［剥落する受験学力］も残しておくことは問題ではない。

## 2　SCAT の Pitfalls（落とし穴）

以下では，これまで SCAT のワークショップで触れた分析や，論文などに発表された分析から，SCAT を使うときに起こり得る間違いについて記す。

### 2.1　コードとして外見的・行動的なカテゴリーを付してしまう

コードとして，質問，発表，指示，促し，などの行動的なカテゴリーを付してしまうことがある。しかし質的研究におけるコードとは，インタビュイーや観察対象者が何をしたかという外見的な行動カテゴリーではない。外見的な行動カテゴリーを記述すると，分析が，インタビュイーや観察対象者の行動の行動分析になってしまう。コードはむしろ潜在的な意味，内的な現実，ものごとのプロセス，隠れた構造を見いだしてコーディングする（行動分析なら別の方法，たとえば，行動を名義尺度で測定するテンプレート・コーディングを採用した，行動のカテゴリー分析をすべきである）。

### 2.2　コードとして一般化・普遍化した概念を書いてしまう

コーディングの際に，一般的な語，普遍的な語を付してしまうことは，SCAT の初学者に非常によくあることである。たとえば，教師が子どもに，あるいは医師が

患者に質問をしたことを［質問］とコーディングすることがそれである。そういうコーディングをすると，そこから紡いだストーリー・ラインは，テクストを単に一般的なことばで置き換えた［あらすじ］になってしまい，表層のできごとの要約の記述にしかならず，深層の意味の記述にならない。そうではなく，より専門的で分析的な概念を付す必要がある。

また，上の「質問」というコードは，どのような場合にも使える。しかし，コードはつねに，「それを一般的に言えばどう言えるか」「一般にはそれはどう呼ばれているか」を示すように付けるのではなく，「ここでの○○とは，どのような○○か」「この文脈における○○の固有性は何か」を表せるように付ける。つまり他のテクストにでもいくらでも付けられるようなことばではなく，具体性や個別性のあるこのテクストにおけるできごとや語りの内容を特徴的に表す語を付けるのである。

たとえば，単に「質問」というコードを付すのではなく，次の例のように，その質問を特徴化したコードを付す。

・質問の内容的特徴によって
　　［解明的質問］［確認的質問］［質問にならない質問］［一般的な質問］［特徴的な質問］［個性的な質問］
・質問の意図によって
　　［間違っていることを暗示する質問］［正答を他の参加者に伝えさせるための質問］［意図の不明確な質問］［答えを期待しない質問］［不安解消のための質問］［気づきを期待した質問］
・質問の背景によって
　　［自発的質問］［不安に基づく質問］［自分で答えが分かっている質問］［質問することへの期待に応えた質問］［やっと口から出た質問］［心の底からの質問］［長く答えが得られなかった質問］［答えを得ることを諦めていた質問］

## 2.3　〈1〉から〈4〉へ向かって一般化あるいは上位概念化してしまう

　SCATを使った研究にはときどき，〈1〉から〈4〉に向かって徐々に，より上位の概念，より大きな概念に集約していき，最終的に，〈4〉には既存の概念を書き，その結果，「分析結果がこうだから，このことは既存の○○に当てはまっている」という結論にしているものがある。つまりSCATを使ってそのテクストの一般性

```
                    テクスト 〈1〉〈2〉〈3〉〈4〉

             読み ─────────→ 解釈
             事実 ─────────→ 意味
             表面 ─────────→ 深層
             外見 ─────────→ 内面
             前面 ─────────→ 背景
             顕在 ─────────→ 潜在
             結果 ─────────→ 原因
             結果 ─────────→ 過程
             客観 ─────────→ 主観（主体的解釈）
             客体 ─────────→ 主体
             理解 ─────────→ 構成
             一般 ─────────→ 特徴
             事実 ─────────→ 物語
             存在 ─────────→ 実存
           product ─────────→ process
```

**図 3　SCAT での概念化の方向性**

を見ようとしている。しかしそれでは分析の方向がまったく逆である。そのようなコーディングは，〈1〉から〈4〉に向かって深層に降りていくのではなく，逆に浮き上がっていくコーディングであると表現できるかもしれない。

　そもそも，あるできごとやあるインタビューの内容が，既存の知見に当てはまっているということを言うのなら，SCAT を使う必要はない。それなら，最初から既知の概念でテンプレート・コーディングを試み，その一致率を見るなどした方が良い。SCAT を使うのは，あくまで，一般性に当てはまらない具体性や個別性を深く描き出すためである。

　したがって，図 3 の〈1〉から〈4〉に向かうようにコーディングを進めるべきである。

## 2.4　〈4〉までコーディングを進めないうちにコーディングを止めてしまう

　〈4〉までコーディングを進めないうちに〈1〉〈2〉のコードを紡いでストーリー・ラインを書くと，それもテクストの単なる「あらすじ」になってしまう。

## 2.5　〈4〉に「文」を書いてしまう

　このことの問題は第 11 章 7 節で述べたが，読者の注意を促すため，ここに再掲

した。内容はそちらを参照されたい。

## 2.6 〈4〉をすべて使わずにストーリー・ラインを書いてしまう

　これもすでに第 11 章 10 節で述べたが，やはり読者の注意を促すため，ここに項目名だけ再掲した。内容はそちらを参照されたい。

## 2.7 ストーリー・ラインにもとづかない理論記述をしてしまう

　これもすでに第 11 章 11 節で述べたが，やはり読者の注意を促すため，ここに項目名だけ再掲した。内容はそちらを参照されたい。

# 第 13 章

# SCAT の FAQ

以下では，SCAT についてしばしばなされる質問（FAQ : Frequently Asked Question）を取り上げる。

## 1　コーディング以前に関する FAQ

### 1.1　SCAT を使った分析を「SCAT 分析」と呼ぶか

筆者は SCAT による分析を，一度も「SCAT 分析」と呼んだことがなく，つねに「SCAT で分析する」「SCAT を用いて分析する」などと呼んできた。また口頭では「SCAT をする」と言ってきた。それにもかかわらず，SCAT で行った分析のことを「SCAT 分析」と書いている論文がある。しかしこれは適切でない。

英語の "scat" には「動物の糞」という意味があり，英語の "scat analysis" とは，動物の糞の分析を通して，その動物の食性，行動範囲などを解明する分析である。したがって，「SCAT 分析」と言えば，この "scat analysis" の訳つまり「糞分析」に聞こえる。そのため，SCAT による分析を「SCAT 分析」と呼ぶのは適切でない。

### 1.2　SCAT を使うのに講習を受けるなどの条件があるか

研究手法の中には，その誤用を防ぎ，有効な手法として普及させる目的で，一定の講習を受けた後に課題を提出し，その結果が評価されて初めて，その利用が認め

られるものがある¹。

　それに対してSCATには，そのような制限を設定していない。とくに深刻な問題が発生しない限り，この方針を変える予定はない。SCATは卒業研究，卒業論文にも使われているが，そのような条件を設ければ，卒業研究，卒業論文などではまず使えなくなってしまうだろう。この手法が，卒業論文から博士論文，そして国際学術誌に掲載される英文論文にまで使用されていることは，SCATの間口の広さと奥行きの深さを示すものであり，そのためにも，多様な背景の人々に使って頂きたいと考えている。ただし，近年，普及に伴って誤用もまた大変多く見られる。誤用すればSCATの性能は十分に発揮されない。利用者には，大谷（2011）以降の文献や本書を読んで，SCATの本来の性能が発揮されるように利用することを切に望む。そうでないと，SCATの利用で「芋ごろごろ」を生じさせることになる。

## 1.3　SCATには分析のためのパソコン用ソフトウェアがあるか

　質的研究のためのアプリケーション・ソフトウェア，たとえばKJ法で使用するためのソフトやグラウンデッド・セオリーで用いるのに適したソフトは何種類か流通している。また，質的研究とは言えないが，上述のRIASも専用のソフトウェアを有している。それに対してSCATは，Excelなどの表計算ソフトがあれば利用できる手法で，特定のソフトウェアを必要としない。そして表計算ソフトを使用するとしても，「表計算」の「表」を使うだけで「計算」はしない。したがってパソコンの機種もOSも選ばない。またそもそもSCATは，パソコンを使わずに紙と鉛筆で利用することも十分に可能である。

## 1.4　SCATは独学でも分析できるようになるか

　「本書の著者の研究的背景」で記したように，SCATはそもそも，コーディングがスムーズにできないことに悩む大学院生のために開発されたものである。つまりSCATは初学者にも使いやすい分析手法として開発された。またSCATを使用するための情報をWEBページなどでも公開してきた。そのため，独学で立派に利用している例もあるし，独学で博士論文にきわめて適切に使用した例もある²。したが

---

¹ たとえばRIAS : Roter Interaction Analysis System（Roter/Larson 2002）。

って，質的研究全体が独学でできるようになるかと言われたらその答えは難しいが，少なくとも質的研究とは何かを理解しさえすれば，SCATによる質的データ分析は，独学でもできるようになると筆者は考えている。

しかし独学では困難な場合もありえる。その時は，SCATを使って優れた研究をしたことのある人，SCATを使って優れた論文を書いたことのある人に助言を受けるのが良いと思われる。なお大谷（2008a）にも書いたとおり，最初は1人でなく複数の人間で分析を進めることが有益であるし，そのようにしてSCATを習得することは楽しかったという感想を多く得ている。

筆者はまた，「SCATを使えば質的な分析は学生だけでもできるのか」という質問を受けたことがある。これについて筆者は，学生だけで行った優れた分析を何例も見ている。指導教員が質的研究に明るくなく，学生が指導教員に説明しながら分析したという修士論文や博士論文にも，優れた分析がある。

そもそも学生には無理で教員にならできるという分析など，存在するのだろうか。量的研究を考えてみれば，そのような分析などあり得ないことが分かる。量的研究ではそのような疑問を持つことがなく質的研究でだけそのような疑問が抱かれるのだとすれば，それは，量的研究には定式的な手続きがあるのに対して，質的研究にはそれは無いと考えているからではないかと思われる。しかしながら，実際には，質的研究もある程度定式的な手続きの上に成立するべきであるし，成立している。したがって，量的分析と同様，質的分析でも，分析者の職位や身分は問わず，誰にでも分析ができるし，同時に，誰にでも分析の困難はつきまとうのである。少なくとも，分析の主体が教員か学生かで，分析への接近可能性を峻別するとしたら，それは権威主義的発想であるがゆえに，質的研究にふさわしくないと思われる。

## 1.5 SCATで映像データを分析することはできるか

映像データを用いる質的研究も行われている。ただしSCATは言語データを分析するための手法である。したがって，録画した映像データの分析にSCATを用

---

[2] 河田（2014）はSCATを使用した博士論文であり，著者は筆者がお茶の水女子大学で担当した集中講義に出席した上，最終的には，筆者がこの博士論文の外部審査委員をつとめた。しかし，最終的な博士論文に掲載されている7つのSCATの分析は，基本的に，著者が筆者の集中講義に出席する前に行ったものであり，その時点でSCATはきわめて適切に使用されていた。

いるなら，その映像データを言語データ化して（映像の中の発話や発話以外の映像の内容を書き表して）それを SCAT で分析することになる。その際，観察時に書いたフィールドノーツなども，テクストに含めて一緒に分析することができる。

## 2　コーディングに関する FAQ

### 2.1　〈1〉に書き出すかわりにテクストに下線を引いても良いか

　前述したように，テクストに下線を引いたりマーカーでマークしたりすると，その後はその加工された状態でテクストを読むことになり，読み方が固定化されてしまう恐れがある。そうなると，分析の進展に応じて多様な読み方をすることができなくなってしまう。そのため，テクストはあくまで最初のままの状態で残しておくべきである。したがって，テクストに下線を引くなどはせず，きちんと〈1〉に書き出すべきであると考えている。

### 2.2　SCAT のマス目を縦や横に連結しても良いか

　テクストのいくつかのセグメントを超えて，同じコードを共通に付したいことがある。その場合，そのいくつかの枡目（セル）を複数行にわたって縦に連結して，1 つのセルにしてしまいたいと思うかもしれない。たとえば，縦に連続する 2 つ以上の〈3〉を連結してしまうなどである。あるいは，あるセグメントについて，〈2〉と〈3〉に異なるコードが付せないと思って，そのセルを横に連結してしまいたいと思うこともあるかもしれない。

　筆者はそのように分析を進めようとした例をいくつか見ているし，発表された論文にそのような SCAT の表が掲載されているのを見ることもある。しかしこれはするべきでない。なぜなら，その時点で同じコードしか付せないと思っても，分析が進むと別のコードが浮かんでくることがあり，セルを連結してしまうと，早期にその可能性を閉ざしてしまうことになるからである。複数のセルに同じコードを書くことは，必要があればやってはいけないことではない。したがって，同じコードを書くからといって，セルを連結してしまうのは良くない。同じコードを書いた複数のセルには，後でそれぞれ別のコードを書くことができるが，連結されてしまっ

たセルには，本来のセルごとに別のコードを書くことができないからである．

## 2.3 SCAT の行を縦方向に並べ替えて良いか

　開発者ははじめ，観察やインタビューなどの一定の時間の流れや順序性のあるものを SCAT で分析することだけを考えていた．言い換えれば，SCAT をシークエンス分析のためだけのツールと考えていた．たとえばアンケートの自由記述と言っても，ひとりひとりの回答の自由記述をそこに並べて書くということは考えておらず，一定の長さのある 1 つの自由記述をセグメントに分けて書くことを考えていた．

　しかし，複数回答者の複数の自由記述を 1 セグメントごとに書いて分析したいというニーズも出てきた．その場合，縦の配列位置に必然性はないので，分析に応じてそれを並べ替えてグループ化するということが考えられる．じっさいにたとえば福士／名郷（2011，2012）のように，SCAT をそのように利用した研究も出てきた．そこでは，ある程度分析した後で，表を回答者ごとに「短冊状」に切り離し，それをグループ化して並べ替えてから，再度 SCAT の表に貼り付けて分析を実施した．それによって，他の分析方法では得られない結果を得たと述べられている[3]．

　なお，この場合でも，必ず〈4〉に向かってコーディングを行い，その結果で並べ替えをするべきだと考えている．そして，並べ替えをしてから，再度〈4〉に向かってコーディングを行うのが良いと考えている．なぜなら，上述のように，〈3〉や〈4〉は，縦に見ていかないと適切に付せない場合があり，並べ替えによって縦の関係が変わると，〈3〉や〈4〉に新たなコードが付けられる場合があるからである．

## 2.4 語られなかったことや観察されなかったことをコードにして良いか

　まず基本的に，分析を行う以上，テキストと分析結果は異なるし，とくに解釈的な分析を行うなら，解釈を加えるのだから，テキストに書いてあること以上の分析

---

[3] ただし，これらの論文には不明確な点があり，著者の福士・名郷両氏にも，それを大谷（2011）で紹介した筆者のところにも，あのやり方がよく分からないしあの通りにやってもうまく分析ができないという指摘や質問が来ている．そのため，SCAT に熟達した複数の研究者が，それぞれ，それを改良した方法や，別の新しい方法を開発中である．その公表は残念ながら本書刊行には間に合わなかったが，発表され次第，SCAT の WEB ページで紹介する予定である．

結果が導かれることになる。そしてそれが，テクストに書いてあることを妥当に解釈した結果なら，当然そうなってよいしそうなるべきである。

　また，ワークショップなどで，ある場所にあるコードが付くべきなのに参加者がそれを付けていないということがある。その中のひとつは，そのインタビューで語られなかったこと，その観察で観察されなかったことである。たとえば，ある会話を分析しているとき，当然，そこに同意が示されるべきだと考えられるのに，それがなぜか無かったとする。その場合，［同意の欠如］というコードが付されるべきである。また観察している状況の中で，研究参加者が当然驚くと思われることが発生したのに，なぜか驚かなかったときは，［驚きの欠如］というコードが付されるべきである。初学者は，起きなかったことの不自然さや不思議さに気づいてそれを検討することに慣れていない上，それを検討したとしても，起きなかったことにコードを付けることを思い付かないことがある。しかし，当然起きるべきなのに起きなかったことというのは，「単にそれが無かった」のではなく，「あるべきものが欠如していた」のであって，言い換えれば，「欠如という特徴的な状態があった」のだから，それをコードにすべきである。また，そのような特徴的な状態は，そのデータを特徴づける重要な要因になる。そのため，そのような場合は，しっかりとコードを付けるべきである。

　それとは異なり，筆者がワークショップでグループの分析を見守っていて，「テクストに書いてないことをコードにしないで下さい」「テクストに書いてないことを分析しないで下さい」と介入しなければならない例も時々ある。それは，質的研究に慣れない参加者が，テクストの中に意味や構造を見出してそれを構造的に把握しようとするのではなく，テクストの中のあることばに着目して，それに関連するがテクストには無い内容をテクストの外側に作って，それを分析し始めるケースである。

　たとえば，第11章8節に記した「B教師へのインタビュー」のテクストは，教育工学系やメディア研究系の参加者のワークショップで使うことがあるのだが，B教師が，授業でのPowerPointの使用を問題視している発話を分析するのに，あるグループが，［メディア・ミックス］や［ブレンディッド・ラーニング］というコードを付けようとしたことがある。メディア・ミックスとかブレンディッド・ラーニングというのは，複数の異なるメディアをうまく組み合わせて使用すること，あるいはそのようにして行う学習のことだが，このテクストでは，B教師は複数のメディアの組み合わせにはまったく触れていないし，文脈上もそれらとは関係がない。

しかしこのような概念を知っている分析者は，その手持ちの概念をコードとして書いてしまいがちなのである。これは，「あくまでデータに根ざして分析する」という質的研究の基本的なあり方とは相容れない。発話記録の分析なら，その発話記録は，第一義的には，あくまでその発話の語りの文脈において解釈されなくてはならないし，観察記録の分析なら，その観察記録は，第一義的には，あくまでそこで起きているできごとの文脈において解釈されなくてはならない。分析者は，テクストの文脈に自分の身を置いて，それを研究的に理解することに努めるべきであって，テクストを自分の研究の文脈に持ってきて，それを恣意的に理解してはならない。

　それに対して，B教師が，「メディア・ミックス」や「ブレンディッド・ラーニング」ということばを知っていて，分析しているテクストの文脈でも当然それを言うべきだったのに，なぜかそれを敢えて言わなかったと考えられるとき，そのことに［メディア・ミックスへの意図的な不言及］とか［ブレンディッド・ラーニングへの意図的な不言及］というコードを付けることはあり得る。しかしそうではなく，「この話者は当然，「メディア・ミックス」とか「ブレンディッド・ラーニング」について勉強しておくべきだったのにそれを知らない」と考えて，「メディア・ミックス概念の欠如」「ブレンディッド・ラーニングに関する不勉強」などとコーディングするとしたら，（このテクストの分析の目的が視聴覚教育の研修課題の探索的解明などでないなら）それは望ましくないと筆者は考える。そもそも「分析者の立場から考えて，話者はこれを知っているべきだったのに知らなかった」という立場で分析すると，結果として，「話者が分析者の水準にどれほど到達していないか」の評価をすることになる。質的なデータ分析は発話内容や行動内容としてのテクストの査読ではなく分析者は査読者ではない。質的データ分析は，分析者が外からの規範で研究参加者を評価することではなく，分析者があくまで研究参加者の文脈に身を置いて，研究参加者の発話や行動の意味を理解することである。

## 2.5　どれくらいの深さまで解釈してコードを付して良いのか

　SCATで分析するときに，適切に深く分析できているかという疑問とともに多く出されるのは，逆に，深読みしすぎているのではないかという疑問である。ワークショップのときは複数のグループで分析するが，あるグループの踏み込んだ解釈に対して，別のグループから，「あのように踏み込んだ解釈をすることは許されるのか？」という質問が出たこともある。これはSCATに限らず，質的研究に共通す

る問題であり，かつ，分析の個々の局面で何度も出会う問題であるので，これも自分で解決できなければならない。これについて，どのように考えたら良いだろうか。

　まず，いちばん大切なのは，データの解釈には，「これはきっとこういう解釈が成立する」という研究的な直観が必要だということである。その直観は，それまでの自分の研究や実践の蓄積の上に成立するものである。しかしその解釈は妥当でないかもしれない。また，その解釈だけを論文に書いてもそれが妥当だという説得性がない。そこで次に，その直観に導かれた解釈を裏付けるような分析的枠組み（概念的枠組みや理論的枠組み）を用いることが必要になる。妥当な概念的・理論的枠組みを用いて分析することで，それが<u>解釈を裏付ける根拠</u>になり，その解釈を，<u>単なる勘や深読みではない学術的で妥当な解釈</u>として説得性を持って示すことができる。したがって，これはこのように解釈できるはずだ，と確信を持って考えたら，その根拠となるような概念や理論を探すことである。そしてそれが見つかれば，分析者のそのような研究的直観はさらに鍛えられることになる。ただしその際に，いくつか重要なことがある。

　第一に，その概念的・理論的枠組み自体がきちんとした学術的なものである必要があるということである。SCATのワークショップのときには，参加者が自分のグループの分析で使えそうな枠組みをインターネットで探すのだが，その際に，ビジネスのための講習会や能力開発セミナーのようなもので使われるような，研究的背景を持たない枠組みを取ってきてしまうことがある。あるいは，もとは研究的なものであったのに，ハウツー的なノウハウに変容してしまったものを拾ってきてしまうことがある。そのような枠組みを使った分析には研究的な妥当性はない。またそのような枠組みは自分の論文に分析の根拠として引用することができない。したがってそのようなものは避け，あくまで研究的な蓄積のある枠組みを探さなければならない[4]。

　第二には，そのような概念や理論は，分析しようとしている専門の領域には無く，他の領域の研究としてあるかもしれないということである。たとえば，重篤な状態の患者に延命治療を施すかどうかを家族がどのように意思決定したかについてのインタビューデータを分析しているときに役立てられる概念的・理論的枠組みは，医療の研究ではなく，家族心理学や家族社会学の領域にあるかもしれない。したがっ

---

[4] インターネットで探す際にそのようなものを拾わず学術的なものを探すなら，少なくともGoogleではなくGoogle Scholarで検索するのが良い。

て，関連する領域を広く探す必要がある。

　第三には，それがたとえ学術的に意義のあるものであっても，そのような概念的・理論的枠組みを適用した分析を行おうとするあまり，そのデータの分析にとってあまり意味のない枠組みを無理に適用してしまってはならないということである。筆者が日頃から SCAT でのデータの分析の際の分析的枠組みの適用の重要性を強調しているためか，希に，妥当性のない枠組みを短絡的に用いて分析する事例がある。また，筆者の指導生の SCAT による分析で，きわめて著名な研究者によるよく知られた学習モデルを分析的枠組みとして分析しようとしたことがある。しかしそのモデルは，そのデータの分析には適していなかったため，分析が逆に浅くなってしまっていたし，ゆがめられてさえいた。そのために，そのモデルを分析的枠組みとして利用せず，別の分析的枠組みで分析するようにしたところ，それよりはるかに有意義な分析が行えた。

　「質的研究の樹」（第1章1節）で説明したように，質的研究でのリサーチ・クエスチョンは，日常生活から出て，それを日常生活で問うものである。その日常生活での感覚と合わない理論を無理にもってきて分析を成立させようとするなら，それは質的研究ではなくなってしまう。したがってあくまで，そのデータが語っていることを解釈するのに必要で妥当な枠組みだけを用い，決して，無理に，必然性の無い枠組みを当てはめてはならない。

　以上を前提として筆者が伝えたいことは次の通りである。質的研究の場合，踏み込んだ解釈によって意味のある知見が得られるなら，まず，その踏み込んだ解釈で全体を分析してみるということである。そのようにすることが，全体に矛盾を生じないと分かれば，そこで，その解釈を裏付け，解釈の根拠となる概念的・理論的枠組みを探す。適切な枠組みが見つかれば，それによって分析を支えることができる。その時，分析を修正しなければならないこともあるが，それは根拠にもとづく分析の修正なのであるから，分析の発展であると考えることができる。しかし，その解釈を裏付けることのできる枠組みを見つけることができなければ，その解釈からは勇気を持って撤退するべきである。

## 2.6　SCAT では母語以外によるデータをどう分析すべきか

　最近は，外国で調査をすることも増えている。また国内にいる外国人が研究参加者である場合もある。そのインタビューがたとえば英語でなされ，英語で文字化さ

れている場合，SCATではそれを英語で分析するのが良いか日本語で分析するのが良いのかという問題がある。

　まず，何語で分析するべきかは，何語で発表するかによる。たとえばデータが英語であり，論文も英語で書くなら，SCATは英語で行うのが良いと考えられる。

　しかしそこにはもう1つの要因が関わり，それは，分析者の言語的な能力である。質的な分析では，言語的能力を最大限に活用する必要があるため，母語で行わなければならない場合がある。とくに，分析に使えるほどその外国語を活用できないなら，いったん母語に翻訳して分析を行う方が良い場合がある[5]。ただしそうすると外国語→母語→外国語のように，翻訳を往復しなければならなくなり，その点でのデメリットもあり得る。

　それに対して外国語でインタビューした結果を分析して日本語で発表するなら，テクストと〈1〉までをその言語で書き，〈2〉からは日本語で書く方法がある。近藤（2018）では，アフリカのガーナで英語で行ったインタビューをSCATで分析している。その際，SCATの「テクスト」はそのまま英語で書き，〈1〉の書き出しまでを英語のまま行って，〈2〉以降を日本語で分析している。外国語のデータをSCATで日本語で分析する場合は，この方法が参考となる。

## 2.7　SCATでの分析中に概念図などを描くことは有効か

　SCATのワークショップ中に，コードを書くためにコードの間の関係を検討し始め，そこで概念間の複雑な構造図や表を書き始めるグループがある。しかし筆者はそのようなとき，それを制止して，ワークショップではそのような図は書かず，あくまでSCATの表の中で分析を進める方がよいと説明する。

　このことは不思議に思えるかもしれない。なぜなら質的な分析は概念を適切に案出してデータに当てはめていく作業であるから，その概念間の構造を整理してから

---

[5] SCATは，そもそも分析を助ける方法であるから，母語以外では分析ができないということはない。たとえば，筆者はタイのクラビで開催されたタイ王国保健省の医学教育のための外郭団体CPIRD（Collaboration Project for Increasing Rural Doctors）主催の全国の指導医のための2年間のプログラムECME（Essential Course for Medical Education）2013における研究技法のトレーニングのコースRIME（Research In Medical Education）でSCATのワークショップを担当したが，そこには60人の参加者があり，6人ずつの10のグループで作業した。データはタイ語であり，それを講師のために英語に翻訳したものもあったが，いくつかのグループは，講師とのコミュニケーションのために英語で分析し，分析結果も英語で発表した。

データに付すのは，良いことではないかと思うだろうからである。

　しかし実際には，SCATの分析の際にそのような構造図を描いて作業を始めると，SCATの分析はうまく進展しなくなることが経験的に分かっている。それは第一に，そのように構造的に関係づけられた諸概念は，その構造を維持した状態でSCATの表の中のコーディングに使うことができないからである。つまり，せっかく構造化した諸概念の構造が，SCATには反映させられないのである。なぜなら，SCATは，概念間の構造を描き表しながら行うグラフィックな分析ではなく，データの流れに沿ってコーディングを行うシークエンス分析の特性を強く有するものであり，そこにSCATの意味と意義があるからである。つまりこの両者は2つの異なる分析手法なのである。したがって，SCATでの分析中にそのような作業を始めてしまうと，その2つの，異なる文脈をもった分析がコンフリクトを起こし，分析作業がその両者の間で引き裂かれてしまうのである。

　また，そのような作業を始めると，それはテクストから離れた作業になるため，テクストからは出てこない概念が含まれてしまう。たとえば，テクストに含まれている概念の対義語，上位語，下位語，関連語などである。そしてそれらを〈4〉に書くと，そこから書いたストーリー・ラインは，テクストとは関係の無いものになってしまうことがある。ここでも，SCATという分析の枠組みと，もうひとつ別の分析の枠組みとがコンフリクトを起こしてしまうことになる。

　これを解決する方法は2つある。

　まず，もし，どうしてもそのような概念の関連構造図を書いて分析したいのなら，SCATは使わず，最初からそのような分析方法を採ることである。それは，シェーマによる質的データの分析法で，意味ネットワーク semantic network，因果ネットワーク causal network などと呼ばれるれっきとした質的データ分析手法である。

　もうひとつの方法は，SCATで分析を終了してから，そこで得られた〈4〉をそのような方法で分析し直してみることである。その結果，もしSCATでのコーディングを修正する必要があると感じたら，ぜひ修正するべきである。

　なおそのような関連語は，SCATだけを使った分析でも出てくる場合もある。その場合は，それらの語はSCATの〈5〉に書いておけば良い。そうすれば，ストーリー・ラインの記述を困難にせず，かつそれらの語を保存しておくことができる。また，以上のことは，SCATの分析中に，残す必要のないメモや小さな図を試し書き（描き）しながら分析することを妨げるものではない。

## 2.8 比較的大きなデータの分析はSCATでどのように行えるか

　初期のグラウンデッド・セオリーは，ポスト実証主義の研究方法であり，それまで数値で行っていたコード化を言語で行うことを提案したものである。そこでは，量的研究が，対象を測定して数値データを採取したら元の対象には戻らないように，グラウンデッド・セオリーは本来は，テクストデータにコーディングを済ませてしまえば，そこから先はコードで分析し，元のテクストは捨てることができる[6]。そのことによって，テクストはコードとして圧縮されることになる。グラウンデッド・セオリーが，理論的サンプリングによって理論的飽和に達するまで採取した膨大なデータを扱うことができるのは，このように，テクストから得たコードだけで分析を進めることができ，それは結果として1次言語コードを圧縮した2次言語コードによって分析しているからである。

　SCATも，仮に〈1〉を書き終えたらもうテクストは見ず，〈2〉を書き終えたらもう〈1〉は見ず，〈3〉を書き終えたらもう〈2〉は見ず，〈4〉を書き終えたらもう〈3〉は見ないという方法で分析するなら，同様な特性を有することになる。しかしSCATでは，コードを使って分析するとはいえ，実際には最初から最後までテクストデータを見ながら分析を行う。そのため，大規模なデータや大量のデータの分析には必ずしも適していない。筆者も必要上それを何度か試みたことがあるが，それは不可能ではないとはいえ，大きな困難が伴うと感じている。筆者の経験では，SCATでの長いデータの分析が困難になることの最大の理由は，あるコードを付け，同じコードや類似したコード，あるいはその反対の意味のコードをどこかに付けることができるかを検討するときに，1つのコードを付けるたびに長いデータを最初から最後まで見なければならないことである。

　そのような場合，以下のいくつかの方法が試みられるべきである。

### 分析テーマごとのより小さいいくつかのテクストに分割する

　テクストをよく読んだ上で，分析するいくつかのテーマを決め，そのテーマに関連する部分を切り出して集めることで，全体よりも小規模のテクストのグループをテーマごとにいくつか作り，それに対してテーマごとに分析する。その際，1つの

---

[6] だからこそ分析開始時点でのデータの匿名化が可能なのである。グラウンデッド・セオリーは医療社会学の研究で開発されたものであり，グラウンデッド・セオリーのこの特性は医療系の研究に適している。

部分が複数のテーマに関連している部分があれば，それは分割後の複数のグループに含まれるべきである。

### 分析の「粒度」を上げる

しかしデータによっては，全体が強いつながりを持っていて，いくつかの部分に分割できない場合がある。そのような場合は，つねに全体を見て分析をする必要がある。その場合，分析の「粒度」を上げる[7]ということが可能である。これは，選択的に部分を分析するのではなく，テクストのセグメントを通常より大きくとって，大きな単位から少ないコードを書き出しながら分析することである。ただしそうすると，分析の進展によっては，ある部分についてさらに細かく分析したいと思うかもしれない。その場合，その部分を重要な部分として，上記のように選択的な分析を行う。

### あらかじめ他の手法でデータを圧縮してから分析する

データが非常に大きいなら，他の手法を使ってまずデータを圧縮してから SCAT で分析する方法がある。たとえば Goto et al. (2014) は，大量のデータをテキスト・マイニングで圧縮した後で SCAT で分析している。

これは，2010，2011（東日本大震災の年），2012 年に福島市保健福祉センターに 1 歳半検診に来た親に対する保健師の子育て相談の際の 150 の記録と，2012，2013 年の原発災害に対応して組織された保健師の間の 3 つのピア・ディスカッションの記録を分析したものである。データはすべて文字化された後，KHCoder（樋口 2014）でテキスト・マイニングを行い，上位 20％の語を抽出し，その語を含む文を SCAT で分析したものである。

---

[7] アナログ信号のデジタル信号化に喩えれば，「サンプリングレート（サンプリング周波数）を下げる」ことに相当すると言えるかもしれない。

## 3 ストーリー・ラインに関する FAQ

### 3.1 〈4〉に複数回書いたコードはその回数だけストーリー・ラインに書くのか

　SCAT の〈4〉に同じ語が複数回書かれることがある。その場合，それをストーリー・ラインでその数だけ使わなくてはならないかと質問されたことがある。この答えはもちろん「その必要は無い」である。

　まず質的研究なのであるから，先述のようにコードの出現頻度は問題ではない。量的な研究が主であった領域では，量的に処理をしても，測定が名義尺度で行われれば「質的研究」と呼ぶことがあり，筆者が講師として呼ばれた医療系のセミナーで，別の講師の担当したセッションで，前述の RIAS を質的研究と呼んでいたので驚いたことがある。そのような場合，あるカテゴリーに当てはまる同一の事象の頻度は重要である。しかしそれは，名義尺度によるデータ採取を行うテンプレート・コーディングであって，その後のデータ処理は量的に行われるため，今日的には質的研究とは呼ばないものである。それに対して通常の質的研究では，インタビューイーが同じことを何回か述べても，その数を量的に数えるのではなく，その事実は，「インタビューイーは同じことを繰り返し述べており，その背景には○○がある」といった質的な意味づけの記述に還元されるのが普通であって，分析のどの過程でも，量的なデータとしての「頻度」や「回数」を正確に計測するようなことはほとんど無い。それにもかかわらず，頻度あるいは回数を問題にしようとするのは，そこにじつは重要な問題があるように思われる。

　それは，自分が質的研究をしていると自覚していても，それ以前からの量的な規範あるいはその研究者が所属するコミュニティの量的な規範が，知らないうちに研究者に刷り込まれていて，それが質的な規範によって脱構築されないでいるために，そこからそういう発想がひょっこり出てくるのではないかということである。あるいは，誤解を恐れずにあえて別の喩えを試みるなら，そのコミュニティの空気に浮遊している量的研究の胞子が，研究者の発想のあらゆるところに侵入し，そこで生き残っていて，「データの分析」というような，その胞子にとって懐かしい環境がでてくると，そこで活性化されて再び活動し始めるのだと言えないだろうか。

　いずれにせよ，SCAT の〈4〉に出現したコードの頻度を保存してストーリー・ラインを書く必要などない。しかし筆者の考えでは，SCAT の〈4〉に同じコード

が何度も書かれること自体が問題である。同じコードで多くの〈4〉を埋めてしまうということは，その〈4〉にそれ以外のコードが入る可能性を閉ざしてしまうことになる。どのような場合も同じコードを絶対に使ってはいけないわけではなく，**分析列 A** でも聴き手の 7 と 9 の〈4〉にのみ，同じコードを使っているが，基本的には，同じコードを使おうとする前に，必ず，他のコードは入らないか検討すべきである。

## 3.2 〈4〉に出現した順番で〈4〉のコードを書くのか

そうではない。たとえば，〈4〉に，［法律的情報の共有］［副次的問題の起こらないことの確認］［提案の受け入れのための足固め］があるとする。これを使ってストーリー・ラインを書くとき，次のどれも可能である（順序だけを考えるなら，3 の階乗つまり 6 通りあるが，ここでは意味の異なる 3 つだけを例示する）。

① ［法律的情報の共有］を図り，［副次的問題の起こらないことの確認］を行って，［提案の受け入れのための足固め］をした。

② ［副次的問題の起こらないことの確認］をしながら［法律的情報の共有］を行うことで［提案の受け入れのための足固め］をした。

③ ［提案の受け入れのための足固め］として［法律的情報の共有］を図り，［副次的問題の起こらないことの確認］を行った。

ここでこの 3 つの文は，使用されているコードは同じだが，コードの使用順序が異なり，意味がそれぞれ少し異なっている。しかしここでさらに次の文を考えてみる。

④ ［法律的情報の共有］と［副次的問題の起こらないことの確認］を通して［提案の受け入れのための足固め］とした。

この④では，①と同じ順序で 3 つのコードが使われているが，3 つのコードをつなぐ動詞句や助詞や副詞句などが異なるため，①とは意味が少し異なっている。つまり，大切なことは順序ではなく，コードの間の関係をどう同定し，どう記述するかなのである。

このように，まず，出現の順序に拘束される必要はないことを理解するべきである。その上で，コードの間の関係を慎重に検討して妥当に同定し，それをストーリ

一・ラインで適切に記述する必要があることを理解するべきである。

## 4　分析結果に関するFAQ

### 4.1　分析結果をサブカテゴリー，カテゴリー，コアカテゴリー等に階層化して良いか

　看護系の論文では，概念が，サブカテゴリー，カテゴリー，コアカテゴリー等に階層化されていることが多い。それで，SCATを使ってもこのような階層化ができるのか，あるいはして良いのか，という質問を受けることがある。SCATでは，分析結果として概念が階層化されたものを得ることはない。したがってこの質問への回答は「SCATは概念の階層化を直接の目的とはしていないのでSCATでは概念の階層化はできない」である。

　ところで，いっぽうでは概念を階層化して苦労している人たちがいるのに，SCATではそれをしていないが，SCATはそれで大丈夫なのだろうか。SCATは階層化に比して，じつは不十分な分析手続きなのではないのだろうか。そういう疑問があっても不思議ではない。

　しかしそもそもこのような階層化による分析では，まずたくさんの概念を抽出し，それらをまとめながら抽象度を上げ，より高次の意味の概念を構成する。つまり階層化は，質的データ分析のうち，グラウンデッド・セオリーなどの純粋なカテゴリー分析だから行う方法であり，そこではいくつものテクスト（たとえばいくつものインタビュー）から抽出した概念を1つの大きなミキシングボウルに入れて，ぐるぐると混ぜてしまい，その全体について概念の高次化と構造化を施す。それに対してSCATは，テーマ分析（カテゴリー分析）であるとともにシークエンス分析でもあるので，複数のテクストから抽出したコードを1つに混ぜてしまうことはしない。SCATでは，1つのテクストから〈1〉〈2〉〈3〉〈4〉の手続きを経ることで，徐々に高次の意味をもつ概念を構成する。つまり〈4〉までの手続きは，まさに概念の高次化を含んでいる。そのうえで，その〈4〉を使ってストーリー・ラインを書く。そのとき，第11章10節で述べたように，〈4〉の概念の間の関係が検討され，構造化される。そしてそのストーリー・ラインを使って理論記述を行う。つまりSCATは，その分析手続きの中に，概念の高次化と構造化の手続きを含んでいるのである。

なお，SCATで得た概念を，あえて，サブカテゴリー，カテゴリー，コアカテゴリー等に階層化して示す方が良いと判断すれば，〈1〉から〈4〉までの概念を，あらためてそのように階層化して示すことはかまわないと考えている。とくに，このような表示に慣れた読者にとっては，そのほうが了解性が高くなることがあると判断されるなら，そのようにすることはかまわない。たとえば増永／大谷（2013）はそのようにしている。ただしその場合も，SCATでの分析は完結すべきであって，決して〈4〉で止めてはならない。きちんとストーリー・ラインを書き，理論記述を行ってから，そのような作業を行うべきである。

## 4.2　異なる分析者による分析結果を突き合わせることに意味はあるか

　SCATの分析結果は分析者の数だけあり得る。これはSCATの特徴ではなく，質的データ分析の一般的かつ本来的な特性である。したがって，その突き合わせを「答え合わせ」として行おうとするなら，それにはまったく意味がない[8]。むしろ，筆者によるSCATのワークショップの時には，最後に必ず，各グループから分析結果の発表を行い，他のグループの分析結果が自分たちの分析結果とどれほど異なるかを，その背景を含めて相互に理解するようにしている。SCATでは，他の人と一致することではなく，自分（たち）にとって意味のある結果が出せることが重要である（この点が前述のRIASなどのコーディングとまったく異なる点である。RIASによるコーディングは質的な分析ではなく，データのそれぞれの部分が，あらかじめ決められた質的尺度（名義尺度，カテゴリー尺度）のどれに相当するかを同定する作業つまりテンプレート・コーディングであるのに対して，SCATで行うのは生成的コーディングだからである）。グラウンデッド・セオリーでも，最終的には，1人で分析できなければならないとしているが，それは，ひとりひとりの分析の観点が違い，それを生かす必要があるからである。

## 4.3　SCATによる複数のデータの分析結果をどうまとめるべきか

　「複数のインタビューや複数の観察を行って，複数のデータがあるが，そのそれ

---

[8] ただし，自分が分析していて，このような分析は妥当だろうかと思ったときに，その部分を他の人の分析してもらい，それと突き合わせて検討することは質的研究でも否定されるものではない。それを「コンソナンス（協和）」と呼ぶことがあることは前述した。

ぞれをSCATで分析した後，それらをさらにどのようにまとめればよいか？」これは，筆者が行う医療系の大学での講義や医療系大学や病院等でのSCATのワークショップで比較的頻繁になされる質問である。筆者は最初，これを聞いたときに少なからず驚いた。それは，人文・社会科学系の学部生や院生が，「複数の本を読んだら，それぞれ違うことが書いてあったが，それをどうまとめれば良いか？」という質問をすることは無いからである。なぜなら，「複数の本にそれぞれ違うことが書いてある」のは当たり前であり，それを比較してまとめることこそが，それらを「検討・分析」することだからである。そして，SCATの分析のひとつひとつの結果が異なるのは，複数の本を読んで異なることが書いてあるのと同じだから，筆者には，そのような質問が出て来る背景が分からなかった。

　しかしこの質問は比較的頻繁になされるので，その背景を検討する必要があると考えた。その結果，現在では大きく言って，背景が2つあると考えている。それは，①医療系の領域における固有で普遍的な文化，②量的研究とそれに類似する方法を採るグラウンデッド・セオリーのようなカテゴリー分析（テーマ分析）でのデータとコードの関係，である。

　まず，①だが，医療の世界には，専門的なことがらについては，標準的な手続き（手順，手技）のようなものが存在し，それを尊重しなければならない。そうしなければ時には患者にとって危険な結果になる。それで，SCATでの分析手続きは定式的だったのだから，その後の複数の分析結果の総合にも，標準的なものがあり，自分のやり方で勝手にやってはいけないのだという観念があるのではないか，というものである。

　そして②だが，これは質的データ分析手法としてのSCATの特性を理解する上でも重要である。それは，医療系の質的研究でこれまでよく使われてきたグラウンデッド・セオリーでは，採取したすべてのデータからコードを抽出したら，それは誰から抽出したなどと分類せずに全体として処理する。それはグラウンデッド・セオリーがポスト実証主義の研究手法として，量的・実証主義的な研究と強い親和性を持つためである。グラウンデッド・セオリーは量で行うことをすべて質で行えるようにした手法であって，量的研究では，すべてのサンプルに対する測定結果としての数値コードを，すべて1つに統合して分析する[9]。そのため，グラウンデッド・セオリーでも基本的には同様にする。その結果，たとえて言えば，グラウンデ

---

[9] 実験群，統制群などの2群に分ける研究なら，その群内ですべて1つに統合する。

ッド・セオリーにおいては，さまざまな野菜を切った結果としてのコードを，大きなミキシングボウルに入れて混ぜてしまう。

　それに対して，SCATはそのようなアプローチを採らない。もちろん，10のインタビューの分析をそれぞれSCATで行ったとき，そこで出てきたコードを，すべて1つに混ぜて分析するということも不可能ではない。しかしSCATを用いる研究では，通常はそのようなことをしない。それは，SCATが，グラウンデッド・セオリーとは異なり，カテゴリー分析（テーマ分析）の機能を有しながらも，「シークエンス分析」としての機能を第一義に有していて，分析の中に，観察された，あるいは語られた事象の時間的な関係あるいは時系列が保存されるからである。つまり，10人のインタビューを分析した10のSCATの結果には，それぞれのインタビューに固有の時系列的な文脈性が保存されている。したがって，それを個々の時系列を超えて混ぜてしまうことは，通常はしないのである。

　つまり，グラウンデッド・セオリーが質的研究の代表であった医療系の質的研究では，ひとつひとつのインタビューやひとつひとつの観察が個別に分析されることがなかったため，分析が終了した時点で，全体の分析結果が出ていた。それに対して，SCATを使う分析では，個別の分析結果が与えられ，統合された結果は与えられない。このことが，SCATによる個別の分析結果をその後どうやってまとめれば良いかという質問の背景にあるのだろう。

　そこで，ではどうするかである。

　ひとつのあくまで理論的な答えは，個別に出てきた複数の結果をさらにSCATで分析することで，メタ的な分析を行うことである。具体的には，SCATで出てきた個別のストーリー・ラインや理論記述を新たな1つのSCATの分析表の「テクスト」欄に書き，それをSCATで分析する。たとえば，10のインタビューの分析から出てきた10のストーリー・ラインを，新たなSCATの表のテクストに10のセグメントとして書き，それをさらにSCATで分析する。これは論理的には十分に考えられることであるし，筆者自身も，少数のSCATの分析結果について，そのような統合的分析を行い，それが可能であることを実験的には確認している。しかし実際には，そのようになされた研究は，筆者の知る限りほとんど無い。それはなぜか。それは，SCATが用いられる研究のパラダイムによるのだと思われる。

　SCATはもちろん，実証主義的な研究にも用いることが可能である。しかし実証主義的な研究ではnが大きくなり，事実志向の分析が行われ，共通性や一般性が求められるため，個々の観察やインタビューの個別性は捨象される傾向にある。そう

いう研究ならグラウンデッド・セオリーを用いればよい。それに対してSCATでは，観察やインタビューの個別性を重視した，nの小さい，より解釈的な分析がなされる。そのような研究においては，個々の観察やインタビューの個別性が重視される。そのためそこでは，その複数の個別インタビューの結果を無理に「統合」する必要はなく，その個別性に着目して相互の検討を行うべきだということになる。実際，SCATを用いた研究では，nは小さく，博士論文でさえ最大で7くらいである[10]。このような背景から，上記のような，個別のSCATで得られた結果をさらにSCATでメタ的に分析することは一般的に志向されていないと言える。

ただし，nがいくら小さくても，それらの結果を突き合わせたいということがあるだろう。その場合，ごく当たり前だが，次のようにすることを推奨している。

それは個々の分析結果の共通性（一般性）と差異性（個別性）を検討することである。そしてその際には，その共通性の背景と差異性の背景を検討する。そうすれば，まず一般的には，背景に共通性のあることがらを分析するとその結果には共通性が見いだされ，背景に差異性のあることがらを分析するとその結果には差異性が見いだされることが想像できる。

しかしまた，背景に共通性があるのに結果に差異性があったり，背景に差異性があるのに結果に共通性があったりすることがあるだろう。それがあれば，それこそ，個別性に焦点化して分析することを志向する質的な分析が着目すべき点である。したがって，そのような点を探しながら，それについてとくに慎重に検討することが必要であろう。

---

[10] 博士論文の例をあげると，河田（2014）は7人のインタビュー，安藤（2015）は2人のインタビュー，山元（2018）では3人のインタビューである。しかも安藤（2015）と山元（2018）の博士論文の各章（1本の論文として学会誌に掲載されているものを含む）は1人のインタビューイーを対象としているため，各章のnは1である（安藤（2014）の第5章だけ2人つまりn＝2のフォーカス・グループである）。

# 結語にかえて

## 1 研究領域を超えた世界共通の研究言語としての質的研究

　数え切れないほどたくさんの量的研究者が，データから意味を取り出すことの深さと厳しさを生涯追求し続け，そのことに人生を捧げ，そして死んでいったのだと思う。そうであれば，質的研究者は，経験科学的な研究の先達としての，そのような量的研究者に自分の研究を読んでもらったとき，「これは自分が生涯を捧げてきた量的研究とは異なる研究だが，この研究こそ，データから意味を取り出すことの深さと厳しさを知っている研究者が行ったものだ」という評価を受けるように，自らの研究を構成し，実施するべきである。

　ただしそれは，ただ慎重に行えば良いのではなく，ただ厳密に行えば良いのでもない。国際学術誌に掲載された医学や心理学の論文が世界中で通用するのは，それが英語で書かれているだけでなく，「量的研究」という共通の言語を使って実施され，記述されているからである。つまり「量的研究」は，計量的な経験科学的研究にとっての世界共通の研究言語である。そこでは，同じ領域の世界中の研究者と研究成果の交流と共有ができるだけでなく，共同研究が行える。また，同じ言語を使う異なる領域の研究者とも研究成果の交流と共有ができるだけでなく，共同研究が行えるのである。

　筆者は，同様に，非計量的な経験科学的研究にとっての世界共通の研究言語として形成されてきたのが，「質的研究」なのだと考えている。非計量的な経験科学的研究では，世界の質的研究の考え方とその水準を学び，共通言語としての質的研究で問題を扱い，共通言語としての質的研究で発表することで，同じ領域の世界中の研究者と成果の交流と共有，そして協働ができるだけでなく，まったく異なる領域の研究者とも成果の交流と共有，そして協働ができる。

　ただし，質的研究にはまた，質的研究だからこそ最も大切にすべき，ある重要なことがらもあるように筆者には思われる。それについて，筆者自身の経験したある

エピソードを取り上げて，最後に述べることを許して頂きたい．

## 2 研究対象となる人々と社会の理解のために

### 2.1 ある研究プロトコル

　筆者がアジアのある国で行った，医師を対象とした質的研究のプロトコル・ワークショップ（研究をデザインし研究計画書を書くワークショップ）で，次のようなプロトコルを書いたグループがあった[1]．それは，新三種混合ワクチン[2]の接種を拒否する母親たちにフォーカス・グループを実施して，その理由を解明したいというものであった．

　そもそもどのようなワクチンについても，病原体に関連する物質を体内に入れることに抵抗感を持つ人々がいる．しかしとくに新三種混合ワクチンは，1998年に，権威ある国際医学誌である *The Lancet*[3] に自閉症の発症との関連を示す論文が掲載されたことで，各国で接種が大幅に減少した．そのため麻疹の発生が増えた．しかしその12年あまり後に，その論文には大きな問題があることが明らかになった．そのため，*The Lancet* はその論文を自誌から撤回（削除）した（Eggerstone 2010）[4]．しかしながら，その論文の影響か，現在でも新三種混合ワクチンを拒否する親がいる．そこでそのグループは，現在の新三種混合ワクチンに対する非科学的な拒否感を解明して，新三種混合ワクチン普及に貢献したいという意図の下に，そのプロトコルを作成した．

　そのプロトコルは，形式的には非常に整っていて，そのグループをリードした医師の優秀さを感じさせるものであった．しかし筆者は，このプロトコルには質的研究として，何か大きな違和感を感じた．けれどもその場では，それをうまく言語化

---

[1] そのグループは，その国出身で若いときに米国に移民し，米国で医師になった参加者によってリードされていた．
[2] 麻疹（measles），流行性耳下腺炎（おたふく風邪，mumps），風疹（rubella）の三種の生ワクチンを混合したもの．3つの頭文字をとって MMR と呼ばれている．ただし本書では，MMR は Mixed Methods Research の意で使用しているので，この略語は使わない．
[3] *The Lancet* の2018年8月現在のインパクトファクターは53.254できわめて高い．
[4] *The Lancet* は，撤回した他の論文と同様，この論文を，撤回（"RETRACTED"）と明記して表示している．https://www.thelancet.com/journals/lancet/article/PIIS0140-6736(97)11096-0/fulltext

できなかった。しかしその日のワークショップが終わってから，その違和感は，そのプロトコルが持つある大きな問題のためなのだと気づいた。そのため，そのことを，翌日のワークショップで参加者に伝えた。その問題とはこうである。

まず，この研究には，医学的・科学的に優れた問題意識と優れた研究意図があることは誰もが認めることであろう。しかし同時に，この研究における研究者の意図を多少強調して記述すると，それは，新三種混合ワクチンに対する母親たちの非科学的な拒否感の正体を明らかにして，それを根絶するための方法を見いだし，それによって大衆を教化・啓蒙し，病気の発生を減らそうということだと言える。そうだとすると，その背景には，研究対象となる人々の非科学性や医学的無知と，それを持つ人々に対する問題視や否定視があると言える。

しかし，このような問題意識を持つ研究者が，この研究の研究参加者のリクルートの際に行う「説明と同意」では，この研究をどう説明するのであろうか？　研究者が研究対象者に対して持っている，そのような問題視や否定視を隠して説明を行えば，それは研究目的の秘匿になり，一種の「だまし研究 deception research/study」になる。

いっぽう，そのような意図を明確に記述してリクルートを行った場合，それに応じる研究参加者がいるとは思えない。なぜなら，自分たちが正しいと思っていることを問題視し否定視する研究者に対して，協力しようとする研究参加者がいるとは思えないからである。仮に，なんらかの方法で，たとえば，権威勾配を背景として，あるいは誰か有力なゲートキーパーの紹介によって，研究参加者のリクルートには成功したとしても，その人達が，そのような研究者に対して，自分たちの本当の気持ちを語ってくれるとは筆者には思えない。そうであれば，そのような浅いデータから深い研究を行うことはできないのだから，この研究が成功するとは思えない。

## 2.2　質的研究は社会を変えるのかそれとも研究者を変えるのか

小田（2002）は，フリック（2002）の最後の解説の中で，質的研究について次のように述べる。

学問の世界だけで閉じずに，むしろ**他者にひらかれた姿勢**から出発する。言い換えると，**研究対象との対話**の中で自己を変えることをもいとわないのが質的研究だ。（中略）世界との間でこのようにしなやかに自己を変えていくことが質的研

究の強みであり，醍醐味でもある。（太字は原書通り）

　ここで小田が，「質的研究の強みであり醍醐味でもある」と言っているのは，研究対象者を変えていくことではなく，引用のように，研究者が自己を変えていくことである。しかもこの「醍醐味」をあらためて和英辞典で調べると，"real pleasure" とある。つまり，質的研究において，研究参加者との出会いと対話とを通して，自己を変えていくことこそが，研究者にとっての「真の喜び」であると述べているのである。そうだとすれば，研究を通じて自己を変えていくことができれば，それこそが質的研究者にとっての最大の収穫なのだと言えるかもしれない。

　筆者は質的研究の講演やセミナーで使うスライドの最後で，つねに，この小田のことばとともに，本書中でも一度記した自身の次のことばを示している。「質的研究は，研究者が研究参加者との関係において実施する自己変革のための社会実践である。」つまり質的研究は，相手を変えるために行うのではなく，あえて誤解を恐れずに言えば，自分が変わるために行うのである。

### 2.3　質的研究者のとるべき姿勢

　もちろん質的研究も長い目で見れば，社会を変革していくものである。しかし質的研究は，第一義的には，研究参加者や社会を変革するのではなく，研究参加者や社会へのいっそう深い理解を通して，研究者自身を変革するものである。そのようにして変革された研究者の中で，人々や社会に対する革新された理解が生じ，それを論文として示し，それを読んだ人々の中にも，革新が起こる。

　そのためには，研究者は，研究参加者を教化しようとしたり，啓蒙しようとしたり，ましてや騙したり裏切ったりするのではなく，研究参加者とその周囲の人々を，そしてそのような人々の構成する社会を，深く理解することをこそ，研究の目的とするべきである。研究対象となる人々が，いくら非科学的で不合理でも，そのような非科学性と不合理性の背景には，それらの人々なりの理由がある。そしてそのような不合理性はむしろ，人が人である以上，誰もが持つものであるはずである[5]。

---

[5] 筆者はよく冗談で「医療における質的研究の究極のリサーチ・クエスチョンは，「人はなぜ，健康に悪いと分かっていることをするのか？」であり，これを解明すればノーベル生理学・医学賞がもらえる」と言っているが，これは，あながち冗談ではなく，人間にとっての本質的な問いであると考えている。

だからそれは，研究対象となる人にだけでなく，他ならぬ研究者自身にも，なんらかの意味で備わっている特性であるはずである。たとえば医師ならば，たとえ医学的な不合理性は有していないとしても，他の面でそのような不合理性はいくらでも有している可能性がある。しかしひょっとすると，時には医学的な不合理性を自らの内に感じ，それに悩むこともあるかもしれない。第1章1節にあげた離島一人診療所の医師の，高齢女性に対する多剤処方の悩みは，まさにこのようなことではないだろうか。そうだとすれば，研究参加者のそのような不合理性を聴き取り，分析しながら，それを先行研究と照らし合わせるだけでなく，自らの内なる不合理性と照らし合わせ，重ね合わせることによってこそ，その不合理性の本質が見いだせるのではないか。

そしてそのような姿勢でのインタビューなら，研究者の側からも，「なるほど，自分の場合，そういうことは自分の専門領域では生じないと思っていますが，他の場面でなら，たしかに自分にもいくらでもありますねぇ。いや，自分の専門領域でもあるなぁ。詳しくは言えないけどたとえば……」などということばが，研究参加者に対して自然に発せられると思われる。そうだとすれば，そのような研究参加者の「理解」のためには，研究者は研究参加者に対して，そして自分自身に対して，つまり人間という存在に対して，謙虚で共感的 sympathetic, empathetic, compassionate であるべきであろう。そしてそのことが，研究者に対する研究参加者の信頼につながる。この信頼こそ，質的研究で最も重要なことの1つである。なぜなら，研究参加者は，研究者を信頼しなければ，本当の気持ちなど語ってくれないだろうからである。

### 2.4 質的研究の therapeutic な特性

筆者はこのように，ある研究が質的研究と言われるためには，質的なデータを扱い，質的な分析を行うだけでは不十分であると考えている。質的研究では，上記のように，社会の変革よりも理解を志向する姿勢があるべきであり，そしてそのような理解が，研究者自身に対する理解と並行または交差しながら進められるはずであり，そしてそのために，批判より共感を持って研究参加者に臨むべきである。Murray（2003）や Rossetto（2014）は，質的研究のインタビューは therapeutic な意味を持つべきであると述べているが，優れた研究は，研究参加者にとってだけでなく，研究者にとっても，therapeutic な意味を持つものだと筆者は考えている。

## 2.5 ではこのテーマではどうすれば質的研究として成立し得るのか

ところで上の新三種混合ワクチンについての研究には，医学的・科学的に優れた問題意識と優れた研究意図があることはすでに書いた。しかし同時に，研究参加者に対する姿勢に問題があると指摘した。では，その医学的・科学的に優れた問題意識と優れた研究意図を，質的研究としても優れた問題意識と優れた研究意図にするためにはどうしたらいいだろうか。つまり，これを実施するとしたら，どのような姿勢で研究をデザインし，実施するべきだろうか。それについて筆者の考えを述べる。

まず，研究参加者の有している非科学性の背景には，「大切な子どもを守りたい」という，親の切実で永遠の願いがあり，その根源は親の愛であるという認識があるべきである。まさにそれこそが，人間の長い歴史にわたって子どもを守り，子どもの健やかな成長を支えてきた。それはきわめて強く，親は時として，自らの命に代えても子どもを守る。そのような親の愛なくしては，今日の社会は成立していない。したがって，まずそのような，子どもを守りたいという，親の切実で永遠な願いと，そのすべての基盤である親の愛への，深い共感と敬意とがあるべきであろう。

その上で，「新三種混合ワクチンの拒否は非科学的であり，ひょっとしたら子どもを守ることにならないかもしれない」という認識を持ちながら，それでも拒否せざるを得ないということに，ジレンマや不安を抱いている親に，研究参加者になってもらうのである。「不合理だと思うが，なんらかの恐怖感などから来る強い拒否感がある。そのような自分自身の気持ちを自分でも解明し，その問題を自分でも解決したい。」そういう気持ちを持っている人に，研究参加者になってもらう。そして研究者は，合理的に研究を計画し実施する研究者としてではなく，自分自身の中にも不合理性を持つ人間として，そのような研究参加者に向き合い，つねにその自分自身の不合理性と突き合わせながら，それを解明していく。研究者と研究参加者がそのような関係性を持てるなら，それは教化でも啓蒙でもない。その時まさに，研究者と研究参加者は平等で互恵的な関係になる。その時に初めて，研究参加者は自分の本当の気持ちを，その深いところから，語ってくれるのではないだろうか。

なお，「はじめに」で書いたように，本書には，多くの方々の疑問が反映されている。とはいえ，それが本書ですべて解決されたわけではない。また，質的研究は急速に発展しているので，今後新しい疑問はいくらでも出て来る。しかし本書を通

じて質的研究について理解した読者は，今後，どのような質的研究が出てきても，それを自分で考え，自分で位置づけ，必要に応じて自分の研究に活用していけるものと考えている。本書がそのように活用されるとしたら，著者としてそれに勝る喜びはない。

# 謝　辞

　本書の背景には，たくさんの方々の存在がある。

　まず，筆者が世話役として 1995 年から継続してきた質的研究メーリングリストの参加者の皆様に感謝する。質的研究についての根本的な構造的理解は，このメーリングリストでの初期の大変活発な議論によって，筆者の中に形成され始めたものと認識している。

　また，筆者の大学院ゼミで質的研究について長年一緒に検討して来た大学院生と他専攻教員諸氏を含むその授業参加者に謝意を表す。このゼミは，いつの頃からか，無謀にも「国際水準での展開」を目標とすると標榜しており，いつどの国からどのような質的研究者が来て参加しても，その内容に満足するものでなければならないと言って，参加者に全力での真剣な参加を求めてきたが，そのような水準を支えて終始真摯な深い議論を可能にしてくれたのは，毎回の発表者を含む授業参加者である。

　また，筆者が指導委員として 2009 年から参加させて頂いている東京慈恵会医科大学「プライマリケア現場の臨床研究者の育成プログラム」の指導委員の先生方と参加者の医師の方々に感謝する。とくに，責任者の松島雅人先生（東京慈恵会医科大学総合医科学研究センター臨床疫学研究部部長（教授））は，筆者を指導委員として招いて下さるとともに，臨床疫学者の立場から，質的研究に対する根本的な疑念を隠さず，それを率直に投げかけ続けて下さった。このプログラムでの体験と松島先生からの質問は，筆者が量的研究との対比で質的研究を相対化し，量的研究と質的研究とを抱合した「研究」全体を俯瞰する視野を形成するための貴重な機会を与えて下さった。また，松島先生は，臨床・疫学研究についての筆者のあらゆる質問に答えて下さり，本書にもそれが反映している（しかしもちろん，臨床・疫学研究についての本書の記述に誤りがあれば，それは筆者の誤解によるものであり筆者の責任である）。

　筆者を非常勤講師として招聘して質的研究についての講義を担当させて下さった東京大学大学院教育学研究科，お茶の水女子大学大学院人間文化創成科学研究科，三重大学大学院医学系研究科，岡山大学大学院医歯薬学総合研究科，広島大学大学

院医歯薬学総合研究科，帝京平成大学大学院薬学研究科など（これらの中のいくつかは現在も継続している）の先生方とその授業の参加者にも謝意を表す。それらの場では，質的研究方法論を大学院の個々の目的に応じた授業内容として構成する機会を与えられた。

そしてさまざまな大学や組織からのご依頼によって百数十回以上開催してきた「質的研究と SCAT のセミナー・ワークショップ」，また「医療における質的研究のためのプロトコル作成セミナー・ワークショップ」の主催者とその参加者にも謝意を表する。何度も述べてきたように，本書の内容は，質的研究や SCAT についてのこれらの方々のたくさんの気づきや，これらの方々からの数え切れないほどのご質問について考え，それに答えた経験にもとづいて構成されている。

SCAT についてはとくに，SCAT のワークショップのアシスタントや副講師あるいは時に主講師を担当して下さった，錦織宏先生（名古屋大学），青松棟吉先生（佐久総合病院），安藤りか先生（名古屋学院大学），肥田武先生（一宮研伸大学）に，じつに多くを教えられた。これらの方々はみな，筆者以上の SCAT の熟達者であり，筆者以上の SCAT の指導者であることも記しておきたい。

また，ひとりひとりお名前をあげることはできないが，本書の土台となった研究を行うにあたっては，多くの研究者の方々にお世話になった。本書の内容の一部は，筆者がすでに発表した論文や報告を用いて構成されている。その主なものは本書の文献リストに掲げたが，こうした筆者の研究に関してこれまで様々なご意見をくださった方々にも感謝したい。

そして筆者が指導教員をつとめてきた学部卒論生，修論生，博士課程後期課程学生の論文指導からも多くを学んだ。個々の質的研究はいくつもの個別の問題に突き当たる。それをひとつひとつ，これらの学生と一緒に検討しながら克服してきたことは，筆者自身の質的研究修行の過程でもあった。「教うるは学ぶの半ば」という言葉がある。これは，教えるようになっても学びの半ばにいるのだとの戒めのことばなのであろうが，筆者にとっては，教えることこそが学ぶことに他ならなかった。

なお，上記の安藤，肥田の両氏にくわえて，筆者の大学院ゼミの参加者のうち近藤菜月，高橋まりなの両氏は，本書の草稿を読んでたくさんの意見を下さった。その指摘は本書に反映されている。

本書を執筆する上で筆者が心がけたのは，読者が消化しきれないほどの大量の引用にもとづく，衒学的な解説書にならないようにすることであり，そのこととその理由については，「はじめに」でも述べた。しかしそのように執筆しようと努めた

ことの背景には，筆者の学部・大学院を通じての恩師である小野慶太郎先生から，「いろいろな色紙(いろがみ)をたくさん貼ったようなものを書いてはならない」と教えられていたことがあるように思われる。小野先生に，「そうではない優れた仕事はあるのですか？」と質問したことがあるが，その時に即座に，九鬼周造の『「いき」の構造』（1930年）を例としてあげて下さった。この書は，京都大学西洋近世哲学史講座教授であった著者が，難解な哲学の概念をまったく使わずに，現象学の手法を用い，平易なことばで，じつに具体的で明晰な論考を展開したものである。もちろん本書を九鬼の書と並べるつもりなど毛頭ないが，本書をできるだけ平易なことばで具体的かつ明晰に著そうとした背景には，小野先生のそのようなご指導もあるのではないかと思われる。また，小野先生のご提案とご指導で実施した，ハイデッガーの『存在と時間』の原書講読の大学院ゼミでは，質的研究の背景となる現象学的な見方と思考方法を獲得する機会を与えられた。小野先生からはそれだけでなく，そもそも，思考するとは何か，追究するとは何かを教えられた。また何より，誰のものでもない自分自身の問いをつねに問い続けることを教えられた。

そして，『学術書の編集者』（慶應義塾大学出版会，2016年）の著者でもあり，執筆者の間では，なかなか脱稿しない執筆者の夢枕に立つとさえ言われるベテラン編集者である名古屋大学出版会の橘宗吾編集部長は，本書の出版を筆者に提案して下さったうえ，名古屋大学学術図書出版助成金を申請して取得することを勧めて下さった。また，「先生ほど書かない人は珍しい」と言いながら，辛抱強く原稿を待って下さったうえ，本書のさまざまな点について有益な指摘をして下さった。そのこともここに記し，深い反省とともに深い謝意を表する次第である。加えて，再校の段階から本書の編集に参加し，精緻な検討で本書を完成に至らせて下さった同出版会の三原大地氏にも謝意を表する。

最後に，筆者を好きな道に進ませてくれ，応援してくれた両親と，つねに筆者を支え続けてくれ，時に導いてくれる妻と2人の娘に，この場を借りて礼を述べたい。

なお，本書は，名古屋大学学術図書出版助成金を受けて出版されたものであることを記す。

2019年3月

著　者

# 文献リスト

**邦文文献**（五十音順）

青松棟吉（2016）「懸田賞受賞者によるリレー・エッセイ：平成 27 年度受賞（第 22 号）」『医学教育』47(5). 322-325

青松棟吉／大谷　尚　司会：西城卓也（2014）「座談会：医学教育研究における研究倫理」『医学教育』45(4). 249-274

秋山孝正／井ノ口弘昭（2011）「深層心理分析のための知的情報処理を用いたバウムテスト評価システム」第 27 回ファジィシステムシンポジウム

浅川朋宏／川畑秀伸／村上　学／木佐健悟／大島寿美子／寺下貴美／小野寺慧洲／大滝純司（2014）「医療資源の縮小を経験した地域住民の思い―北海道の一地方都市を事例にした医療の合理化に関する探索的研究―」『日本プライマリ・ケア連合学会誌』37(3). 249-253

朝倉隆司（2015）「質的研究論文の書き方のヒント」『日本健康相談活動学会誌』10(1). 13-20

アトキンソン, R. 著．塚田　守訳（2006）『私たちの中にある物語―人生のストーリーを書く意義と方法―』ミネルヴァ書房

アリエス, P. 著．杉山光信／杉山恵美子訳（1980）『〈子供〉の誕生―アンシァン・レジーム期の子供と家族生活―』みすず書房

アングロシーノ, M. V. ／キンバリー, A. ／デ・ペレス, M. 著．大谷　尚訳（2006）「観察を再考する―方法から文脈へ―」．デンジン, N. K. ／リンカン, Y. S. 編．平山満義監訳　大谷　尚／伊藤　勇編訳『質的研究ハンドブック 3 巻　質的研究資料の収集と解釈』北大路書房．69-97

安藤りか（2014）「頻回転職の意味の再検討―13 回の転職を経たある男性の語りの分析を通して―」『質的心理学研究』13. 6-23

安藤りか（2015）「現代における転職の意味の探究―善財童子キャリアモデルの構成―」名古屋大学大学院教育発達科学研究科．博士（教育学）学位論文

安藤りか（2019）『転職の意味の探究―質的研究によるキャリアモデルの構成―』北大路書房

伊賀光屋（2014）「解釈的現象学的分析（IPA）の方法論」『新潟大学教育学部研究紀要　人文／社会科学編』6(2). 169-192

石居　進（1975）『生物統計学入門―具体例による解説と演習―』培風館

石谷清幹（1977）『工学概論（増補版）』コロナ社

石川かおり／葛谷玲子（2013）「精神科ニューロングステイ患者を対象とした退院支援における看護師の困難」『岐阜県立看護大学紀要』13(1). 55-66

伊勢田哲治（2006）「理論負荷性」．大庭／井上／加藤／川本／神崎／塩野谷／成田（編集委員）『現代倫理学事典』弘文堂

伊藤毅志／松原　仁（2013）「羽生善治氏の研究（〈特集〉一人称研究の勧め）」『人工知能学会誌』28(5). 702-712

伊藤哲司（2010）「質的研究シリーズ「質」とは何か―「関わる知」と質的研究―」『感性工学』10(1). 45-47

井上久祥／松居辰則（2001）「準記号処理アプローチからの教育利用」．岡本敏雄編著『インターネット時代の教育情報工学 2　ニュー・テクノロジー編』第 9 章．森北出版．288-319

今田水穂（2009）「日本語名詞述語文の意味論的・機能論的分析」筑波大学人文社会科学研究科文芸・言語専攻応用言語学領域．博士（言語学）学位論文

今村和宏（2005）「上級日本語教育における「動き」―意味を伝達し記憶を定着させる効果―」．松岡　弘／五味正信編著『開かれた日本語教育の扉』スリーエーネットワーク

岩倉　希／越智啓太（2007）「目撃者の年齢が信頼性認知に及ぼす効果」日本社会心理学会第48回大会　ポスター発表 11-22

植木幸広／久保田善彦（2011）「振り子の学習における理論負荷性―実験数値の比較から―」『日本科学教育学会年会論文集』35. 383-384

上野千鶴子（2009）『セクシィ・ギャルの大研究―女の読み方・読まれ方・読ませ方―』岩波書店

老松克博（1997）『漂泊する自我―日本的意識のフィールドワーク―』新曜社

大久保功子（2016）「IV．主な質的研究と研究手法［4］現象学」．グレッグ美鈴／麻原きよみ／横山美江編（2016）『よくわかる質的研究の進め方・まとめ方―看護研究のエキスパートをめざして―（第II版）』医師薬出版

大谷　尚（1993）「学校教育におけるコンピュータ利用を対象としたエスノメソドロジカルな研究手法の開発」平成5年度～7年度科学研究費補助金一般研究（C）研究成果報告書

大谷　尚（1995）「コンピュータを用いた授業を対象とする質的研究の試み」『日本教育工学雑誌』18(3/4). 189-197

大谷　尚（1996）「コンピュータは教室に何をもたらすか―コンピュータを用いた授業を対象とした観察研究と分析の必要性―」．日本教育方法学会編『戦後50年，いま学校を問い直す（教育方法25）』明治図書．129-139

大谷　尚（1997a）「教育工学からみた質的授業研究」．平山満義編『質的研究法による授業研究―教育学・教育工学・心理学からのアプローチ―』第1章．北大路書房．123-181

大谷　尚（1997b）「インターネットは学校教育にとってトロイの木馬か―テクノロジーの教育利用と学校文化―」『学習評価研究』29. 42-49

大谷　尚（1999）「教育実践研究における「研究仮説」設定の問題の検討」『日本教育工学会第15回大会講演論文集』291-292

大谷　尚（2000）「教育実践研究における「研究仮説」を考える」『IMETS』財団法人才能開発教育研究財団．4(136). 62-65

大谷　尚（2001）「インターネットの教室利用をさまたげるものは何か―テクノロジー vs. 教授・学習文化―」『日本教育工学第17回大会講演論文集』17-18

大谷　尚（2003）「行動目標による「本時の目標」の記述とその「痕跡表現」について―教育現場における教育工学的な考え方の受容・排除・文化変容のプロセスの検証―」『日本教育工学会第19回大会講演論文集』821-822

大谷　尚（2004）「教育工学を専門とする教師のライフヒストリー研究」『日本教育工学会第20回大会講演論文集』573-574

大谷　尚（2008a）「4ステップコーディングによる質的データ分析手法SCATの提案―着手しやすく小規模データにも適用可能な理論化の手続き―」『名古屋大学大学院教育発達科学研究科紀要（教育科学）』54(2). 27-44

大谷　尚（2008b）「学校文化と「神神の微笑モデル」―テクノロジーと教授・学習文化とのコンフリクト―」．無藤　隆／麻生　武編『質的心理学講座』第1巻第9章．東京大学出版会．233-266

大谷　尚（2008c）「質的研究とは何か―教育テクノロジー研究のいっそうの拡張をめざして―」『教育システム情報学会誌』25(3). 340-354

大谷　尚（2011）「SCAT : Steps for Coding and Theorization―明示的手続きで着手しやすく小規模データに適用可能な質的データ分析手法―」『感性工学』10(3). 155-160

大谷　尚（2013a）「医療コミュニケーションへのアプローチとしての質的研究手法の機能と意

義」『これからの医療コミュニケーションへ向けて』I-3 章．篠原出版．32-50
大谷　尚（2013b）「私には夢がある―量的研究と質的研究を包括した研究認識論の創造のために―」『質的心理学フォーラム』5. 93-94
大谷　尚（2016a）「質的研究とは何か―その意義と方法―」『日本歯科医師会雑誌』68(12). 15-24
大谷　尚（2016b）「質的研究とは何か―実践者に求められるその本質的で包括的な理解のために―」『学校健康相談研究』13(1). 2-13
大谷　尚（2017a）「質的研究とは何か」『薬学雑誌』137(6). 653-658
大谷　尚（2017b）「質的研究はどのように進めれば良いのか―しばしばなされる質問にもとづいたいくつかの具体的なガイド―」『学校健康相談研究』14(1). 4-12
大谷　尚／松原伸一（1984）「出現語の頻度分布にもとづく授業の特徴化について」『電子通信学会教育技術研究報告』ET-84-8. 1-6
大橋淳子（2017）「動物園における動物との接触体験を通して子どもは何を語るのか？―母親への子の語りの分析―」『博物館学雑誌』42(2). 31-44
大淵憲一（2005）「対人葛藤における消極的解決方略―新しい対人葛藤スタイル尺度の開発に向けて―」『東北大学文学研究科研究年報』55. 1-78
岡　知史／Ian Shaw（2000）「質的調査研究法」http://pweb.sophia.ac.jp/oka/papers/2000/qrswj/qrswj4.pdf（2018 年 12 月 17 日閲覧）
岡村　純（2004）「質的研究の看護学領域への展開―社会調査方法論の視点から―」『沖縄県立看護大学紀要』5. 3-15
沖浦和光（2004）『幻の漂泊民・サンカ』文藝春秋
小田博志（2002）「解説」．フリック，U. 著．小田博志／山本則子／春日　常／宮地尚子訳（2002）『質的研究入門―〈人間の科学〉のための方法論―』春秋社
オルポート，G. W. 著．福岡安則訳（2017）『質的研究法』弘文堂
オレセン，V. L. 著．臼井雅美訳（2006）「ミレニアムに向けたフェミニズムと質的研究」．デンジン，N. K.／リンカン，Y. S. 編　平山満義監訳　岡野一郎／古賀正義編訳『質的研究ハンドブック 1 巻　質的研究の眺望とパラダイム』北大路書房．193-222
抱井尚子（2015）『混合研究法入門―質と量による統合のアート―』医学書院
梶原倫代／星　直子（2013）「ドキュメンタリー番組において描かれた看護師の表象と専門性に関する研究　第 1 報」『日本看護科学学会学術集会講演集 33$^{rd}$』486
勝野とわ子（2003）「看護学領域における質的研究方法について」『広島大学保健学ジャーナル』2(2). 1-3
金子兜太（1972）『定住漂泊』春秋社（ただしこの論文への引用部分は 2006 年 9 月 13 日付の asahi.com「ニッポン人脈記」『出世を拒絶 さすらう心』での加藤明によるインタビュー）
萱間真美（2013）『質的研究のピットフォール―陥らないために／抜け出るために―』医学書院
苅谷剛彦他（1997）「研究理論と調査法―「質対量」論争 を越えて―（座談会）」．北澤　毅／古賀正義編『〈社会〉を読み解く技法―質的調査法への招待―』福村出版．177-178
河合隼雄（1995）『ユング心理学と仏教』岩波書店
河合隼雄（1999）『「日本人」という病』潮出版社
河合隼雄（2003）「解説―華厳経の魅力」．海音寺潮五郎『人生遍路 華厳経』河出書房新社．27-223
川上郁雄（2010）『私も「移動する子ども」だった―異なる言語の間で育った子どもたちのライフストーリー―』くろしお出版
川口孝泰／小西美和子／山口桂子他（2000）「学会誌掲載論文からみた今後の看護研究活動の

課題―学術学会 2 誌の比較・分析より―」『日本看護研究学会雑誌』23(4). 85-91
河田真理（2014）「キリスト教ワーシップダンスにみる両義性―踊り手の内的体験と相互行為に着目して―」お茶の水女子大学大学院人間文化創成科学研究科比較社会文化専攻．博士（学術）学位論文
川端　亮（2003）「宗教の計量的分析―真如苑を事例として―」大阪大学大学院博士（人間科学）学位論文
河原純一郎（2010）「日本国内の現状調査」．河原純一郎／坂上貴之編著『心理学の実験倫理―「被験者」実験の現状と展望―』第 5 章．勁草書房．155-197
神原一之（2016）「教授単元開発を通してみたある数学経験教師の専門的知識に関する記述的研究―自己エスノグラフィーによる分析と教授単元開発過程 2 元分析表の開発を通して―」『数学教育学研究』22(2). 97-107
ギアーツ，C. 著．吉田禎吾他訳（1987）「厚い記述―文化の解釈学的理論をめざして―」『文化の解釈学 I』岩波書店（Cliford Geetz（1973）"Thick Description: Toward an Interpretive Theory of Culture". In *The Interpretation of Cultures : Selected Essays*. Basic Books, 3-30）
工藤与志文（2016）「塩は水にとけない―理科実験における「観察の理論負荷性」―」『教授学習心理学研究』12(1). 10-20
倉林眞砂斗（1996）「倭人社会の文字」．西野嘉章編『歴史の文字―記載・活字・活版―』東京大学総合研究博物館
グリーンハル，T.／ハーウィッツ，B. 著．斎藤清二／岸本寛史／山本和利訳（2001）『ナラティブ・ベイスト・メディスン―臨床における物語りと対話―』金剛出版
栗原　侑（2016）『ビジネスパーソンのための文章構成法』中央公論事業出版
グレイザー，B. G.／ストラウス，A. L. 著．後藤　隆／大出春江／水野節夫訳（1996）『データ対話型理論の発見―調査からいかに理論をうみだすか―』新曜社
クレスウェル，J. W.／プラノ クラーク，V. L. 著．大谷順子訳『人間科学のための混合研究法―質的・量的アプローチをつなぐ研究デザイン―』北大路書房
グレッグ美鈴（2016）「V. 質的研究を論文にまとめる時の留意点」．グレッグ美鈴／麻原きよみ／横山美江編著（2016）『よくわかる質的研究の進め方・まとめ方―看護研究のエキスパートをめざして―（第 II 版）』医歯薬出版
黒田真生（2017）「薬剤師のための EBM お悩み相談所―基礎から実践まで 質的分析の具体例― SCAT について」https://ameblo.jp/intelligent-pharmacist/entry-12246793469.html（2018 年 11 月 23 日閲覧）
黒田裕子（2015）『看護診断のためのよくわかる中範囲理論（第 2 版）』学研メディカル秀潤社
慶應義塾大学文学部教育学専攻山本研究会（2009）「浮世絵に見る「子どもの発見」」2009 年度山本ゼミ共同研究報告書
ケミス，S.／マクタガート，R. 著．関口康広訳（2006）「参加型アクションリサーチ」．デンジン，N. K.／リンカン，Y. S. 編　平山満義監訳　藤原顕編訳『質的研究ハンドブック 2 巻 質的研究の設計と戦略』北大路書房．229-264
コービン，J.／ストラウス，A. 著．操　華子／森岡　崇訳（2012）『質的研究の基礎―グラウンデッド・セオリー開発の技法と手順―（第 2 版）』医学書院（Corbin, J. M., & Strauss, A. L.（1998）*Basics of Qualitative Research : Techniques and procedures for developing grounded theory*, 3rd ed., SAGE Publications）
児島　明（2006）『ニューカマーの子どもと学校文化―日系ブラジル人生徒の教育エスノグラフィー―』勁草書房
コッホ，C. 著．林　勝造／国吉政一／一谷　彊訳（2007）『バウム・テスト―樹木画による人格診断法―』日本文化科学社

後藤惠子（2009）「薬学領域における質的研究の可能性」第2回日本ファーマシューティカルコミュニケーション学会／シンポジウム．2009年1月11日，東京理科大学九段校舎

後藤道夫（1991）「科学者や技術者の創造的な活動に伴う感動を伝える工夫―第1回「中学・高校生のための科学実験講座」からの報告―」『物理教育学会誌』39(4)．296-298

小林隆児／西　研編（2015）『人間科学におけるエヴィデンスとは何か―現象学と実践をつなぐ―』新曜社

近藤百玲（2016）「主体的問題解決のための思考過程の解明の試み―自己エスノグラフィを通した探索的検討―」名古屋大学大学院教育発達科学研究科教育科学専攻『教育論叢』59．19-34

近藤菜月（2018）「社会変動と行為者―「革命」期のガーナ農村部における民衆運動を事例として―」名古屋大学大学院国際開発研究科国際開発専攻．博士（学術）学位論文

サーメリアン，L. 著．西前　孝訳（1989）『小説の技法―視点・物語・文体―』旺史社

戈木クレイグヒル滋子（2006）『グラウンデッド・セオリー・アプローチ―理論を生みだすまで―』新曜社

戈木クレイグヒル滋子（2014）「グラウンデッド・セオリー・アプローチ概論」『Keio SFC journal』14(1)．30-43

斎藤清二（2011）『ナラエビ医療学講座―物語と科学の統合を目指して―』北大路書房

斎藤清二（2014）『関係性の医療学―ナラティブ・ベイスト・メディスン論考―』遠見書房

斎藤清二（2016）『医療におけるナラティブとエビデンス―対立から調和へ―（改訂版）』遠見書房

斎藤清二／岸本寛史（2003）『ナラティブ・ベイスト・メディスンの実践』金剛出版

斉藤康洋／尾藤誠司（2006）「高齢患者の"延命治療"に対する家族の意思決定プロセスに関する探索調査」家庭医療学会第21回日本家庭医療学会学術集会・総会

佐伯春恵（2010）「立岩遺跡出土「清白鏡」及び銘文に関する一考察―「楚辞」「九弁」の引用を手がかりに―」『筑紫女学園大学・短期大学部人間文化研究所年報』21．361-374

定延利之（2011）『日本語社会のぞきキャラくり』三省堂

サンデロウスキー，M. 著．谷津裕子／江藤裕之訳（2013）『質的研究をめぐる10のキークエスチョン―サンデロウスキー論文に学ぶ―』医学書院

柴田淑枝（1996）「ウェイソンの4枚カード課題に関する研究のレビュー」『名古屋大学教育学部紀要（教育心理学科）』43．243-253

シャイン，E. G. 著．金井壽宏訳（2003）『キャリア・アンカー―自分のほんとうの価値を発見しよう―』白桃書房

シャロン，R. 著．斎藤清二／岸本寛史／宮田靖志／山本和利訳（2011）『ナラティブ・メディスン―物語能力が医療を変える―』医学書院

シュワント，T. A. 著．伊藤　勇／徳川直人／内田　健監訳（2009）『質的研究用語事典』北大路書房

白井裕子（2006）「男子生徒の出現で女子高生の外見はどう変わったか―母校・県立女子高校の共学化を目の当たりにして―」『女性学年報』27．51-69

シルヴァーマン，D. 著．大谷　尚訳（2006）「発話とテクストを分析する」．デンジン，N. K.／リンカン，Y. S. 編．平山満義監訳　大谷　尚／伊藤　勇編訳『質的研究ハンドブック3巻　質的研究資料の収集と解釈』北大路書房．211-224

住　政二郎（2011）「質的研究の科学性に関する一考察」『外国語教育メディア学会（LET）関西支部メソドロジー研究部会2010年度報告論集　より良い外国語教育研究のための方法』30-44

諏訪正樹（2015）「まえがき」「一人称研究だからこそ見出せる知の本質」．諏訪正樹／堀　浩

一編『一人称研究のすすめ―知能研究の新しい潮流―』近代科学社．3-44
田浦俊春／永井由佳里（2011）「デザイン学の課題と研究方法―未来・理想・構成の視点から―」『認知科学』17(3)．389-402
高尾　隆（2010）「演劇教育研究の方法論の現在―演劇教育研究の質的方法化と質的研究のパフォーマンス化の接点で―」『演劇学論集』50．61-77
高木廣文（2016）「質的研究における科学性とテクスト解釈の問題について」『国際医療福祉大学学会誌』21(2)．1-6
高橋雅春／高橋依子／西尾博行（2007）『ロールシャッハ・テスト解釈法』金剛出版
武田裕子（2016）「海外論文紹介　医学教育研究に不可欠な"概念的枠組み（conceptual frameworks）" Review: "Conceptual frameworks to illuminate and magnify" by Georges Bordage. Medical Education 2009 ; 43 : 312-319」『医学教育』47(5)．326-327
田中孝治／水島和憲／仲林　清／池田　満（2015a）「営業実習週報の質的分析による新入社員と指導員の相互作用のモデル化の試み」『知識共創』5．1-7（III5）
田中孝治／水島和憲／仲林　清／池田　満（2015b）「新入社員の経験学習と指導員によるその支援―営業実習週報の質的分析―」『日本教育工学会研究報告集』JSET15(1)．137-142
田中孝治／水島和憲／仲林　清／池田　満（2017）「営業実習の週報から見る新入社員の学び方の学びと指導員によるその支援―質的データ分析手法 SCAT を用いた一事例分析―」『日本教育工学会論文誌』41(1)．1-12
田中晶子（2006）「子どもの証言の信憑性―事前情報としての知識と尋問方法の影響について―」『四天王寺国際仏教大学紀要』43．49-62
谷井淳一／大谷　尚／無藤　隆／杉森伸吉／山川法子／坂本將暢（2009）「劇指導者はいかにして子どもたちの想像力を引き出すのか」『ルーテル学院研究紀要』42．17-32
谷井淳一／大谷　尚／無藤　隆／杉森伸吉／山川法子／坂本將暢（2010）「子ども対象の表現活動効果測定尺度の作成と尺度を用いての演劇ワークショップの評価」『ルーテル学院研究紀要』43．49-62
田柳恵美子／平田圭二／竹川佳成／椿本弥生（2014）「音楽演奏熟達化研究への一人称的物語記述手法の導入」『知識共創』4．III5-1-III5-10
鶴　久（1986）「古代の表記法について―比較文化・文学の視点から―」『和漢比較文学叢書　第二巻　上代文学と漢文学』和漢比較学会．235
寺沢拓敬（2015）「英語教育学における質的研究の難しさマジメな書き物」http://d.hatena.ne.jp/TerasawaT/20150415/1429054844（2018 年 12 月 10 日閲覧）
寺下貴美（2011）「第 7 回　質的研究方法論―質的データを科学的に分析するために―」『日本放射線技術学会雑誌』67(4)．413-417
デンジン，N.K.／リンカン，Y.S. 編．平山満義監訳（2006）『質的研究ハンドブック 1-3 巻』北大路書房
豊田秀樹／秋田喜代美／無藤　隆（2011）「質的研究の理論的サンプリングにおける理論的飽和度」『日本教育心理学会総会発表論文集』53(0)．624-625
仲真紀子（2010）「北大司法面接ガイドライン」http://nichdprotocol.com/guidelinesjapanese.pdf（2016 年 4 月閲覧）
中山健夫（2009）「臨床疫学の進め方と読み方」『アレルギー』58(1)．14-18
中山健夫（2010）「エビデンス―つくる・伝える・使う―」『体力科学』59(3)．259-268
西　智弘／森　雅紀／松本禎久／佐藤恭子／上元洵子／宮本信吾／三浦智史／厨芽衣子／中野貴美子／佐藤一樹／下井辰徳／田上恵太／江角悠太／坂井大介／古川孝広／森田達也（2013）「緩和ケア医を志す若手医師の教育・研修に関連したニーズ―質的研究の結果から―」Palliative Care Research. 8(2)．184-191

西谷　正（1991）「日本古代の器に刻まれた初期の文字」『九州文化史研究所紀要』36. 61-85
日経メディカル（2013）「がん診療 UP TO DATE　第Ⅱ章　がん診療における EBM と臨床試験　3. 臨床試験の倫理，法的規制（3）臨床試験登録制度」https://medical.nikkeibp.co.jp/leaf/all/canceruptodate/utd/201310/533243.html（　）
日本心理学会倫理委員会（2009）「公益社団法人日本心理学会倫理規定」公益社団法人日本心理学会
能智正博（2011）『臨床心理学をまなぶ 6　質的研究法』東京大学出版会
野川道子（2016）『看護実践に活かす中範囲理論（第 2 版）』メヂカルフレンド社
野村佳代／村田惠子（2003）「ハイリスク治療計画への意思決定における子どもの参加への親の関わりの過程—造血幹細胞移植事例を通して—」『日本看護科学会誌』23(1). 57-66
パーソンズ，T.／ベールズ，R. F. 著．橋爪貞夫／溝口謙三他訳（2001）『家族—核家族と子どもの社会化—』黎明書房
ハイデッガー，M. 著．細谷貞雄／船橋　弘／亀井　裕訳（1995）『存在と時間（上下）』理想社
橋本公雄／徳永幹雄（2000）「スポーツ競技におけるパフォーマンスを予測するための分析的枠組みの検討」『健康科学』22. 121-128
蓮間英希／大島民旗／鈴木昇平／石井大介／中山明子／花房徹郎／野口　愛／玉井友里子／長哲太郎／松田　紫（2012）「笑いがとれる外来とは何か」第 3 回日本プライマリ・ケア連合学会学術大会
林知己夫（1976）「心理学にとって数量化とは何か」『科学基礎論研究』13(1). 9-14
樋口耕一（2014）『社会調査のための計量テキスト分析—内容分析の継承と発展を目指して—』ナカニシヤ出版
日野原重明（2014）「未来の医学の中の内科学の位置づけ（第 111 回日本内科学会講演会特別講演）」『日本内科学会雑誌』103(9). 2222-2227
ヒューマンアカデミー（2018）『日本語教育能力検定試験 分野別用語集』翔泳社
平井明代（2013）「質的研究—基礎：定義・特徴・量的研究との比較他—」筑波大学人文社会科学研究科現代語・現代文化専攻平井明代研究室 SLAA 研究会（Second Language Acquisition and Assessment Research Group）．http://www.u.tsukuba.ac.jp/~hirai.akiyo.ft/meeting13.files/SLAA2013829.pdf（2018 年 12 月 11 日閲覧）
ファイン，M.／ワイス，L.／ウィシーン，S.／ウォン，L. 著．徳川直人訳（2006）「誰のために—質的研究における表象・代弁と社会的責任—」．デンジン，N. K.／リンカン，Y. S. 編．平山満義監訳　岡野一郎／古賀正義編訳『質的研究ハンドブック 1 巻　質的研究の眺望とパラダイム』北大路書房．87-114
福士元春／名郷直樹（2011）「指導医は医師臨床研修制度と帰属意識のない研修医を受け入れられていない—指導医講習会における指導医のニーズ調査から—」『医学教育』42(2). 65-73
福士元春／名郷直樹（2012）「研修医は医療行使をすべきか悩み，誘導する—ポートフォリオ相談事例の質的分析から—」『日本プライマリ・ケア連合学会誌』35(3). 209-221
福原俊一（2008）『リサーチ・クエスチョンの作り方』人健康医療評価研究機構
藤田広一（1969）『基礎情報理論』昭晃堂
藤田広一（1975）『教育情報工学概論』昭晃堂
舟島なをみ（1999）『質的研究への挑戦』医学書院
フリック，U. 著．小田博志／山本則子／春日　常／宮地尚子訳（2002）『質的研究入門—〈人間の科学〉のための方法論—』春秋社
フリック，U. 著．小田博志監訳（2011）『新版 質的研究入門—〈人間の科学〉のための方法

論―』春秋社
ブルーナー，J. S. 著．鈴木祥蔵／佐藤三郎訳（1986）『教育の過程』岩波書店
ポープ，C.／メイズ，N. 著．大滝純司監訳（2008）『質的研究実践ガイド―保健・医療サービス向上のために―』医学書院（Pope, C. / Mays, N. (2001) *Qualitative Research in Health Care*. BMJ Books）
星　直子（2004）『子どもの病気・障害経過における「夫婦の体験」に関する研究』（シリーズ「看護と社会」研究選書 2）こうち書房
星　直子（2013）「質的データとして「手記（体験記）」の検討」『聖マリア学院大学紀要』4. 3-10
星　直子／井上ひとみ（2012）「質的データとして，「手記・体験記」を活用する」『日本看護科学学会学術集会講演集』32nd. 173
ポパー，K. R. 著．大内義一／森　博訳（1971）『科学的発見の論理 上』恒星社厚生閣
ポパー，K. R. 著．大内義一／森　博訳（1972）『科学的発見の論理 下』恒星社厚生閣
マクレオッド，J. 著．下山晴彦監修　谷口明子／原田杏子訳（2007）『臨床実践のための質的研究法入門』金剛出版
正木朋也／都谷喜一郎（2006）「エビデンスに基づく医療（EBM）の系譜と方向性―保健医療評価に果たすコクラン共同計画の役割と未来―」『日本評価研究』6(1). 3-20
増永悦子／大谷　尚（2013）「がん患者遺族ボランティアによる語りの分析―緩和ケア病棟でボランティアをする意味の解明―」*Palliative Care Research*. 8(2). 351-360
三浦雅弘（2003）「モデルとは何か？」『応用社会学研究』45. 45-53
見田宗介（1965a）「「質的」なデータ分析の方法論的な諸問題」『社会学評論』15(4). 79-80
見田宗介（1965b）「現代における不幸の諸類型―〈日常性〉の底にあるもの―」『現代日本の精神構造』弘文堂（新版 1984 では「現代における不幸の諸型態とその社会基盤の分析」）
宮崎　勝／門脇　孝（2013）「臨床研究の信頼性確保と利益相反の管理に関する緊急対策」http://www.univ-hosp.net/guide_cat_02_5.pdf.（2018 年 12 月 16 日閲覧）
三代純平（2014）「セカンドキャリア形成へ向けた文化資本としての日本語―スポーツ留学生のライフストーリーから―」『言語文化教育研究』12. 221-240
三代純平（2015）「「グローバル人材」になるということ―モデル・ストーリーを内面化することのジレンマ―」．三代純平編『日本語教育学としてのライフストーリー―語りを聞き，書くということ―』くろしお出版
武藤香織（2016）「研究倫理の考え方―信頼性確保に向けて―」平成 27 年度医薬品評価委員会臨床評価部会総会
モル，A. 著．浜田明範／田口陽子訳（2016）『多としての身体―医療実践における存在論―』水声社（Mol, A. (2002) *The Body Multiple : Ontology in Medical Practice*. Duke University Press）
モル，A. 著．深海菊絵訳（2011）「理論とは何か」『くにたち人類学研究』6. 74-81
文部科学省科学技術・学術審議会学術分科会（2009）「人文学及び社会科学の振興について（報告）―「対話」と「実証」を通じた文明基盤形成への道―」
文部科学省・厚生労働省（2021）（2022 一部改正）「人を対象とする生命科学・医学系研究に関する倫理指針」
文部省（1975）『カリキュラム開発の課題―カリキュラム開発に関する国際セミナー報告書―』大蔵省印刷局
柳井晴夫／繁枡算男／前川眞一／市川雅教（1990）『因子分析―その理論と方法―』朝倉書店
山川法子（2007）「大人から高い評価を受ける子に対する「よい子」の観点からの再検討の必要性―演劇・音楽活動ワークショップ参加児童を事例とする分析と検討を通して―」『教

育方法学研究』32. 13-24
山川法子／大谷　尚／谷井淳一（2007）「演劇・音楽活動ワークショップ参加児童の「よい子」行動の分析―学校外活動は「よい子」行動を緩和するか強化するか―」『国立オリンピック記念青少年総合センター研究紀要』7. 15-27
やまだようこ編（2000）『人生を物語る―生成のライフストーリー―』ミネルヴァ書房
山元淑乃（2017）「アニメ視聴を契機とした日本語習得を通した発話キャラクタの獲得過程に関する事例研究―フランス移民二世 C の語りの質的分析から―」『言語文化教育研究』15. 129-152
山元淑乃（2018）「第二言語習得に伴うキャラクタの獲得過程とその背景―3 人のライフストーリーの SCAT による分析―」名古屋大学大学院教育発達科学研究科教育マネジメントコース．博士（教育）学位論文
吉川弘之（1979）「一般設計学序説」『精密機械』45 (8). 20-26
吉川弘之（1981）「一般設計過程」『精密機械』47 (4). 19-24
リチャーズ，L. 著．大谷順子／大杉卓三訳（2009）『質的データの取り扱い』北大路書房（Richards, L. (2009) *Handling Qualitative Data*. SAGE Publications）
リンカン，Y. S.／デンジン N. K. 著．平山満義訳（2006）「質的研究の第 7 期：過去からの脱出」．デンジン，N. K.／リンカン，Y. S. 編．平山満義監訳　岡野一郎／古賀正義編訳『質的研究ハンドブック 1 巻　質的研究の眺望とパラダイム』北大路書房．337-356
レボヴィッツ，M. 著．菊池道子／溝口純二訳（2002）『投映描画法の解釈―家・木・人・動物―』誠信書房
渡邉総子（2015）『グローバル化の中の日本型経営―ポスト市場主義の挑戦―』同文舘出版
渡辺　博（1998）「理論負荷性」．廣松／子安／三島／宮本／佐々木／野家／末木編『岩波哲学・思想事典』岩波書店
渡辺文夫／菊地章夫（1980）「Etic-Emic 論と異文化間心理学」『福島大学教育学部論集』32 (3). 63-68

**欧文文献**（アルファベット順）

Agar, M. / MacDonald, J. (1995) Focus Groups and Ethnography. *Human Organization*. 54 (1). 78-86
Altheide, D. L. (2009) Tracking discourse and qualitative document analysis. *Poetics*. 27 (4). 287-299
Altheide, D. L. / Schneider, C. J. (2013) Chapter 3　Process of Qualitative Document Analysis. *Qualitative Media Analysis*. SAGE Publication
Anderson, C. (2010) Presenting and Evaluating Qualitative Research. *American Journal of Pharmaceutical Education*. 74 (8). 1-7
Aomatsu, M. / Otani, T. / Tanaka, A. / Ban, N. / van Dalen, J. (2013) Medical students' and residents' conceptual structure of empathy : a qualitative study. *Education for Health*. 26. 4-8
Arroll, B. / Alrutz, S. / Moyes, S. (2014) An exploration of the basis for patient complaints about the oldness of magazines in practice waiting rooms : cohort study. *BMJ*. 349
Barone, T. / Eisner, E. W. (2011) *Arts Based Research*. SAGE Publications
Bartunek, J. M. / Loius, M. R. (1996) *Insider / Outsider Team Research*. SAGE Publications
Berelson, B. (1952) *Content Analysis in Communication Research*. The Free Press
Bernard, H. R. / Gravlee, C. C. eds. (2015) *Handbook of Methods in Cultural Anthropology* (2nd ed.). Rowman & Littlefield
Blumer, H. (1969) *Symbolic Interactionism*, Prentice-Hall
Bordage, G. (2009) Conceptual frameworks to illuminate and magnify. *Medical Education*. 43. 312-319
Bowen, G. A. (2009) Document Analysis as a Qualitative Research Method. *Qualitative Research*

*Journal.* 9(2). 27-40

Butts, J. B. / Rich, K. L. (2015) *Philosophies and Theories for Advanced Nursing Practice* (2nd ed.). Jones & Bartlett Learning

Camerer, C. F. / Dreber, A. / Holzmeister, F. et al. (2018) Evaluating the replicability of social science experiments in Nature and Science between 2010 and 2015. *Nature Human Behaviour*. 2. 637-644

Chapman, G. B. / Sonnenberg, F. A. (2003) Introduction. In Chapman, G. B. / Sonnenberg, F. A. eds. *Decision Making in Health Care : Theory, Psychology, and Applications* (Cambridge Series on Judgment and Decision Making) (Revised ed.). Cambridge University Press

Chen, H. T. (Tsyh) (1990) *Theory-Driven Evaluations*. SAGE Publications

Chin, A. (1997) Book Review of Amanda Coffey and Paul Atkinson (1996) Making Sense of Qualitative Data. Sage Publications. *Anthropology and Education Quarterly*. 28(1). 143-145

Chompu-inwai, R. / Doolen, T. L. (2006) Using Qualitative Methods to Evaluate the Use of Technology in the Classroom. *Frontiers in Education Conference*. 36th Annual. 6-11

Claes, J. (2015) *Investigating the Process of Process Modeling and its Relation to Modeling Quality : The Role of Structured Serialization*. Submitted to Ghent University and Eindhoven University of Technology in fulfillment of the requirements for the degree of Doctor. http://www.academia.edu/30106240/Investigating_the_Process_of_Process_Modeling_and_its_Relation_to_Modeling_Quality_The_Role_of_Structured_Serialization

Coffey, A. J. / Atkinson, P. A. (1996) *Making Sense of Qualitative Data : Complementary Research Strategies*. SAGE Publication

Crano, W. D. / Brewer, M. B. / Lac, A. (2015) *Principles and Methods of Social Research* (3rd ed.). Routledge

Cuban, L. (1986) *Teachers and Machines : The Classroom Use of Technology Since 1920*. Teachers College Press

Cuero, K. K. / Bonner, J. / Smith, B. / Schwartz, M. / Touchstone, R. / Vela, Y. (2008). Venturing into unknown territory : Using aesthetic representation to understand reading comprehension. *International Journal of Education & the Arts*. 9(1).

Denzin, N. K. (1978) *The research act : A theoretical introduction to sociological methods* (2nd ed.). McGrow-Hill

Dilshad, R. M. / Latif, M. I. (2013) Focus Group Interview as a Tool for Qualitative Research : An Analysis. *Pakistan Journal of Social Sciences*. 33(1). 191-198

Drissner, J. / Haase, H.-M. / Wittig, S. / Hille, K. (2013) Short-term environmental education : Long-term effectiveness?. *Journal of biological education*. 48(1). 9-15

Eggertson, L. (2010) Lancet retracts 12-year-old article linking autism to MMR vaccines. *CMAJ*. 182(4). 199-200

Eisenhardt, K. M. (1989) Making fast strategic decisions in high-velocity environments. *Academy of Management Journal*. 32(3). 543-576

Ellingson, L. L. (2008) *Engaging Crystallization in Qualitative Research : An Introduction* (1st ed.). SAGE Publications

Featherston, J. (2008) Chapter 11 : Qualitative Research. In Davis, S. F. / Buskist, W. eds. *21st Century Psychology : A Reference Handbook*. SAGE Publications

Forbes, S. (2001) This is Heaven's waiting room : end of life in one nursing home. *Journal of gerontological nursing*. 27(11). 37-45

George, A. (1959) Quantitative and Qualitative Approaches to Content Analysis. In Raftery, A. ed. *Sociological Methodology*. Basil Blackwell. 135-144

Glaser, B. G. / Strauss, A. L. (1967) *The Discovery of Grounded Theory*. Aldine Publishing Co.
Glennan, T. K. / Melmed, A. (1996) *Fostering the Use of Educational Technology : Elements of a National Survey*. RAND
Goetz, J. / LeCompte, M. (1984) *Ethnography and Qualitative Design in Educational Research*. Academic Press
Goto, A. / Rudd, R. E. / Lai, A. L. / Yoshida, K. / Suzuki, Y. / Halstead, D. D. / Komiya, H. Y. / Reich, M. R. (2014) Leveraging public health nurses for disaster risk communication in Fukushima City : a qualitative analysis of nurses' written records of parenting counseling and peer discussions. *BMC Health Services Research*. 14. 129
Haworth, G. O. (1984) Social Work Research, Practice, and Paradigms. *Social Service Review*. 58(3). 343-357
Hellström, T. (2008) Transferability and naturalistic generalization : New generalizability concepts for social science or old wine in new bottles ? *Quality & Quantity*. 42. 321-337.
Hoare, K. J. / Buetow, S. / Mills, J. / Francis, K. (2012) Using an emic and etic ethnographic technique in a grounded theory study of information use by practice nurses in New Zealand. *Journal of Research in Nursing*. 188(8). 720-731
Holstein, J. A. / Gubrium, J. F. (1995) *The Active Interview : Qualitative Research Methods 37*. SAGE Publications
Holsti, O. R. (1969) *Content Analysis for the Social Sciences and Humanities*. Addison-Wesley
Howe, D. (1989) *The Consumer's View of Family Therapy*. Gower.
Janesick, V. J. (1994) The dance of qualitative research design. In Denzin, N. K. / Lincoln, Y. S. eds. *Handbook of qualitative research*. SAGE Publications
Jensen, K. B. (2012) The qualitative research process. In Jensen, K. B. ed. *A Handbook of Media and Communication Research ; Qualitative and Quantitative Methodologies* (2nd ed.). Routledge
Kaasbøll, J. (1995) Knowledge from the inside and outside in participative development and research on participative development. *The 6th Australasian Conference on Information Systems (ACIS'95)* September 27-29
Kaneko, M. /Aoki, T. / Ohta, R. / Inoue, M. / Modi, R. N. (2018) An analysis of qualitative and mixed methods abstracts from Japanese, UK and US primary care conferences. *Asia Pacific Family Medicine*. 17(11)
Kennedy, T. J. / Lingard, L. A. (2006) Making sense of grounded theory in medical education. *Medical Education*. 40. 101-108
Knowles, J. G. (2007) *Handbook of the Arts in Qualitative Research*. SAGE Publications
Kracauer, K. (1952) The Challenge of Qualitative Content Analysis. *Public Opinion Quarterly*. 16(4). 631-642
Krippendorf, K. (2004) *Content Analysis : An Introduction to Its Methodology* (2nd ed.). SAGE Publications
Leavy, P. (2015) *Method Meets Art : Arts-Based Research Practice*. Guilford Publishing
Leavy, P. (2017) *Handbook of Arts-Based Research*. Guilford Publishing
Lincoln, Y. S. / Guba, E. G. (1985) *Naturalistic Inquiry*. SAGE Publications.
Lundh, U. / Sandberg, J. / Nolan, M. (2000) 'I don't have any other choice' : spouses' experiences of placing a partner in a care home for older people in Sweden. *Journal of Advanced Nursing*. 32(5). 1178-1186
Malterud, K. (2001) Qualitative research : standards, challenges, and guidelines. *Lancet*. 358. 483-88
Masunaga, E. / Takahashi, K. / Mori, R. (2017) Aspects of the process of acquiring nursing

competence in junior students : analysis of reflections on exercises using role-playing. *Medical Education* (Japan). 48 (1). 1-12

Mays, N. / Pope, C. (2000) Assessing quality in qualitative research. *British Medical Journal.* 320 (7226). 50-52

McKenna, H. / Pajnkihar, M. / Murphy, F. (2014) *Fundamentals of Nursing Models, Theories and Practice*, with Wiley E-Text (2nd ed.). Wiley-Blackwell

McKernan, J. (1996) *Curriculum Action Research : A Handbook of Methods and Resources for the Reflective Practitioner* (2nd ed.). Routledge Falmer

Melrose, S. (2009) Naturalistic generalization. In Mills, A. J. / Durepos, G. / Wiebe, E. *Encyclopedia of Case Study Research.* SAGE Publications

Merriam, S. B. (1988) *Case Study Research in Education : A Qualitative Approach.* Jossey-Bass

Michel, J. G. / Hambrick, D. C. (2010) Diversification Posture and Top Management Team Characteristics. *The Academy of Management Journal.* 35 (1). 9-37

Miles, M. B. / Huberman, A. M. (1994) *Qualitative Data Analysis* (2nd ed.). SAGE Publications

Miller, F. A. (2009) Empower Teachers Who Break the Mold. *Principal.* 89 (1). 10-14

Morgan, D. L. (1989) Adjusting to widowhood : Do social network really make it easier ?. *The Gerontologist.* 29. 101-107

Morgan, D. L. (1997) *Focus Groups as Qualitative Research* (2nd ed.). SAGE Publications

Morse, J. M. / Anderson, G. / Bottorff, J. L. / Yonge, O. / O'Brien, B. / Solberg, S. M. et al. (1992) Exploring empathy : A conceptual fit for nursing practice ? *The Journal of Nursing Scholarship.* 24. 273-280

Mukohara, K. / Ban, N. / Sobue, G. / Shimada, Y. / Otani, T. / Yamada, S. (2006) Follow the Patient : Process and Outcome Evaluation of Medical Students' Educational Experiences Accompanying Outpatients. *Medical Education.* 40 (2). 156-165

Murray, B. L. (2003) Qualitative research interviews : therapeutic benefits for the participants. *Journal of Psychiatric and Mental Health Nursing.* 10 (2). 233-236

Niglas, K. (2007) Introducing The Quantitative-Qualitative Continuum : An Alternative View on Teaching Research Methods Courses. Paper presented at *the European Conference on Educational Research*, University of Geneva. 13-15 September 2006

Nishigori, H. / Otani, T. / Plint, S. / Uchino, M. / Ban, N. (2009) I came, I saw, I reflected : a qualitative study into learning outcomes of international electives for Japanese and British medical students. *Medical Teacher.* 31 (5). 196-201

O'Brien, B. C. / Harris, I. B. / Beckman, T. J. / Reed, D. A. / Cook, D. A. (2014) Standards for Reporting Qualitative Research : A Synthesis of Recommendations. *Academic Medicine.* 89 (9). 1245-1251

Open Science Collaboration (2015) Estimating the reproducibility of psychological science. *Science.* 349 (6251)

Orwell, G. (1946) *Politics and the English Language.* Horizon

Otani, T. (2005) A Life Story Study of Technology Specialist Teachers in Japan : Latent Significance of Lack of Human Content. In Kommers, P. / Richards, G. eds. (2005) *Proceedings of ED-MEIA 2005. World Conference on Educational Multimedia, Hypermedia & Telecommunications*, Association for the Advancement of Computing in Education. 2932-2937

Park, J. J. et al. (2016) Dispelling the nice or naughty myth : retrospective observational study of Santa Claus. *BMJ.* 355

Patton, M. Q. (1990) *Qualitative Evaluation and Research Methods.* SAGE Publications

Pearman, Z. H. (2009) *Resilient iris : Intergenerational spirit injury of diasporic African women : spirit healing and recovery*. Ph. D Thesis. University of Toronto

Peditto, K. (2018) Reporting Qualitative Research : Standards, Challenges, and Implications for Health Design. *Health Environments Research & Design Journal*. 11(2). 16-19

Petrocchi-Bartall, L. / Khoza-Shangase, K. (2014) Factors Influencing the Implementation of Newborn and Infant Hearing Screening Programmes at Primary Health Care Clinics in South Africa. *Advances in Research*. 2(12). 935-949

Puri, A. / Kim, B. / Nguyen, O. / Stolee, P. / Tung, J. / Lee, J. (2017) User Acceptance of Wrist-Worn Activity Trackers Among Community-Dwelling Older Adults : Mixed Method Study. *JMIR Mhealth Uhealth*. 5(11). e173

Ragsdale, R. G. (1988) *Permissible Computing in Education : Values, Assumptions, and Needs*. Praeger Publishers

Rees, C. E. / Sheard, C. E. / McPherson, A. C. (2002) A qualitative study to explore undergraduate medical students' attitudes towards communication skills learning. *Medical Teacher*. 24(3). 289-293

Ricoeur, P. (1965) *De l'interprétation, essai sur Freud*, Editions du Seuil

Rossetto, K. R. (2014) Qualitative research interviews : Assessing the therapeutic value and challenges. *Journal of Social and Personal Relationships*. 31(4). 482-489

Roter, D. / Larson, S. (2002) The Roter interaction analysis system (RIAS) utility and flexibility for analysis of medical interactions. *Patient Education and Counseling*. 46(4). 243-251

Rule, P. / John, V. (2011) *Your guide to Case Study Research*. Pretoria : van Schaik.

Russell, C. K. / Gregory, D. M. (2003) EBN user's guide : Evaluation of qualitative research studies. *Evidence Based Nursing*. 6. 36-40

Sandelowski, M. / Barroso, J. (2002) Reading qualitative studies. *International Journal of Qualitative Methods*. 1(1). Article 5

Schofield, J. W. (1995) *Computers and Classroom Culture*. Cambridge University Press

Smith, J.A. (1994) Reconstructing selves : An analysis of discrepancies between woman's contemporaneous and retrospective accounts of the transition to motherhood. *British Journal of Psychology*. 85. 371-392

Stake, R. E. / Trumbull, D. (1982) Naturalistic generalizations. *Review Journal of Philosophy and Social Science*. 7(1). 1-12

Stewart, H. / Gapp, R. / Harwood, I. (2017) Exploring the Alchemy of Qualitative Management Research : Seeking Trustworthiness, Credibility and Rigor Through Crystallization. *The Qualitative Report*. 22(1). 1-19

Taylor, R. (2010) *Integrating Quantitative and Qualitative Methods in Research*. UPA

Thomas, K. W. / Kilmann, R. H. (1974) *The Thomas-Kilmann conflict mode instrument*. Xicon

Tong, A. / Flemming, K. / McInnes, E. / Oliver, S. / Craig, J. (2012) Enhancing transparency in reporting the synthesis of qualitative research : ENTREQ. *BMC Medical Research Methodology*. 12(1). 181

Topping, A. (2006) The quantitative - qualitative continuum. In Gerrish, K. / Lacey, A. eds. *The Research Process in Nursing*. Blackwell Publishing. 157-172

Trimble, J. R. (2011) *Writing with Style : Conversations on the Art of Writing*. Pearson

Trochim, W. M. K. (2006a) WEB CENTER FOR Social Research Methods, Probability Sampling, Research Methods Knowledge Base. http://www.socialresearchmethods.net/kb/sampprob.php

Trochim, W. M. K. (2006b) WEB CENTER FOR Social Research Methods, Nonprobability Sampling,

Research Methods Knowledge Base. http://www.socialresearchmethods.net/kb/sampnon.php

Vaughan, K. (2009) A home in the arts : From research/creation to practice or The story of a dissertation in the making, in action - so far !. *International Journal of Education & the Arts.* 10 (13)

Vincent, K. A. (2012) The advantages of repeat interviews in a study with pregnant schoolgirls and schoolgirl mothers : piecing together the jigsaw. *International Journal of Research & Method in Education.* 36 (4). 341-354

Vincent, K. A. (2016) 'It's the best thing I've done in a long while' : teenage mothers' experiences of educational alternatives. *Critical Studies in Education.* 57 (1). 55-69

Weaver, J. A. / Snaza, N. (2017) Against methodocentorism in educational research. *Educational Philosophy and Theory.* 49 (11). 1055-1065

Wolcott, H. F. (1992) Posturing in qualitative inquiry. In Le-Compte, M. D. / Millroy, W. L. / Preissle, J. eds. *The Handbook of Qualitative Research in Education.* Academic Press. 3-52

Wolf, M. (1992) *A Thrice-Told Tale : Feminism, Postmodernism, and Ethnographic Responsibility.* Stanford University Press

Yin, R. K. (1994) *Case Study Research : Design and Methods* (2nd ed.). SAGE Publications

# 図表一覧

**第1章**

| | | | |
|---|---|---|---|
| 図1 | 質的研究の外延的構造 | | 27 |
| 図2 | 質的研究スペクトラム | | 32 |
| 図3 | 質的研究の樹（Wolcott 1992） | | 33 |
| 図4 | 質的研究方法論が包摂する範囲の例 | | 43 |
| 図5 | 「主―客」「内―外」と質的研究 | | 57 |
| 図6 | 信頼性・妥当性の的モデル | | 67 |
| 図7 | 量的研究と質的研究の「的」の違い | | 74 |
| 図8 | 量的研究と質的研究における研究参加者の位置づけ | | 84 |
| 図9-1 | 量的研究における研究対象者 | | 88 |
| 図9-2 | 質的研究における研究参加者 | | 88 |
| 表1-1 | 研究と演算可能性 | | 54 |
| 表1-2 | コードの縮約度と演算可能性 | | 54 |
| 表2 | 測定と分析におかる信頼性・妥当性・客観性 | | 77 |

**第3章**

| | | | |
|---|---|---|---|
| 図1 | 量的研究と質的研究の異なるプロセス（ポープ／メイズ 2008） | | 107 |
| 図2 | 質的研究のサイクリックなプロセス（大谷 1997a） | | 108 |

**第4章**

| | | | |
|---|---|---|---|
| 図1 | 個と社会の関係性の「納豆モデル」（写真提供：鎌倉山納豆） | | 132 |
| 表1 | 研究対象となる人々と研究者との関係についての考え方 | | 118 |

**第5章**

| | | | |
|---|---|---|---|
| 図1 | 意味・因果ネットワークの例「テクノロジーの教育利用における「文化的同化」の理論化」（大谷 1997a） | | 183 |
| 図2 | インタビューの氷山モデル | | 186 |
| 表1 | さまざまな質的データ分析手法の例（Miles/Huberman 1994） | | 179 |
| 表2 | 質的マトリクスの例「企業の意思決定の速さの分析」（Eisenhardt 1989） | | 180 |
| 表3 | 質的マトリクスの例「施設ごとのプログラム導入状況」（Miles/Huberman 1994 を参考に作成） | | 181 |

**第9章**

| | | | |
|---|---|---|---|
| 表1 | 実践報告と実践研究 | | 243 |

**第11章**

| | | | |
|---|---|---|---|
| 図1-1 | 分析をしながら分析的枠組みを探索し適用して分析する場合 | | 306 |
| 図1-2 | 既存の概念的・理論的枠組みを得ていてそれを適用して研究全体をデザインし実施する場合 | | 306 |
| 表1 | SCAT の分析フォーム | | 279 |

表2　SCATでの分析例A「A教師の語り」……………………………………284-285
表3-1　SCATの分析表のモデル……………………………………………………318
表3-2　SCATの分析表を時計方向に90度回転させると…………………………318
表3-3　SCATにおける脱文脈化，再文脈化，理論化……………………………319
表4　SCATでの分析例B「ある女性の転職キャリアに関するインタビュー」（安藤2019）………………………………………………………………………330-331
表5　SCATでの分析例C「水彩絵の具についての語り」………………………334-335

## 第12章
図1　意味の微妙に異なる多くの概念をコードとして順に検討していく例……………337
図2　複合的な語を用いてコードを特徴化する例……………………………………339
図3　SCATでの概念化の方向性………………………………………………………347

# 索　引

脚註でのみ言及される場合は，頁番号の後ろにnを付した。

## ア 行

アート　34, 40, 61, 163, 164, 197, 204-206, 238, 323
　──によるデータ採取　43, 205
　──を用いた研究結果の表象　43, 205
アウトカム　22, 94, 109, 110
アンケート　4, 5, 70, 71, 89, 106, 139, 149n, 167, 186, 192, 198, 208-212, 233, 245, 353
安心・安全　65
暗黙の前提　156
移行性 transferability　83
依存性 dependability　83
1次言語コード　49, 50, 52, 53, 360
1次数値コード　50, 52, 53
一人称研究　151, 214
一般化　79, 80, 82, 86, 88, 89, 252
　──可能性　79, 80, 82, 88, 252
一般性　29, 77, 79, 130-132, 242, 324, 325, 327, 346, 347, 367, 368
意味・因果ネットワーク　182-184
意味ネットワーク　43, 178, 359
芋ごろごろ　43, 44, 191, 203, 350
因果ネットワーク　43, 178, 179, 359
因果の逆転　113
因子分析　61, 310n
インターネット　5n, 158, 167, 195, 205, 230, 231, 290, 356
インタビュアー　30, 61, 70, 142-145, 154
インタビュイー　2, 3, 30, 60, 61, 69-71, 100, 114, 132, 138, 140-142, 144, 146-150, 175, 198, 203, 217, 229-231, 259, 288, 294, 345, 362
インタビュー　3, 4, 10, 15, 17, 26, 28, 30, 31, 33, 38, 41-43, 48, 49, 51, 52, 59, 68-71, 80, 84, 87n, 89n, 100, 101n, 105, 106, 108, 110, 112, 114, 115, 123, 126, 128n, 132, 138-152, 154, 157-163, 165, 166, 169, 174, 175, 184-186, 200, 203, 214, 217, 221, 222n, 226-228, 231, 233, 239, 244n, 257, 258, 270, 276, 277, 280-283, 288, 294, 300n, 301, 303, 319-321, 325, 329, 344, 347, 353, 354, 356-358, 364, 365, 367, 368, 373
　外国語での──　143, 144, 358
インタビューガイド　70, 141, 218
インパクトファクター　101n, 104n, 370n
インフォーマル・インタビュー　→非形式的面接
インフォームド・コンセント（説明と同意）　63, 70n, 101n, 119, 136, 138, 141, 213, 216-222, 224n, 227, 231, 243, 244, 371
映像　108, 217, 222n, 351, 352
エビデンスレベル　249
演算　22, 50-54, 296, 297
エンドポイント　110
エントロピー（平均情報量）　51
応答率　211, 212
大きなデータの分析　360, 361
オプトアウト　119

## カ 行

害　121, 213, 243
外延的構造　27, 28, 40, 53, 91, 168
外化 externalization　58-61, 204
改ざん　229, 232, 276, 277
解釈学　17, 29, 57, 61-63, 79, 116, 149, 186, 228
解釈主義的パラダイム　17, 31, 32, 187, 235, 247
介入　64, 94, 105n, 108-112, 184, 219-222, 233, 354
　──の効果の検証　110-112
概念図　358
概念的枠組み　135, 166-173, 300, 301, 304, 306, 307, 332, 356
概念の演算　53, 297, 316n, 337
外来語　265, 294, 342
科学哲学　29, 122
書き起こし再生　146
確証性 confirmability　83
確率抽出法　84, 124, 125
仮説検証　28, 94, 159, 276
語りたい相手　149, 150
価値観　6, 24, 30, 40n, 58, 95, 236, 238, 239, 258, 260n, 304
カテゴリー分析　10, 165, 166, 175, 177, 178,

300n, 345, 364, 367
神神の微笑モデル　159, 195, 196, 340-342
カルチュラル・スタディーズ　30
看護学　15, 21, 44n, 72, 90, 169, 170, 298, 299
観察記録　10, 15, 48, 49, 51, 52, 106, 136, 137, 162, 165, 175, 226, 239, 281, 294, 343, 355
観察研究　105n, 219
観察者　11n, 66, 123, 134, 135, 267
　——期待効果　134, 135
　——効果　134
観察の理論負荷性　122, 123
「患者の声を聴け」　199
間主観的　24, 75, 239, 255
感情　15, 22, 71, 148, 149, 169, 185, 212, 213, 257, 258
間接観察　134
疑義（疑念）　2, 4, 7, 55, 63, 64, 144
企業内　21, 160, 329
記述的知見　95-97, 252
記述的問い　95, 96
記述的理論　95, 97, 168, 194
「来た，見た，勝った」　199
規模　113, 114, 128, 139, 175, 246, 247, 271, 272, 275, 340
欺瞞　136n, 184-185, 208, 217
客観　3, 24, 30-32, 55-60, 63, 69, 75, 90, 121, 123, 134, 148, 149, 161, 184-186, 197, 207, 234, 235, 239, 252, 261, 267, 276, 329
客観主義的実在論　30, 31, 134, 234, 235
客観性　3, 41, 55, 58-60, 63, 64n, 74, 75, 77, 83, 133, 167, 174, 177, 190, 251-253
教育工学　4, 8-10, 12, 17, 18, 21, 169, 170, 173, 252, 253, 282, 283, 289, 299n, 343, 354
教育実践研究　8n, 13, 15, 150, 158, 159, 239, 240, 242-244
教育実践報告　242, 243
共感　58, 61, 62, 169, 173, 257, 260, 307, 373, 374
共感の4要素　169-171, 173, 307
共通性　40, 367, 368
共同研究（者）　104, 119, 190, 247, 369
共同構築的テクスト　17, 31, 149, 228
クィア理論　6, 29, 228
グラウンデッド・セオリー　30, 32, 41-43, 45-47, 52, 54, 60, 125-128, 155, 165, 175, 177, 186, 222n, 223n, 233, 235, 236, 247, 298, 300n, 308-310, 350, 360, 364-368
クリスタライゼーション　252
グループダイナミクス　153
グレイザー，バーニー　41, 127, 175, 247

敬意　63, 118, 144, 191, 213, 228, 239, 266, 374
経過志向 process oriented　92
経過に焦点化した評価　254
経験科学　26-28, 40, 83, 369
経験の影響の検証　110-112
形而下学　26, 27
形式的面接　138, 140
形而上学　26-28, 40
継続的比較　46, 126, 127
結果・成果志向 product oriented　92
欠損値　276n
権威　75n, 151, 190-192
権威勾配　121, 208, 213, 227, 313, 371
研究言語　369
研究公正 research integrity　43, 190
研究参加者　7, 25, 26, 29, 34, 35, 50, 55, 58-60, 62-64, 68-71, 78, 80, 81, 83-87, 94, 95, 100, 101, 105-110, 113, 114, 117-121, 123-126, 131, 132, 138-141, 144, 145, 147-151, 153, 154, 163, 164, 185-188, 200, 201, 204, 207, 208, 212-228, 230, 231, 242-244, 257-260, 300, 320, 354, 355, 357, 371-374
　——とのファーストコンタクト　138, 217
　——募集　126, 136n, 212, 246
研究者の専門性　104
研究設問　98n
研究組織の秘匿　→ゴーストオーサーシップ
研究対象者　63, 78, 85-87, 108, 109, 117-119, 131, 214, 243, 259, 260, 371, 372
研究デザイン　7, 16, 34, 43, 71n, 95, 101n, 102, 104, 106, 109-111, 113, 120, 121, 126, 128, 141, 151, 197, 201, 208, 210, 213, 251, 301, 306, 307
研究の規模　113, 114, 218
研究目的　43, 71n, 95, 96, 117n, 158, 161, 233, 371
研究倫理　4n, 43, 63, 136, 138, 163, 207, 212-214, 219, 221, 225, 226, 228, 239, 242-244
言語化　2n, 7, 15, 18, 31, 59, 60, 71n, 138, 147-149, 153, 154, 156, 164, 225, 263-267, 370
言語記録化　47, 48, 51
言語的な能力　73, 260-263, 273, 358
検証　33-35, 72, 94, 108-112, 253
現象学　17, 29, 40, 61, 62, 236
検定　9, 17, 64n, 65n, 251, 264, 267, 274, 276
コアカテゴリー　300n, 364, 365
工学的アプローチ　254, 340
効果の検証　111, 112

較正（キャリブレーション）　258
構成概念　53, 88, 134, 168, 251, 252, 271, 273, 280, 294, 308, 316, 341, 343
構造化面接　139-141
交絡　78, 94, 101n, 102n, 111-113, 120, 256, 267
　——の統計的解析による調整　78n, 94, 256
ゴースト・オーサーシップ　190, 192
コーディング　41n, 48, 52, 54, 75, 76, 107, 129, 130, 148, 176, 177, 270, 271, 273, 280, 281, 307, 309, 317, 321, 323, 332, 336, 338, 339, 343, 345-347, 350, 352, 353, 355, 359, 360, 362, 365
　——作業者　41n, 75, 76, 129, 130, 177
コード　11, 14, 15, 41n, 48-54, 134n, 165, 177, 184-186, 192, 196, 222n, 223n, 256, 260, 263n, 270, 271, 278, 280, 282, 291-293, 295, 297, 298, 300n, 303-305, 308-317, 320, 322, 324, 327, 336-339, 341-347, 352-355, 358, 360-364, 366, 367
　——の出現頻度　343, 362
コード化　18, 47-49, 52, 53, 59, 175, 222n, 270, 304, 360
子どもからのデータ採取　150, 151
ご飯　153
個別インタビュー　71n, 138-140, 153-155, 199
個別性　29, 79, 106, 130, 131, 169, 171, 173, 324, 346, 347, 367, 368
コホート研究　101n, 108n, 234, 249,
　後ろ向き——　118, 119, 233
　前向き——　101n, 233
コミュニティ　75, 134, 149, 266n, 362
混合研究法　→ミックスト・メソッド
コンゾナンス（協和）　247, 365n

## サ　行

再帰性　7, 203
再現性　66, 67, 69, 72-74, 76, 77, 89-91, 106n, 249, 260
　——の危機　91
再構成（匿名化のための）　23n, 62, 231, 320
差異性　156, 368
再文脈化（SCATにおける）　282, 309n, 317, 324
搾取　244
査読　13, 16, 44n, 177, 223
サブカテゴリー　192, 296-300, 364, 365
参加観察　33, 133-135, 160, 207

サンプリング　46, 72, 87n, 108, 114, 124-128, 251, 271
サンプル　46, 63, 64n, 72, 77-79, 81-88, 94, 106n, 124-126, 130, 131, 150n, 155, 196, 224, 267, 276n, 283, 300n, 366
サンプルサイズ　3, 46, 63, 77, 79, 82, 83, 106n, 113, 124, 126-128, 131, 220, 300n
シークエンス分析　15, 43, 165, 166, 294, 300n, 353, 359, 364, 367
シーズプッシュ　253
視覚的アブストラクト　205
時系列　106, 165, 166, 367
自己エスノグラフィ　77, 86n
自己欺瞞　184, 185
自己言及のパラドックス　223n
自己受容　53, 257, 260n
自己省察　5, 228, 258, 260n
自然科学　27, 36, 89-91
自然主義的　29, 89, 109, 111, 217, 254
自然主義的一般化　80, 82, 88, 89, 252
実験的（研究）状況　28, 34, 89, 94, 95, 109, 112, 216, 253, 254
実験的妥当性　253
実施可能性　98, 100, 102n
実証主義　28, 30-32, 34, 41, 77, 81, 89, 90, 113, 114, 116, 122, 123, 131, 147, 149, 177, 186-188, 234, 246, 251, 252, 366, 367
実証主義的パラダイム　31, 41, 109, 113, 186, 187
実証的研究　4, 11, 12, 14, 28, 34, 43, 46, 47, 55, 58, 59, 81, 94, 96, 111, 128, 201, 202, 219, 252, 259n
実践研究　15, 34n, 159, 160, 239, 241-243
実践的ヒューマンサービス　20, 239
実践報告　160, 241-243
質的研究の「樹」　32-34, 85, 357
質的研究方法論　5, 12, 13, 37-41, 43, 91
質的実験研究　109
質的データ分析　4, 14, 18, 41-43, 48, 53, 165, 166, 174, 176, 178, 179, 184, 193, 247, 261-263, 271, 309n, 317, 323, 351, 355, 359, 364-366
　グラフィカルな——　177, 178
質的マトリクス　43, 178, 180-182
実名表記　209, 214-216
社会科学　1, 4, 5, 20, 27, 30, 36, 37, 47, 56, 90, 91, 99, 100, 104, 175, 246, 263, 273, 275, 366
社会・経済的　103, 207
社会的構成主義　17, 29, 31, 79, 186, 187, 235, 246

社会的マイノリティ　260
社会・文化的　24, 79, 103, 304
尺度　22, 48, 49, 51, 58, 59, 66, 67n, 70, 81, 83, 222-224, 267, 274, 345, 362, 365
捨象　49-51
写真　29, 163, 205, 217
ジャッジメンタル・サンプリング　125, 128n, 150n, 224
自由記述　106, 139, 192, 208, 210, 211, 353
修士論文　100, 104, 164, 205, 222, 272, 321, 351
縦断研究　100
柔道　238
周辺的な枠組み　172, 173
受益性　243, 244
主観　3, 24, 29, 55-61, 63, 75, 77, 127, 188, 200, 239, 255, 273
主観性　55, 58-61, 64n, 74, 75, 251
──の保持　59-61
授業研究　10, 17, 48, 102n, 184
熟語　9, 98, 297, 337-339, 342, 343
縮約　49-54, 177, 300
主語　310-313, 327
情報コントロール権　244
症例対照研究　36, 108n, 249
叙述化（KJ法における）　309, 317
処方的知見　95-97, 249
処方的問い　95, 96
処方的理論　95, 97, 168, 194
シングル・インタビュー　140
人工物分析（人工物研究）　29, 43, 162, 163, 257
侵襲性　69, 160, 161, 207, 219
深層の意味の記述　310, 346
深層の文脈　321, 333
信憑性 trustworthyness　83, 310n
人文科学　1, 5, 30, 36, 90, 104, 263
信用性 credibility　83, 188n
信頼性　63, 65-69, 71-77, 83, 151, 190, 253, 267
心理・社会的　22, 24, 103
心理・社会・文化的　29, 69, 95, 131
心理的侵襲性　161
スーパーバイザー（スーパーバイズ）　76, 188, 189, 191
スーパービジョン　188-190, 192
数量化　21, 24, 25, 48, 49, 240n, 264
スケールデメリット　114n
スケールメリット　114, 340
寿司　11n, 42, 237

ストーリー・ライン　271, 280, 282, 297, 308-317, 319-324, 327, 332, 333, 339, 346-348, 359, 362-365, 367
スプレッドシート　278, 280, 281
スペクトラム　6, 32, 37, 131
スモールステップの原則　18
成果に焦点化した評価　254
省察可能性 reflectability　7, 175, 176
精製（概念の）　294-296, 316
生成的コーディング　41n, 177, 270, 365
生態学的妥当性　253
積分性（研究の）　201, 242, 243, 301
セグメント　271, 280, 281, 286, 317, 352, 353, 361, 367
石膏直付け　322, 323
切実　98, 99
接続詞　281, 310, 314
説明的理論　97n, 168
説明と同意　→インフォームド・コンセント
潜在的な文脈（データの）　171
戦略的構成概念　251
相互行為論　31, 186, 235, 246
造語メカニズム　265-267
阻害因　96, 97
促進因　96, 97
測定バイアス　139, 150
ソフトウェア　21, 114, 146, 350
存在論　8, 30, 31, 40, 41, 43, 194, 234, 235

## タ 行

代表性 representativity　82, 85, 87
対話的プレゼンテーション　204
脱実証主義　29
脱文脈化（SCATにおける）　282, 317
妥当性　63, 65-77, 79, 83, 103, 104, 113, 120n, 173, 176, 188-191, 213, 249, 253, 256, 267, 310n, 356, 357
妥当性確認 validation　188, 273, 287
探索的　29, 70, 93, 98n, 110, 139, 151, 154, 171, 177, 355
──研究　111
逐語記録　9, 10, 48, 106, 107, 144, 191
中核的な枠組み　171-173
中規模理論　159
中立　30, 122, 123
調査員　139
直接観察　134
直観　8, 15, 356
追従によるバイアス　150
ツール　66, 138, 274, 353

定性的　247, 248
ディメンション　60, 126, 127
定量的　51, 248
データ採取　7, 14n, 29, 31, 33, 38, 42, 43, 45, 55, 58, 59n, 63, 68, 70, 71n, 78, 79, 84, 86n, 89n, 102, 105-109, 132, 138, 148, 150, 151, 153, 154, 161, 163, 164, 166, 171, 173-175, 186, 203, 209, 213, 218-223, 225-228, 235, 240, 243, 248, 251, 257, 276, 296, 306, 362
データの破棄　210, 222, 223
データ分析　24, 29, 31, 41, 42, 55, 73, 86n, 106-108, 165, 174, 220, 222-224, 235, 251, 275-277, 306, 339, 355
テーマ分析　165, 166, 175, 294, 300n, 364, 366, 367
テキスト・マイニング　361
テクスト　17, 31, 62, 149, 182, 228, 263n, 270, 271n, 278-282, 286-292, 303-306, 309-312, 317, 320, 321, 324, 329, 332, 333, 338, 346, 347, 352-355, 358-361, 364, 367
テンプレートコーディング　→標準化コーディング
ドアクローザー　97n
同意の撤回　218-226
東京慈恵会医科大学　16
当事者　148, 159, 161, 187, 216
「どうすればいいか」　93-97, 168, 194
「どうなっているか」　93-96, 168, 194
透明性（研究の）　64, 190, 332
匿名化（研究参加者名の）　214, 215, 221, 222, 227, 230, 231, 242, 360n
匿名表記　214
トライアンギュレーション　250-252
トロイの木馬（モデル）　195, 196
トロント大学　11, 13, 17, 102n, 129, 164, 246

## ナ　行

内化 internalizaton　59, 60
内包的構造　40, 53, 168
内面的現実　93
納豆モデル　131, 132
ナラティブ　30, 150n, 186, 250, 340
ナラティブ・ベイスト・メディスン　250
ニーズ・プル　253
2次言語コード　52-54, 315, 316, 360
2次数値コード　50, 53
日常生活　33-35, 47, 85, 153, 264, 357
人間科学　2, 61, 91, 194
認識論　6, 30-32, 40, 41, 43, 46, 47, 56n, 76, 88, 109, 113, 123, 234-237

ねつ造　229-232
ノイズキャンセリングヘッドホン　145n, 146n

## ハ　行

バイアス　7, 8, 64, 75n, 150, 158, 161, 205, 256, 258, 262, 267
ハイデッガー，マルティン　8, 17, 149
博士論文　7, 13, 104, 131, 164, 195n, 205, 222, 272, 350, 351, 368
破棄　→データの破棄
曝露　94, 109, 110, 219-222
発話キャラクタ　169, 171, 173
発話の引用　200, 201
パフォーマンス・エスノグラフィ　43, 205
林の数量化　24
パラダイム　3n, 6, 17, 29-32, 40-43, 62, 74, 79, 109, 113, 116, 118, 122, 128, 131, 133, 166, 167n, 177, 186-188, 228, 234-239, 246, 247, 251, 252, 367
パラダイムシフト　30, 118
パラドックス　223, 224n
反映性　7, 203
半構造化面接　139-141, 224, 296
反射性　7, 158, 197, 203, 204, 340
反証可能性　7, 26, 27, 174-176, 190, 193, 323, 341
被暗示性　151
比較可能性　80, 82, 130
非確率抽出法　124, 125
非形式的面接　138-140
非計量的　369
非構造化面接　139, 140
非参加観察　33, 133-135, 160
非シークエンス分析　15, 43, 300n
非実験的　109
被想定背景集団　86-88
非対称な権力関係　121, 208, 213
筆跡　210
批判的人種理論　6, 29, 228n
氷山モデル　60n, 185-187, 304-306
標準化コーディング　41n, 177, 339n
表象　6, 14n, 33, 43, 55, 58-61, 164, 195-197, 204, 205
表層のできごとの記述　310, 332
表層の文脈　282, 321
標本　77, 78, 85
フィールド・ノーツ　137, 352
フェミニスト理論　6, 228n
フォーカス・グループ　43, 68-71, 105,

107-109, 114, 115, 152-157, 169, 198, 199, 211, 222n, 245, 280, 307, 368n, 370
────・ラボラトリー　157
フォーマル・インタビュー　→形式的面接
フォローアップ・インタビュー　140, 147, 155, 161, 178, 182, 305, 307, 328
複合的な語　338, 339
副作用　97, 254
武道　238
普遍化　345
プライマリ・ケア　272
フリー・コーディング　177
プレイフルなタイトル　197
プログラム学習　9, 18
プロット　308, 313
プロトコル　4, 64, 78n, 370, 371
プロパティ　60, 126, 127
文化人類学　6, 29, 31n, 104, 130, 195n
文献研究　157, 239, 256
文書研究　28, 43, 106, 157-162, 217, 270
文書分析　28, 43, 157-162, 257, 270
分析的枠組み　60, 72, 73, 77, 132, 133, 166-168, 170-174, 187, 195n, 293, 300, 301, 303-307, 328, 329, 356, 357
分析手続きの明示性と了解性　176
分析の観点　286, 365
ヘルシンキ宣言　218
包括同意　138, 139, 244n
報告バイアス　150
仿製鏡　45
母語以外のデータの分析　357, 358
『星の王子さま』　1
母集団　72, 77-79, 81-88, 94, 124, 196, 267
ポスト実証主義　31, 79, 116, 128, 186-188, 235, 246, 247, 251, 360, 366
ポパー，カール　26-28
翻訳可能性　80, 82, 130

## マ 行

マインドマップ　317n
マスキング　256, 267
的モデル　68, 73, 74, 148, 195
ミックスト・メソッド　43, 81n, 245-247, 272
メソッドセントリズム　238
メタファー　131, 187, 195, 196, 252, 304, 305, 341, 342
メンバー・チェッキング　156, 187, 188, 226
盲検化　→マスキング
盲検法　→マスキング
目標に準拠した評価　254

目標にとらわれない評価　254, 255
文字起こし　144-146, 157
モデレータ　152, 154, 155
諸刃の剣　342
門番　255

## ヤ 行

有効数字　262, 298, 299
誘導的　151, 228
要因対照研究　108n, 234
予測的知見　95n, 96n
予測的問い　95n
予測的理論　96n, 97n
読む人の心を動かす力　201

## ラ・ワ行

ライフストーリー　30, 141, 142, 222, 283, 319
ライフヒストリー　30, 186
羅生門アプローチ　254, 255, 340-342
ランダム化　124, 256
ランダム化比較試験　105, 108n, 219, 233, 249
ランダム・サンプリング　124, 125
リサーチ・クエスチョン　55, 85, 92-106, 201, 204, 234n, 357
リピート・インタビュー　140
粒度　361
了解性　132, 167, 170, 172, 174, 176, 184, 306, 365
量的・実証的　4, 11, 12, 14, 17, 20, 28, 34, 37, 43, 47, 55, 57-59, 81, 94, 96, 128, 201, 202, 219, 252, 254, 259n
料理　153, 237, 238
理論化　7, 14, 18, 29, 45, 46, 126, 147, 175, 183, 193, 194, 270, 271, 273, 274, 309, 319
理論科学　27, 28, 40
理論記述　107, 108, 193, 271, 280, 316, 317, 323-327, 332, 364, 365, 367
理論的サンプリング　46, 125-128, 155, 360
理論的飽和　46, 126-128, 360
理論的枠組み　18, 73, 77, 114, 132, 133, 166-174, 300, 301, 306, 307, 356, 357
理論浮上　45, 46, 54
臨床研究　4, 16, 64, 66n, 68, 78, 98, 100, 109, 110, 219, 233, 234, 249
倫理指針　64, 119
倫理審査　118n, 121, 141, 198, 207, 208, 212, 213, 217, 218
────委員会　121, 197n, 213, 217
倫理性　100, 103n
類義語辞典　289, 337

歴史的文脈　250
レベルズ・オブ・エビデンス　→エビデンスレベル
レリバンシー（必要性・必然性）Relevancy　95, 98-104, 201, 214
論文のタイトル　197, 198, 201
ワークショップ・プレゼンテーション　204

## A-Z

Art-based Study　13, 34, 59, 164, 206
Art-informed Study　14, 34, 59, 164, 206
BMJ　101
CAI　8, 18, 182-184
CASP　115
COREQ　115, 116
EBM　249
EQUATOR　116
Feasibility　98-102, 104, 113, 211n, 214, 218
FINER クライテリア　98-104, 113, 211n, 213, 218
FIRMNESS 規準　98n
IC レコーダ　144, 146
IMRaD　61, 72, 202, 203
KJ 法　309, 317, 350
$n=1$　3, 63, 77, 128-130, 133, 148n
NIGHT システム　8n
NIH　246
reflexivity（反射性，反映性，再帰性）　7, 158, 197, 203, 204
RIAS　48, 350, 362, 365
SRQR　7, 116, 204
WHO　246

《著者略歴》

大谷 尚
おおたに たかし

1953 年 東京に生まれる
1976 年 東京教育大学教育学部卒業
1979 年 筑波大学大学院博士課程教育学研究科中退
　　　　長崎大学講師，トロント大学客員研究員，名古屋大学教授などを経て
現　在　名古屋経済大学特任教授，名古屋大学名誉教授
著訳書　『質的心理学講座　第 1 巻』（共著，東京大学出版会，2008 年）
　　　　『これからの医療コミュニケーションへ向けて』（共著，篠原出版，2013 年）
　　　　デンジン／リンカン編『質的研究ハンドブック 3 巻　質的研究資料の収集と解釈』
　　　　（共編訳，北大路書房，2006 年）他

---

**質的研究の考え方**

2019 年 3 月 31 日　初版第 1 刷発行
2023 年 11 月 1 日　初版第 7 刷発行

定価はカバーに
表示しています

著　者　　大　谷　　尚
発行者　　西　澤　泰　彦

発行所　一般財団法人　名古屋大学出版会
〒464-0814　名古屋市千種区不老町 1 名古屋大学構内
電話(052)781-5027/FAX(052)781-0697

Ⓒ Takashi OTANI, 2019　　　　　Printed in Japan
印刷・製本 ㈱太洋社　　　　ISBN978-4-8158-0944-7
乱丁・落丁はお取替えいたします。

JCOPY〈出版者著作権管理機構 委託出版物〉
本書の全部または一部を無断で複製（コピーを含む）することは，著作権法上での例外を除き，禁じられています。本書からの複製を希望される場合は，そのつど事前に出版者著作権管理機構 (Tel：03-5244-5088, FAX：03-5244-5089, e-mail：info@jcopy.or.jp) の許諾を受けてください。

野村　康著
社会科学の考え方
　―認識論，リサーチ・デザイン，手法―
A5・358 頁
本体3,600円

戸田山和久／唐沢かおり編
〈概念工学〉宣言！
　―哲学×心理学による知のエンジニアリング―
A5・292 頁
本体3,600円

吉澤　剛著
不定性からみた科学
　―開かれた研究・組織・社会のために―
A5・328 頁
本体4,500円

マイケル・ワイスバーグ著　松王政浩訳
科学とモデル
　―シミュレーションの哲学 入門―
A5・324 頁
本体4,500円

エリオット・ソーバー著　松王政浩訳
科学と証拠
　―統計の哲学 入門―
A5・256 頁
本体4,600円

イヴァン・ジャブロンカ著　真野倫平訳
歴史は現代文学である
　―社会科学のためのマニフェスト―
A5・320 頁
本体4,500円

広田照幸／古賀正義／伊藤茂樹編
現代日本の少年院教育
　―質的調査を通して―
A5・396 頁
本体5,600円

今津孝次郎著
新版 変動社会の教師教育
A5・368 頁
本体5,400円

阿曽沼明裕著
アメリカ研究大学の大学院
　―多様性の基盤を探る―
A5・496 頁
本体5,600円

すぎむらなおみ著
養護教諭の社会学
　―学校文化・ジェンダー・同化―
A5・366 頁
本体5,500円

鈴木富雄／阿部恵子編
よくわかる医療面接と模擬患者
A5・192 頁
本体1,800円

フィリップス／ピュー著　角谷快彦訳
博士号のとり方［第6版］
　―学生と指導教員のための実践ハンドブック―
A5・362 頁
本体2,700円